Rolf-Peter Horstmann

Ontologie und Relationen

Rolf-Peter Horstmann

Ontologie und Relationen

Hegel, Bradley, Russell
und die Kontroverse über interne und externe
Beziehungen

Athenäum · Hain
1984

Gedruckt mit Unterstützung der Deutschen Forschungsgemeinschaft

CIP-Kurztitelaufnahme der deutschen Bibliothek:
Horstmann, Rolf-Peter:
Ontologie und Relationen : Hegel, Bradley, Russell
u. d. Kontroverse über interne und externe Beziehungen / Rolf-Peter Horstmann. – Königstein/Ts. :
Athenäum ; Königstein/Ts. : Hain, 1984.
ISBN 3-7610-8366-1

© 1984 Athenäum Verlag GmbH, Königstein/Ts.
Alle Rechte vorbehalten
Ohne ausdrückliche Genehmigung des Verlages ist es auch nicht gestattet, das Buch oder
Teile daraus auf fotomechanischem Wege (Fotokopie, Mikrokopie) zu vervielfältigen.
Satz: Computersatz Bonn GmbH, Bonn
Druck und Bindung: Bercker, Graphischer Betrieb, Kevelaer
Printed in Germany
ISBN 3-7610-8366-1

Für Erwin Horstmann

Inhalt

Vorbemerkung 11

Einleitung:
Ontologie, interne und externe Relationen – Exposition der Kontroverse 13

  I. Historischer Hintergrund der Kontroverse 17
 II. Begrifflicher Hintergrund der Kontroverse 22
    A. Zwei Begriffe von Ontologie 22
    B. Monismus – Pluralismus 27
    C. Der ontologische Status von Relationen 29
    D. Interne und externe Relationen 31
III. Bemerkungen zum Vorgehen 35

Erstes Kapitel:
Die ontologische Ambivalenz von Relationen – G. W. F. Hegel ... 37

  I. Hegels Abwehr ontologisch selbständiger Bestimmungen 39
    A. Schwierigkeiten des Umgangs mit Hegels Philosophie ... 39
    B. Hegel über Relationen und Ontologie 42
        a. Relationen 43
        b. Ontologie 45
    C. Die Aufgabe 47
 II. Hegel und die traditionelle Metaphysik 49
    A. Metaphysik und „Form des Urteils" 49
    B. Hegels Kritik an der „Form des Urteils" 52
        a. Einwände gegen Prädikatbegriffe 54
        b. Einwände gegen Subjektbegriffe 58
    C. Substanzontologische Implikationen des Urteils 60
    D. Das Dilemma 63
III. Hegels zweifache Konzeption des Objekts 65
    A. Die logische Konzeption des Objekts 66
        a. Drei Bedeutungen von „Objekt" 66
        b. „Objekt in Wahrheit" und „Begriff" 68
    B. Hegels ontologische Konzeption des Objekts 70
        a. Die organologische These 70

	b. Der Kantische Hintergrund	72
	c. Hegels Einlösung der Kantischen Vorgaben	74
	C. Objekt und Urteil	79
IV.	„Subjektivität" als ontologische Kategorie	82
	A. Spezifikation der organologischen These	83
	B. Hegels Theorie der Subjektivität	86
	a. Historische Vorbemerkung	86
	b. „Subjektivität" und „Begriff"	87
	c. „Einseitige" und „übergreifende Subjektivität"	90
	d. Exkurs: Hegels metaphysischer Begriff von Subjektivität in Jena	92
V.	Subjektivitätsontologischer Monismus	97
	A. Formaler Begriff des ontologischen Gegenstandes	98
	B. Materialer Begriff des ontologischen Gegenstandes	101
	C. Konsequenzen	103

Zweites Kapitel:
Die Vereinbarkeit interner Relationen mit einem ontologischen Monismus – F. H. Bradley 107

I.	Bradley, Hegel und interne Relationen	109
	A. Bradley – ein Hegelianer?	110
	B. Bradley – ein Vertreter interner Relationen?	114
II.	Bradleys Theorie der Relationen	115
	A. Die Irrealität von Relationen	116
	a. Die „Irrealitätsargumente" in *Appearance and Reality*	116
	1. Bradleys Terminologie	117
	2. Qualitäten ohne bzw. mit Relationen	120
	3. Relationen ohne bzw. mit Qualitäten	122
	b. Kritische Betrachtung dieser Argumente	124
	1. Bradleys Begriff der Realität	125
	2. Relationen als widersprüchliche Begriffe	128
	3. Qualität als „Einheit von Aspekten"	130
	4. Relation und Gegenstand	131
	5. Metaphysischer Hintergrund	133
	c. Der Ansatz in den späteren Schriften	135
	d. Kritik dieses Ansatzes	138
	1. Ganzes („whole") und Merkmal („character")	139
	2. Ganzes und Gegenstand	142

		B. Die Internalität von Relationen	145
		a. Argumente gegen die Externalität von Relationen	147
		1. Was sind externe Relationen?	147
		2. a-externe Relationen	150
		3. b-externe Relationen	153
		b. Argumente für die Internalität von Relationen	157
		1. Was sind interne Relationen?	157
		2. Zwei-Aspekte Argument	159
		3. Holistische Relationen	162
	III.	Substanzontologischer Monismus?	165

Drittes Kapitel:
Externe Relationen als Basis eines ontologischen Pluralismus –
B. Russell 169

		I. Russells „Problem der Relationen"	171
	A. Für welchen Russell sind Relationen ein Problem?	171
	B. Russells Auffassung des Relationenproblems	175
		a. Der Begriff der Relation	177
		b. Die Realität von Relationen	180
		1. Realität und Unreduzierbarkeit	181
		2. Realität und Subsistenz	184
		c. Die Externalität von Relationen	187
	C. Motive und Folgen der Russellschen Auffassung	191
		a. Motive: common-sense und Mathematik	191
		b. Folgen: Realistischer Pluralismus	193
II.	Russells Auflösung des „Problems der Relationen"	198
	A. Subjekt-Prädikat Propositionen versus relationale Propositionen	200
		a. Analyse I und Analyse II	201
		b. Russells Stellungnahme zu diesen Analysen	204
	B. Die Unreduzierbarkeitsbehauptung	209
		a. Widerlegung monadistischer Reduktionsversuche	212
		b. Widerlegung monistischer Reduktionsversuche	216
	C. Die Behauptung der Nicht-Internalität	220
		a. Sinn dieser Behauptung	220
		b. Argumente für diese Behauptung	223
		1. „intrinsic difference" Argument	223

2. „no relation" Argument		226
3. „nature of a term" Argument		228
D. Die Realität von Relationen		231
III. Ontologischer Pluralismus?		233

Schluß:
Ontologie und Relationen – Ergebnisse der Diskussion 237

I. Gegen Russell: Die Unvereinbarkeit des Hegelschen und des Bradleyschen Monismus 239
II. Gegen Bradley: Die Unhaltbarkeit des substanzontologischen Monismus 246
III. Für Hegel: Monismus ohne Russells ‚Problem der Relationen' 250

Literaturverzeichnis 255

Register 261

Vorbemerkung.

Die vorliegende Arbeit beschäftigt sich hauptsächlich mit den ontologischen Aspekten der Kontroverse über interne und externe Relationen, die zwischen F. H. Bradley (1846–1924) und B. Russell (1872–1970) geführt worden ist. Da diese Kontroverse und mit ihr das philosophische Umfeld, in dem sie entstanden ist, sowie wenigstens einer ihrer beiden Protagonisten mittlerweile aus guten Gründen fast vollständig vergessen worden sind, ist es nicht so sehr die Kontroverse selbst, die die ihr hier zuteil werdende Aufmerksamkeit rechtfertigen kann. Es sind vielmehr die mit dieser Kontroverse verbundenen Folgen, die ihre Betrachtung nahelegen.

Zwei dieser Folgen sind besonders bemerkenswert. Die eine besteht in der auf Grund des vermeintlichen Ausgangs der Kontroverse entstandenen Überzeugung, daß man sog. ‚monistische' Theorien über die Wirklichkeit schon aus logischen Gründen als ungeeignet dafür anzusehen hat, konsistente Modelle zur Deutung dessen, was ist, bereitzustellen. Diese Überzeugung hat in starkem Maße dazu beigetragen, einen ganzen Denktyp in der Metaphysik zu diskreditieren. Die zweite Folge besteht in der mit der ersten über einige Mißverständnisse zusammenhängenden Annahme, daß mit dem Ausgang der Kontroverse zugleich auch eine Entscheidung über Weisen des philosophischen Argumentierens derart gefallen sei, daß sich sog. ‚dialektische' Argumentationsmuster als gegenüber sog. ‚sprachanalytischen' Verfahrensweisen prinzipiell unterlegen erweisen lassen.

Sich über das Zustandekommen und die Berechtigung dieser beiden Folgen der Kontroverse über interne und externe Relationen im Ansatz zu verständigen, ist das Hauptmotiv für diese Arbeit gewesen. Daß in ihr neben Bradley und Russell auch G. W. F. Hegel (1770–1831) eine zentrale Rolle spielt, ist dem Umstand zuzuschreiben, daß zum einen die Kontroverse zwischen Bradley und Russell implizit auch eine Auseinandersetzung über die Hegelsche Philosophie darstellt und zum anderen gerade der in diese Kontroverse eingegangene implizite Bezug auf Hegel zum Zustandekommen der Unterscheidung zwischen ‚dialektischer' und ‚sprachanalytischer' Philosophie beigetragen hat. Es ist daher schwer zu vermeiden gewesen, die Umrisse der ontologischen Theorie Hegels zu skizzieren, um sich darüber verständigen zu können, wie Hegels ontologische Position mit denen zusammenhängt, die in der Kontroverse eine Rolle spielen.

Die Arbeit ist so konzipiert worden, daß ihre einzelnen Kapitel (mit Ausnahme des Schlußkapitels) unabhängig voneinander gelesen werden können. Wer sich also z. B. nur für Russells Diskussion des Problems der Relationen und der ontologischen Aspekte, die es für Russell hat, interessiert, braucht sich nicht erst mit dem Hegel- und dem Bradley-Kapitel aufhalten, sondern kann sich mit dem Russell-Kapitel begnügen. Gleiches gilt für die Abschnitte über Bradley und Hegel. Das Schlußkapitel wird allerdings nur verständlich und informativ für den sein, der sich die Mühe macht, die ganze Arbeit durchzusehen. Anzumerken ist noch, daß, während die Ausführungen zu Bradley und Russell mit dem Anspruch verfaßt worden sind, ihren Gegenstand einigermaßen erschöpfend zu diskutieren, das Hegel-Kapitel höchstens als eher grobe Skizze einiger Grundzüge der Hegelschen Ontologie betrachtet werden darf.

Zu Dank bin ich verschiedenen Freunden, Kollegen und Institutionen verpflichtet. Vor allem Hans Sluga und Andreas Kemmerling für mancherlei Anregungen und für die Mühe, die sie sich mit der kritischen Durchsicht des Manuskripts gemacht haben. Dann Manfred Baum, Rosemarie Rheinwald und besonders Benson Mates für wichtige Hinweise zu einzelnen Kapiteln. Schließlich Lorenz Krüger und Dieter Henrich für ihre langjährige, immer ermutigende Anteilnahme an der Entstehung dieser Arbeit. Der Deutschen Forschungsgemeinschaft bin ich für die Gewährung eines zweijährigen Forschungsstipendiums sowie eines Druckkostenzuschusses verpflichtet. Dem Department of Philosophy der University of California at Berkeley danke ich für die freundliche Aufnahme als research fellow während des Studienjahres 1981/82. Besonders verpflichtet bin ich Frau G. Schmidt für die Anstrengungen, die mit der kompetenten Herstellung des Typoskripts dieser Arbeit verbunden gewesen sind.

Berkeley, Januar 1984   Rolf-Peter Horstmann

Einleitung

Ontologie, interne und externe Relationen – Exposition der Kontroverse

Betrachtet man aus einiger Distanz die gegenwärtige Situation der akademischen Philosophie, so ist einer ihrer auffälligsten Züge die Gespaltenheit in Anhänger der sogenannten sprachanalytischen Philosophie angloamerikanischer Provenienz einerseits und andererseits in Anhänger von philosophischen Theorien, die mehr oder weniger direkt idealistischen bzw. dialektischen Konzeptionen kontinentaleuropäischer Herkunft verpflichtet sind. Für jedes der beiden Lager ist charakteristisch, daß es sich zu dem jeweils anderen weitgehend nur im Modus der wissenschaftlichen Mißachtung verhält. Obwohl es gar nicht so einfach ist zu zeigen, was denn die sachlichen und thematischen Gründe für diese Lagerbildung sind, ist es sehr einfach zu sehen, wessen jede dieser Schulen die jeweils andere verdächtigt. Herrscht, verkürzt und plakativ gesprochen, auf Seiten der Vertreter sprachanalytischer Positionen gegenüber den Anhängern der anderen Schule der Verdacht, daß sie nicht eigentlich Wissenschaft, sondern Metaphysik betreiben, so sehen die Vertreter der dialektischen Positionen verpflichteten Theorien in der Art, wie die Anhänger der analytischen Philosophie mit philosophischen Problemen umgehen, eine Szientifizierung der Philosophie, die nur um den Preis der Aufgabe der philosophischen Dimension der Philosophie durchgeführt werden kann.

Belege für diese wechselseitigen Verdächtigungen sind leicht zu finden. Was den sprachanalytischen Standpunkt betrifft, so sind die uns zugänglichsten und vertrautesten Formulierungen des Mißtrauens in die wissenschaftliche Leistungsfähigkeit dialektischer Philosophie wohl immer noch die von Carnap und Popper. Beide haben aus ihrer Überzeugung keinen Hehl gemacht, daß die durch die Ergebnisse von Diskussionen im Rahmen des Wiener Kreises festgestellte Unwissenschaftlichkeit aller metaphysischen Systeme auch die dialektische Philosophie auszeichnet, was in besonders skandalöser Weise durch die Hegelsche Philosophie dokumentiert werde.[1] Von der Seite derer, die sich dialektischen Theorien verpflichtet

---

[1] Vgl. z. B. R. Carnap: *Überwindung der Metaphysik*, 219 ff. und ders.: *Die alte und die neue Logik*, 12 ff. sowie K. Popper: *Was ist Dialektik?*, 262 ff. – Ein Hinweis zur Zitierweise: In den Anmerkungen werden in der Regel nur Kurzfassungen der Titel der

fühlen, sind solchen Einschätzungen der dialektischen Philosophie klare Formulierungen über den begrenzten Wert sprachanalytischen Philosophierens entgegengesetzt worden. So möchte z. B. – um eine Äußerung neueren Datums zu wählen – M. Theunissen nicht ausschließen, daß gerade die Hegelsche Philosophie unter bestimmten Bedingungen „zu Erkenntnissen gelangt wäre, die der sprachanalytischen Philosophie auf Grund der augenscheinlich naturgegebenen Borniertheit dieses Denktyps notwendig unzugänglich sind".[2]

So eindeutig auch derartige Äußerungen das offensichtlich vorhandene Bewußtsein eines solchen Schismas in der akademischen Philosophie zum Ausdruck bringen, so wenig eindeutig ist allerdings, auf welche Sachverhalte sich dieses Bewußtsein gründet. Dies vor allem deshalb, weil es weder so etwas wie ‚die sprachanalytische Philosophie' noch so etwas wie ‚die dialektische Philosophie' in irgendeinem unkontroversen Sinn gibt. Das, was man ‚die sprachanalytische Philosophie' nennt, entpuppt sich bei oberflächlichem wie auch näherem Hinsehen als ein vielfältiges Durcheinander verschiedenster Fragestellungen in bezug auf verschiedenste Themen unter Zuhilfenahme unterschiedlichster Verfahren. Und genauso ist es – ebenfalls nicht nur bei oberflächlicher Betrachtung – mit ‚der dialektischen Philosophie'. Hinzu kommt, daß selbst sehr viel guter Wille sehr schnell an den Schwierigkeiten scheitert, die damit verbunden sind, den Ausdrücken ‚sprachanalytisch' und ‚dialektisch' einen nicht nur verständlichen, sondern auch einheitlichen Sinn abzugewinnen, einen Sinn, der mehr erlaubt als die Festsetzung, daß ‚die sprachanalytische Philosophie' eine ‚Philosophie im Geiste Russells' und ‚die dialektische Philosophie' eine ‚Philosophie im Geiste Hegels' ist.

Angesichts dieser verwirrenden Lage und angesichts des Umstands, daß die Überzeugung von der Existenz eines solchen Schismas bis in den philosophischen Alltag hinein Folgen zeitigt, ist es von Interesse, sich über die sachlichen Zusammenhänge zu verständigen, die diesem Phänomen zugrunde liegen. Eine solche Verständigung kann auf verschiedene Weise geschehen. Eine naheliegende und bisher nur unzureichend genutzte Möglichkeit, diese Verständigung in Gang zu setzen, ist die, daß man der Frage nachgeht, was denn den historischen Hintergrund für das von uns heute als Schisma zwischen sprachanalytischer und dialektischer Philosophie betrachtete Phänomen darstellt. Denn gewinnt man Einblick in die histori-

---

jeweils zitierten Arbeiten zusammen mit den jeweiligen Seitenzahlen angegeben. Die genauen bibliographischen Angaben findet man im Literaturverzeichnis.
2 M. Theunissen: *Sein und Schein*, 69.

schen Wurzeln dieses Phänomens, dann wird man es, wenn vielleicht auch nicht begreifen, so doch wenigstens in Kontexten festmachen können, die besser als es selbst begreiflich sind. Nun ist die Frage nach dem historischen Hintergrund in dieser allgemeinen Form deshalb kaum zureichend zu beantworten, weil der Versuch ihrer Beantwortung faktisch die Verpflichtung mit sich bringt, eine sehr detaillierte Geschichte der Philosophie des späten 19. und frühen 20. Jahrhunderts zu verfassen, und zwar nicht nur der englischsprachigen, sondern auch der deutschsprachigen. Man wird daher, will man sich nicht schon im Ansatz übernehmen, besser daran tun, wenn man sich auf einen Aspekt dieses historischen Hintergrundes konzentriert, der relativ leicht zu lokalisieren ist und der in der Lage ist, Aufschluß darüber zu geben, was denn der Sache nach dazu beigetragen hat, verschiedene Typen von Philosophie für miteinander unverträglich zu halten. Ein solcher Aspekt soll in dieser Arbeit betrachtet werden.

Es ist leicht zu sehen, daß in die gerade gegebene Beschreibung der Situation und einer Strategie zu ihrer Bewältigung bereits eine Vermutung eingegangen ist. Es ist die Vermutung, daß die Wurzeln des vermeintlichen Schismas nicht in Zusammenhängen zu finden sind, die entweder durch die Diskussion verschiedenartiger „Denktypen" (Theunissen) oder durch die Diskussion von wissenschaftlichen versus unwissenschaftlichen Verfahren (Carnap, Popper) bestimmt sind, sondern daß diese Wurzeln in Kontexten zu suchen sind, in denen alternative Positionen in bezug auf sog. philosophische Probleme im Vordergrund der Diskussion gestanden haben, so daß die Unterscheidung zwischen Denktypen und Fragen ihrer wissenschaftlichen Beurteilung höchstens in der Folge solcher Diskussionen bedeutsam geworden sind. Diese Vermutung am Beispiel der Kontroverse über interne und externe Relationen zu konkretisieren und zugleich den Sinn dieser Kontroverse vorläufig zu bestimmen, ist Absicht der in dieser Einleitung entwickelten Überlegungen.

I. Historischer Hintergrund der Kontroverse

Geht man der historischen Genesis des so viel beschworenen Schismas zwischen sprachanalytischer und dialektischer Philosophie nach, so läßt sich schnell Einigkeit darüber herstellen, daß die Ablehnung der britischen idealistischen Philosophie und ihrer vermeintlichen deutschen Quellen durch die englischen Philosophen B. Russell und G. E. Moore eines ihrer wichtigsten Momente darstellt. Als Hauptvertreter des zum Ende des vorigen und zu Beginn unseres Jahrhunderts akademisch sehr einflußreichen Britischen Idealismus gelten Russell und Moore vor allem F. H. Bradley, J. M. E. McTaggart, B. Bosanquet und H. H. Joachim. Ihnen ist hauptsächlich zweierlei gemeinsam gewesen. Zum einen haben alle diese Autoren eine nur dem Grade nach voneinander unterschiedene ausgeprägte Abneigung gegen die englische empiristische Tradition zum Ausdruck gebracht.[3] Zum anderen hat sie alle die Favorisierung eines jeweils unterschiedlich begründeten und verschieden ausgestalteten Idealismus verbunden, der bei allen seine Wurzeln in einer engen Beziehung zu kontinentalen philosophischen Traditionen gehabt hat. Unter diesen Traditionen ist die auf Hegel zurückgehende zwar vertreten, aber anscheinend nur für B. Bosanquet, nicht jedoch für die anderen genannten Philosophen besonders einflußreich gewesen. Die Anknüpfung an Hegel ist jedoch von keinem der Britischen Idealisten jemals als die Verpflichtung aufgefaßt worden, sich auf dem Boden der Hegelschen Philosophie zu explizieren. Im Unterschied zu den deutschen Hegelianern des 19. Jahrhunderts, die eben jene Verpflichtung eingegangen sind, bedeutet für die genannten Autoren und ihre Sympathisanten der Bezug auf Hegel zunächst nur die Dokumentation einer diffusen Affinität zum Programm der Hegelschen Philosophie und eine, wenn auch etwas ratlose Duldung der ‚dialektischen‘ Mittel, mit denen Hegel dieses Programm einzulösen beansprucht hat.

Vor allem Russell ist es gewesen, der einerseits seine eigene philosophische Position in intensiver und ausführlicher Auseinandersetzung mit seinen idealistischen Zeitgenossen und ihren Vorläufern entwickelt hat und andererseits den nachhaltigen Eindruck erweckt hat, daß diese seine Position ihre Überzeugungskraft nicht zuletzt den ihr spezifischen Mitteln der logischen Analyse der Sprache verdankt. Ersteres zeigen die Schriften Russells aus dem ersten Jahrzehnt unseres Jahrhunderts, letzteres wird häufig bezeugt in Formulierungen wie etwa der von A. J. Ayer:

„He [Russell, R. P. H.] adhered also to a single method, the method of starting with propositions which are the least susceptible to doubt, and trying to reconstruct the edifice of knowledge on this basis, with as few assumptions as possible. ... The result of his using this method has been that his justifications usually take the form of analyses; it is thus that he had come to

---

[3] Diese Abneigung ist besonders kraß ausgeprägt und formuliert bei Bradley, aber auch McTaggart und Bosanquet formulieren sehr deutlich ihre Reserven gegen die empiristische Tradition. Vgl. dazu R. Wollheim: *F. H. Bradley*, 17 ff.

furnish so much of the inspiration for the analytic movement in contemporary philosophy."[4]

Betrachtet man nun die Schriften des frühen Russell unter dem Gesichtspunkt, in welcher Weise und bei welchen Punkten in ihnen eine Gegnerschaft gegen ‚die dialektische Philosophie' zum Ausdruck kommt, so zeigt sich, daß Russell ‚die dialektische Philosophie' offenbar gar nicht gekannt, wenn aber doch, dann wenigstens nicht thematisiert hat. Was ihn – vor allem im Zusammenhang seiner kritischen Diskussion idealistischer Positionen – allerdings interessiert hat, ist die Metaphysik bzw. die Ontologie, die von diesen idealistischen Positionen favorisiert worden ist. Und in diesem Kontext kommt, wenn auch nur über einen Umweg oder, besser noch, über ein Mißverständnis, etwas zur Geltung, was man als implizite Auseinandersetzung mit einer Form der dialektischen Philosophie deuten kann, nämlich mit der Philosophie Hegels. Will man sich über die Herkunft der ‚dialektisch-sprachanalytisch' Dichotomie verständigen, so ist man demnach, jedenfalls bei Russell, auf eine Betrachtung seiner Kritik an Formen der idealistischen Ontologie verwiesen.

Nun ist der Ausdruck ‚die idealistische Ontologie' ähnlich vage wie die Rede von ‚der dialektischen Philosophie'. Eine vorläufige Präzisierung erfährt er, wenn man bedenkt, was Russell mit der idealistischen Ontologie verbindet und wessen er sie verdächtigt. Für Russell sind idealistische Ontologien vor allem dadurch ausgezeichnet, daß sie besonders anfällig sind für die eine oder andere Form dessen, was nicht nur er ‚ontologischen Monismus' nennt. Gegen diesen Monismus hat Russell eine Reihe sehr starker Bedenken, die fast alle darauf hinauslaufen, daß ein solcher Monismus ein „Problem der Relationen" dadurch schafft, daß er nur „interne Relationen" zulassen kann. Der Zwang zur Annahme interner Relationen führt aber zu unüberwindlichen Schwierigkeiten hauptsächlich im Zusammenhang mit Wahrheitstheorie und Mathematiktheorie – wenigstens nach Russell. Diese Schwierigkeiten können nur vermieden werden, wenn man externe Relationen annimmt, eine Annahme, die ihrerseits einen ontologischen Monismus und, unter einer bestimmten Interpretation, eine idealistische Ontologie ausschließt.

Was mit Begriffen wie ‚Monismus', ‚Relation' usw. gemeint ist und wie Russell zu der skizzierten Auffassung kommt, muß im folgenden geklärt werden, spielt aber hier noch keine Rolle. Wichtig für die gegenwärtige Überlegung ist etwas anderes. Russell entwickelt seine Destruktion ideali-

---

4 A. J. Ayer: *An Appraisal of Russell's Philosophy*, 21.

stischer Ontologien, soweit sie über den Monismusvorwurf zu bewerkstelligen ist, hauptsächlich in der Auseinandersetzung mit der Philosophie von F. H. Bradley, dem Protagonisten des Britischen Idealismus zu Russells Zeit. Ihm unterstellt Russell – und wiederum nicht nur er –, daß seine monistische Ontologie und die damit verbundene Theorie interner Relationen im unmittelbaren Rückgriff auf die Philosophie Hegels und in direkter Abhängigkeit von ihr entstanden sei. Äußerungen, in denen Russell auf den von ihm geglaubten engen Zusammenhang zwischen der Philosophie von Bradley und der von Hegel verweist, sind keine Seltenheit. So schreibt er in einer philosophischen Autobiographie, daß Bradley seine Theorie der Relationen aus der Philosophie Hegels herausdestilliert habe und daß es „die Hegelianer" seien, die die Doktrin der internen Relationen vertreten.[5] An anderer Stelle schreibt er: „Bradley has worked out a theory according to which, in all judgment, we are ascribing a predicate to Reality as a whole; and this theory is derived from Hegel."[6] In einem *Mysticism and Logic* genannten Aufsatz ist zu lesen, daß „Hegel and his followers believe in the universe as one indivisible whole"[7], und in einer als Einführung in die Philosophie gedachten Schrift beschreibt und kritisiert er eine Position als die Hegels, die man mit weitaus größerem Recht Bradley zuschreiben kann.[8]

Der durch derartige Äußerungen nahegelegte Eindruck, daß für Russell die Positionen von Bradley und Hegel, wenigstens was die monistische Ontologie und deren Folgethemen betrifft, kaum zu unterscheiden gewesen sind, wird noch verstärkt durch die Beobachtung, daß Russell es, soweit ich sehe, niemals für nötig gehalten hat, seine Auffassungen über Hegels Ontologie unter direkter Bezugnahme auf die Hegelsche Philosophie zu erläutern. Dies verwundert umso mehr, als Russell offenbar mit einigen Hegelschen Werken durch eigene Lektüre vertraut gewesen ist.[9] Wie dem auch

---

5 *My Philosophical Development*, 54 und 62 f.
6 *External World*, 41; vgl. die ähnliche Formulierung in *Outline of Philosophy*, 262.
7 *Mysticism and Logic*, 21.
8 *Problems of Philosophy*, 141 ff. Daß für Russell die Namen ‚Hegel' und ‚Bradley' in bestimmten Kontexten schlechterdings austauschbar gewesen sind, zeigt am deutlichsten folgende Bemerkung: „Hegel and his disciples had been in the habit of ‚proving' the impossibility of space and time and matter, and generally everything that an ordinary man would believe in." (*My Philosophical Development*, 12). Wäre Hegel der Autor des ersten Buches von Bradleys *Appearance and Reality* gewesen, hätte er diese Beschreibung als der Sache nach vollständig zutreffend akzeptieren müssen. Unter nicht ganz so weitreichenden Voraussetzungen ist schwer zu sehen, was das Diktum rechtfertigt.
9 Explizit erwähnt er die Lektüre der *Wissenschaft der Logik;* vgl. *My Mental Development*, 11. Die einzige mir bekannte Ausnahme ist der folgende kurze, vollständig zu-

sei, nicht nur scheint für Russell Hegel die Quelle des Bradleyschen Monismus zu sein, sondern darüber hinaus scheint er, aus welchen Gründen auch immer, die Auffassung zu haben, daß Bradley die Hegelsche Position in seinen Werken adäquat formuliert hat.

Eine wichtige Folge nun der Russellschen Praxis, zunächst einmal Bradley auf Hegel zu verrechnen, um dann in Bradleys philosophischen Formulierungen die Position Hegels angemessen charakterisiert zu finden, ist die, daß Russell alle von ihm konstatierten Ungereimtheiten und Mängel der Bradleyschen Theorie als solche ansieht, der man auch die Hegelsche Philosophie zeihen muß. Und da Hegels Theorie für Russell in der Tat eine dialektische Philosophie ist, kann man, wenn man will, in Russells Behandlung des Themas ‚Ontologie' den Keim des anfangs skizzierten und gegenwärtig so häufig beklagten Schismas entdecken.

Doch wie auch immer man es mit diesem vermeintlichen Schisma hält, ein Faktum ist, daß Russells Kritik an der Haltbarkeit einer monistischen Ontologie Folgen für die Einschätzung der Leistungsfähigkeit der Hegelschen Philosophie gehabt hat. Eine Tatsache aber ist auch, daß man es bisher versäumt hat, sich darüber zu verständigen, ob denn Russells Kritik an der monistischen Ontologie auf Hegels Philosophie erfolgreich und so problemlos übertragen werden kann, wie es Russell offensichtlich vorgeschwebt hat. Denn wenn man nicht mit Russell voraussetzt, daß die Unterschiede zwischen Hegels Ontologie und Bradleys Monismus so minimal sind, daß man sie einfach vernachlässigen kann, dann gibt es keinen unmittelbar einsichtigen Grund für die Vermutung, daß alles das, was Bradley kritisch trifft, auch Hegel trifft und umgekehrt. Eine Verständigung über die Reichweite und die Grenzen der Russellschen Kritik ist aber nicht nur deshalb gefordert, um die eher historische Frage nach ihrer Relevanz für Hegels Philosophie zu klären. Da für Russell die Kritik an der monistischen Ontologie kein Selbstzweck gewesen ist, sondern vielmehr dazu gedient hat, seine eigene Konzeption eines ontologischen Pluralismus in wichtigen Punkten zu rechtfertigen, hat eine solche Verständigung auch ein sachliches Interesse. Sie kann nämlich, wenn sie gelingt, Aufschluß darüber geben, welche ontologischen Alternativen in dieser Diskussion eine Rolle gespielt haben und wie die Erfolgsaussichten der ontologischen Modelle einzuschätzen sind, die sich in dieser Kontroverse als Alternativen zueinander darstellen. Die folgenden Ausführungen wollen unter Berücksichtigung sowohl

---

treffende Hinweis in seiner *History of Western Philosophy:* „... he [Hegel, R. P. H.] differed from Parmenides and Spinoza in conceiving the whole, not as a simple substance, but as a complex system, of the sort that we should call an organism" (731).

des historischen als auch des sachlichen Aspekts eine solche Verständigung wenigstens im Ansatz versuchen. Doch zunächst gilt es, den begrifflichen Rahmen der Kontroverse über Relationen sowie ihren Zusammenhang mit Ontologie zu exponieren.

II. Begrifflicher Hintergrund der Kontroverse

Über Relationen kann man sich auf sehr verschiedene Weisen und unter sehr vielen verschiedenen Gesichtspunkten verständigen, ohne daß irgendeine dieser Weisen und Gesichtspunkte die Annahme nahelegt, es gäbe einen diskussionswürdigen Zusammenhang zwischen Relationen und Ontologie. Man hat vielmehr den Eindruck, daß es sich um ein Mißverständnis darüber handelt, was denn die Termini ‚Ontologie' und ‚Relationen' bedeuten, wenn man mit der Behauptung konfrontiert wird, daß Relationen etwas mit Ontologie zu tun haben und daß insofern Vermutungen und Behauptungen über Relationen irgendeinen Einfluß auf Entscheidungen im Rahmen der Ontologie haben. Denn unter ‚Ontologie' versteht man gemeinhin die Lehre vom Sein oder vom Seienden und unter ‚Relationen' versteht man Begriffe, die die Art der Beziehung, der Verbindung oder des Verhältnisses zwischen Entitäten bzw. Sachverhalten ausdrücken, und diese beiden Charakterisierungen machen es schon hinreichend unwahrscheinlich, daß es in der Ontologie einen natürlichen Platz für Fragen gibt, die Relationen betreffen.

A. Zwei Begriffe von Ontologie

Diese Ansicht kann eine gewisse Berechtigung für sich beanspruchen, wenn man der in ihr enthaltenen Charakterisierung dessen, was Ontologie ist, ohne weitere Klärung folgt. Dazu gibt es jedoch wenig Anlaß, wenn man bedenkt, daß man unter ‚Ontologie' oder der ‚Lehre vom Sein' sehr viel Verschiedenes verstehen kann und verstanden hat. Hält man sich an die Geschichte der Philosophie, so haben sich hauptsächlich zwei Vorstellungen von dem, was mit dieser noch gar nicht so alten Bezeichnung gemeint ist, durchgesetzt, die beide eine lange Tradition haben. Die erste ist die Vorstellung, die schon bei Aristoteles anzutreffen ist und dann, wenn auch unter anderem Namen, vor allem durch Kant ausgearbeitet worden ist. Dieser Vorstellung gemäß hat die Ontologie, oder welche Bezeichnung auch immer an ihre Stelle tritt, der Sache nach die Aufgabe, uns darüber zu verständigen, was denn die allgemeinsten Begriffe oder die Kategorien sind, durch die das, was ist, bestimmt ist. Ontologie im Sinne dieser Vorstellung ist Kategorienlehre, d. h. Analyse und Theorie der Begriffe, ohne die sich gar nichts über das, was ist, sagen läßt.[10]

Geht man von diesem kategorialanalytischen Verständnis von Ontologie aus, so ergibt sich ein möglicher ontologischer Sinn der Rede von Relationen sehr einfach. Wenn nämlich zu den allgemeinsten Begriffen, durch die Seiendes bestimmt ist, auch solche gehören, mit denen zeitliche, räumliche oder logische Beziehungen zwischen irgendwelchen Entitäten festgelegt werden, dann sind wenigstens einige Relationen ontologische Kategorien. Die Betrachtung von Relationen unter dem Gesichtspunkt ihrer Relevanz für die kategoriale Bestimmung dessen, was ist, hat daher in diesem Typ von Ontologie ein gut zu begründendes Recht. Da nun in allen kategorialanalytischen Ontologien oder solchen, in denen kategorialanalytische Überlegungen eine Rolle spielen, von der des Aristoteles an, bestimmte Typen von Relationen zum Arsenal dessen gezählt werden, was unabdingbare Voraussetzung für die Möglichkeit der Bestimmung von etwas als eines Seienden ist, so gibt es, wenigstens unter dieser Lesart des Terminus ‚Ontologie‘, entgegen dem ersten Anschein, offenbar doch gute und naheliegende Gründe, sich über Relationen gerade im Rahmen der Ontologie zu verständigen.

In diesem kategorialanalytischen Typ von Ontologie interessieren Relationen naturgemäß nur insoweit als sie als Kategorien oder als etwas, durch das Seiendes notwendig bestimmt ist, betrachtet werden können. Dies heißt aber, daß im Rahmen dieses Verständnisses von Ontologie weder alle Rela-

---

10 Zur Geschichte des Terminus ‚Ontologie‘ vgl. z. B. den informativen Aufsatz von E. Vollrath: *Die Gliederung der Metaphysik*. 258 ff. – Um Mißverständnisse zu vermeiden, mag der Hinweis nützlich sein, daß das im Folgenden skizzierte doppelte Verständnis von Ontologie keine Exposition der philosophiehistorischen Entwicklung der ‚Ontologie‘ genannten Disziplin sein soll, sondern auf zwei Aspekte verweisen will, die in der Auffassung von Gegenstand und Aufgabe einer Theorie dessen, was ist, von Alters her angelegt sind. Daß weder Aristoteles noch Kant ihre Entwürfe zu einer solchen Theorie ‚Ontologie‘ genannt haben, hat unterschiedliche historische Gründe. Es ändert aber nichts an dem Umstand, daß in ihren jeweiligen Auffassungen über das, was ist, wenigstens eine (Kant) oder beide (Aristoteles) der hier unterschiedenen Vorstellungen von Ontologie angelegt sind.

tionen von Interesse sind noch daß man sie unter einem anderen Gesichtspunkt beachtet als dem, der ihre mögliche Funktion im Zusammenhang der Erschließung von Grundbestimmungen des Seienden betrifft. Nun gibt es aber vollständig andere Möglichkeiten, sich für Relationen im Zusammenhang mit Fragen nach dem, was ist, zu interessieren. Man kann sich nämlich z. B. fragen, ob und in welchem Sinne es Relationen bzw., allgemeiner, Begriffe gibt – Begriffe hier als das verstanden, was u. a. durch Relationsausdrücke gekennzeichnet wird. Man kann fragen, ob Begriffe und mit ihnen Relationen in derselben Weise zu dem, was es gibt, gehören wie Fernsehgeräte oder Blumensträuße. Solche Fragen, kontextlos gestellt, haben etwas Willkürliches, wenn nicht gar Lächerliches an sich. Es sind jedoch, wie sich im Laufe der folgenden Kapitel zeigen wird, genügend Kontexte angebbar, in denen Entscheidungen in solchen Fragen zu Konsequenzen führen, die von Bedeutung für die Einschätzung relativ konkreter Sachverhalte sind. Derartige Fragen kann man als Fragen nach dem ontologischen Status von Begriffen wie Relationen betrachten. Läßt man sich auf solche Fragen ein und versucht zu klären, ob und in welcher Weise Relationen zur Menge dessen gezählt werden können, was in irgendeinem Sinne ist, dann hat es allerdings den Anschein, als würde man eine im Rahmen der kategorialanalytischen Konzeption von Ontologie kaum sinnvoll zu formulierende Frage stellen. Denn wo Begriffe, und mit ihnen Relationen, nur insoweit von Belang sind, wie sie als grundlegende Bestimmungen von Seiendem aufgefaßt werden können, hat die Frage nach dem, was denn Begriffe, oder spezieller, was Relationen selbst sind, keine unmittelbar einsichtige Funktion. Die Frage nach dem ontologischen Status von Relationen wäre im kategorialanalytischen Kontext ähnlich schwer unterzubringen wie z. B. die, ob das, was zu den Bedingungen eines Gegenstandes gehört, selbst ein Gegenstand ist.

Es liegt daher nahe zu vermuten, daß Fragen wie die nach dem ontologischen Status von Relationen eine vom kategorialanalytischen Verständnis abweichende Konzeption von Ontologie voraussetzen, eine Konzeption von Ontologie, deren Begriff die Klärung von Statusfragen integrieren kann. Dies führt auf die zweite der oben erwähnten Vorstellungen von Ontologie, die ebenfalls der Sache nach auf Aristoteles zurückgeht. Ihr zufolge ist Gegenstand und Aufgabe der Ontologie die Klärung der Frage, was es denn gibt. Obwohl die Formel ‚was es gibt' unübertrefflich unklar ist, so ist doch leicht zu sehen, daß unter dieser Beschreibung der Aufgabe der Ontologie sich andere Fragen als ontologische Fragen qualifizieren als die es sind, die im Rahmen kategorialanalytischer Ontologie diese Charakterisierung beanspruchen können. So lassen sich, neben der bereits erwähnten Frage nach dem ontologischen Status von Relationen, auch andere Fragen, wie etwa die, ob man bei der Festsetzung dessen, was ist, verschiedene Seinsweisen in Anschlag bringen muß, ob es außer Einzeldingen auch noch andere Arten von Gegenständen gibt, oder auch, ob es ontologisch selbständige Entitäten gibt, problemlos als ontologische Fragen identifizieren, wenn man unter Ontologie die Theorie dessen, was ist, versteht, während eine Ontologie, die sich als Theorie der allgemeinsten Bestimmungen von Seiendem versteht, solche Fragen erst gar nicht als ontologische Fragen zuläßt.

Was nun zu dieser bis früh in die Geschichte der abendländischen Philosophie zurückzuverfolgenden Doppeldeutigkeit dessen beigetragen hat, was man als Aufgabe der Ontologie anzusehen hat, ist schwer auszumachen. Es mag sogar sein, daß die beiden hier unterschiedenen Vorstellungen von Ontologie sich bei näherer Betrachtung doch auf einen gemeinsamen Kern zurückführen lassen. Für das hier zur Diskussion anstehende Thema sind solche Überlegungen jedoch belanglos. Für unseren Zusammenhang ist nur wichtig, daß man offenbar, *selbst wenn man diese beiden Vorstellungen von Ontologie für fundamental unterschieden hält*, in jeder von ihnen auf allerdings unterschiedliche Weise mit Relationen konfrontiert wird. Es gibt daher, entgegen dem ersten Anschein, wenig Grund zu der Vermutung, daß Relationen für die Ontologie irrelevant sind.

Nun hat allerdings, wie sich herausstellen wird, die uns im folgenden beschäftigende Kontroverse über die Internalität oder Externalität von Relationen für ihre Protagonisten, nämlich Bradley und Russell, einen einsichtigen Bezug auf Ontologie nur dann, wenn man Ontologie in der zweiten der skizzierten Interpretationen versteht. Dies deshalb, weil für sie der ontologische Aspekt dieser Kontroverse einzig und allein darin bestanden hat, daß sie Aufschluß über die Möglichkeit eines sog. ontologischen Monismus bzw. eines ontologischen Pluralismus geben kann. Die Monismus-Pluralismus Unterscheidung ergibt jedoch nur im Rahmen einer Konzeption von Ontologie einen Sinn, der es nicht um Kategorien, sondern um die Klärung der Frage geht, was es denn gibt. Dieser Konzeption muß daher noch weiter nachgegangen werden. Denn nur in ihrem Rahmen lassen sich die für ein Verständnis der ontologischen Dimension der Kontroverse über Relationen wesentlichen Bestimmungen gewinnen. Insbesondere muß man sich darüber verständigen, was die in die Beschreibung dieser Vorstellung von Ontologie eingehende Formel ‚was es gibt' meinen soll.

Die Erklärungsbedürftigkeit dieser Formel hängt damit zusammen, daß sie ohne geeignete Spezifikationen extrem nichtssagend ist. Diesen Mangel kann man dadurch zu beheben versuchen, daß man die Formel ‚was es gibt' um gewisse qualifizierende Ausdrücke erweitert und bei der Beschreibung der Aufgabe der Ontologie zu Formulierungen wie etwa der greift, daß Ontologie darüber aufklären soll, was es denn ‚wirklich' oder ‚in Wirklichkeit' oder auch ‚in Wahrheit' gibt. So wenig hilfreich diese Strategie zur Aufhellung des Sinnes der Formel ‚was es gibt' auch ist – sie verschiebt die Schwierigkeiten, die man mit dem Verständnis der zu erläuternden Formel hat, nur auf Schwierigkeiten, die man mit dem Verständnis der qualifizierenden Ausdrücke hat, – so hat sie doch eine nützliche Funktion. Sie kann darauf aufmerksam machen, daß wir offensichtlich nicht bereit sind, alles, was es in irgendeinem Sinne gibt, auch schon deshalb als etwas anzusehen, was ontologisch ernst zu nehmen ist. Anders gesagt: Dadurch, daß man Termini wie ‚wirklich', ‚in Wirklichkeit' oder ‚in Wahrheit' zur Qualifikation der Formel ‚was es gibt' benutzt, will man darauf hinweisen, daß nicht alles, was es in irgendeinem Sinne gibt, deshalb auch schon ‚wirklich', d. h. in einem ontologisch relevanten Sinne existiert. Die Verwendung derartiger qualifizierender Termini soll der sowohl natürlichen als auch berechtigten Vorstellung Rechnung tragen, daß man in der Lage zu sein hat, u. a. zwischen viereckigen Dreiecken und Büchern, goldenen Bergen und Zahlen, Meerjungfrauen und Philosophen zu unterscheiden, was den Grad und die Art ihrer Existenz betrifft.

Doch es ist nicht zu übersehen, daß eine solche nur terminologische Änderung der Leitfrage der Ontologie durch die Hinzufügung eines qualifizierenden Ausdrucks erst dann zur genaueren Bestimmung des Gegenstandes der Ontologie beiträgt, wenn man sich über die Bedingungen verständigt hat, unter denen etwas als ‚wirklich', ‚in Wirklichkeit' oder ‚in Wahrheit, seiend zu gelten hat. Als solche Bedingungen gelten nun traditionellerweise der Besitz von Eigenschaften wie Selbständigkeit bzw. Unabhängigkeit. Dies in dem Sinne, daß genau alles das wirklich ist oder daß es genau alles das in Wahrheit gibt, was weder von etwas anderem in bezug auf seine Existenz abhängig ist noch auf etwas von ihm Unterschiedenes als auf seinen Seinsgrund zurückgeführt werden kann.[11] Unangesehen nun der Frage, ob man Merkmale wie Selbständigkeit und Unabhängigkeit als geeignete

---

[11] Das, was hier als Verständigung über die Bedingungen, unter denen etwas als wirklich zu gelten hat, charakterisiert worden ist, ist nicht zu verwechseln mit dem, was neuerdings, vor allem unter dem Einfluß von Quine, als Frage nach einem ontologischen Kriterium diskutiert wird. Dies deshalb, weil ein Quinesches ontologisches Kriterium neutral gegenüber der Unterscheidung zwischen dem, was es gibt, und dem, was es wirklich gibt, ist. Damit ist, wohlgemerkt, nicht gesagt, daß Quines ontologische *Theorie* auch neutral gegenüber dieser Unterscheidung ist.

Kriterien für die Festlegung dessen, was es wirklich gibt, ansehen kann, so verweist doch der Versuch, über das Aufsuchen und Anwenden von formalen Bedingungen zu bestimmen, was es wirklich gibt, auf zweierlei: (1) Fragt man nach dem, was es denn wirklich gibt, so fragt man nicht danach, ob man denn dieses oder jenes einzelne Ding oder diesen oder jenen individuellen Sachverhalt tatsächlich in der Welt vorfinden kann, man fragt vielmehr danach, was es denn ist, das solche Bedingungen wie Selbständigkeit und Unabhängigkeit erfüllt. (2) Das Unternehmen zu klären, was es denn wirklich gibt, kann als ein Versuch betrachtet werden, das, was es gibt, auf das, was es selbständig und unabhängig gibt, zu reduzieren.

B. Monismus – Pluralismus

Es ist nun leicht zu sehen, daß es im Rahmen einer solchen Konzeption von Ontologie sehr viele und sehr unterschiedliche ontologische Modelle geben kann. Denn diese Konzeption legt weder etwas fest in bezug auf die Anzahl noch auf die Art der Entitäten, die es wirklich gibt, so daß sie im Prinzip alles, was es in irgendeinem Sinne gibt, als mögliche Kandidaten für das, was es wirklich gibt, zuläßt. Daran ändert sich auch dann nichts, wenn man diese Konzeption als bestimmt hinsichtlich der formalen Bedingungen betrachtet, die das, was es wirklich gibt, erfüllen muß. Denn selbst wenn man z. B. Selbständigkeit und Unabhängigkeit zu solchen Bedingungen erklärt, ist damit noch gar nichts darüber ausgemacht, wieviele und welche Entitäten diese Bedingungen erfüllen können.

Dennoch lassen sich aber alle im Rahmen dieser Konzeption von Ontologie möglichen ontologischen Modelle auf einen von zwei Typen zurückführen, nämlich einerseits auf den Typ von Ontologie, der meint, nur eine einzige Entität oder eine einzige Art von Entitäten als unabhängig bzw. selbständig existierend annehmen zu müssen, und andererseits den Typ, der mehr als eine einzige Art von Entitäten zuläßt. Den ersten Typ von Ontologie ist man gewohnt, als monistische Ontologie bzw. als Monismus oder auch – wenn man, wie es mittlerweile Usus geworden ist, nicht mehr allzu scharf zwischen Ontologie und Metaphysik unterscheidet – als monistische Metaphysik zu bezeichnen, den zweiten Typ als pluralistische Ontologie bzw. Pluralismus oder pluralistische Metaphysik. Diese Terminologie ist ein Produkt der zweiten Hälfte des 19. Jahrhunderts. Ein bezeichnendes Beispiel ihres Gebrauchs, das zugleich auf die primär ontologische Konnotation dieser Terminologie verweist, findet sich bei W. James:

„I myself have come, by long brooding on it [the ancient problem of ‚the one and the many', R. P. H.], to consider it the most central of all philosophic problems, central because so pregnant. I mean by this that if you know whether a man is a decided monist or a decided pluralist, you perhaps know more about the rest of his opinions than if you give him any other name ... To believe in the one or in the many, that is the classification with the maximum number of consequences."[12]

Anzumerken ist, daß die hier gegebene Beschreibung dessen, was eine monistische bzw. pluralistische Position auszeichnet, der Sache nach insofern unplausibel ist als sie offensichtlich genuin pluralistische Positionen durch einen terminologischen Kunstgriff zu Varianten des Monismus erklärt. Wenn man nämlich eine monistische Position als eine solche beschreibt, die nur eine einzige Entität *oder* eine einzige Art von Entitäten als wirklich zuläßt, so ist in der Sache und auch gemäß der Tradition nur das ein echter Monismus, auf den das erste Glied der Beschreibung zutrifft, also der, der nur eine einzige Entität als wirklich annimmt. Denn nur er schließt eine Mehrzahl selbständiger und unabhängiger Entitäten definitiv aus. Anders steht es mit dem Monismus, der nur eine einzige *Art* von Entitäten als wirklich zuläßt. Er kann deshalb kaum als echte Alternative zum Pluralismus betrachtet werden, weil er per definitionem nicht ausschließt, daß es mehrere wirkliche Entitäten gibt, sondern nur verlangt, daß sie alle von ein und derselben Art zu sein haben. Diese Position ‚Monismus' zu nennen, ist daher eher ungeschickt. Diese Ungeschicklichkeit ist hier in Kauf genommen worden aus Gründen, die mit Russells Behandlung des Problems der Internalität von Relationen zusammenhängen und ausschließlich pragmatischer Natur sind. Auf sie wird im Kapitel über Russell hingewiesen. Richtet man sich auf diese – unübliche – Unterscheidung zwischen Monismus und Pluralismus ein, dann verwendet man also den Terminus ‚Monismus' zur Kennzeichnung all der Positionen, die entweder alle Arten des Pluralismus oder wenigstens einen Artenpluralismus vermeiden. Will man nun noch zwischen diesen beiden Arten von Monismus terminologisch differenzieren, kann man zwischen einem ‚starken' oder – in Anlehnung an eine neuerdings gebrauchte Unterscheidung – einem ‚numerischen' und einem ‚schwachen' oder ‚qualitativen' Monismus unterscheiden, d. h. zwischen solchen Positionen, die nur eine einzige Entität als wirklich zulassen, und solchen, die nur eine einzige Art akzeptieren. Soweit ich sehe, ist die einzige mißliche Folge, wenn man den Unterschied zwischen Monismus und Pluralismus auf die angegebene Weise charakterisiert, daß man eine Monadenleh-

---

12 W. James: *Pragmatism*, 58.

re oder – wie sie im folgenden mit Russell genannt werden wird – einen Monadismus Leibnizschen Typs unter die monistischen Positionen zu rechnen hat. Folgen dieser Art sind jedoch solange unverfänglich und bloß terminologischer Natur, wie man im Blick behält, daß nicht alles, was man als Argument für oder gegen einen ‚starken' bzw. ‚numerischen' Monismus anführen kann, auch schon als Argument für oder gegen einen ‚schwachen' bzw. ‚qualitativen' Monismus betrachtet werden kann und umgekehrt.

C. Der ontologische Status von Relationen

Auf welche Weise nun in die Konzeption von Ontologie, in der die Alternative Monismus – Pluralismus ihren Ort hat, die Leitfrage der hier thematisierten Kontroverse, die Frage nämlich nach dem ontologischen Status von Relationen, zu integrieren ist, macht jedoch weder die Beschreibung des Sinnes dieser Alternative noch die Bestimmung dieser Konzeption selbst verständlich. Daran ändert sich auch dann nichts, wenn man die Frage nach dem ontologischen Status von Relationen in der Weise versteht, wie es der begriffliche Rahmen nahelegt, in dem sie zu stehen kommen soll: als Frage nach der Realität oder der Wirklichkeit von Relationen. Denn daraus, daß man die Aufgabe der Ontologie als Klärung dessen bestimmt, was es wirklich gibt, läßt sich nicht unmittelbar ein Motiv herleiten, ausgerechnet danach zu fragen, was es denn mit der Wirklichkeit oder Realität von Relationen auf sich hat. Diese Frage ist nur dann interessant und naheliegend, wenn man ihren Zusammenhang mit einigen Problemen sieht, die sich aus verschiedenen Auffassungen in bezug auf das, was es wirklich gibt, ergeben. Besonders zwei dieser Auffassungen müssen namhaft gemacht werden, weil sie in die in der Folge zu betrachtenden Positionen in verschiedener Weise eingehen.

Die erste Auffassung ist die, daß letztlich sich nur das als wirklich erweisen läßt, was entweder als Substanz oder als an sich seiende Bestimmung einer Substanz aufgefaßt werden kann. Als Substanz im Sinne dieser Hypothese soll alles das angesehen werden, was durch irgendwelche Merkmale bestimmbar, aber nicht selbst als Merkmal betrachtet werden kann, und als Bestimmung einer Substanz soll alles das gelten, was an einer Substanz als Merkmal auftreten kann. Diese aus der Tradition gut bekannte Auffassung kann man wegen der für sie charakteristischen Orientierung an einem Substanz-Akzidenz Modell von Wirklichkeit die substanzontologische Annahme nennen. Es ist nun leicht zu sehen, wie im Rahmen dieser Hypothese sich die Frage nach der Realität von Relationen stellt, was sie bedeutet und was von ihrer Beantwortung abhängt: Sie stellt sich als die Frage danach, ob man Relationen als an sich seiende Bestimmungen oder als selbständige Merkmale von Substanzen betrachten kann. Ihnen selbständige Existenz zu- oder absprechen, bedeutet, eine Entscheidung darüber zu treffen, ob man sie (1) auf nichts anderes – sei es Substanz, sei es nichtrelationale Bestimmung einer Substanz – reduzieren kann und ob man sie (2) von anderem unabhängig halten kann. Im Rahmen und mit den Mitteln der substanzontologischen Hypothese stellt sich die Frage nach der Realität von Relationen also dann, wenn Unklarheit darüber besteht, als was für eine Art von Entitäten man Relationen anzusehen hat und wie ihr Verhältnis zu anderen Arten von Entitäten aufzufassen ist. In diesem Zusammenhang stellt sie sich allerdings zwangsläufig für den, der einen substanzontologischen Monismus vertreten möchte. Denn da ein solcher Monismus die These zu verteidigen hat, daß es nur eine einzige Substanz bzw. eine einzige Art von Substanzen wirklich gibt, muß er alles andere, und damit auch Relationen, als selbständige Entitäten ausschließen. Unter Voraussetzung substanzontologischer Vorgaben erweist sich daher die Frage nach der Realität von Relationen als ein wichtiges Mittel zur Entscheidung über die Möglichkeit einer monistischen Ontologie.

Die zweite, von der ersten unabhängige Auffassung, die direkt auf die Frage der Realität von Relationen führt, ist die, daß es genau alles das wirklich gibt, was sich als basales Element bzw. als unreduzierbarer Konstituent einer Proposition erweisen läßt. Diese Annahme, die um die Jahrhundertwende im Zusammenhang mit Problemstellungen aus der logischen Analyse der Sprache und der Bedeutungstheorie prominent gewesen ist, faßt Propositionen als Sachverhalte auf, deren einfache Bestandteile die Entitäten sind, welche sich bei der Analyse einer Proposition als unanalysierbar erweisen. Im Rahmen dieser Hypothese ist die Frage der Realität von Relationen zu interpretieren als die Frage danach, ob Relationen entweder auf andere Arten von Begriffen, z. B. auf Prädikate, oder auf nicht-begriffliche Entitäten, z. B. Zustände von Gegenständen, zurückgeführt werden können. Sind sie zurückführbar, dann gibt es Relationen als an sich seiende Entitäten nicht, sind sie unanalysierbar, dann gibt es sie wirklich. Auch hier ist schwer zu übersehen, daß die mit dieser Auffassung gegebenen Festlegungen in bezug auf das, was als wirklich zu gelten hat, das Problem der Realität von Relationen für die Entscheidung zwischen ontologischem Monismus oder Pluralismus zentral werden lassen. Im Rahmen dieser Hypothese ist allerdings eine Entscheidung gegen die Realität von Relationen, verstanden als Option für eine monistische Position, nicht als Votum für die Annahme zu deuten, es gäbe nur eine einzige Substanz. Ein die Mittel dieser Hypothese in Anspruch nehmender Monismus muß behaupten, daß sich ‚letztlich' alle Propositionen auf eine einzige, nichtrelationale Proposition zurückführen lassen, eine Behauptung, deren Sinn außerordentlich dunkel ist.

Beiden Hypothesen ist gemeinsam, daß in ihnen die Frage der Realität von Relationen als Frage nach der Reduzierbarkeit bzw. ontologischen Selbständigkeit von Relationen auftritt und daß in ihnen mit dieser Frage auf Bedingungen verwiesen wird, die für eine Entscheidung in der Monismus-Pluralismus Alternative relevant sind. Formuliert man nun diese Alternative unter Rekurs auf das Relationenproblem, so ergibt sich, daß jede monistische Position entweder die Reduzierbarkeit von Relationen auf ihr jeweiliges monistisches Substrat[13] behaupten muß oder aber Relationen bzw. eine Relation als ihr monistisches Substrat ausgeben muß, während jede Position, die die Unreduzierbarkeit von Relationen behauptet, entweder eine pluralistische Position ist oder aber eine solche, die mit Relationen als einem monistischen Substrat arbeitet. Dies heißt nun nicht, daß jede Position, die die Reduzierbarkeit von Relationen behauptet, schon deshalb eine monistische Position ist, und genausowenig, daß jede pluralistische Position die Unreduzierbarkeit von Relationen vertreten muß. Es heißt aber auch, daß die Annahme der Unreduzierbarkeit von Relationen mit einigen Varianten einer monistischen Position verträglich ist. Und dies wiederum bedeutet – was in der Folge von Wichtigkeit sein wird –, daß selbst das Gelingen des Nachweises der Unreduzierbarkeit von Relationen oder ihrer ontologischen Realität kein zureichender Grund für die Annahme ist, auf diese Weise den Monismus in allen seinen möglichen und tatsächlich vertretenen Formen zu Fall gebracht zu haben.

D. Interne und externe Relationen

Bisher ist versucht worden darzulegen, was die Frage nach dem ontologischen Status von Relationen oder, genauer, nach ihrer Realität im Rahmen einer Konzeption von Ontologie bedeutet, in der zugleich die Unterschei-

---

13 Unter einem ‚monistischen Substrat' verstehe ich die Entität oder die Art von Entitäten, die eine jeweilige monistische Position als die einzig wirkliche annimmt – die Substanz Spinozas, der Hegelsche Geist, das Absolute Bradleys und auch die Leibnizschen Monaden sind Beispiele solcher monistischer Substrate. Vgl. jedoch Anm. 11.

dung zwischen monistischen und pluralistischen Ontologien sinnvoll formuliert werden kann, und im Rahmen welcher ontologischer Hypothesen sie unmittelbar zu einer Entscheidung zwischen Monismus und Pluralismus beiträgt. Diese Beschreibung gibt jedoch noch keinen Hinweis darauf, wie mit der Frage der Realität von Relationen die zu thematisierende Kontroverse über die Internalität oder Externalität von Relationen zusammenhängt. Ehe dieser Zusammenhang herstellbar ist, zunächst eine Bemerkung zu den Termini ‚interne' und ‚externe Relationen'. Das Modell, an dem sich wenigstens Bradley und Russell bei dieser Sprachregelung orientieren, geht davon aus, daß Relationen Beziehungen zwischen Entitäten bzw. Sachverhalten verschiedenster Art sind. Betrachtet man eine Relation als interne, ist man anzunehmen bereit, daß sie mit den Entitäten bzw. Sachverhalten, die durch sie in Beziehung gesetzt werden, auf eine besondere Weise verbunden ist, auf eine Weise, die die Möglichkeit der selbständigen Existenz von Relationen bzw. ihre Unabhängigkeit von ihren Relata ausschließt. Sieht man eine Relation als eine externe an, so vertritt man die der gerade genannten entgegengesetzte Überzeugung, daß sie eben nicht mit den durch sie bezogenen Sachverhalten in einer Weise zusammenhängt, die die Möglichkeit ihrer selbständigen und von ihren Relata unabhängigen Existenz ausschließt.

So praktikabel und der Sache nach zutreffend eine solche Charakterisierung auch ist, so schwierig ist es, aus ihr eine einigermaßen eindeutige Festsetzung dessen zu gewinnen, unter welchen Bedingungen denn nun genau von der Externalität bzw. Internalität von Relationen gesprochen werden kann. Bevor G. Ryle 1935 erklärt hat, „that the dispute about the internality of relations in general is no longer an exciting one",[14] und damit ein offenbar zeitgenössisches Unbehagen an der gesamten mit dem Thema ‚Relationen' verbundenen Fragestellung wirkungsvoll zum Ausdruck brachte, hat es daher eine ganze Reihe von Bemühungen gegeben, sich über das Spektrum möglicher Bedeutungen der Rede von der Externalität bzw. Internalität von Relationen zu verständigen. Den wohl vollständigsten Versuch einer solchen Klärung hat A.C. Ewing unternommen, der in seinem Buch *Idealism* immerhin zehn verschiedene Verwendungsweisen allein des Terminus ‚interne Relation' meint unterscheiden zu können.[15] Ohne alle die, nach der Meinung von Ewing, nicht nur möglichen, sondern tatsächlich in Anspruch genommenen Bedeutungen der Rede von internen Relationen aufzulisten, mag es hier genügen, auf den allgemeinen Rahmen zu verwei-

---

14 *Internal Relations*, 172.
15 *Idealism*, 117 ff.

sen, innerhalb dessen die verschiedenen Bedeutungen angesiedelt sind, die bei den in der Folge betrachteten Positionen eine besondere Rolle spielen. Bei dieser Angabe ist allerdings zu beachten, daß weder die innerhalb dieses Rahmens möglichen verschiedenen Bedeutungen einander ausschließen noch daß man jeweils nur eine Bedeutung einer bestimmten Position zuordnen kann, wie sich bei der Betrachtung der einzelnen Positionen in den folgenden Kapiteln zeigen wird.

Geht man auf die Formulierung zurück, der zufolge Relationen dann als interne zu betrachten sind, wenn sie mit ihren Relata auf besondere Weise verbunden sind, so ist zu vermuten, daß die unterschiedlichen Vorschläge dazu, was denn unter ‚intern' zu verstehen ist, mit den vielseitigen Interpretationsmöglichkeiten des vagen Ausdrucks ‚auf besondere Weise verbunden' zusammenhängen. Die am gebräuchlichsten gewordene Lesart dieses Ausdrucks im Zusammenhang mit internen Relationen ist nun die, daß solche Relationen insofern mit ihren Relata auf besondere Weise verbunden sind als sie ihnen wesentlich sind. Die Annahmen, die dieser Auffassung zugrunde liegen, haben ihr intuitives Fundament in schwer zu vermeidenden Vorstellungen über die Art, wie das Verhältnis zwischen Gegenständen und ihren Eigenschaften zu betrachten ist. Sie lassen sich in die These zusammenfassen, daß jedes Ding über zwei Arten von Bestimmungen verfügt, einmal über solche, ohne die es nicht das, was es ist, sein könnte, und zum anderen über solche, deren Vorliegen oder Nichtvorliegen für das, was das Ding ist, keinen Unterschied macht. Bestimmungen der ersten Art sind dem Ding wesentliche oder innerliche Bestimmungen, Bestimmungen der zweiten Art unwesentliche oder äußerliche. Wesentliche und unwesentliche Bestimmungen zusammen kann man nun selbst wieder in relationale und nichtrelationale einteilen, in solche also, die ein Ding mit anderen in Beziehung setzen, und solche, die dies nicht tun. Beispiele für die erste Art von Bestimmungen sind das, was man in der Logik ‚mehrstellige Prädikate' nennt, Beispiele für die zweite Art sind einstellige Prädikate. Die Rede von ‚internen Relationen' bedeutet also gemäß dieser Lesart, daß man Relationen zu den Eigenschaften eines Gegenstandes zählt, ohne die dieser Gegenstand nicht derselbe Gegenstand ist. ‚Externe Relationen' sind dementsprechend gemäß dieser Lesart solche relationalen Eigenschaften eines Gegenstandes, die für die Identität des Gegenstandes unwesentlich sind. Die Kontroverse über interne und externe Relationen stellt sich auf diese Weise als eine Auseinandersetzung dar, die wenigstens ihren Ausgangspunkt bei der Frage hat, ob Relationen zu den Identitätsbedingungen eines Gegenstandes gerechnet werden können oder nicht.

Diese Erklärung von Sinn und Gegenstand der Kontroverse über interne und externe Relationen ist nun in zweierlei Hinsicht unbefriedigend. Zum einen gibt sie keine Auskunft darüber, was denn von einer Entscheidung der Kontroverse für unsere Auffassung von Relationen, verstanden als Beziehungsbegriffen, abhängt. Denn ob man sie als interne oder externe betrachtet, hat – folgt man der gegebenen Beschreibung des Gegenstandes der Kontroverse – zwar Folgen für den Begriff eines Gegenstandes, scheint aber nichts über Relationen, für sich genommen, auszusagen. Doch dieser Schein trügt. Denn, wie sich zeigen wird, hat jede Entscheidung entweder für die Internalität oder für die Externalität von Relationen Folgen zu decken, die direkt den Begriff der Relation betreffen. Insofern ist die Kontroverse über interne und externe Relationen nicht nur eine Diskussion über den ‚richtigen' Begriff eines Gegenstandes, sondern primär eine Kontroverse über Wesen und Eigenschaften von Relationen.

Doch abgesehen von den Folgen, die diese Kontroverse für den Begriff der Relation hat, bleibt außerdem die Frage, wie denn die angegebene Charakterisierung des Sinnes der Unterscheidung zwischen internen und externen Relationen sowie des Gegenstandes der Kontroverse Anlaß zu der Vermutung geben könne, daß die Unterscheidung und die Kontroverse etwas zur Klärung des ontologischen Status von Relationen beitragen. Denn selbst wenn man von den Unklarheiten absieht, die mit der Unterscheidung selbst und damit mit der Kontroverse verbunden sind, scheint beides keineswegs besonders geeignet zu sein, den Schlüssel zu irgendwelchen ontologischen Konsequenzen zu liefern.

Doch auch dies täuscht, wenn man sich an den Hinweis erinnert, daß zumindest Bradley und Russell die Auseinandersetzung über interne und externe Relationen als eine Kontroverse *auch* darüber aufgefaßt haben, ob man die Möglichkeit selbständiger und unabhängiger Existenz von Relationen ausschließen kann oder nicht. Beide sind der Meinung gewesen, daß der ontologische Status von Relationen davon abhängt, ob man sie als interne oder externe Gegenstandsbestimmungen betrachten kann. Beide gehen, genauer gesagt, davon aus, daß die Unterscheidung zwischen internen und externen Relationen einen ontologischen Sinn deshalb hat, weil es Grund zu der Annahme gibt, daß interne Bestimmungen als ontologisch unselbständig dargestellt werden können und externe als ontologisch selbständig. Teilt man nun diese Annahme, dann ist unmittelbar ersichtlich, daß die Frage der Internalität oder Externalität von Relationen einen ontologisch bedeutungsvollen Aspekt in dem Sinne hat, daß ihre Beantwortung zur Entscheidung zwischen Monismus und Pluralismus *in einigen möglichen Versionen* dieser Alternative beiträgt. Denn sie erweist sich, im Sinne von Bradley und Russell verstanden, als ein Spezialfall der Frage nach dem, was es selbständig und unabhängig gibt, was also letztlich ontologisch real ist.

Diese Verständigung über die ontologische Bedeutung der Kontroverse über interne und externe Relationen verweist aber zugleich auch auf die Grenzen der Bedeutung von Relationen für die Ontologie. Denn schon diese Verständigung läßt erkennen, daß zwar jede Ontologie in der Lage zu sein hat, Relationen in irgendeiner Weise gerecht zu werden, daß sich aber ontologische Modelle sowohl monistischer als auch pluralistischer Art konzipieren lassen, bei denen Relationen nicht zum entscheidenden Problem für die Durchführbarkeit dieser Modelle gemacht werden können. Die Kontroverse über interne und externe Relationen gibt daher nicht nur Anlaß zur Beschäftigung mit der ontologischen Rolle von Relationen, sondern führt auch zu der Einsicht, daß in Sachen Ontologie keineswegs klare Verhältnisse herrschen.

III. Bemerkung zum Vorgehen

Abschließend einige Bemerkungen zum Vorgehen. Zunächst: Der größte Teil der folgenden Ausführungen wird sich mit dem ‚Problem der Relationen' befassen. Dies ist dem Umstand zuzuschreiben, daß für Russell die ganze Ontologie-Diskussion, soweit sie die Alternative Monismus–Pluralismus betrifft, entschieden werden kann durch den Rekurs auf das Relationenproblem. Russells Motto ‚Sage mir, wie Du es mit Relationen hältst, und ich sage Dir, wie es um Deine Ontologie bestellt ist' hat zur Folge, daß er die Auseinandersetzung mit der monistischen Ontologie eigentlich nur auf dem Gebiet des Themas ‚Relationen' sucht.[16] Dies macht es unvermeidlich, sich bei der Betrachtung des Russellschen Standpunkts auf dieses Thema zu konzentrieren. Die Russellsche Einschätzung des engen Zusammenhanges zwischen Ontologie und Theorie der Relationen teilt in gewisser Weise auch Bradley wenigstens so weit, daß er immer anerkannt hat, daß sein Monismus mit seiner Theorie interner Relationen steht und fällt. Auch er sieht daher die Frage der Relationen als entscheidend für die logische Möglichkeit einer monistischen Ontologie an und räumt demgemäß ihrer

---

16 Selbst sein Ansatz, den ontologischen Monismus über die Kritik seines Wahrheitsbegriffs zu Fall zu bringen, läßt sich auf die Kritik am monistischen Relationsverständnis reduzieren. Vgl. B. Russell: *Monistic Theory of Truth*.

ausführlichen Diskussion eine zentrale Funktion ein. Anders steht es mit Hegel. Da nicht nur unklar ist, worin Hegels Ontologie überhaupt besteht, sondern darüber hinaus auch noch schwer auszumachen ist, was Relationen für ihn bedeuten, kann man nicht einfach davon ausgehen, daß seine ontologische Position in einer ähnlich manifesten Weise wie die von Russell oder Bradley mit der Theorie der Relationen verbunden ist. Man muß vielmehr zunächst die Grundzüge der Hegelschen Ontologie soweit klären, daß sich ein Bild von Rolle und Funktion von Relationen im Rahmen seines Ansatzes gewinnen läßt. Erst dann ist man in der Lage, Hegels Position mit Russells Kritik des ontologischen Monismus in einer Weise zu konfrontieren, die den Hegelschen Intentionen gerecht werden kann.

Diese Vorgaben bestimmen den Aufbau der Arbeit. Das erste Kapitel wird die Grundzüge der Hegelschen Ontologie und seine ihm eigentümliche Konzeption eines relationsontologischen Monismus exponieren. Das zweite Kapitel wird Bradleys Theorie der Relationen unter dem Gesichtspunkt betrachten, was sie für seine Variante eines substanzontologischen Monismus bedeutet. Das dritte Kapitel wird Russells Kritik an der monistischen Theorie der Relationen nachgehen und die Konsequenzen dieser Kritik für seinen ontologischen Pluralismus thematisieren. Die Schlußbetrachtung schließlich geht von den erreichten Ergebnissen aus, um (thesenhaft formuliert) zwei Folgerungen zu ziehen: (1) Russell irrt bemerkenswert, wenn er meint, Hegels ontologische Position als weitgehend identisch mit der von Bradley charakterisieren zu können – dies der, wie ich hoffe, gut gesicherte historische Teil der These. (2) Es gibt zwar viele Gründe dafür, einen substanzontologischen Monismus für unhaltbar anzusehen, keiner der Gründe, die Russell im Zusammenhang der Diskussion über Relationen anführt, gefährdet jedoch ernsthaft einen relationsontologischen Monismus, wenn es ihn denn geben sollte, – dies der, wie ich fürchte, schwerer zu schützende sachliche Teil der These.

Erstes Kapitel

Die ontologische Ambivalenz von Relationen – G. W. F. Hegel

I. Hegels Abwehr ontologisch selbständiger Bestimmungen

A. Schwierigkeiten des Umgangs mit Hegels Philosophie

Die Hegelsche Philosophie zeichnet sich unter anderem dadurch aus, daß ihre Rezeption durch einen merkwürdigen Kontrast gekennzeichnet ist: Auf der einen Seite ist die Bereitschaft, sie in toto zur Kenntnis zu nehmen, seit dem Ableben ihres Verfassers immer geringer geworden, während auf der anderen Seite sich der Bezug auf einzelne ihrer Theoreme wachsender Beliebtheit erfreut. So ist es keine Seltenheit mehr, in den verschiedensten Kontexten Äußerungen zu finden, die darauf hinauslaufen, daß – was auch immer von der Hegelschen Philosophie ‚als solcher' zu halten sein mag, wie auch immer ihre methodischen und systematischen Grundlagen einzuschätzen sein mögen und woher auch immer die Ansprüche dieser Philosophie auf Erkenntnis und damit auf Wahrheit kommen mögen – das, was Hegel über z. B. das Recht, die Kunst oder über Anerkennung und Arbeit, über Bildung, Religion oder Psychologie sage, doch ebenso erhellend wie einleuchtend und zutreffend sei. Solche Äußerungen, deren sachlicher Wert strittig sein mag, sind nun nicht primär um ihrer selbst willen bemerkenswert, sondern deshalb, weil sie wenn schon nicht auf ein Problem, so doch auf eine Kuriosität verweisen: daß nämlich die Einsicht in die Unzugänglichkeit einer philosophischen Theorie, die sich in der Schwierigkeit äußert, etwas über ihre Prämissen, ihr Verfahren und ihre Absichten auszumachen, keineswegs daran hindert, ihre Ergebnisse nicht nur für akzeptabel, sondern sogar für wegweisend zu halten.

Daß an diesem Zustand Hegel selbst alles andere als unschuldig ist, ist schwer von der Hand zu weisen. Wie kaum ein anderer Philosoph hat Hegel es verstanden, sich einem allgemeinen Mißtrauen auszusetzen. Dieses Mißtrauen hat hauptsächlich zwei Quellen. Die eine hat ihren Grund in dem manche faszinierenden, die meisten abstoßenden Versuch Hegels, in sein System alle, aber auch alle Formen der Wirklichkeit zu integrieren, so daß von Glimmerschiefer bis hin zu den logischen Schlußfiguren nichts ist, was nicht dem Hegelschen Anspruch verfällt, als Ausdruck des Gedankens beziehungsweise des Begriffs angesehen zu werden und insofern „in seiner Notwendigkeit", wie Hegel es nennt, einsichtig gemacht zu werden. Ist diese Überzeugung Hegels von der wirklichkeitsintegrierenden Kraft seines Systems heutzutage mehr denn je suspekt und insofern eigentlich kaum noch von Interesse, so ist die zweite Quelle des Mißtrauens interessanter und folgenreicher. Sie hat ihren Grund in bestimmten logischen und methodischen Annahmen Hegels, die sich in Behauptungen niederschlagen wie „Contradictio est regula veri, non contradictio, falsi"[1] – eine Behauptung, die Hegel als zu verteidigende These im Rahmen seines Habilitationsverfahrens vertreten hat –, oder dem aus der Vorrede der *Phänomenologie des Geistes* stammenden Diktum „Das Wahre ist das Ganze",[2] beziehungsweise in Äußerungen wie der, daß die Form des Urteils ungeeignet sei, das Wahre auszudrücken, eine Äußerung, die sich in fast allen Werken Hegels an plakativer Stelle findet.[3] Hat jede dieser Äußerungen schon für sich etwas Provozierendes, so werden sie anstößig dann, wenn man, wie Hegel nie müde wird zu versichern, sie als Ausdruck von Wahrheiten betrachten soll, ohne deren Berücksichtigung keine angemessene Erkenntnis der Wirklichkeit zu realisieren sei. Kommt dann noch hinzu, daß nicht nur Hegel, sondern auch seine Anhänger sehr wenig dazu getan haben, einerseits den Sinn solcher Äußerungen und andererseits ihre erkenntniskonstituierende Funktion hinreichend zu erhellen, so liegt es geradezu nahe, sich skeptisch bis ablehnend zu einer Philosophie zu verhalten, die sich auf dermaßen dunkle und kontraintuitive Maximen stützt, und ihre Ergebnisse nur insoweit zur Kenntnis zu nehmen, als sie losgelöst von ihrem philosophisch-systematischen Hintergrund eine gewisse Plausibilität genießen.

Nun hat man aus verschiedenen Gründen diese Lage zurecht für wenig befriedigend angesehen. Hauptsächlich hat zunehmend irritiert, daß die diese Lage kennzeichnende zugestandene Unklarheit über die methodischen und programmatischen Grundlagen der Hegelschen Philosophie es sehr schwer machen, ein einigermaßen begründetes Bild von Art und Leistungsfähigkeit dieser Philosophie zu gewinnen. Die sich mit Schlagwörtern wie ‚absoluter Idealismus' oder ‚idealistischer Monismus' behelfenden Versuche der Charakterisierung der Hegelschen Gesamtposition haben sich als Mittel zur Situierung und Klärung relativ einfacher Fragen an die Hegelsche Phi-

---

1 *Erste Druckschriften*, 404.
2 *Phänomenologie des Geistes*, 21.
3 Vgl. *Phänomenologie des Geistes*, 49 ff.; *Wissenschaft der Logik* II, 268; *Enzyklopädie*, § 28 Anm. und § 31 Anm.

losophie genausowenig bewährt wie die Kennzeichnung des dieser Philosophie eigentümlichen Verfahrens als ‚dialektischer Methode'. Dennoch ist schwer von der Hand zu weisen, daß von der Bestimmung des Programms und der Methode die Einschätzung von Art und Leistungsfähigkeit dieser Philosophie weitgehend abhängt.

Was nun zunächst die Methode – und das heißt hier gegenwärtig nichts weiter als das Verfahren, das Hegel bei der Gewinnung seiner inhaltlichen Behauptungen benutzt, – betrifft, so hat sich das Interesse an ihrer Aufhellung bereits relativ früh entwickelt, wenn sich auch im Laufe der Zeit und in Abhängigkeit von den jeweiligen Vorschlägen die Fragestellung selbst verändert hat: Aus der Frage nach der Möglichkeit, mit Hegels methodischen Mitteln Hegels System der Philosophie zu realisieren (Haym, Trendelenburg, E. v. Hartmann), ist in neuerer Zeit sehr schnell die Frage nach ‚der dialektischen Methode' selbst geworden, eine Frage, deren Diskussion sich zügig in einen Kampfplatz endloser Streitigkeiten verwandelt hat, von denen kaum noch auszumachen ist, wie sie sich auf Hegels Philosophie beziehen lassen.[4] Diese Diskussionen haben gezeigt, daß die Frage nach den Eigentümlichkeiten der Hegelschen Methode allein nicht zureicht, ein Verständnis des Hegelschen Theorieentwurfs zu ermöglichen. Sie nötigen anzuerkennen, daß man nur über eine Klärung der programmatischen Voraussetzungen dieser Philosophie in die Lage versetzt wird, sie der kritischen Diskussion zugänglich zu machen.

Doch auch über die programmatischen Voraussetzungen oder kurz: über Hegels Programm – d. h. sowohl über die Annahmen, auf denen seine Ablehnung alternativer philosophischer Positionen beruht, als auch über die Überzeugungen, deren systematische Einlösung das Ziel der Hegelschen Philosophie darstellen, – besteht wenig Klarheit, wenn es auch dazu viele mehr oder weniger einleuchtende Vermutungen gibt. Auch hier ist Hegel an diesem Zustand keineswegs schuldlos, weil er wenig dazu beigetragen hat, diese Annahmen und Überzeugungen explizit deutlich zu machen. So kommt es, daß die am weitesten ausgreifenden Versuche, die methodologischen und programmatischen Grundlagen der Hegelschen Philosophie zu rekonstruieren,[5] zwar zu durchaus richtungsweisenden, aber bisweilen nur

---

[4] Vgl. den informativen Band von W. Becker, C. K. Essler (Hrsg.): *Konzepte der Dialektik*.
[5] Die mittlerweile längst unübersichtlich gewordene Anzahl dieser Versuche verhindert es, sie im einzelnen zu betrachten und zu würdigen. Von den Arbeiten, die sich hauptsächlich mit Hegels Ontologie oder seinem Begriffsmonismus befassen, seien die genannt, denen die hier vorgelegte Skizze besonders viele Anregungen verdankt: H. Mar-

sehr schwer interpretatorisch umsetzbaren Ergebnissen führen. Man ist daher, will man irgendeine philosophische Auffassung Hegels zu irgendeinem Thema betrachten, immer noch darauf angewiesen, das Zustandekommen dieser Auffassung mit zu betrachten und das heißt nicht nur, sie in ein Verhältnis zum programmatischen Rahmen zu setzen, sondern zugleich das Programm selbst zu umreißen.

B. Hegel über Relationen und Ontologie

Diese anspruchsvolle Verpflichtung im Zusammenhang der Klärung der Frage einzulösen, wie denn Hegel die ontologische Relevanz von Relationen einschätzt, ist leichter gefordert als getan. Dies vor allem deshalb, weil weder unmittelbar einsichtig ist, daß, und, wenn überhaupt, in welchem Sinn, Hegel das Thema ‚Relationen' zum Gegenstand seiner Überlegungen gemacht hat, noch allzu große Klarheit darüber besteht, was man denn, wenn es sie gibt, unter ‚Hegels Ontologie' zu verstehen hat. Über eins allerdings kann kein Zweifel bestehen: Hegel hat die Frage nach dem ontologischen Status von Relationen in dem Sinne, in dem sie etwa Bradley oder Russell beschäftigt hat, nie direkt diskutiert – einfach schon aus dem Grund, daß die explizite Formulierung dieser Frage erst nach seiner Zeit zustande gekommen ist. Man wird daher Hegels Position in dieser Frage nur kontrafaktisch bestimmen können, also keine Antwort darauf finden können, was denn nun Hegel tatsächlich von der Realität oder Irrealität, Externalität oder Internalität von Relationen gehalten hat, sondern sich damit begnügen müssen herauszufinden, wie sich Hegel zu Thesen wie der von der Realität oder Irrealität von Relationen gestellt hätte, wenn er mit ihnen konfrontiert worden wäre. Bevor nun daran gegangen werden kann, sich über die Gründe und Hintergründe zu verständigen, die für Hegels vermutliches Votum in einer Diskussion um den ontologischen Status von Relationen von Bedeutung sind, muß man erst einmal dieses Votum selbst darstellen und die in es eingehenden Vorstellungen Hegels über Relationen und über Ontologie in ihren Grundzügen angeben.

cuse: *Hegels Ontologie;* H. Brockard: *Subjekt;* Ch. Taylor: *Hegel;* H. F. Fulda: *Unzulängliche Bemerkungen;* H. F. Fulda: *Hegels Dialektik;* M. Theunissen: *Sein und Schein;* D. Henrich: *Formationsbedingungen der Dialektik.*

a. Relationen

Geht man von der im Einleitungskapitel vorgeschlagenen Festsetzung aus, daß die ontologische Bedeutung der Diskussion über interne und externe Relationen festgemacht werden kann an der Klärung der Unterscheidung zwischen wesentlichen und unwesentlichen Gegenstandsbestimmungen einerseits und relationalen und nichtrelationalen Bestimmungen andererseits, dann kann man relativ einfach die Vermutung begründen, daß Hegel kaum die Möglichkeit eingeräumt hätte, eine solche Diskussion für ontologisch relevant zu halten. Denn, wie der *Wissenschaft der Logik* deutlich zu entnehmen ist, hält Hegel weder etwas von der ‚wesentlich-unwesentlich' Distinktion noch unterscheidet er zwischen relationalen und nichtrelationalen Bestimmungen.[6] Schon daher würde er wenig Sinn mit einer solchen Diskussion verbinden können. Doch davon abgesehen, gibt es auch noch andere Gründe, die Hegel für die ontologische Irrelevanz der Frage nach der Internalität oder Externalität von Relationen anführen würde. Alle diese Gründe laufen auf die These hinaus, daß alles das, was mit Dingen und ihren Bestimmungen und auch mit Substanzen und ihren Akzidenzien zusammenhängt, ontologisch ohne jede Bedeutung ist.

Wenn man diese These zunächst im Zusammenhang der Betrachtung des Dinges und seiner Eigenschaften und unter Berücksichtigung des Umstandes verfolgt, daß für Hegel zu den Eigenschaften auch die relationalen Bestimmungen gehören, dann begründet sie Hegel offenbar mit folgender Überlegung.[7] Ob man Dinge mit der Summe ihrer Eigenschaften gleichsetzt, also ein Ding als nichts anderes als die Summe seiner Eigenschaften ansieht, oder ob man Dinge von ihren Eigenschaften unterscheidet, also das Ding selbst nicht als identisch mit der Summe seiner Eigenschaften betrachtet, ist insofern gleichgültig, als es keine logischen Gründe dafür gibt, die eine Betrachtungsart der anderen vorzuziehen. Stellt man sich nämlich die Frage, wie man denn das Ding über seine Eigenschaften bestimmen kann, so ergibt sich eine aporetische Alternative. Entweder man geht davon aus, daß das Ding genau das ist, was in es an Eigenschaften eingegangen ist, und

---

6 Zu Hegels Standpunkt in bezug auf die Unterscheidung zwischen wesentlichen und unwesentlichen Bestimmungen vgl. das kleine Kapitel über das Verhältnis des Äußeren und Inneren und die dazugehörige Anmerkung in der *Wissenschaft der Logik* II, 150 ff., zur Unterlassung der Unterscheidung zwischen relationalen und nichtrelationalen Bestimmungen vgl. die jeweiligen Versionen des Themas ‚Ding und Eigenschaften' in *Phänomenologie des Geistes*, *Wissenschaft der Logik* und *Enzyklopädie*.

7 Vgl. *Wissenschaft der Logik* II, 102–122 und *Enzyklopädie*, §§ 125–130. Eine aufschlußreiche Interpretation dieser Passagen findet sich bei Ch. Taylor: *Hegel*, 269 ff.

kann es daher nur als durch diese Eigenschaften konstituiert und in sie analysierbar betrachten, löst aber dadurch das Ding als unterschieden von seinen Eigenschaften auf, oder aber man geht davon aus, daß man das Ding als Einheit der in es eingegangenen Eigenschaften von der Summe dieser Eigenschaften selbst noch unterscheiden muß, und kann es dann nur als etwas bestimmen, das *neben* seinen Eigenschaften ein Bestehen hat, löst aber dadurch das Ding in dem Sinne auf, daß es nur noch als unbestimmte Einheitsform auftritt. Beide Weisen der Betrachtung sind für Hegel deshalb gleichwertig, weil (1) bei beiden das Ding sich auflöst und weil (2) beide zeigen, daß die Begriffe ‚Ding' und ‚Eigenschaft' sich wie Reflexionsbegriffe zueinander verhalten – erklärt man den einen durch den anderen, ist das Ergebnis ein leerer Begriff. Gleichwertig sind beide Betrachtungsweisen auch insofern, als beide korrekt in dem Sinne sind, daß sie die mit der Unterscheidung Ding-Eigenschaften festgelegten Vorgaben legitim ausnutzen.

Für Hegel bedeutet dies, daß der Begriff des Dinges ein widersprüchlicher Begriff ist:

> „Das Ding als diese Totalität ist der Widerspruch, nach seiner negativen Einheit die *Form* zu sein, in der die Materie bestimmt und zu *Eigenschaften* herabgesetzt ist ..., und zugleich aus *Materien* zu *bestehen*, die in der Reflexion des Dings in-sich zugleich ebenso selbständige als negierte sind."[8]

Da dieser Widerspruch für Hegel das unvermeidliche Ergebnis der Betrachtung des Verhältnisses von Dingen und Eigenschaften ist, kann in seinen Augen die Bestimmung dieses Verhältnisses zu keinen ontologisch relevanten Ergebnissen führen, und da die Frage nach dem ontologischen Status von Relationen festzumachen ist an der Frage nach dem Verhältnis von Dingen zu ihren relationalen Eigenschaften, ist für ihn auch jene Frage, die Relationen betreffend, ohne jeden angebbaren ontologischen Sinn.

Ähnliche Bedenken hat Hegel gegen die Substanz-Akzidenz Unterscheidung. Auch sie ist für ihn von der Art, daß in ihrem Rahmen und mit ihren Mitteln sich kein konsistentes Modell von dem, was ist, entwickeln läßt.[9]

---

8 *Enzyklopädie*, § 130. Unter ‚Materien' versteht Hegel in diesem Kontext substantialisierte Qualitäten. So besteht, diesem Sprachgebrauch zufolge, ein Ding, das magnetisch, braun und übelriechend ist, aus magnetischer Materie, Färbestoff und Riechstoff. Vgl. *Enzyklopädie*, §§ 126, 130.

9 Vgl. *Wissenschaft der Logik* II, 184 ff. und *Enzyklopädie*, §§ 150–152. Die Gründe, die Hegel für diese Auffassung anführt, sind denen formal ähnlich, die er gegen die Brauchbarkeit der Ding-Eigenschaft Unterscheidung vorbringt; auch sie laufen darauf hinaus, daß sich die Substanzvorstellung nicht konsistent machen läßt.

Selbst wenn daher, so Hegel, Relationen und die Fragen nach ihrer Realität, Internalität usw. in einen Zusammenhang mit der Substanz-Akzidenz Thematik gebracht werden können, spielen sie ontologisch keine Rolle, weil das Substanz-Akzidenz Modell des Gegenstandes selbst widersprüchlich ist. Dieses Ergebnis ist wenig günstig für alle Bemühungen, Hegel im Streit um den ontologischen Status von Relationen zum Zeugen für eine der beiden eingangs skizzierten alternativen Auffassungen zu machen.

b. Ontologie

Begnügt man sich aufgrund dieser Hegelschen Thesen damit festzustellen, daß Hegel Relationen keine ontologische Bedeutung beimißt, so ist diese Feststellung jedoch nur bedingt zutreffend. Dies wird deutlich, wenn man sich darüber verständigt, was denn die Gründe für diese Hegelsche Überzeugung sind. Der Versuch einer solchen Verständigung führt auf Hegels Auffassung von Ontologie, genauer: auf seine Bestimmung von Funktion und Gegenstand der Ontologie. In einer bekannten Passage am Ende der Einleitung in seine *Wissenschaft der Logik* charakterisiert Hegel das Verhältnis der verschiedenen Teile der *Wissenschaft der Logik* zur „vormaligen Metaphysik" wie folgt:

> „Die objektive Logik tritt damit vielmehr an die Stelle der vormaligen *Metaphysik*, als welche das wissenschaftliche Gebäude über die Welt war, das nur durch *Gedanken* aufgeführt sein sollte. – Wenn wir auf die letzte Gestalt der Ausbildung dieser Wissenschaft Rücksicht nehmen, so ist [es] erstens unmittelbar die *Ontologie*, an deren Stelle die objektive Logik tritt, – der Teil jener Metaphysik, der die Natur des *Ens* überhaupt erforschen sollte; das Ens begreift sowohl *Sein* als *Wesen* in sich, für welchen Unterschied unsere Sprache glücklicherweise den verschiedenen Ausdruck gerettet hat."[10]

Folgt man dieser Beschreibung, so hat es den Anschein, als wolle Hegel alles das als Gegenstand der Ontologie akzeptieren, was an Bestimmungen in seiner Seins- und Wesenslogik auftritt. Dieser Anschein hat insofern sein doppeltes Recht, als Hegel einerseits tatsächlich das Ens der metaphysischen Tradition durch die Kategorien der Seins- und Wesenslogik für vollständig bestimmt erklärt und andererseits über keinen anderen Begriff von Ontologie zu verfügen scheint als den, der für ihn durch die Tradition vorgegeben ist, der zufolge Ontologie die Theorie der allgemeinsten Begriffe darstellt, mit denen das, was ist, zu bestimmen ist.

---

10 *Wissenschaft der Logik* I, 46.

Dennoch sind für Hegel sowohl diese Kategorien als auch die sie theoretisch legitimierende traditionelle Ontologie nur von beschränktem Wert, solange nicht klar ist, als Kategorien wessen sie aufgefaßt werden müssen. Wenn nämlich Unklarheit darüber besteht, worauf sich diese Kategorien überhaupt beziehen, oder was es überhaupt ist, das durch sie bestimmt wird, dann gilt nach Hegel, was er in § 33 der *Enzyklopädie* anführt: „Für diese [die Kategorien, R. P. H.] in ihrer Mannigfaltigkeit und endlichem Gelten mangelt es an einem Princip; sie müssen daher *empirisch* und *zufälligerweise* aufgezählt ... werden." Diese Unklarheit bzw. dieser Mangel läßt sich für Hegel nur dadurch beseitigen, daß man sich dessen vergewissert, was denn das Ens der traditionellen Metaphysik tatsächlich oder ‚in Wahrheit' ist. Denn erst wenn Natur und Wesen dieses Ens aufgeklärt ist, kann Funktion und Geltung der dieses Ens bestimmenden Kategorien ausgemacht werden. Diese Hegelsche Vorstellung führt offensichtlich auf eine die Ontologie der traditionellen Metaphysik dem Anspruch nach fundierende und integrierende Konzeption von Ontologie, die den Gegenstand der metaphysischen Erforschung in die Bestimmung dessen legt, was ‚die Wahrheit' des Ens der traditionellen Metaphysik ist, um auf diese Weise festzulegen, was ‚in Wahrheit' ist.

Nach Hegel ist nun das, was ‚die Wahrheit' des Ens der traditionellen Metaphysik ist – des Ens, das er auch häufig mit dem Kantischen Ding an sich gleichsetzt[11] –, und was insofern auch das ist, was ‚in Wahrheit' ist, der ‚reale Begriff' oder die ‚Idee'. Der mit diesen Ausdrücken gekennzeichnete Sachverhalt ist aber in Hegels Augen durch die Kategorien der Seins- und Wesenslogik prinzipiell unterbestimmt. Deshalb macht nach seiner Auffassung in bezug auf diesen realen Begriff oder die Idee die „*objektive Logik,* welche das *Sein* und *Wesen* betrachtet, ... die *genetische Exposition*"[12] aus.

Man muß hinzusetzen: „*nur* die genetische Exposition". Dies aber heißt nicht nur, daß für Hegel auch die Hegelsche Nachfolgerin der traditionellen Ontologie, nämlich die objektive Logik, nicht in der Lage ist, die Bestimmung dessen, was ‚in Wahrheit' ist, zu leisten, es heißt darüber hinaus, daß diese zentrale *ontologische* Aufgabe nur im Rahmen einer Theorie des ‚Begriffs' zu bewältigen ist. Was daher letztlich für Hegel relevant ist, wenn es darum geht, sich über das zu verständigen, was ‚in Wahrheit' ist, sind nicht die Bestimmungen der traditionellen Ontologie, sondern die durch die Theorie des ‚Begriffs' geforderten Bestimmungen, unter denen sich aller-

---

11 Vgl. *Wissenschaft der Logik* I, 45f.; *Enzyklopädie,* § 44.
12 *Wissenschaft der Logik* II, 213.

dings auch die der objektiven Logik oder der traditionellen Ontologie befinden.

Hegel nun nennt seine Theorie des Begriffs oder seine Theorie dessen, was ‚in Wahrheit' ist, nicht Ontologie. Sie ist auch tatsächlich keine Ontologie im kategorialanalytischen Sinne,[13] wohl aber Ontologie in dem anderen geläufigen Sinne, dem zufolge Ontologie gerade die Theorie dessen ist, was ‚in Wahrheit' oder ‚wirklich' ist. Hegel zieht es vor, seine Theorie des Begriffs ‚Wissenschaft der Logik' zu nennen, um mit dieser Formulierung – wie schon den Vorreden zu den beiden Auflagen der *Wissenschaft der Logik* zu entnehmen ist – zweierlei klarzustellen: (1) Die eigentliche Theorie dessen, was ‚in Wahrheit' ist, ist nicht die Ontologie der traditionellen Metaphysik, (2) die eigentliche Ontologie ist als Theorie des Begriffs ‚in Wahrheit' Logik.

C. Die Aufgabe

Vor dem Hintergrund dieser Skizze des Hegelschen Verständnisses von Ontologie scheint es nun leicht auszumachen zu sein, welche Vorstellungen in die Auffassung eingehen, daß Relationen ontologisch irrelevant sind bzw. ontologisch keine Rolle spielen oder ohne ontologischen Sinn sind. Es scheinen Vorstellungen wie die zu sein, daß Relationen nicht zu dem gehören, was ‚in Wahrheit' ist, daß sie nicht ‚wirklich' sind, oder – an Hegels Sprachgebrauch orientiert ausgedrückt – daß sie nicht der ‚Begriff' bzw. von der Art des ‚Begriffs' sind. Dieser Anschein trügt jedoch beträchtlich. Denn schon die oberflächlichste Betrachtung der einschlägigen Hegelschen Charakterisierungen dessen, was er unter ‚realem Begriff' oder ‚Idee' verstanden haben will, zeigt,[14] daß Hegel den ‚Idee' oder ‚realen Begriff'

---

13 S. oben, 22 ff. K. Hartmann: *Die ontologische Option*, 1 ff., übersieht m. E. genau dieses bei seinem interessanten Rekonstruktionsversuch der Hegelschen Ontologie. Dies führt dazu, daß er nur wenig Möglichkeiten hat, verständlich zu machen, daß es für Hegel nur einen Begriff, nämlich die „Idee", tatsächlich gibt, es sei denn, Hartmann wolle behaupten, daß es nur eine Kategorie gibt, eine Behauptung, die jedoch weder Hartmanns Intention entspricht noch sachlich zu rechtfertigen ist. Ch. Taylor: *Hegel*, 123, gerät in die gleiche Schwierigkeit mit der – im Unterschied zu Hartmann expliziten – Behauptung, „that ultimately the only *category* (Hervorhebung von R. P. H.) that can maintain itself will be the Idea."
14 Vgl. *Wissenschaft der Logik* II, 407ff.; *Enzyklopädie*, §§ 213–215.

genannten Sachverhalt als einen wesentlich relationalen Sachverhalt begreift, als einen solchen also, der nur als bestimmtes Verhältnis zwischen bestimmten Elementen gefaßt werden kann. Dies aber heißt, daß Hegel Relationen oder wenigstens eine Relation zum konstitutiven Element dessen erklärt, was es allein wirklich gibt, wenn es denn stimmt, daß es für Hegel nur den ‚Begriff' wirklich gibt.

Es ist daher einigermaßen verwirrend, Hegel auf der einen Seite Relationen, verstanden als relationale Bestimmungen von Gegenständen und Substanzen, als ontologisch irrelevant ausgeben zu finden, sie auf der anderen Seite aber zugleich zum auszeichnenden Merkmal dessen erklärt zu sehen, was es letztlich allein ‚in Wahrheit' gibt, also als ontologisch real angesehen werden muß. Will man dieser Verwirrung begegnen, muß man offensichtlich davon ausgehen, daß Hegel über Mittel zu verfügen meint, die beides zu behaupten erlauben. Welche Vorstellungen dieser Hegelschen Meinung zu Grunde liegen, ist schwer auszumachen. Dies liegt nicht zuletzt daran, daß sie, vor allem in ihrer Hegelschen Formulierung, extrem dunkel sind. Sie versuchen aufzuhellen, bedeutet, Hegels ontologisches Programm im Umriß nachzuzeichnen, das Programm, welches sich eben in die These zusammenfassen läßt, daß nur der ‚Begriff' wirklich ist. Dies soll im folgenden geschehen. Schon diese vorläufigen Bemerkungen machen deutlich, wo man dieses Programm zu suchen hat: in der *Wissenschaft der Logik,* und zwar in deren beiden Teilen. Soweit es destruktiver oder kritischer Natur in bezug auf die Tradition ist, wird es hauptsächlich in der sog. objektiven Logik entfaltet, weil sie es sein soll, in der die Kategorien der traditionellen Ontologie zur Diskussion gestellt werden. Soweit es konstruktiver und affirmativer Natur ist, ist vor allem die sog. subjektive Logik oder die Begriffslogik von Interesse, weil in ihr Hegel das darzulegen genötigt ist, was in seinen Augen den Anspruch rechtfertigt, daß seine Konzeption dessen, was ‚in Wahrheit' ist, den durch die traditionelle Metaphysik bereitgestellten Modellen überlegen ist.

Da Hegel dieses sein Programm in der Auseinandersetzung mit und in Abgrenzung von traditionellen metaphysischen Positionen entwickelt, besteht ein möglicher und sinnvoller Zugang zur Vergegenwärtigung der wesentlichen Aspekte dieses Programms darin, sich erst einmal über die Gründe zu verständigen, die Hegel dazu bewogen haben, sich überhaupt auf das Projekt einer zu den ihm bekannten metaphysischen Theorien alternativen Theorie einzulassen. Es wird sich zeigen, daß hauptsächlich einer dieser Gründe (1) unmittelbare und von Hegel selbst gezogene Konsequenzen für die Plausibilität klassischer ontologischer Positionen hat und (2) zu einem Dilemma führt, das die Möglichkeit der Philosophie selbst, so wie sie Hegel bestimmt, in Frage stellt. Dieses Dilemma zu vermeiden und gleichzeitig einen ihm spezifischen Begriff des Objekts systematisch zu entfalten und durchzuhalten, wird sich als das Hegels ontologisches Programm auszeichnende Problem erweisen.

II. Hegel und die traditionelle Metaphysik

A. Metaphysik und „Form des Urteils"

In der Vorrede zur zweiten Auflage seiner *Enzyklopädie der philosophischen Wissenschaften im Grundrisse* erklärt Hegel: „Worauf ich überhaupt in meinen philosophischen Bemühungen hingearbeitet habe und hinarbeite, ist die wissenschaftliche Erkenntnis der Wahrheit."[15] Was die vieldeutige Formel „wissenschaftliche Erkenntnis der Wahrheit" für Hegel genau bedeutet, ist schwer auszumachen, eine ihrer Bedeutungen ist jedoch sicher die, daß man erkennt, „was die Objekte wahrhaft sind".[16]

Bei der Klärung dieser Frage meint Hegel von der philosophischen Tradition sehr wenig profitieren zu können, weil sie, wie auch immer in ihr diese Frage angegangen worden ist, von falschen Voraussetzungen ausgegangen ist. Hegel unterscheidet bekanntlich drei verschiedene Weisen des Zugangs zu der Frage nach dem, was Objekte in Wahrheit sind, durch die philosophische Tradition, drei Weisen, die er als sogenannte „Stellungen des Gedankens zur Objektivität" in der *Enzyklopädie* thematisiert. Hält Hegel auch jede dieser Weisen für unfähig, die gestellte Frage zufriedenstellend zu beantworten, so ist er zugleich der Meinung, daß man zwischen verschiedenen Graden der Unfähigkeit bei den verschiedenen Weisen unterscheiden muß. Als besonders unfähig erweisen sich nach Hegel die Positionen, die er einerseits als den Standpunkt des unmittelbaren Wissens kennzeichnet – einen Standpunkt, den er hauptsächlich mit der Position Jacobis verbindet – und andererseits als den des Empirismus Locke-Humescher Provenienz bzw. den des Kritizismus Kantischer Herkunft identifiziert.

Anders bewertet Hegel die Metaphysik, die dritte Weise des Umgangs

---

15 *Enzyklopädie*, S. 3.
16 *Enzyklopädie*, § 26.

mit der Frage nach dem, was die Objekte wahrhaft sind. Er kennzeichnet diese Weise als

> „das *unbefangene* Verfahren, welches ... den *Glauben* enthält, daß durch das *Nachdenken* die *Wahrheit erkannt*, das, was die Objekte wahrhaft sind, vor das Bewußtsein gebracht werde. In diesem Glauben geht das Denken geradezu an die Gegenstände, reproduziert den Inhalt der Empfindungen und Anschauungen aus sich zu einem Inhalte des Gedankens und ist in solchem als der Wahrheit befriedigt".[17]

Im Gegensatz nun zu seiner Bewertung der Leistungen von Empirismus und Kritizismus einerseits und dem unmittelbaren Wissen andererseits hält Hegel dieses unbefangene Verfahren für *prinzipiell* durchaus in der Lage, sich der gestellten Frage nach dem, was die Objekte in Wahrheit sind, in einer Hegel inhaltlich („dem Gehalte nach"[18]) zufriedenstellenden Weise anzunehmen, wenn dieses Verfahren dies auch als *Metaphysik* nicht tut.[19] Als Metaphysik ist dieses Verfahren deshalb nicht in der Lage, die Objekte so, wie sie in Wahrheit sind, zu erkennen, weil die Metaphysik ihre Gegenstände – das Ding überhaupt (Ontologie), die Seele (rationelle Psychologie oder Pneumatologie), die Welt (Kosmologie) und das höchste Wesen (natürliche oder rationelle Theologie), kurz: die „Vernunftgegenstände" in Hegels Terminologie – mit Mitteln zu erkennen versucht, die diesen ihren Gegenständen nicht gerecht werden können. Die Gesamtheit dieser Mittel charakterisiert Hegel als „Verstandesansicht". Er kann daher zu dem Diktum kommen, daß die Metaphysik „die *bloße Verstandes-Ansicht* der Vernunft-Gegenstände" sei und insofern bei dem Versuch, die Ausgangsfrage zureichend zu beantworten, scheitert.[20]

Hegels Einschätzung der Metaphysik, wie sie in den einleitenden Paragraphen der *Enzyklopädie* zum Ausdruck kommt, ist also durch zweierlei

---

17 *Enzyklopädie*, § 26.
18 *Enzyklopädie*, § 27.
19 Dies geht aus dem ersten Satz des § 27 der *Enzpklopädie* hervor, der heißt: „Dieses Denken *kann* wegen der Bewußtlosigkeit über seinen Gegensatz ebensowohl seinem Gehalte nach echtes *spekulatives* Philosophieren sein, als auch in *endlichen* Denkbestimmungen, d. i. in dem *noch unaufgelösten* Gegensatze verweilen." Das „ebensowohl – als auch" in diesem Satz hat nicht die Funktion, darauf zu verweisen, daß ein und dasselbe Denken sowohl als spekulatives als auch als endliches Denken betrachtet werden kann. Es soll vielmehr darauf verweisen, daß dieses Denken unter bestimmten Bedingungen spekulatives Philosophieren sein kann, unter anderen Bedingungen endliches Denken, oder besser: traditionelle Metaphysik ist.
20 *Enzyklopädie*, § 27. Unter Metaphysik versteht Hegel hier die „vormalige Metaphysik". Er bezieht sich mit dieser Charakterisierung hauptsächlich auf den Rationalismus Leibniz-Wolffscher Provenienz.

bestimmt: einerseits dadurch, daß sie seiner Meinung nach in bestimmter Weise die Voraussetzungen des sogenannten unbefangenen Verfahrens teilt. Diese Voraussetzungen haben bei ihr die Form der Überzeugung angenommen, daß „die Denkbestimmungen als die *Grundbestimmungen der Dinge*"[21] zu betrachten sind. Diese gemeinsame Voraussetzung ist der Grund dafür, daß Hegel sie als eine Variante des unbefangenen Verfahrens ansieht, eines Verfahrens, dem er attestiert, „seinem Gehalte nach echtes *spekulatives* Philosophieren sein"[22] zu können, und sie ist zugleich der Grund dafür, daß für Hegel die Metaphysik schon dem Ansatz nach Empirismus, Kritizismus und dem unmittelbaren Wissen überlegen ist. Andererseits ist Hegels Einschätzung der Metaphysik dadurch bestimmt, daß sie für ihn in einer Betrachtungsart ihrer Gegenstände befangen ist, die es ihr unmöglich macht, das in ihrer Voraussetzung gelegene Wahrheitspotential auszunutzen.

Diese vorgängige Charakterisierung der Hegelschen Ansichten dazu, (1) was die Aufgabe der Philosophie ist, (2) welche Haltungen gegenüber dieser Aufgabe die philosophische Tradition eingenommen hat und (3) aus welchen Gründen diese Haltungen unzureichend sind, kann nun Aufschluß darüber geben, unter welche Forderungen Hegel seinen eigenständigen Versuch stellt, die von ihm benannte Aufgabe der Philosophie zu lösen. Denn wenn man mit Hegel davon ausgeht, daß die Metaphysik vielleicht nicht *bloß*, aber doch wenigstens *auch* deshalb bei dem Versuch scheitert, *ihre* Gegenstände so, wie sie in Wahrheit sind, zu erkennen, weil die ihr eigentümliche Betrachtungsart ihrer Gegenstände sie zum Scheitern verurteilt, dann gilt für Hegels eigene Bemühungen trivialerweise, daß sie die Mängel der metaphysischen Betrachtungsart vermeiden muß. Diese triviale Beobachtung wird interessant, wenn man sich vergegenwärtigt, worin Hegel denn den entscheidenden Mangel der metaphysischen Betrachtungsart sieht. Er besteht, kurz gesagt, darin, daß sie sich der Form des Urteils bei der Klärung dessen, was die Gegenstände in Wahrheit sind, bedient.[23] Diese

---

21 *Enzyklopädie*, § 28.
22 *Enzyklopädie*, § 27.
23 Wie zu Beginn des vorigen Abschnitts bereits angedeutet, hat Hegel sehr häufig auf diesen Sachverhalt als auf das Hauptgebrechen der traditionellen Metaphysik hingewiesen. Vgl. stellvertretend für viele andere Belege *Enzyklopädie*, § 28 Anm., § 31 Anm. Sieht man einmal von der in unserem Zusammenhang nicht wichtigen terminologischen Unterscheidung ab, die Hegel zwischen Sätzen und Urteilen trifft (vgl. *Enzyklopädie*, § 167 Anm.; *Wissenschaft der Logik* II, 267 f.), kann man ein Urteil im Sinne Hegels als einen Satz betrachten, in dem von etwas (dem Satzsubjekt) etwas (ein Prädikat) ausgesagt wird (vgl. *Wissenschaft der Logik* II, 264 ff., 495). Für Hegel ist

Bestimmung des Mangels der Metaphysik auf jene triviale Beobachtung zurückgewendet, ergibt aber nun die irritierende Einsicht, daß Hegel offensichtlich bereit ist zu behaupten, man könne mit einer die Form des Urteils benutzenden Betrachtungsart Gegenstände so, wie sie in Wahrheit sind, nicht erkennen. Eine solche Behauptung ist vor allem deshalb irritierend, weil sie unter mehreren Gesichtspunkten wenig plausibel erscheint. Einmal nämlich ist schwer zu sehen, wie man sich über Gegenstände *erkennend* verständigen kann, wenn nicht mit Urteilen. Zum anderen ist nicht unmittelbar einsichtig, warum denn gerade Urteile ein besonders ungeeignetes Mittel des Ausdrucks dessen darstellen, was Gegenstände wahrhaft sind. Und schließlich ist es ein nicht zu übersehendes Faktum, daß Hegel selbst die Form des Urteils als die auch für seine Philosophie geltende Normalform des wahrheitsfähigen Redens über Gegenstände betrachtet, indem er sie benutzt.

Will man daher in Hegels an der Form des Urteils ansetzender Kritik der metaphysischen Betrachtungsart nicht bloß ein unverständliches Diktum eines dunklen philosophischen Schriftstellers sehen, muß man sich bei dieser Ausgangslage mit einem Problem auseinandersetzen, das sich verschieden ausdrücken läßt. Die für unsere Zwecke geeignetste Formulierung dieses Problems läßt sich in Form einer Frage so darstellen: Was ist von einer Kritik an der traditionellen Metaphysik zu halten, die sie wegen der Benutzung von Mitteln (oder Formen) als unzulänglich kritisiert, die in der behaupteten Alternative zu ihr, also der Hegelschen Philosophie, selbst die Standardmittel des Ausdrucks sind?

B. Hegels Kritik an der „Form des Urteils"

Die Erörterung dieses Problems nötigt zu einer Verständigung darüber, (1) was Hegel im einzelnen gegen die Form des Urteils einzuwenden hat und (2) warum ihr nach Hegel eine besondere Bedeutung gerade im Zusammenhang mit der traditionellen Metaphysik zukommt.[24] In den §§ 28–32 der

---

    also die Form des Urteils wesentlich durch das Subjekt-Prädikat-Verhältnis bestimmt.

24 Bei der Erörterung dieser Frage wird hauptsächlich die dritte Auflage der *Enzyklopädie* herangezogen. Es wird vermieden, von Überlegungen Gebrauch zu machen, die Hegel in der Vorrede zur *Phänomenologie des Geistes* im Zusammenhang seiner Theorie des spekulativen Satzes entwickelt. Dies vor allem deshalb, weil hier zunächst nur

dritten Auflage der *Enzyklopädie* skizziert Hegel verschiedene Einwände gegen die traditionelle Metaphysik, die alle auf den Nachweis abzielen, daß in diese Metaphysik einige unanalysierte Voraussetzungen eingegangen sind, die zu Schwierigkeiten mit ihren eigenen Ansprüchen führen. Hegel kennzeichnet diese Voraussetzungen durch die Angabe der Art, in der die Metaphysik die dem Ansatz nach korrekte Annahme, daß „die Denkbestimmungen als die *Grundbestimmungen der Dinge*"[25] angesehen werden müssen, methodisch einlöst. Sie lassen sich nach Hegel alle auf ein Grundversäumnis der traditionellen Metaphysik zurückführen, ein Versäumnis, das darin besteht, die Form des Urteils unreflektiert zu gebrauchen.

Unter dem unreflektierten Gebrauch der Form des Urteils versteht Hegel Verschiedenes. Zunächst gehört dazu die für Hegel durch nichts ausgewiesene Annahme, daß Urteile in dem Sinne eine Beziehung auf das, was ist, also auf ontologisch relevante Sachverhalte, haben, daß sie einen eigentümlich direkten Aufschluß geben über die ontologische Verfassung der Wirklichkeit oder das, was ‚wirklich' ist. Zu den Folgen dieser ungesicherten Annahme der traditionellen Metaphysik gehört nach Hegel zweierlei: erstens daß sie grundlos geneigt gewesen ist, die Welt in ihren ontologischen Grundlagen als ein Ensemble von Substanzen und Akzidenzen zu betrachten, weil ihr als Standardform des Urteils das Urteil der Subjekt-Prädikat-Form gegolten hat. Hat Hegel gegen diese Folge unter gewissen Bedingungen noch wenig einzuwenden, so ist für ihn die zweite Folge problematischer: Sie besteht in der unbegründeten Neigung der traditionellen Metaphysik, aus der angenommenen Entsprechung zwischen der Subjekt-Prädikat-Form des Urteils und der Substanz-Akzidenz-Verfassung der Wirklichkeit die Überzeugung herzuleiten, daß man mit Urteilen das, was Gegenstände in Wahrheit sind, zum Ausdruck bringen kann. Problematisch findet Hegel nicht die in dieser Überzeugung enthaltene Annahme, daß man sich urteilend zu Gegenständen verhalten kann, ein Problem sieht er vielmehr in der in diese Überzeugung ebenfalls eingehenden Annahme, daß man *ohne Prüfung* davon ausgehen kann, daß, wie er es ausdrückt, „die Form des

---

Hegels Kritik an der Leistungsfähigkeit des Urteils interessiert und noch nicht die von ihm angebotenen Mittel zur Überwindung der Schwächen des ‚normalen' Urteils zur Sprache kommen sollen. Anzumerken ist noch, daß in der seit den Arbeiten von Bodammer *(Hegels Deutung der Sprache)* und Simon *(Das Problem der Sprache bei Hegel)* sehr umfangreich gewordenen Literatur zu dem Thema ‚Hegel und die Sprache' auf das zu erörternde Problem verschiedentlich hingewiesen worden ist, vgl. z. B. W. Marx: *Absolute Reflexion und Sprache*.

25 *Enzyklopädie*, § 28.

Urteils Form der Wahrheit sein könne".[26] Zu einer solchen Prüfung besteht für Hegel insofern Anlaß, als die für diese Form konstitutiven Begriffe des Subjekts und des Prädikats nicht unter jeder Interpretation die Behauptung rechtfertigen, daß ein Subjekt-Prädikat-Urteil etwas zur Bestimmung eines Gegenstandes beiträgt. Und schließlich gehört für Hegel auch zum unreflektierten Gebrauch der Form des Urteils durch die traditionelle Metaphysik, daß sie sich einer allzu naheliegenden, ‚natürlichen' Interpretation der Begriffe des Subjekts und des Prädikats bedient hat, auf Grund derer die durch diese Begriffe bestimmte Form des Urteils zu ontologischer Irrelevanz verurteilt ist.

a. Einwände gegen Prädikatbegriffe

Was sind nun Hegels Bedenken gegen die traditionell metaphysische Auffassung von Subjekten, Prädikaten und Urteilen? Was zunächst die Prädikate betrifft, so formuliert Hegel seine zwei Einwände in § 29 der *Enzyklopädie*:

> „Dergleichen Prädikate sind für sich ein *beschränkter* Inhalt und zeigen sich schon als der *Fülle* der *Vorstellung* (von Gott, Natur, Geist usf.) nicht angemessen und sie keineswegs erschöpfend. Alsdann sind sie dadurch, daß sie Prädikate Eines Subjekts seien, miteinander verbunden, durch ihren Inhalt aber verschieden, so daß sie *gegeneinander* von *außen* her aufgenommen werden."

Worauf Hegel mit dem ersten Einwand zielt, ist offensichtlich: Ein Prädikat ist ein Begriff, der eine Eigenschaft oder ein Merkmal von Gegenständen kennzeichnet, er ist, mit Kant formuliert, eine Teilvorstellung vom Gegenstand. Als solche ist er per definitionem nicht in der Lage, einen Gesamtgegenstand, d. h. den Gegenstand mit allen seinen Merkmalen zu charakterisieren. Insofern ist das Prädikat „*beschränkter* Inhalt", der Gegenstandsvorstellung „nicht angemessen", „sie keineswegs erschöpfend".

---

26 *Enzyklopädie*, § 28 Anm. Die Hegelschen Formulierungen „das Wahre" bzw. „die Wahrheit" werden hier als Kurzformeln für den Terminus „Gegenstand, wie er wahrhaft ist" verwendet. Zu dieser Interpretation besteht insofern Anlaß, als Hegel im Zusammenhang der Kritik an der Metaphysik deren Betrachtungsart ihrer Gegenstände thematisiert und unterscheidet zwischen den Gegenständen, wie sie in der „Vorstellung" gegeben sind, und den Gegenständen, wie sie eben wahrhaft sind. Außerdem ergibt es wenig Sinn, wenn man den Hegel des § 28 ff. so verstehen wollte, als behaupte er, Denkbestimmungen könnten – ob nun als Prädikate oder nicht – etwas zur Bestimmung des Gegenstandes „Wahrheit" beitragen.

Dieser Einwand wirkt auf den ersten Blick befremdlich. Wenn nämlich Prädikate als Begriffe aufgefaßt werden, die Teilvorstellungen von Gegenständen charakterisieren, dann scheint auf der Hand zu liegen, daß sie nicht die Gesamtvorstellung irgendeines Gegenstandes charakterisieren können. Anzunehmen, es sei ein Mangel von Prädikaten, daß sie nicht die jeweilige Gesamtvorstellung irgendeines Gegenstandes kennzeichnen, heißt daher kaum mehr als ihnen das als Mangel zuzurechnen, was sie sind, nämlich Prädikate. Eine solche Kritik kann jedoch wenig überzeugen. Soll man mit diesem Einwand irgendeinen Sinn verbinden können, dann muß man ihn in dem Zusammenhang sehen, den Hegel vor Augen hat, und das heißt im Zusammenhang dessen, was der Gebrauch von Prädikaten für die Metaphysik bedeutet. Und hier ist ja die von Hegel der Metaphysik in § 28 unterstellte Annahme, daß man ihre Gegenstände „durch Beilegung von Prädikaten" bestimmen könne. Wenn nun, so Hegels Einwand in diesem Kontext, Prädikate als Teilvorstellungen aufgefaßt werden, und weiter davon ausgegangen wird, daß eine Teilvorstellung nicht identisch mit der Gesamtvorstellung eines Gegenstandes ist, dann bestimmen Prädikate, also Teilvorstellungen, die Gesamtvorstellung des Gegenstandes in dem Sinne nicht, als sie kein Mittel an die Hand geben festzulegen, welche Prädikate denn zur Bestimmung der Gesamtvorstellung erforderlich sind. So ist zum Beispiel mit dem Urteil ‚Menschen sind sterblich' nicht die Gesamtvorstellung ‚Mensch' durch die Teilvorstellung ‚sterblich sein' bestimmt, sondern es ist nur festgelegt, daß zu dem, was die Gesamtvorstellung ‚Mensch' ausmacht, auch die Teilvorstellung ‚sterblich sein' gehört. Es gehören aber zu der Gesamtvorstellung ‚Mensch' noch sehr viele andere Teilvorstellungen, die zusammen erst die Gesamtvorstellung ‚Mensch' ausmachen. Solange diese anderen Teilvorstellungen unberücksichtigt bleiben, ist aber die Gesamtvorstellung ‚Mensch' nur in bezug auf eins ihrer Merkmale, nicht aber als Gesamtvorstellung bestimmt, und sie ist auch als Gesamtvorstellung prinzipiell nicht durch Teilvorstellungen bestimmbar.

Doch wie auch immer man Hegels im ersten Satz des § 29 angedeutete Bedenken gegen die Bestimmung von Gesamtvorstellungen durch Teilvorstellungen im Detail rekonstruieren mag,[27] das eigentliche Ziel dieses Einwandes gegen den ‚unreflektierten' Gebrauch von Prädikaten scheint etwas anderes zu sein. Sein eigentliches metaphysikkritisches Potential wird nur dann voll deutlich, wenn man ihn im Rahmen einer von Hegel für fundamental gehaltenen Unterscheidung betrachtet, nämlich der zwischen Ge-

---

27 Ausführlicher, aber keineswegs eindeutiger sind die zu diesem Punkt parallelen Ausführungen Hegels in *Wissenschaft der Logik* II, 266 f.

genständen, wie sie in der Vorstellung sind, und Gegenständen, wie sie in Wahrheit sind. Diese Unterscheidung vorausgesetzt, so soll Hegels Einwand darauf hinweisen, daß man dann, wenn man schon durch Prädikate nicht einmal die *Vorstellung* eines Gegenstandes erschöpfend bestimmen kann, man nicht den geringsten Grund zu der Annahme hat, man könne durch sie das erschöpfend bestimmen, was der Gegenstand *an sich* oder *in Wahrheit* ist. Der Einwand zielt daher primär auf eine Kontrastierung dessen, was Prädikate in bezug auf Vorstellungen leisten bzw. nicht leisten, zu dem, was sie in bezug auf adäquate Gegenstandserkenntnis leisten. Daß sie nichts zur adäquaten Gegenstandserkenntnis oder zur Erkenntnis dessen, was Gegenstände in Wahrheit sind, beitragen, dies liegt nach Hegel nicht so sehr an dem mehr ‚technischen' Defekt, daß sie als Teilvorstellungen keine Gesamtvorstellung bestimmen können, sondern daran, daß die Metaphysik ihre Denkbestimmungen (Prädikate) als „*Verstandes*bestimmungen"[28] betrachtet. Dies aber heißt, wie Hegel in § 25 andeutet, „daß sie *nur subjektiv* sind und den bleibenden Gegensatz am Objektiven haben". Wie aber können – so ließe sich dieser Aspekt des Hegelschen Einwandes als Frage formulieren – Bestimmungen (Prädikate), die nur subjektiv sind, Auskunft über die objektive Beschaffenheit eines Gegenstandes geben?[29] Im besten Fall können sie etwas beitragen zur Bestimmung der subjektiven Präsenz des Gegenstandes, also seiner Vorstellung. Doch auch in diesem subjektiven Bereich – so Hegels Überlegung weiter – sind diese Prädikate, wenigstens dann, wenn sie im Sinne der Metaphysik als Gegenstandsbestimmungen angesehen werden, unangemessen und führen zu unvollständigen Beschreibungen nicht etwa von Gegenständen, sondern von Vorstellungen von Gegenständen.

Auch der zweite in § 29 formulierte Einwand soll auf eine prinzipielle Schwierigkeit verweisen, der die als (subjektive) Verstandesbestimmungen aufgefaßten Prädikate unterliegen. Der Einwand lautet: „Alsdann sind sie dadurch, daß sie Prädikate Eines Subjekts seien, miteinander verbunden, durch ihren Inhalt aber verschieden, so daß sie *gegeneinander* von *außen* her aufgenommen werden." Hegel geht es hier darum zu zeigen, daß die Idee der Bestimmung einer Gegenstandsvorstellung durch Prädikate schon insofern problematisch ist, als sie nur unter Voraussetzung der Annahme einer bereits bestimmten Gegenstandsvorstellung funktioniert. Dies des-

---

28 Enzyklopädie, § 28, § 30, Hervorhebung von R. P. H.
29 Diese Überlegung kann in Analogie zu Kants Frage am Beginn der transzendentalen Deduktion gesehen werden, wie es möglich sei, daß subjektive Bedingungen des Denkens objektive Gültigkeit haben können. Vgl. *Kritik der reinen Vernunft*, B 122.

halb, weil man Prädikaten selbst weder einen Hinweis darauf entnehmen kann, welche Gegenstandsvorstellung sie jeweils bestimmen, noch darauf, welche anderen Prädikate jeweils erforderlich sind, um zu einer bestimmten (determinierten) Gegenstandsvorstellung zu kommen.

Wieder auf das Beispiel der sterblichen Menschen bezogen, kann man diese Hegelsche Überlegung so paraphrasieren: Hat man z. B. die Prädikate ‚sterblich', ‚teilweise behaart' und ‚zweibeinig', so sind diese Prädikate selbst unbestimmt in bezug darauf, welche Gegenstandsvorstellungen durch sie bestimmt sind oder nicht bestimmt sind. Ob also die Gegenstandsvorstellung ‚Mensch' durch die angegebenen Prädikate bestimmt ist oder nicht, diese Frage läßt sich aus der Betrachtung z. B. dieser drei Prädikate nicht entscheiden. Man ist daher, um mit der Annahme der Bestimmung einer Gegenstandsvorstellung durch das Beilegen von Prädikaten einen Sinn zu verbinden, auf wenigstens eine von zwei unplausiblen Hypothesen verwiesen: Entweder man nimmt an, daß man bereits über eine so weit bestimmte Vorstellung des Gegenstandes ‚Mensch' verfügt, daß man in dieser gegenüber einer Bestimmung durch Prädikate vorgängigen Bestimmung der Gegenstandsvorstellung eine Basis für das Zu- oder Absprechen von Prädikaten und das heißt für das Bestimmen der Vorstellung durch Prädikate hat. Eine solche Konstruktion läßt sich aber schwer mit dem Postulat der Bestimmung einer (unbestimmten) Gegenstandsvorstellung durch Prädikate in Einklang bringen. Oder man muß annehmen, daß Prädikate nicht „*gegeneinander* von *außen* her aufgenommen werden", wie Hegel es nennt, sondern daß sie zueinander in einem quasi-analytischen Verhältnis der Art stehen, daß aus der Betrachtung nur eines Prädikats nicht nur alle die Prädikate gewonnen werden können, die mit dem ersten Prädikat zusammen die Vorstellung *eines* Gegenstandes bestimmen, sondern daß darüber hinaus die Betrachtung eines Prädikats auch darüber Aufschluß gibt, wann denn eine Prädikatenkonstellation erreicht ist, die als bestimmte Gegenstandsvorstellung gedeutet werden kann. Wenn man also, um bei unserem Beispiel zu bleiben, von dem Prädikat ‚sterblich' auf irgendeine Weise zu den Prädikaten ‚teilweise behaart' und ‚zweibeinig' kommen könnte, und wenn man einmal annimmt, daß genau diese drei Prädikate die Gegenstandsvorstellung ‚Mensch' vollständig bestimmen, dann könnte man sagen, daß, wann immer man diese Prädikatenkonstellation hergestellt hat, man die Gegenstandsvorstellung ‚Mensch' bestimmt habe. Doch da, so Hegel, die traditionelle Metaphysik sicher nicht einer solchen Auffassung vom Prädikat als einer letztlich Gegenstandsvorstellungen generierenden Funktion zugestimmt hätte, bleibt ihr gar nichts anderes übrig, als Prädikate so zu betrachten, „daß sie *gegeneinander* von *außen* her aufgenommen werden". Dies aber führt zu den mit der ersten Hypothese verbundenen Schwierigkeiten, welche genügen, die Behauptung der traditionellen Metaphysik, daß man Gegenstände durch das Beilegen von Prädikaten bestimmen könne, unverständlich und unüberzeugend zu machen.

Der Wert dieses Hegelschen Einwandes gegen den ‚unreflektierten' Gebrauch von Prädikaten und damit gegen den ‚unreflektierten' Gebrauch von Subjekt-Prädikat-Urteilen wird wiederum erst dann deutlich, wenn man ihn als indirektes Argument gegen die Fähigkeit der traditionellen Metaphysik versteht, mit ihren Mitteln Gegenstände, wie sie in Wahrheit sind, zu erkennen. Auch dieses Argument beutet das Mißtrauen Hegels aus gegen die von ihm der traditionellen Metaphysik unterstellte Auffassung der richtigen These, daß man durch das Denken die Gegenstände erkennen könne, und wiederum ist das Ziel, darauf hinzuweisen, daß Prädikate unter einer bestimmten Interpretation, nämlich der der traditionellen Metaphysik, die sie als subjektive Denkbestimmungen, also als Verstandesbestimmungen auffaßt, nicht nur nicht als Bestimmungen ausgewiesen werden können, die das charakterisieren, was Objekte in Wahrheit sind, sondern nicht einmal Gegenstände der Vorstellung bestimmen können.

Beide Einwände laufen also gleichermaßen darauf hinaus, daß die Auffassung von Funktion und Leistungsfähigkeit des Prädikats, wie die traditionelle Metaphysik sie „unreflektiert" vertritt, zwei Fehler hat: (1) mit ihr kann nicht einmal den eigenen, „unreflektierten" Erwartungen Rechnung getragen werden und (2) ihre Ergebnisse sind von der Art, daß es keine Möglichkeit gibt, sie für ontologisch relevant zu halten. Sie können nichts dazu beitragen, etwas über die wirkliche Verfassung der Gegenstände, über das, was sie ‚in Wahrheit' sind, auszumachen.

b. Einwände gegen Subjektbegriffe

Doch es ist nicht nur die unvermeidliche ontologische Irrelevanz prädikativer Bestimmungen, die Hegel die traditionell metaphysische Interpretation der Form des Subjekt-Prädikat-Urteils suspekt macht, sondern ebensosehr sind es die mit dieser Interpretation verbundenen notwendigen Mißverständnisse in bezug auf den ontologischen Status dessen, was als Subjekt im Urteil auftritt. Wieder explizit auf die Metaphysik beschränkt, deutet Hegel seine Vorbehalte in § 30 an:

„Ihre (der Metaphysik, R. P. H.) *Gegenstände* waren zwar Totalitäten, welche an und für sich *der Vernunft*, dem Denken des in sich *konkreten* Allgemeinen angehören, – *Seele, Welt, Gott;* – aber die Metaphysik nahm sie aus der *Vorstellung* auf, legte sie als *fertige gegebene Subjekte,* bei der Anwendung der Verstandesbestimmungen darauf, zu Grunde, und hatte nur an jener Vorstellung den *Maßstab,* ob die Prädikate passend und genügend seien oder nicht."

Auch hier ist der Einwand ein doppelter. Der erste bezieht sich auf den ontologischen Status dessen, was als Subjekt im Urteil auftritt, der zweite auf die Erkenntnismöglichkeiten, die mit dem Urteil unter Voraussetzung eines bestimmten Subjektbegriffs verbunden sind. Seiner allgemeinen Form, d. h. nicht nur auf die Gegenstände der Metaphysik beschränkt, sondern auf Gegenstände überhaupt bezogen, kann man den ersten das Subjekt betreffenden Einwand wie folgt paraphrasieren: Das, was im normalen, ‚unreflektierten' Subjekt–Prädikat-Urteil durch den Subjektausdruck gekennzeichnet wird, ist gar nicht der Gegenstand, so wie er in Wahrheit, an sich oder objektiv ist, sondern das, was der Subjektausdruck im normalen Urteil kennzeichnet, ist nur die (subjektive) *Vorstellung* des Gegenstandes. Wenn die Urteilssubjekte aber nur für Vorstellungen von Gegenständen stehen, dann ist vollständig unausgemacht, in welchem Sinne mit den die Vorstellung bestimmenden Prädikaten auch etwas über die Gegenstände, wie sie tatsächlich, in Wahrheit oder objektiv sind, ausgesagt wird. Für die Metaphysik, die meint, „daß das, was *ist,* damit daß es *gedacht* wird, *an sich* erkannt werde,"[30] bedeutet dies, daß sie gerade die von ihr beanspruchte Erkenntnis des „Ansich" nicht für sich proklamieren kann, wenn das, was in ihren Urteilen als Subjekt auftritt, nur den Vorstellungsgegenstand kennzeichnet. Als Einwand, der den ontologischen Status des Subjekts des Urteils reflektiert, läuft Hegels Überlegung darauf hinaus, daß man dem Subjekt des Urteils, vorsichtig ausgedrückt: nicht ansieht, ob es ontologisch Relevantes – einen objektiven Gegenstand, einen Gegenstand, wie er in Wahrheit ist, – oder bloß subjektiv Gegebenes – einen Vorstellungsgegenstand – kennzeichnet.

Wenn aber, so der zweite das Subjekt betreffende Einwand, Gegenstände aus der Vorstellung aufgenommen werden – und genau dies macht nach Hegels Überzeugung die Metaphysik –, und sie es sind, die durch das Urteilssubjekt charakterisiert werden, so bekommt man mit einer Variante dessen Schwierigkeiten, was mehr als 100 Jahre später G. E. Moore das Paradox der Analyse genannt hat. Ist nämlich der Subjektbegriff des Urteils voll durch die Gegenstands*vorstellung* bestimmt, so ist die Frage, welche

---

30 *Enzyklopädie,* § 28.

Prädikate diesem Subjekt zugesprochen werden können, nur eine Frage nach dem, was im Subjektbegriff analytisch enthalten ist, d. h. was die (subjektive) Vorstellung an Merkmalen enthält. Die Analyse dessen, was im Subjektbegriff enthalten ist, führt aber nicht über das hinaus, was bereits dunkel oder implizit gegeben ist. Geht man also daran, durch Urteile, deren Subjektbegriff eine Gegenstandsvorstellung kennzeichnet, das Wahre zu erkennen, und geht man davon aus, daß es zumindest völlig grundlos ist anzunehmen, daß die Gegenstandsvorstellung irgend etwas mit dem zu tun hat, was das objektive Korrelat der Gegenstandsvorstellung, also der Gegenstand in Wahrheit, ist, dann wird es beliebig kompliziert, die Behauptung zu legitimieren, daß mit einem normalen Subjekt–Prädikat-Urteil ein Gegenstand so, wie er in Wahrheit ist, erkannt werden kann.[31] Hegel selbst drückt einige Paragraphen später (§ 33) das Problem, das man mit Vorstellungsgegenständen und ihrer prädikativen Bestimmung hat, so aus: „Es kann dabei bloß um die mit dem Sprachgebrauch übereinstimmende *Richtigkeit* der Analyse und empirische *Vollständigkeit,* nicht um die *Wahrheit* und *Notwendigkeit* solcher Bestimmungen an und für sich zu tun sein."

C. Substanzontologische Implikationen des Urteils

Für unseren Zusammenhang kommt es hier nicht so sehr darauf an, ob man diese von der Betrachtung des Urteilssubjekts ausgehenden Einwände Hegels gegen die Leistungsfähigkeit des Subjekt–Prädikat-Urteils zum Zwecke der Erkenntnis dessen, was Objekte in Wahrheit sind, sachlich überzeugend findet oder nicht. Dies deshalb, weil es hier zunächst nur darum geht klarzustellen, welche sachlichen Motive für Hegel bei dem Versuch eine Rolle gespielt haben, die traditionellen Formen des philosophischen Diskurses und folglich auch die mit diesen Formen verbundenen Argumentations- und Rationalitätsmuster nicht nur in Frage zu stellen, sondern sie darüber hinaus für nur beschränkt geeignet – nicht, wie sich noch zeigen wird: für völlig ungeeignet – zu halten zum Zwecke der Erkenntnis „des Wahren" oder dessen, was die Gegenstände in Wahrheit sind. Die Kritik an der tradi-

---

31 Diese Hegelsche Überlegung beutet im Grunde den skeptischen Einwand Berkeleys gegen die Annahme der Realität der Außenwelt aus: Wenn alles, was uns unmittelbar sinnlich als Datum gegeben ist, Vorstellung (idea) ist, dann gibt es keinen Grund anzunehmen, daß diesen Vorstellungen irgendetwas entspricht (corresponds), was nicht Vorstellung ist.

tionellen Metaphysik zeigt deutlich, daß es Probleme sind, die mit den ontologischen Implikationen einer Sprachform verknüpft sind, nämlich der, in der dem Subjekt–Prädikat-Urteil eine ausgezeichnete Rolle zugewiesen ist, welche dazu beigetragen haben, ihn den Versuch unternehmen zu lassen, einen zu der philosophischen Tradition alternativen Ansatz zu entwickeln. Denn, so Hegel, wird, wie in der traditionellen Metaphysik, das Urteil als Subjekt–Prädikat-Verbindung aufgefaßt, und ist sowohl die ontologische Funktion dessen, was durch den Prädikatbegriff, als auch dessen, was durch den Subjektbegriff gekennzeichnet wird, unklar, dann wird die Legitimität des Gebrauchs der Form des Urteils in der Philosophie fragwürdig, wenn es denn so ist, daß es der Philosophie um die Erkenntnis dessen geht, was die Gegenstände wahrhaft sind. Diese Fragwürdigkeit dokumentiert gerade die Metaphysik, die ja für Hegel eine an und für sich vernünftige Voraussetzung mit der ihr von ihm attestierten Überzeugung macht, daß das, was die Dinge wirklich sind, nur durch das Denken erkannt wird, und die dennoch, wie er in § 32 sagt, „Dogmatismus" wurde, weil sie eben den Unklarheiten, die mit der Form des Urteils verbunden sind, nicht nachgegangen ist, sondern sich zu einer subjektivistischen Interpretation des Urteils unreflektiert entschlossen hat. Eine solche subjektivistische Interpretation ist schon allein deshalb fragwürdig, weil sie, wie versucht worden ist auszuführen, den Nachteil hat, auf gar keine Weise einsichtig machen zu können, wie denn die sog. Verstandesbestimmungen – also die Hegelschen Denkbestimmungen in einer subjektivistischen Interpretation – als Prädikate und die subjektive Form der Präsenz von Gegenständen, die Vorstellungen also, als Subjekte des Urteils dem Urteil selbst – als der ebenfalls nur subjektiven Form der Verknüpfung von Subjekt und Prädikat („Maßstab" der Verknüpfung ist die – subjektive – Vorstellung, § 30) – irgendeinen Anspruch auf ontologische Signifikanz im Sinne des Bezugs auf objektive Realität oder Wahrheit sichern kann.[32]

Die unter dem Gesichtspunkt der ontologischen Signifikanz aber noch weitaus fragwürdigere Seite der subjektivistischen metaphysischen Interpre-

---

[32] Im Zusammenhang der hier betrachteten Passage der *Enzyklopädie* drückt Hegel diesen Gesichtspunkt der Fragwürdigkeit des Urteils noch einmal sehr deutlich in § 31 in bezug auf die Gegenstände der Metaphysik aus: „Die Vorstellungen von Seele, Welt, Gott scheinen zunächst dem Denken einen *festen Halt* zu gewähren. Außerdem aber, daß ihnen der Charakter besonderer Subjektivität beigemischt ist und sie hiernach eine sehr verschiedene Bedeutung haben können, so bedürfen sie es vielmehr, erst durch das Denken die feste Bestimmung zu erhalten. Dies drückt jeder Satz aus, als in welchem erst durch das *Prädikat* (d. i. in der Philosophie durch die Denkbestimmung) angegeben werden soll, *was* das Subjekt, d. i. die anfängliche Vorstellung sei."

tation des Urteils ist die, daß sie trotz dieser konstatierbaren ontologischen Insuffizienz zur Annahme einer Ontologie verführt, wenn nicht gar verpflichtet: zu der Annahme nämlich, daß die den Urteilssubjekten entsprechenden Gegenstände als Substanzen zu denken sind, denen die durch Prädikatbegriffe bezeichneten Eigenschaften zukommen. Die unreflektierte, von der Metaphysik „aufgenommene" (§ 30) subjektivistische Interpretation des Urteils impliziert das, was man eine Substanzontologie nennen kann, oder legt sie wenigstens nahe, eine Ontologie also, der zufolge als die basalen Entitäten der Welt voneinander unabhängige Substanzen angenommen werden, die durch ihnen zukommende oder nicht zukommende akzidentelle Merkmale individuell bestimmt sind. Und diese Implikation oder diese schwer zu vermeidende *ontologische* Suggestion der unreflektierten Interpretation des Urteils ist es, was Hegel Schwierigkeiten bereitet.

Diese Schwierigkeiten betreffen nun bemerkenswerterweise nicht so sehr das suggerierte ontologische Modell selbst, sondern die Unfähigkeit der traditionellen Metaphysik, es mit ihren Mitteln einzulösen. Wenn nämlich das Urteil in der von Hegel als unreflektiert bezeichneten Weise interpretiert wird, dann ist nicht einzusehen, wie das durch die Form des Urteils nahegelegte ontologische Modell sich an den Objekten selbst in dem Sinne bewähren kann, daß es Aufschluß über die Verfassung dieser Objekte gibt. Denn wenn man Gegenstände als Substanzen denkt, die durch Eigenschaften bestimmt bzw. mit solchen versehen sind, dann wird man Subjekt-Prädikat-Urteile so auffassen, daß der Subjektausdruck sich auf eine Substanz bezieht, die durch die durch den Prädikatausdruck bezeichnete Eigenschaft gekennzeichnet ist. Wenn aber die Analyse dessen, wie man im Rahmen der traditionellen Metaphysik den Zusammenhang von Subjekt und Prädikat im Urteil gedacht hat, zu dem Ergebnis führt, daß der Subjektausdruck im Urteil entweder nur auf eine in Hinblick auf ihren möglichen Substantialitätscharakter unanalysierte Vorstellung eines Gegenstandes bezogen wird oder aber die selbst prädikativ unbestimmte Einheitsbedingung für Prädikationen kennzeichnet, dann verschwindet sozusagen die Substanz, das heißt sie erweist sich als prinzipiell unzugänglich bzw. als leerer Begriff.[33] In Hegels Augen ist es jedoch ein unbefriedigender Zustand, einerseits auf Grund der Überzeugung von der realitätserschließenden Leistungsfähigkeit des Subjekt-Prädikat-Urteils zu einem ontologischen Modell zu kommen,

---

33 Vgl. Hegels Ausführungen in der Vorrede der *Phänomenologie des Geistes* (49 f.), wo er im Zusammenhang der Diskussion der Unterschiede zwischen „räsonnierendem" und „begreifendem Denken" auf genau diese Möglichkeiten der Interpretation des Urteilssubjekts durch das „räsonnierende Denken" hinweist.

dem zufolge als ontologisch basale Entitäten Substanzen mit ihren Eigenschaften angesehen werden müssen, andererseits aber zu der Behauptung gezwungen zu sein, daß diese basalen Entitäten nicht solche sind, auf die urteilend Bezug genommen werden kann. Anders gesagt: Hegel scheint nicht so sehr ein ontologisches Modell für verwerflich zu halten, in dem Substanzen eine Rolle spielen, als vielmehr eine Theorie des Urteils, die genau das verunmöglicht, was sie ermöglichen soll, nämlich die Erkenntnis dessen, was in Wahrheit ist. Die Konsequenzen, die Hegel aus dieser seiner Einschätzung der Mängel der traditionellen Metaphysik zieht, sind zwei Forderungen: (1) Die Form des Urteils muß anders interpretiert werden. (2) Der Begriff des Gegenstandes, wie er in Wahrheit ist, muß so aufgefaßt werden können, daß er dem Erkennen durch das Urteil zugänglich ist. Dies aber heißt, daß er nicht ‚unreflektiert' durch den Begriff einer Substanz, die durch Akzidenzen bestimmt ist, interpretiert werden darf.

D. Das Dilemma

Die Problemlage, auf Grund deren Hegel sich veranlaßt gesehen hat, nicht nur einzelne Thesen oder Theorien in Frage zu stellen, die im Rahmen der traditionellen Metaphysik vertreten worden sind, sondern zu der Überzeugung zu kommen, daß die Metaphysik eines anderen Ansatzes bedarf, läßt sich in einem ihrer Aspekte deutlich angeben. Ehe nun dazu übergegangen wird darzustellen, in welcher Weise Hegels Ansatz als Reaktion auf die von ihm diagnostizierte Problemlage verstanden werden kann, soll noch einmal die Frage des Zusammenhangs zwischen Kritik an der Form des Urteils und Metaphysik bzw. Ontologie aufgenommen werden. Dies deshalb, weil es nicht unmittelbar einsichtig ist, daß mit einer kritischen Einschätzung der Leistungsfähigkeit des Urteils der Zwang geradezu automatisch verbunden ist, die von Hegel für traditionell gehaltene Interpretation des Subjekt–Prädikat-Urteils zu revidieren.

Andere Möglichkeiten sind denkbar. Man könnte z. B. einen kantianisierenden Weg einschlagen und die Erkenntnismöglichkeiten der Philosophie auf das beschränken, was eben der Leistungsfähigkeit des Urteils entspricht, ohne den Anspruch aufzustellen, die ‚wahrhafte' Verfassung der Welt zu erklären, sondern eben nur die Verfassung der Welt, wie sie *für uns* ist, aufzuhellen. Eine weitere Möglichkeit, mit den tatsächlichen oder vermeintlichen Unzulänglichkeiten der Form des Urteils philosophisch umzugehen, wäre, Korrekturpostulate einzuführen derart, daß zu jedem Urteil – aufgefaßt als unzureichender Ausdruck eines Sachverhalts, der ‚in Wahrheit' ganz anders strukturiert ist als es durch die Form des Urteils nahegelegt wird – ein Korrektiv angegeben werden kann, das zu einer Korrektur des Urteilssinns methodisch kontrolliert führt; diese Möglichkeit wurde z. B. in gewisser Weise vom englischen Idealismus, vor allem von Bradley, propagiert.

Wenn man nun, wie Hegel, meint, auf Grund der Annahme von Unzulänglichkeiten der Form des Urteils gleich diese Form anders interpretieren zu müssen, dann setzt dies eine eigentümliche Überzeugtheit von der Relevanz dieser Form für die Möglichkeit der Philosophie voraus. Denn nur dann, wenn man meint, daß man ohne diese Form philosophisch nicht auskommt, obwohl ihr normaler, ‚unreflektierter' Gebrauch als unzulänglich für die Zwecke der Philosophie angesehen werden muß, nur dann ergibt sich die Forderung, diese Unzulänglichkeit systematisch zu berücksichtigen.

Bezeichnenderweise verwirft Hegel in den von uns betrachteten metaphysikkritischen Passagen die Form des Urteils nicht als etwas prinzipiell Aufzugebendes, wenn es darum geht, Erkenntnisse zu formulieren, er weist zunächst (in § 28) nur darauf hin, daß man sich keine Gedanken darüber gemacht hat, ob sie „Form der Wahrheit sein könne" und erklärt sie (in § 31) als „einseitig" und aufgrund ihrer Einseitigkeit für falsch. Beide Formulierungen weisen sehr deutlich darauf hin, daß Hegel darauf achtet, die Kritik an der Form des Urteils nicht so weit zu treiben, daß sie das Urteil als Mittel der Erkenntnis vollständig entwertet. Die Interpretation der Form des Urteils ändern zu wollen, hat vor diesem Hintergrund nur Sinn, wenn man zugleich fordert, (1) daß die Philosophie bei der Präsentation ihrer Inhalte die Form des Urteils benutzt und daß sie (2) die dieser Form bei unreflektiertem Gebrauch eigentümlichen Mängel auf irgendeine Weise zu unterlaufen versucht.

Formuliert man diesen Sachverhalt anders und mehr auf Hegels theorieimmanente Situation bezogen, kann man Hegels programmatischen Ansatz, oder wenigstens einen Aspekt desselben, auch so beschreiben: Hegels Programm der Überwindung der Schwierigkeiten der traditionellen Metaphysik ist bestimmt durch zwei Überzeugungen, die zusammen zu einem Dilemma führen. Auf der einen Seite steht die Überzeugung, daß die durch die Beschaffenheit der Sprache vorgegebene Weise des urteilenden Redens über Sachverhalte wegen der dem Urteil eigentümlichen Subjekt-Prädikat-Struktur zur Annahme einer Ontologie führt, die unter der traditionellen ‚unreflektierten' Interpretation des Subjekt-Prädikat-Urteils erstaunlich unplausibel wird. Dies bedeutet u. a., daß die philosophische Leistungsfähigkeit der mit dieser traditionellen Interpretation arbeitenden ‚normalen' Sprache nicht sehr hoch veranschlagt werden kann, und genau das zeigt für Hegel die höchste Form traditionellen Philosophierens, die Metaphysik. Auf der anderen Seite steht die Hegelsche Überzeugung, daß in gewisser Weise an der Sprache und mit ihr an der Subjekt-Prädikat-Form von Urteilen nicht zu rütteln ist – man kann gar nicht anders als prädizierend über Sachverhalte reden, und auch die Philosophie kann über das, worüber sie redet, nur so reden, daß sie etwas von etwas aussagt. Will man es nicht bei der Konstatierung dieses Dilemmas bewenden lassen und damit den Anspruch der Philosophie auf Erkenntnis dessen, was in Wahrheit ist, preisgeben, dann hat man mit Hegel eine Möglichkeit der Auflösung desselben: man verzichtet auf die Annahme ontologischer Implikationen des Urteils, klärt die Frage, was denn Objekte ‚in Wahrheit' sind und was es denn ‚in Wahrheit' gibt und entwickelt dann eine These über den Zusammenhang von Ontologie und Urteil. In welchem Sinn und wie weit Hegel diese Möglichkeit realisiert hat, muß nun geklärt werden.[34]

III. Hegels zweifache Konzeption des Objekts

Hegels Kritik an der Auffassung des Subjekt-Prädikat-Urteils durch die traditionelle Metaphysik legt nun weitgehend die Rahmenbedingungen fest,

---

[34] Die hier im Umriß vorgestellte Hegelsche Einschätzung der Defekte der Form des Urteils in ihrer traditionell metaphysischen Interpretation und deren Konsequenzen für die Bewertung der Ergebnisse der traditionellen Metaphysik stellt nur einen und im Grunde sehr abstrakten Aspekt der Hegelschen Kritik an der traditionellen Metaphysik in den Vordergrund. Ihre sachliche Konkretion erfährt diese Kritik, wenigstens soweit sie die traditionelle Ontologie betrifft, in der sog. ‚objektiven Logik', also der Seins- und Wesenslogik *Wissenschaft der Logik,* wie Hegel selbst erklärt. Die dort vorgetragenen Hegelschen Überlegungen zum Gegenstand ausführlicher Analysen gemacht zu haben und damit eine umfassende Darstellung der Hegelschen Kritik an der traditionellen Metaphysik geliefert zu haben, ist das Verdienst der perspektivenreichen Arbeit von M. Theunissen: *Sein und Schein.* Eines der Leitmotive dieser Arbeit, die Frage nämlich: wie kann Hegels eigener philosophischer Entwurf den Ergebnissen seiner Kritik an der traditionellen Metaphysik Rechnung tragen?, hat – wie kaum zu übersehen sein wird – die hier versuchte fragmentarische Darstellung einiger Aspekte der Hegelschen Philosophie stark beeinflußt. Zu dem Buch von Theunissen vgl. auch H. F. Fulda, R. P. Horstmann, M. Theunissen: *Kritische Darstellung der Metaphysik.*

denen Hegels eigene Konzeption einer Theorie dessen, was Gegenstände in Wahrheit sind, entsprechen muß. Diese Konzeption werde ich im folgenden „Hegels Ontologie" nennen. Die durch seine Kritik vorgegebenen Bedingungen lassen sich in zwei Sätze fassen: (1) Die Hegelsche Ontologie muß eine Konzeption des Objekts präsentieren, die nötigt anzunehmen, daß das, worauf man sich urteilend bezieht, die Objekte selbst sind und nicht irgendwelche Vorstellungen von ihnen oder irgendwelche logischen Bedingungen der Einheit von Mannigfaltigem. Anders gesagt: Die Konzeption des Objekts muß so sein, daß man es ‚in Wahrheit' erkennen kann. Dies setzt voraus, daß man mit dem Terminus ‚Objekt, wie es in Wahrheit ist', einen angebbaren Sinn verbinden kann, einen Sinn, der auch deutlich macht, wie man den Zusammenhang zwischen diesen Objekten selbst und Urteilen zu denken hat. (2) In Hegels Ontologie muß eine Konzeption des Objekts eine Rolle spielen, die darauf hinweist, wie man die Form des Subjekt-Prädikat-Urteils umzuinterpretieren hat, wenn denn schon die Interpretation der traditionellen Metaphysik ontologisch unbefriedigend ist. Mit dem ersten Punkt befassen sich die Abschnitte A und B, der zweite Punkt wird in Abschnitt C in Umrissen betrachtet.

A. Die logische Konzeption des Objekts

a. Drei Bedeutungen von „Objekt"

Was die Konzeption dessen, was ein Objekt in Wahrheit ist, betrifft, so ist zu ihrer Aufklärung eine Verständigung darüber von Nutzen, was denn Hegel unter ‚Objekt' oder ‚Gegenstand' versteht. Hegel benutzt den Terminus ‚Objekt' in wenigstens drei verschiedenen Bedeutungen. Zunächst verwendet er diesen Terminus unterminologisch in einem Sinn, in dem er auch normalerweise verwendet wird, nämlich zur Kennzeichnung alles dessen, worauf man sich in irgendeinem Sinn beziehen bzw. mit dem man auf irgendeine Weise umgehen kann. In diesem Sinn von Objekt zu reden, ist philosophisch unverfänglich. Vor allem ist mit diesem Sinn von ‚Objekt' keinerlei ontologischer Anspruch verbunden, d. h. wenn man von Objekten in diesem Sinn redet, dann verpflichtet man sich nicht zu irgendwelchen Annahmen über den ontologischen Status von Objekten. Es ist dieser Sinn von ‚Objekt', den man wohl mehr oder weniger deutlich vor Augen hat, wenn man nicht nur einen Baum oder ein Haus, sondern auch Gott und die

Revolution und schließlich auch goldene Berge oder widersprüchliche Begriffe zu Objekten erklärt. Etwas in diesem harmlosen Sinn als Objekt zu bezeichnen, ist insofern ontologisch unverbindlich oder neutral als man sich in keiner Weise verpflichtet, solchen Objekten Realität, Existenz oder Sein zuzusprechen – man kann von goldenen Bergen und widersprüchlichen Begriffen reden, sie zum ‚Gegenstand' eines Diskurses machen, ohne sich normalerweise zu der Behauptung zu verpflichten, es gäbe irgendwo goldene Berge oder etwas, das durch einen widersprüchlichen Begriff gekennzeichnet wird. In diesem ontologisch neutralen Sinn von ‚Objekt' spricht Hegel z. B. von ‚logischen Gegenständen' oder ‚Gegenständen der Logik', wenn er von Denkbestimmungen als dem Gegenstand der *Wissenschaft der Logik* redet.[35]

Die zweite Bedeutung, in der Hegel den Terminus ‚Objekt' verwendet, ist schon im Rahmen seiner Kritik an der traditionellen Metaphysik aufgetreten. Es ist die Bedeutung, in der ‚Objekt' so viel wie ‚Objekt der Vorstellung' oder ‚Gegenstandsvorstellung' bedeutet. Von etwas als Objekt in diesem Sinne zu reden, bedeutet, es als etwas aufzufassen, das durch die Art, wie es in der Vorstellung präsent ist, bestimmt ist. Objekte, in diesem Sinne verstanden, teilen mit Gegenständen, verstanden in der ersten Bedeutung, die Eigentümlichkeit, ontologisch neutral, d. h. unbestimmt in bezug auf ihren ontologischen Status zu sein. Einhörner und mehr als sechsstellige Bankguthaben können Objekte in diesem Sinne sein; bei ihnen haben Zweifel daran, ob es sie wirklich gibt, keinen Einfluß auf die Möglichkeit, sich auf sie als Gegenstände der Vorstellung zu beziehen. Ein Unterschied zwischen dem, was in diesem zweiten Sinn als Objekt bezeichnet werden kann, und dem, was gemäß dem ersten Sinn als solches bezeichnet werden kann, besteht allerdings darin, daß nicht alles, was gemäß Sinn (1) von ‚Objekt' als Objekt betrachtet werden kann, auch gemäß Sinn (2) ein Objekt ist. Ausgeschlossen sind unmögliche Sachverhalte wie etwa ‚runde Vierecke' oder ‚verheiratete Junggesellen', Objekte also, die sich wegen der widersprüchlichen Bestimmung des Vorstellungsinhalts nicht vorstellen lassen.

Hegel unterscheidet nun sehr scharf zwischen diesem zweiten Sinn, in dem er von ‚Objekt' redet, und einem dritten Sinn der Verwendung dieses

---

35 Vgl. *Wissenschaft der Logik* I, 11. Was diesen Sinn des Terminus ‚Objekt' betrifft, so hat Hegel ihm keine besonders eigenwillige Interpretation gegeben. Ihn zu erwähnen, ist nur deshalb geboten, weil es ein Mißverständnis ist, das besonders häufig im Zusammenhang mit Hegels *Wissenschaft der Logik* auftritt, daß die Denkbestimmungen, mit denen er sich in dieser Logik beschäftigt, Gegenstände in einem ganz anderen Sinn von ‚Objekt' sind, nämlich in dem noch zu betrachtenden dritten Sinn.

Terminus. Es ist dieser dritte Sinn, der in unserem Zusammenhang wichtig ist, weil er Hinweise darauf gibt, was Hegel unter ‚Objekt' in einem ontologisch ernstzunehmenden Sinn versteht. Terminologisch gesehen, spricht Hegel in diesem dritten Sinn dann von Objekten, wenn es um ‚Objekte, wie sie in Wahrheit sind' bzw. um ‚Begriffe von Objekten' geht. Diese auf den ersten Blick befremdliche Weise der Charakterisierung von Objekten stammt aus der Hegelschen Überzeugung, daß, was Objekte in Wahrheit sind, ihr Begriff ist, wobei unter ‚Begriff' in einer an Leibniz erinnernden Weise eine bestimmte Konstellation von sogenannten ‚Denkbestimmungen' bzw. ‚Gedankenbestimmungen' zu verstehen ist. An diesem dritten Sinn der Hegelschen Rede von ‚Objekt' ist zweierlei bemerkenswert: (1) Nur Objekte, die in diesem dritten Sinn als Objekte bezeichnet werden können, sind für Hegel ontologisch relevant, d. h. nur sie können als real oder wirklich betrachtet werden, und (2) das, was als Objekt in diesem dritten Sinne angesehen werden kann, ist ein durch Denkbestimmungen definierter *Begriff*. Beides bedarf der Erläuterung.

b. „Objekt in Wahrheit" und „Begriff"

Was zunächst die Identifizierung dessen, was ein Objekt in Wahrheit ist, mit seinem Begriff betrifft, so scheint der Grund dafür in der bereits betrachteten Hegelschen Annahme zu liegen, daß das, was Objekte in Wahrheit sind, durch das Nachdenken erkannt wird.[36] Indem nämlich Hegel davon als von einem Faktum[37] ausgeht, daß es wenigstens drei Arten des erkennenden Umgangs mit Objekten gibt, die er als den sinnlichen, den vorstellenden und den denkenden voneinander unterscheidet und von denen er die ersten beiden für defizient in bezug auf ihre Wahrheitsfähigkeit betrachtet, hat er im Grunde nur eine begrenzte Menge von Strategien zur Verfügung, um Objekte, wie sie in Wahrheit sind, einerseits als unterschieden von ihrer sinnlichen und vorstellungsmäßigen Gegebenheit zu betrachten und andererseits zugleich ihre prinzipielle Erkennbarkeit zu behaupten. Der nächstliegende und deshalb wohl auch von Hegel eingeschlagene Weg bei dem Versuch, diesen Vorgaben Rechnung zu tragen, besteht darin, das Objekt, so wie es in Wahrheit ist, aufzufassen als etwas, das nur dem Den-

---

36 S. oben 50 und 61.
37 Die Rede vom ‚Faktum' stammt von Hegel selbst, er bezeichnet damit etwas, das von einer bloßen Behauptung oder Meinung dadurch unterschieden ist, daß von ihm eine „Ableitung oder Beweis" möglich ist. S. *Enzyklopädie*, § 20 Anm.

ken insofern zugänglich ist als es mit dem Begriff des Objekts identifiziert werden kann. Im Hintergrund dieser Überlegung steht offensichtlich die der Tradition entlehnte Annahme, daß das Denken es nur mit Begriffen zu tun haben kann oder daß nur Begriffe Gegenstände des Denkens sein können. Die von Hegel vorgenommene Identifizierung des Objekts, wie es in Wahrheit ist, mit dem Begriff des Objekts ist leicht zu belegen[38] und hat ihren Grund in der zwar schlecht überlieferten, aber umso verständlicher ausgedrückten Hegelschen Maxime: „Außer meinen Gedanken ist an der Sache nichts, und meine Gedanken sind außer der Sache nichts"[39] – eine Maxime, die seinen objektiven Idealismus auf eine plakative Formel bringt.

Nun sind für Hegel diese Begriffe von Objekten nicht die sogenannten Allgemeinbegriffe der traditionellen Logik, sondern schwer genau zu fassende Entitäten, die dadurch ausgezeichnet sind, daß sie (1) nicht-sinnlich oder eine bestimmte Art von Gedankengegenständen sind und daß sie (2) objektiv – verstanden als Gegenbegriff zu subjektiv – sind. Als diese objektiven Gedanken betrachtet, sind diese Begriffe in dem Sinne bestimmt, daß in ihnen unterschiedliche Verhältnisse von Begriffsbestimmungen anzutreffen sind, die wegen des spezifischen Status der Begriffe als Denk- oder Gedankenbestimmungen auftreten. Diese Gedankenbestimmungen selbst kann man vorläufig als eine Art von prädikativen Bestimmungen auffassen, oder genauer wohl als die Menge aller derjenigen Bestimmungen, aufgrund deren der Begriff eines Objekts als bestimmt angesehen werden kann.[40]

Es ist hier der Ort, gegenüber geläufigen Mißverständnissen auf folgendes hinzuweisen: Gelegentlich wird die Meinung vertreten – so, um auf ein neueres Beispiel zu verweisen, auch von H. F. Fulda (*Hegels Dialektik*, 129) – daß der Begriff ‚Begriff' für Hegel ein singulare tantum sei, daß es also für Hegel nur einen Begriff in seinem Sinn von ‚Begriff' geben kann.

---

38 Beschränkt man sich nur auf die *Enzyklopädie*, so findet sich die erwähnte Gleichsetzung bereits im „Vorbegriff" der dortigen Version der Logik deutlich vorgetragen (§ 20 ff., bes. § 24 Anm.), um dann von Hegel beim Übergang von der Wesens- zur Begriffslogik explizit formuliert zu werden (§ 159 ff., bes. § 162 Anm., 3. Abs.). Vgl. auch *Wissenschaft der Logik* II, 222 f., 228 f., sowie Hegels Unterscheidung zwischen Ding und Sache in *Wissenschaft der Logik* I, 18.

39 So Hegel in einem verlorengegangenen Brief an den Erlanger Mathematikprofessor Pfaff, nach dessen brieflichem Zitat überliefert bei K. Rosenkranz: *Hegel's Leben.* S. 295.

40 Diese vorläufig nur skizzenhafte Charakterisierung des Hegelschen Begriffs des Objekts läßt sich in ihren Grundzügen aus den §§ 19, 20, 24, 25, 81, 83, 84 der *Enzyklopädie* gewinnen. Zu Begriffen als Komplexen von Denkbestimmungen vgl. explizit *Wissenschaft der Logik* I, 14; *Wissenschaft der Logik* II, 231.

Dies ist zwar richtig, aber in gewisser Weise auch irreführend. Irreführend deshalb, weil diese Behauptung nur Sinn macht, wenn man sie vor dem Hintergrund wichtiger Differenzierungen vornimmt, vor allem von Differenzierungen in bezug auf Rolle und Funktion von *Wissenschaft der Logik* einerseits und Realphilosophie andererseits. Sieht man von der Ausführung dieser Differenzierungen ab, dann wird man nur sagen müssen, daß zwar für Hegel der Gegenstand der Logik der (Hegelsche) Begriff ‚Begriff' ist, die Hegelsche Logik also eine Theorie des (Hegelschen) Begriffs ist, daß aber in der Realphilosophie die (Hegelschen) Begriffe von Objekten betrachtet werden. Anders gesagt: das Insistieren darauf, daß der Begriff ‚Begriff' ein singulare tantum sei, kann einerseits den Sinn haben, nur darauf hinzuweisen, daß im Rahmen der Logik der Begriff ‚Begriff' selbst Gegenstand der Untersuchung ist und daß alle Bestimmungen, die im Rahmen einer solchen Untersuchung als Bestimmungen des Begriffs ‚Begriff' zur Sprache kommen, zwar in irgendeinem Sinn Begriffe sein mögen, nicht jedoch der Begriff sind, dessen ‚Logik' die Logik aufklären möchte. Außerhalb des Kontexts der Logik kann die Rede von ‚Begriffen' in dieser Hinsicht insofern unproblematisch sein, als dieser Terminus dort nur auf das hinweist, was als der Gegenstand des Erkennens in bezug auf ein Objekt behauptet wird, nämlich sein Begriff. Andererseits kann die Rede von dem Hegelschen Begriff als einem singulare tantum auch als ein Hinweis darauf verstanden werden, daß es für Hegel nur einen Begriff, also nur ein Objekt in Wahrheit gibt. Diese vollständig korrekt den monistischen Aspekt der Hegelschen Theorie kennzeichnende Auffassung beruht aber, wie noch zu zeigen sein wird, auf anderen Überzeugungen als die es sind, die den Begriff als Gegenstand der Logik zum singulare tantum machen.

B. Hegels ontologische Konzeption des Objekts

a. Die organologische These

Hegels Überzeugung, daß man sich auf Objekte, wie sie in Wahrheit sind, erkennend und d. h. urteilend beziehen kann, hängt also mit der Annahme zusammen, daß das, was Objekte in Wahrheit sind, ihr Begriff ist. Man kann diese Auffassung dessen, was ein Objekt in Wahrheit ist, Hegels logischen Begriff des Objekts nennen. Dieser logische Begriff des Objekts macht verständlich, wie Hegel einerseits behaupten kann, daß Objekte, wie sie in Wahrheit sind, von Vorstellungsgegenständen und überhaupt von der Art ihrer subjektiven Präsentation strikt unterschieden sind, und andererseits annehmen kann, daß sie als das, was sie in Wahrheit sind, erkannt, d. h. zum Gegenstand von Urteilen gemacht werden können. Dieser logische Begriff des Objekts gibt aber keinerlei Auskunft darüber, was denn nun Objekte in Wahrheit sind. Diese Frage soll Hegels ontologische Konzeption des Objekts beantworten.

Zunächst ist festzuhalten, daß die Formel ‚was Objekte in Wahrheit sind' doppeldeutig ist; sie kann einerseits meinen: Angenommen, x ist ein Objekt, was ist x in Wahrheit, also unangesehen der Weise seines Gegebenseins – diesen Sinn der Formel deckt der logische Begriff des Objekts, – andererseits kann diese Formel meinen: Welche Bedingungen muß etwas erfüllen, um überhaupt als Objekt akzeptiert werden zu können, d. h. – wenn man sich an den hier relevanten dritten Sinn der Hegelschen Rede von ‚Objekt' erinnert – welche Bedingungen muß etwas erfüllen, daß es von ihm überhaupt einen Begriff geben kann. Unter Hegels ontologischer Konzeption des Objekts verstehe ich Hegels Versuch, eine Antwort auf die Frage, was denn Objekte in Wahrheit sind, verstanden in der zweiten Interpretation dieser Frage, zu geben. Konstitutiver Teil dieser Konzeption ist die Annahme, daß nur das real oder wirklich, also ontologisch relevant ist, was dieser Konzeption entspricht. Faßt man es in Form einer vorläufigen Behauptung zusammen, so sind Objekte gemäß dieser ontologischen Konzeption alle die Gegenstände, die nach einem organologischen Muster gedacht werden können.

Ehe dieser Behauptung nachgegangen wird, einige einschränkende Bemerkungen: (1) Diese Behauptung soll nicht so verstanden werden, als wollte sie Hegel die Überzeugung unterstellen, daß alle Objekte Organismen *sind*, sie soll aber auch (2) nicht so verstanden werden, als ließe sie die Möglichkeit zu, daß es für Hegel irgendetwas gäbe, was nicht nach einem organologischen Muster aufgefaßt werden kann. Vielmehr ist der zu explizierende Sinn dieser Behauptung gerade darin zu sehen, daß man ihr zufolge zwar nicht alles, was es gibt, – von Feldspath und Glimmerschiefer über Materie und Magnetismus bis hin zu Staat, Recht und Religion – als Organismus interpretieren und insofern als Objekt ‚in Wahrheit' zulassen kann, daß man aber alles organologisch interpretieren kann. (3) Nicht als mögliche Objekte in diesem Sinn wird man wohl die in der *Wissenschaft der Logik* auftretenden Begriffsbestimmungen betrachten können. Dies nicht etwa deshalb, weil klar ist, daß Hegel sie nicht als Objekte in diesem Sinne betrachtet hätte, sondern deshalb, weil unklar ist, wie er sie als solche Objekte betrachten kann. Dies wird deutlich, wenn man die gegebene Bestimmung durch die oben erwähnte, terminologisch Hegel näherstehende Formulierung ergänzt und sagt, daß alles das für Hegel Objekt ist, zu dem es einen (Hegelschen) Begriff gibt. Wenn es nun stimmt, daß Hegels Analyse des (Hegelschen) Begriffs des Objekts ‚Begriff' im Rahmen der *Logik* zu dem Ergebnis führt, daß dieses Objekt in nichts anderem als einem komplizierten Zusammenhang von Begriffsbestimmungen – den ‚Momenten' des Objekts ‚Begriff' – besteht, dann liegt auf der Hand, daß diese Begriffsbestimmungen nicht selbst der (Hegelsche) ‚Begriff' sein können, es sei denn, man nehme Iterationsprobleme und Teil-Ganze-Paradoxien in Kauf. Es ist aber auch schwierig anzunehmen, daß es von ihnen jeweils einen (Hegelschen) Begriff geben kann; denn wenn der Hegelsche Begriff ein Komplex von Begriffsbestimmungen ist, so müßte der Begriff einer (einzelnen) Denkbestimmung aus einer Mannigfaltigkeit von Begriffsbestimmungen bestehen, was wiederum zu Iterations- und Inklusionsproblemen führt, besonders dann, wenn man sinnvollerweise davon ausgeht, daß nicht jede beliebige Ansammlung von Begriffsbestimmungen einen Hegelschen Begriff ergibt. Wenn es aber zu einer Begriffsbestimmung keinen Begriff geben kann, dann kann sie auch nicht als Objekt in dem hier angegebenen Sinne aufgefaßt werden. Hegel selbst scheint mit dem logischen bzw. ontologischen Status von Begriffsbestimmungen gewisse Schwierigkeiten gehabt zu haben, wie die Anm. zum § 162 der *Enzyklopädie* zeigt, in der er die „logischen Bestimmungen ... des Seins und des Wesens" einerseits nicht als „bloße Gedankenbestimmungen", andererseits aber auch nicht als richtige (Hegelsche) Begriffe betrachtet wissen will.

b. Der Kantische Hintergrund

Nun ist die mit der angeführten Behauptung charakterisierte organologische Konzeption des Objekts weder unmittelbar einleuchtend, noch ist leicht zu sehen, was denn eine solche Konzeption überhaupt nahelegt. Geht man den Gründen für diese, zunächst sowohl willkürlich als auch wenig plausibel wirkende Auffassung nach, so zeigt sich, daß sie allesamt wenig mit irgendwelchen Einsichten in die Phänomenologie des Objekts zu tun haben. Sie hängen sehr viel deutlicher mit einigen, dem gesamten philosophischen Ansatz Hegels zugrunde liegenden Überzeugungen zusammen. Diese Überzeugungen betreffen primär die Bedingungen, unter denen nach Kant Philosophie überhaupt noch möglich ist und haben ihren Ausgangspunkt in der Annahme, daß ein nachkantisches philosophisches System die Aufgabe hat, sowohl an den durch die Kantische Philosophie bereitgestellten ‚progressiven' Elementen festzuhalten, zugleich aber die dualistische Gesamtkonzeption der Kantischen Theorie zu überwinden, eine Gesamtkonzeption, deren Entgegensetzung von Ding an sich und Erscheinung einerseits und mechanischer und teleologischer Erklärungsart andererseits nicht nur von Hegel für verfehlt gehalten worden ist.[41] Zu den festzuhaltenden Elementen gehören – ebenfalls nicht nur für Hegel – alle antidualistischen Komponenten der Kantischen Philosophie, d. h. vor allem Kants Theorie der transzendentalen Einheit der Apperzeption und die von Kant selbst allerdings nur als regulative Idee zugelassene Vorstellung der Zweckmäßigkeit der Natur in allen ihren Erscheinungsformen. Man kann nun Hegels organologische Konzeption des Objekts und die dieser Konzeption zugrundeliegenden Motive sich dadurch zugänglich machen, daß man sie als das Ergebnis der Analyse der Bedingungen betrachtet, denen der Begriff des Objekts bei antidualistischer Intention und unter Beibehaltung der hauptsächlich durch Kant vorgegebenen Problemlage gerecht werden muß.[42]

Diese Problemlage läßt sich in den hier relevanten Aspekten in aller Kürze so kennzeichnen: Kant ist aus Gründen, die mit seiner in der *Kritik der reinen Vernunft* entwickelten Theorie der Erfahrung zusammenhängen, der Meinung gewesen, daß die mechanische Erklärungsart der Natur, die zu objektiv gültigen Erkenntnissen führen kann, insofern zur Erklärung der

---

41 Während in der *Wissenschaft der Logik* und in der *Enzyklopädie* Hegel die kritische Komponente seines Verhältnisses zu Kant so sehr in den Vordergrund stellt, daß man kaum noch erkennen kann, wieviel seine eigene Philosophie der Kantischen verdankt, kommt in seinen frühen Schriften sehr viel deutlicher zum Ausdruck, in welchen Punkten und bis zu welchem Grade er sich auch Kant verpflichtet fühlt. Vgl. vor allem *Glauben und Wissen* und die *Differenzschrift*.
42 Erinnert werden muß daran, daß die hier behauptete Möglichkeit, Hegels Konzeption des Objekts unter Rekurs auf Kantische Vorgaben aufzuhellen, *nicht* in Verbindung gebracht werden darf mit Ansprüchen darauf, eine entwicklungsgeschichtlich adäquate Darstellung der Entstehung des Hegelschen Objektbegriffs zu geben. Hier geht es nur darum, einige logisch-ontologisch grundlegende Annahmen der Hegelschen Philosophie mit dem Ziel zu diskutieren, sein *Programm* wenigstens verständlich, wenn auch nicht unbedingt plausibel zu machen. Daß diese Annahmen im folgenden fast ausschließlich als Konsequenzen der Hegelschen Auseinandersetzung mit bestimmten Lehrstücken der Kantischen Philosophie dargestellt werden, liegt nur daran, daß sie sich unter der Berücksichtigung von und im Kontext mit Kantischen Problemlagen besonders gut deutlich machen lassen. Der Einfluß anderer philosophischer Positionen auf die Entwicklung des Hegelschen Programms soll dadurch natürlich weder geleugnet noch für unwichtig erklärt werden, wenn auch betont werden muß, daß Kants Einfluß auf die Entwicklung des Hegel spezifischen Konzepts von Philosophie kaum hoch genug eingeschätzt werden kann.

Gesamtheit der Naturphänomene ungeeignet ist, als sie auf einen Typ von Naturobjekten nicht anwendbar ist, nämlich auf solche, die zu ihrer Erklärung die Annahme von Naturzwecken erfordern. Diese Objekte, die insgesamt das ausmachen, was man die organische Natur nennen kann, sind nach Kant nur der teleologischen Betrachtung zugänglich. Diese Betrachtungsweise ist für Kant hauptsächlich dadurch wesentlich von der mechanischen unterschieden, daß sie nicht in der Lage ist, zu objektiv gültigen Erkenntnissen bzw. Erklärungen zu führen, sondern nur subjektiv gültige Erkenntnisse produziert. Für Kant ist daher in der Frage des Verhältnisses zwischen den beiden Erklärungsarten zueinander einerseits, und zwischen den Erklärungsarten und den jeweiligen Erkenntnisobjekten andererseits folgende Situation kennzeichnend: Geht es um objektiv gültige Erkenntnisse, hilft nur die mechanische Erklärungsart weiter, und alles, was nicht mechanisch erklärt werden kann, kann auch nicht objektiv gültig erklärt werden. Nichtsdestoweniger kann es zwar nicht objektiv, aber subjektiv gültige Erkenntnisse von Sachverhalten geben, die nicht mechanisch, sondern nur teleologisch erklärt werden können. Zu diesen Sachverhalten gehören für Kant zum einen der ganze Phänomenbereich der organischen Natur, in bezug auf den es allerdings nach Kant vernünftig ist zu hoffen, daß er sich irgendwann einmal mechanisch erklären läßt, und zum anderen – höchstwahrscheinlich prinzipiell – der Bereich der Sachverhalte, die man nur unter der Annahme einer sogenannten ‚Kausalität nach Zwecken' denken kann und die nicht als Naturphänomene im eigentlichen Sinn angesehen werden können, Sachverhalte also wie z. B. das höchste Wesen oder ein Subjekt der Geschichte.[43]

c. Hegels Einlösung der Kantischen Vorgaben

Es ist ganz offensichtlich, daß dieses Kantische Modell durch mehrere dualistische Überzeugungen geprägt ist, nämlich (1) durch die Annahme zweier Arten von Objekten, deren Unterschied über ihre Zugänglichkeit durch verschiedene Erklärungsarten hinreichend bestimmt ist, und (2) durch die Annahme, daß jede dieser beiden Erklärungsarten zu unterschiedlichen Erkenntnisarten führt, nämlich objektiv bzw. subjektiv gültigen Erkenntnis-

---

[43] Diese Skizze einiger sehr bekannter und viel diskutierter Kantischer Theoriestücke stützt sich auf die einschlägigen Passagen der *Kritik der Urteilskraft*, vor allem der Einleitung und des Teils über die teleologische Urteilskraft, sowie der geschichtsphilosophischen Schriften, in denen Kant normalerweise kurz, aber deutlich, diesen seinen Standpunkt darlegt. Vgl. auch K. Düsing: *Die Teleologie in Kants Weltbegriff*.

sen. Will man nun, wie Hegel, einerseits diese Dualismen vermeiden und kann andererseits die von Kant getroffenen Unterscheidungen nicht einfach leugnen, so ist man zu zweierlei gezwungen: Man muß erstens eine Konzeption des Objekts vorlegen, der zufolge alle Objekte als prinzipiell gleichartig betrachtet werden können, und man muß zweitens die Unterscheidung zwischen objektiv und subjektiv gültigen Erkenntnissen unterlaufen.

Die Unterscheidung zwischen objektiv und subjektiv gültigen Erkenntnissen zu unterlaufen, ist für Hegel auf Grund seines logischen Begriffs des Objekts nicht weiter schwierig. Dies deshalb, weil er durch seine Gleichsetzung dessen, was ein Objekt in Wahrheit ist, mit seinem Begriff und durch die Behauptung, daß die Erkenntnis eines Objekts in der Erkenntnis seines Begriffs besteht, ohne Probleme für seinen Ansatz erklären kann, daß alles, was überhaupt als Erkenntnis des Objekts bezeichnet werden kann, in dem Sinne objektiv gültig ist, daß es etwas über den Begriff des Objekts ausmachen muß, so daß die Vorstellung einer subjektiv gültigen Erkenntnis eine contradictio in adjecto darstellt – entweder ist etwas eine Erkenntnis, und dann ist es eine objektiv gültige Erkenntnis, nämlich eine Erkenntnis des Begriffs des Objekts, oder es ist gar keine Erkenntnis, sondern Vorstellung, Anschauung und dergleichen.

Ersteres, nämlich die Gleichartigkeitsthese in bezug auf Objekte, ergibt sich auch auf Grund der Kantischen Vorgaben. Will man nämlich, wie Kant, zwischen einer mechanischen und einer teleologischen Erklärungsart[44] von Objekten bzw. Objektzusammenhängen deshalb unterscheiden, weil es eben Objekte bzw. Zusammenhänge derselben gibt, die nicht mechanisch erklärt werden können, sondern eine andere, nämlich die teleologische Erklärungsart erfordern, so liegt der Grund für die Unterscheidung zwischen diesen beiden Erklärungsarten und für die Behauptung ihrer Unvermeidlichkeit in der Annahme unreduzierbarer struktureller Differenzen zwischen Arten von Objekten. Hat man nun, wie Hegel auf Grund seiner antidualistischen Intention, die Absicht, *diese Begründung* für die Annahme der Unvermeidlichkeit verschiedener Erklärungsarten in Frage zu stellen, so ist die nächstliegende Strategie die, die in diese Annahme eingehende Vor-

---

44 Da er selbst diese Termini benutzt (z. B. *Kritik der Urteilskraft*, § 77), scheint Kant der Umstand keine allzu großen Schwierigkeiten bereitet zu haben, daß er zwar eine teleologische Erklärungsart kennt, dennoch aber von teleologischen Erklärungen nichts wissen will, weil für ihn der Begriff „Erklärung" zur mechanischen Naturerkenntnis gehört (s. *Kritik der Urteilskraft*, § 61). Kant hätte möglichen Zweifeln an der Konsistenz seiner Terminologie in diesem Punkt durch die Wahl des Terminus „teleologische Betrachtungsart" leicht den Boden entziehen können.

aussetzung strukturell differenter Objekte zu bestreiten und eine Konzeption des Objekts zu präsentieren, der zufolge Objekte als so verfaßt gedacht werden können, daß sie strukturell gleichartig sind. Denn können sie als strukturell gleichartig gedacht werden, dann kann man zwar nach wie vor an der These von der Unvermeidlichkeit verschiedener Erklärungsarten festhalten, muß diese These aber nicht mehr um den Preis der Behauptung von strukturell verschiedenartigen Objekten erkaufen.[45]

Erschöpft sich jedoch ein an Kantischen Vorgaben orientiertes antidualistisches Programm in der durchaus einsichtigen Forderung nach einer Konzeption des Objekts, gemäß der Objekte als strukturell gleichartig betrachtet werden können, so ist mit ihm noch sehr wenig anzufangen, solange nicht festgelegt ist, worin denn die strukturelle Gleichartigkeit von Objekten besteht. Denn selbst wenn man im Rahmen der von Kant aufgestellten Alternative bleibt und nur zwischen Objekten, die mechanisch erklärt werden können, und solchen, die teleologisch erklärt werden können, unterscheidet, hat man sich mit der Behauptung strukturell gleichartiger Objekte zwar antidualistisch festgelegt, aber noch kein antidualistisches Programm formuliert. Dies deshalb, weil die so formulierte Kantische Alternative ganz offensichtlich zwei antidualistische Programme zuläßt: eines, das davon ausgeht, daß alle Objekte strukturell von der gleichen Art sind wie die, die mechanisch erklärt werden können, oder daß alle Objekte Mechanismen sind, und ein anderes, das davon ausgeht, daß alle Objekte strukturell von der gleichen Art sind wie die, die teleologisch erklärt werden können, oder daß alle Objekte Organismen sind. Kommt es nun nicht nur darauf an,

---

45 Hier scheint eine Schwierigkeit zu liegen. Wenn man sich daran erinnert, daß Hegel normalerweise nicht nur zwei, sondern drei Erklärungsarten voneinander unterscheidet, nämlich neben mechanischer und teleologischer auch noch die durch Schelling in der Naturphilosophie der Zeit prominent gemachte chemische Erklärungsart kennt (vgl. alle drei *Jenaer Systementwürfe*; *Wissenschaft der Logik* II, 353 ff.; *Enzyklopädie*, § 194 ff.), so könnte man einwenden, daß schon dieser Umstand zur Genüge zeigt, daß die hier gemachte Behauptung einer Gegnerschaft Hegels gegen einen Dualismus, oder allgemeiner: Pluralismus von Erklärungsarten unzutreffend ist. Dem ist entgegenzuhalten, daß der hier behauptete Zusammenhang zwischen dem Problem der Erklärungsarten und einer Konzeption des Objekts gar nicht die Frage betrifft, ob es verschiedene Erklärungsarten gibt bzw. geben kann, sondern über die Frage zustandekommt, ob man als Grund für die Verschiedenheit der Erklärungsarten aufeinander nicht zu reduzierende Objektarten annehmen muß. Da Hegel mechanische, chemische und teleologische Erklärungsart zwar für verschiedene Erklärungsarten hält, deren Verschiedenheit aber nicht als in der strukturellen Ungleichartigkeit von Objektarten gegründet erklärt, so kann sein Antipluralismus problemlos mit der Annahme mehrerer Erklärungsarten einhergehen.

irgendein beliebiges antidualistisches Programm innerhalb der Kantischen Vorgaben zu vertreten, will man also bei der Frage nach welchem nicht vollständig dezisionistisch verfahren, dann muß man sich auf eine Überlegung verständigen, die einleuchtend macht, warum man entweder eine mechanistische Konzeption des Objekts einer organologischen oder umgekehrt eine organologische einer mechanistischen vorzieht.

Das Argument nun, das von Hegel für seine Entscheidung in dieser Frage zur Verfügung gestellt werden kann, ist wiederum stark von der Kantischen Ausgangstheorie abhängig und beruht auf zwei Annahmen. Die erste geht dahin, daß Kant durchaus recht gehabt hat mit seiner Überzeugung, daß nicht alle Objekte mechanisch erklärt werden können; die zweite, die bereits diskutiert worden ist, geht dahin, daß Kant durchaus unrecht gehabt hat mit seiner Überzeugung, daß man zwischen objektiv und subjektiv gültigen Erkenntnissen unterscheiden kann. Wenn es nun Objekte gibt, so Hegel, die nicht mechanisch erklärt werden können, so ist eine mechanistische Konzeption des Objekts für ein antidualistisches Programm ungeeignet, weil eine solche Konzeption zu einer widersprüchlichen Position führt, der sogar die Kantische dualistische Position vorzuziehen ist. Sie führt nämlich zu einer Position, die zwischen mechanisch erklärbaren und nicht mechanisch erklärbaren *Objekten* unterscheiden muß, zugleich aber – auf Grund der zweiten Annahme – nicht die Möglichkeit hat, sich auf die unterschiedliche Art der Gültigkeit von verschiedenen Erklärungsarten zu berufen, so daß der Begriff ‚nicht mechanisch erklärbares Objekt' im Rahmen dieser mechanistischen Position nur als widersprüchlicher Begriff auftreten kann. Eine solche Position kann also nicht mechanisch zu erklärende Objekte nicht bzw. nur um den Preis des Widerspruchs integrieren.

In diese Schwierigkeit kommt man aber mit einer organologischen Konzeption des Objekts nicht. Denn wenn nur vorausgesetzt ist, daß man nicht alle Objekte als Mechanismen, nicht aber, daß man nicht alle Objekte als Organismen betrachten kann, dann ist trivialerweise nicht die Möglichkeit ausgeschlossen, alle Objekte als Organismen zu betrachten. Wenn man diese Möglichkeit zuläßt und weiterhin gemäß der zweiten Annahme bestreitet, daß sich Mechanismen und Organismen dadurch unterscheiden, daß sie zu verschiedenen Arten gültiger Erkenntnisse führen, dann besteht der einzige Preis, der für eine organologische Konzeption des Objekts gezahlt werden muß darin, daß man Mechanismen zu einem Spezialfall von Organismen erklären muß. Man ist daher, bleibt man im Rahmen der Kantischen Alternativen von Mechanismus und Organismus, mechanischer und teleologischer Erklärungsart, bei antidualistischer Intention geradezu zu einer Favorisierung einer organologischen Konzeption des Objekts gezwungen.

Daß Hegel eine solche Konzeption tatsächlich vertreten hat, ist bekannt und schwer zu übersehen.[46] Bemerkenswert ist, daß man für diese Konzeption keineswegs irgendwelche Affinitäten zur frühromantischen Naturphilosophie in Anschlag bringen muß, sondern daß die Auseinandersetzung mit Kants dritter Kritik allein schon zureicht, um ein solches Konzept bei antidualistischen Absichten zwingend nahezulegen. Daß eine organologische Konzeption des Objekts für Hegel hauptsächlich aus anderen Gründen als solchen, die mit der Überwindung der Philosophie Kants zu tun haben, attraktiv gewesen ist, kann und soll nicht bestritten werden. Doch wie sehr eine Philosophie Hegelscher Art in Diskussionszusammenhängen ihrer Zeit verwurzelt ist, zeigt die Möglichkeit einer derartigen Verständigung über wesentliche Aspekte ihrer Grundlagen deutlich.[47]

Dennoch macht es große Schwierigkeiten, diese Konzeption inhaltlich zu füllen, also einigermaßen genau anzugeben, was denn die sie auszeichnenden Merkmale sind. Als eine für den hiesigen Zusammenhang zureichende, wenn auch sehr erklärungsbedürftige Hypothese mag vorläufig die Formulierung gelten, daß eine organologische Konzeption des Objekts für Hegel eine solche ist, die in der Lage ist, Objekte als Einheiten inkompatibler Bestimmungen aufzufassen. Dies so, daß der Einheitscharakter der Objekte oder die Art der Einheit der Objekte festgelegt ist durch ihre jeweiligen Bestimmungen. Hegel faßt den ihm wesentlichen Kernpunkt der in diese Konzeption eingehenden Überzeugung in ebenso berühmte wie apokryphe Formeln wie die bereits auf seine Frankfurter Zeit zurückgehende vom Leben als der Verbindung der Verbindung und der Nichtverbindung oder die

---

46 Vgl. *Wissenschaft der Logik* II, 414 ff., bes. 428; *Enzyklopädie*, §§ 55 Anm., 164 Anm. in Verbindung mit 359 Anm.
47 Anzumerken ist noch, daß diese Konzeption auch in der Lage ist, in der Frage des Verhältnisses der Erklärungsarten zueinander ein reduktionistisches Programm mitzutragen. Wenn man nämlich diese organologische Konzeption des Objekts zugrundelegt, dann liegt auf der Hand, daß man die teleologische Erklärungsart für leistungsfähiger als die mechanische ansehen muß, weil sie mehr Objekte der Erkenntnis zugänglich macht, nämlich prinzipiell alle. Und das für jedes einheitsphilosophische oder monistische Programm bestehende Problem des Verhältnisses verschiedener Erklärungsarten zueinander kann unter Vorgabe der organologischen Konzeption so geklärt werden, daß man die mechanische als in einem doppelten Sinn beschränkt betrachtet: beschränkt erstens in bezug auf die ihr zugänglichen Objekte und zweitens in bezug auf ihre Möglichkeit, zu Erkenntnissen von Objekten zu führen, weil eben Objekte ‚in Wahrheit' als Organismen betrachtet und insofern „eigentlich" teleologisch erklärt werden müssen. Daß Hegel die mechanische Erklärungsart in ihrer Leistungsfähigkeit der teleologischen unterordnet, geht aus den Objektivitätskapiteln der Nürnberger und der enzyklopädischen Logik deutlich hervor.

aus der *Differenzschrift* stammende vom Absoluten als der Identität der Identität und der Nichtidentität oder der Einheit der Einheit und Vielheit.[48]

C. Objekt und Urteil

Ehe nun dazu übergegangen wird, sich genauer mit Hegels organologischem Objektbegriff zu befassen, muß noch einmal das Thema ‚Objekt und Urteil' aufgegriffen werden. Der hier eingeschlagene Weg zur Klärung basaler ontologischer Annahmen Hegels zum Zwecke der Verständigung darüber, warum für ihn Relationen ontologisch irrelevant sind, ist in gewisser Weise von Hegel selbst vorgezeichnet durch seine Kritik am Urteilsverständnis und an der Einschätzung der Leistungsfähigkeit des Subjekt-Prädikat-Urteils durch die traditionelle Metaphysik. Diese Kritik mündet, wie gezeigt, in der Feststellung, daß man, ehe man etwas über das, was in Wahrheit ist, ausmachen kann, zwei Forderungen erfüllen muß, (1) man muß sich darüber verständigt haben, was denn Objekte in Wahrheit überhaupt sind, und (2) man muß außerdem eine These dazu entwickelt haben, wie denn diese Objekte so, wie sie in Wahrheit sind, dem Urteil zugänglich sind. Erst wenn diese beiden Forderungen eingelöst sind, so kann man Hegel behaupten lassen, wird man etwas darüber erfahren können, wie man mit Urteilen umzugehen hat, wenn es um die Erkenntnis „der Wahrheit" geht. Nun beansprucht Hegel für sich, beiden Forderungen gerecht geworden zu sein, der ersten durch die Behauptung, daß man das, was überhaupt als Objekt ‚in Wahrheit' oder als wirkliches Objekt auftreten können soll, organologisch, d. h. als Einheit inkompatibler Bestimmungen denken muß, der zweiten durch die Identifizierung dessen, was ein Objekt in Wahrheit ist, mit seinem Begriff. Zu fragen ist nun, was diese Behauptungen für eine im Hegelschen Sinne korrekte, zur Auffassung der traditionellen Metaphysik alternative Interpretation des Urteils bedeuten. Die Antwort, die sich auf diese Frage geben läßt, geht davon aus, (1) daß jeder Begriff ein Objekt

---

48 Vgl. *Theologische Jugendschriften*, 348; *Differenzschrift*, 77; *Naturrechtsaufsatz*, 432 f. Diese Formeln sind wohlgemerkt keine Hegelschen Definitionen dessen, was ein Objekt ist, sondern formulieren je nach Auslegung eine oder mehrere notwendige Bedingungen, denen der Begriff des Objekts als der Begriff einer organischen Struktur gerecht werden muß.

in Wahrheit ist oder daß alle Begriffe Begriffe von Objekten sind und (2) daß in Urteilen Begriffe bestimmt werden.

Zunächst noch einmal eine Zusammenfassung der Ausgangslage: Objekte in Wahrheit erkennen, heißt, ihren Begriff erkennen, denn das, was das Objekt in Wahrheit ist, ist sein Begriff. Außerdem ist nur das in Wahrheit Objekt, was man nicht als Mechanismus denken muß, sondern was organologisch als Einheit inkompatibler Bestimmungen oder als organismusartig gedacht werden kann. Diese Ausgangslage scheint nun bei Hegel zu der Auffassung geführt zu haben, daß das, was ein Objekt in Wahrheit ist, nämlich sein Begriff, ebenfalls als organismusartig gedacht werden muß. Diese Auffassung, so wenig natürlich sie bei einem normalen, d. h. nicht auf Hegels Gebrauch bezogenen Verständnis der Termini ‚Objekt' und ‚Begriff' auch wirkt, ist aus den in der Ausgangslage formulierten Annahmen ebenso korrekt zu rechtfertigen wie etwa aus den Aussagen ‚Menschen sind zweibeinige Lebewesen' und ‚Menschen sind sterblich' die Auffassung, daß zweibeinige Lebewesen sterblich sind, gerechtfertigt werden kann. Man kann diese Auffassung auch als das Ergebnis der Identifizierung dessen, was oben der logische Begriff des Objekts genannt worden ist, mit dem, was wir den ontologischen Begriff des Objekts genannt haben, interpretieren, einer Identifizierung, die nur dann befremdlich erscheint, wenn man dem Hegelschen doppelten Sinn der Formel ‚Objekt in Wahrheit' nicht genügend Aufmerksamkeit geschenkt hat.

Aus der Annahme, daß die Begriffe der Objekte selbst als organismusartig verfaßt gedacht werden müssen, ergibt sich für Hegels Interpretation des Urteils folgendes Bild: Wenn mit Urteilen Begriffe von Objekten, also das, was Objekte in Wahrheit sind, bestimmt werden und nicht etwa Vorstellungen von Gegenständen, dann muß man sie so auffassen, daß sie in der Lage sind, den Eigentümlichkeiten ihres Gegenstandes, nämlich dem Begriff des Objekts, gerecht zu werden. Sie so aufzufassen, heißt aber, zweierlei berücksichtigen zu müssen: (1) daß Begriffe als organismusartige Entitäten, also als Einheiten inkompatibler Bestimmungen gedacht werden sollen und (2) daß die Subjekt-Prädikat-Form von Urteilen zwar sprachlich unvermeidbar, aber ontologisch irreführend ist.[49] Besagt die zweite Vorgabe nur, daß man den Sinn von Urteilen nicht so deuten darf, wie es die sprachliche Form des Urteils nahelegt, legt die erste Vorgabe fest, wie man mit ihm umzugehen hat, wenn es darum geht, einen Begriff zu bestimmen. Die Grundzüge dieser Festlegung lassen sich in zwei Thesen fassen. Die erste geht dahin, daß es zu jedem Urteil, dessen Subjektbegriff der Begriff eines

---

49 S. oben 61 ff.

Objekts und dessen Prädikatbegriff eine Bestimmung dieses Begriffs ist, wenigstens ein mit ihm in bezug auf den Prädikatbegriff inkompatibles Urteil geben muß. Dies aus zwei Gründen: (1) weil eben das Urteilssubjekt, der Begriff eines Objekts, inkompatible Bestimmungen enthalten soll und (2) weil die Einheit, die das Objekt in Wahrheit, also der Begriff, darstellt, von Hegel als durch entgegengesetzte Bestimmungen konstituiert gedacht wird, so daß das diese Einheit kennzeichnende Urteilssubjekt, in der Terminologie der traditionellen Logik gesprochen, ein widersprüchlicher Begriff ist. Die zweite geht dahin, daß es zu jedem Urteil, dessen Subjektbegriff der Begriff eines Objekts und dessen Prädikatbegriff eine Bestimmung dieses Begriffs ist, genau ein mit ihm in bezug auf den Subjektbegriff inkompatibles Urteil geben muß.

Da die sehr komplexe, komplizierte und schwer genau zu fassende Hegelsche Theorie des Urteils im hiesigen Zusammenhang nur ein Nebenthema ist, müssen diese das Thema ‚Objekt und Urteil' nur sehr verkürzt darstellenden Hinweise genügen, um wenigstens die Richtung anzuzeigen, in die Hegels Urteilsauffassung auf Grund seines Objektbegriffs führt.[50] Anzumerken ist, daß diese Hinweise Anlaß zu der Vermutung geben können, daß die Rolle des Widerspruchs in Hegels Philosophie einen trivialen und einen sozusagen extravaganten Aspekt hat. Der triviale Aspekt ist in der hier häufig gewählten Formulierung schon angelegt, der zufolge Objekte als Einheiten inkompatibler Bestimmungen aufgefaßt werden können müssen. Wenn nämlich die Inkompatibilität der Bestimmungen erlaubt ist, scheint kein Weg um die Konsequenz herumzuführen, daß man damit eben widersprüchliche Bestimmungen als Bestimmungen des Objekts zuläßt, die, wenn man sie auf Prädikate in Urteilen bezieht, zur Annahme der Widersprüchlichkeit des Begriffs des Objekts, das durch den Subjektausdruck gekennzeichnet ist, führt. Doch diese Konsequenz ist so lange theoretisch unergiebig, bzw. führt so lange nicht zu logisch anstößigen Positionen als man Mittel und Wege kennt, die Inkompatibilität der Bestimmungen eines Objekts mit einem nicht-klassischen Begriff des widersprüchlichen Begriffs zu verbinden. Doch obwohl Hegel selbst über derartige Mittel verfügt –

---

50 Will man diese Hinweise an Hand der Hegelschen Texte verfolgen, kann man für die Identifizierung von ‚Objekt in Wahrheit' mit ‚Begriff des Objekts' auf die in Anm. 38, S. 69 angegebenen Passagen verweisen; zu Hegels organologischer Konzeption des Objekts vgl. Anm. 46, S. 78. Zur Frage der Verfassung des Begriffs vgl. hauptsächlich die zwei Versionen des Kapitels ‚Die absolute Idee' in *Wissenschaft der Logik* und *Enzyklopädie*. Zu der von Hegel auf Grund der Verfassung des Begriffs für korrekt gehaltenen Interpretation des Subjekt–Prädikat-Urteils vgl. vor allem *Wissenschaft der Logik* II, 264 ff.

beispielsweise in seiner Unterscheidung zwischen (Hegelschen) Begriffen und (klassischen) Allgemeinbegriffen –, sind in der Diskussion über die Probleme der Hegelschen Widersprüche von Hegel-Anhängern und Hegel-Gegnern gleichermaßen fast ausschließlich Argumente bereitgestellt worden, die davon ausgehen, daß man die Hegelschen Begriffe als klassische Allgemeinbegriffe zu betrachten hat.[51]

Übersehen wird häufig der Hegel eigentümliche, extravagante Aspekt seiner Auffassung von einem Zusammenhang zwischen Widersprüchen und dem Begriff des Objekts. Dieser besteht in der von Hegel nie sehr ausführlich diskutierten Annahme, daß zwischen der Auffassung von Objekten als *Einheiten* von Bestimmungen und ihrer Auffassung als Einheiten von *Bestimmungen* ein Widerspruch besteht, Widerspruch hier verstanden in dem Sinne, in dem z. B. in dem gestaltpsychologischen duck-rabbit-puzzle zwischen der Enten-Wahrnehmung und der Kaninchen-Wahrnehmung ein Widerspruch besteht. Die Eigentümlichkeit oder Extravaganz dieser Annahme besteht darin, daß sie implizit die Behauptung enthält, daß jede Konzeption des Objekts, die Objekte als Einheiten von Bestimmungen auffaßt, mit einem widersprüchlichen Begriff des Objekts arbeitet. Für Hegel ist diese Auffassung in bezug auf den logischen Status des Begriffs des Objekts einerseits Anlaß, den „unreflektierten" Gebrauch dieses Begriffs vom Objekt zu verwerfen, andererseits scheint er keine Bedenken zu haben, einen sozusagen „reflektierten" Gebrauch dieses Begriffs nicht nur zuzulassen, sondern sogar zum Mittel der Präsentation des Begriffs eines Objekts, verstanden als Präsentation dessen, was ein Objekt in Wahrheit ist, für besonders geeignet zu halten.[52]

IV. „Subjektivität" als ontologische Kategorie

Faßt man das Ergebnis der bisherigen Ausführungen in einen Satz zusammen, so kann er wie folgt lauten: Hegels Kritik an der traditionellen Meta-

---

51 Zu Hegels Auffassung vgl. z. B. *Enzyklopädie*, § 89 Anm. und § 119 Anm. Zu den durch andere bereitgestellten Mitteln vgl. die bereits in den Diskussionen aus dem 19. Jahrhundert je nach Standpunkt unterschiedlich ausgebeuteten Hinweise auf konträre versus kontradiktorische Entgegensetzungen und logische Bestimmungen (des Begriffs) versus reale Bestimmungen (des Objekts) bei Trendelenburg, Rosenkranz, K. Fischer, E. v. Hartmann, Bullinger u. a. Zur Sache vgl. M. Wolff: *Der Begriff des Widerspruchs*.
52 Zur Unzulässigkeit des „unreflektierten" Gebrauchs dieses Begriffs s. oben 58 f.; zur Nützlichkeit im „reflektierten" Gebrauch vgl. *Enzyklopädie*, § 119 Anm.

physik hat eine gewichtige Basis in seiner Überzeugung, daß man mit ihren Mitteln nicht in der Lage ist, eine akzeptable Theorie dessen, was ein Objekt in Wahrheit ist, vorzulegen. Dies deshalb, weil sie auf Grund ihres „unreflektierten" Urteilsverständnisses einerseits Objekte nur als Vorstellungsgegenstände fassen kann und andererseits unfähig ist, eine ‚organologische' Konzeption des Objekts sachlich zu decken. Die erste Teilthese dieser Kritik, die Objekte als Vorstellungsgegenstände betrifft, ist bereits, soweit sie für unsere Zwecke von Belang ist, betrachtet worden und hat auf die logische Konzeption des Objekts geführt, der zufolge das, was ein Objekt in Wahrheit ist, sein Begriff ist. Nicht zureichend betrachtet ist bisher jedoch die zweite Teilthese, die die organologische Konzeption des Objekts betrifft, von der bisher nur auszumachen gewesen ist, daß Hegel sie tatsächlich vertritt. Vor allem die Formel ‚organologische Konzeption des Objekts' ist gegenwärtig noch viel zu unklar, um aufschlußreich zu sein. So wie sie bisher verwendet worden ist, weist sie allerdings auf zweierlei hin: zunächst darauf, daß nach Hegel alles das, was als Objekt ‚in Wahrheit' betrachtet werden kann, als in einem noch zu klärenden Sinn gleichartig sein muß, und weiterhin darauf, daß diese Gleichartigkeit in einer bislang unklar gebliebenen Affinität zu Verfassung und Struktur von Organismen besteht. Ersteres hat sich aus den formalen Erfordernissen eines einheitsphilosophischen oder monistischen Programms ergeben, letzteres auf Grund von Festlegungen, die mit den für Hegel sachlich zur Verfügung stehenden Alternativen zusammenhängen.

A. Spezifikation der organologischen These

Läßt man zunächst einmal den monistischen Aspekt dieser Konzeption auf sich beruhen, so stellt sich als erstes die Frage, was denn mit ‚organismusartig' und dergleichen Termini gemeint ist. Diese Frage stellt sich nicht nur deshalb, weil Begriffe wie ‚Organismus' notorisch dunkel sind, sondern vor allem deshalb, weil die Behauptung, Hegel gehe davon aus, daß nur solche Objekte, die sich als Organismen bzw. als organismusartig auffassen lassen, als Objekte ‚in Wahrheit' oder als wirkliche Objekte betrachtet werden können, ohne geeignete Qualifikationen sehr leicht mißverständlich bzw. irreführend ist. Nähert man sich z. B. auf Grund einer solchen Behauptung den realphilosophischen Teilen des Hegelschen Systems mit der Erwartung, man werde in ihnen alle thematisierten Gegenstände als solche präsentiert bekommen, die ‚in Wahrheit' als Organismen oder wenigstens als organismusartig strukturiert angesehen werden müssen, dann wird man sehr schnell feststellen, daß, wenn überhaupt, dann nur ein sehr indirekter Zusammenhang zwischen Organismusartigkeit und Objektartigkeit besteht. Die erste Qualifikation des bisher nur terminologisch festgelegten Bildes von Hegels organologischer Konzeption des Objekts muß also dadurch gewonnen werden, daß man sich über die Forderungen verständigt, die man an eine organologische Konzeption des Objekts stellen muß, welche einerseits bereit ist, die These zu vertreten, daß alles das, was Objekt ‚in Wahrheit' ist, auch organismusartig in einem noch unbestimmten Sinne ist, andererseits aber behauptet, daß nicht jedes Objekt ein Organismus ist.

Was zunächst gegen eine einfache Identifizierung der organologischen Konzeption des Objekts mit der These spricht, daß alle Objekte ‚in Wahrheit' Organismen sind, ist, daß es sehr schwierig ist, eine Beschreibung dessen, was ein Organismus ist, zu finden, die nicht eine organologische Konzeption des Objekts entweder sinnlos, falsch oder trivial erscheinen läßt. Wählt man z. B. wie Kant eine funktionale Beschreibung, der zufolge ein Organismus oder, wie Kant sagt, ein „organisirtes Wesen" die Bedingungen erfüllen muß, „daß die Theile desselben einander insgesammt ihrer Form sowohl als Verbindung nach wechselseitig und so ein Ganzes aus eigener Causalität hervorbringen, dessen Begriff wiederum umgekehrt (in einem Wesen, welches die einem solchen Product angemessene Causalität nach Begriffen besäße) Ursache von demselben nach einem Princip sein ... könnte", oder definiert man kürzer: „Ein organisirtes Product der Natur ist das, in welchem alles Zweck und wechselseitig auch Mittel ist",[53] – wählt man eine solche Beschreibung, dann ist man einer doppelten Mißlichkeit ausgesetzt, wenn man behaupten will, daß alle Objekte ‚in Wahrheit' Organismen sind. Selbst wenn man nur das als Objekt zuläßt, was Hegel in seiner Natur- und Geistesphilosophie als Gegenstand thematisiert, wird man mit einer solchen Beschreibung einerseits an einer großen Anzahl dieser Objekte in dem Sinne scheitern, daß man sie unter keinen Umständen auf sie anwenden kann. Andererseits wird man, wenn man auf dieser Beschreibung und der Behauptung, daß alle Objekte ‚in Wahrheit' Organismen sind, insistiert, zur Annihilierung genau der Objekte genötigt, auf die diese Beschreibung nicht anwendbar ist. Beides würde eine organologische Konzeption des Objekts schon im Ansatz entwerten.

Doch auch wenn man auf eine mehr formale Beschreibung zurückgreift und etwa in Aufnahme der weiter oben hilfsweise benutzten Formulierung

---

53 *Kritik der Urteilskraft*, § 65 und 66.

Organismen als Einheiten inkompatibler Bestimmungen beschreiben würde, hätte man für den Versuch, eine organologische Konzeption des Objekts nicht nur metaphorisch zu formulieren, wenig gewonnen. Denn eine solche Beschreibung ist vor allem dadurch belastet, daß sie wenigstens zweierlei vollständig unklar läßt. Sie macht (1) auf keine Weise deutlich, was denn Bedingungen der Inkompatibilität sind, sie gibt also keinen Hinweis darauf, wann denn Bestimmungen als inkompatibel angesehen werden müssen. Sie gibt (2) keinen Aufschluß darüber, was man denn von Einheiten kompatibler Bestimmungen halten soll, falls es solche gibt, es sei denn, man erklärt solche Einheiten zu gemäß Voraussetzung nicht organischen Einheiten, also zu Nicht-Organismen, und verzichtet deshalb darauf, sie als Objekte zuzulassen. Auch diese Lösung würde kaum dazu beitragen, die philosophische Attraktivität einer organologischen Konzeption des Objekts einsichtig zu machen.

Schon diese Schwierigkeiten reichen aus, um verständlich zu machen, warum man nicht daran interessiert sein kann, eine organologische Konzeption des Objekts mit der These, daß alle Objekte ‚in Wahrheit' Organismen sind, zu identifizieren. Sie geben allerdings keinen Hinweis darauf wie man eine solche Konzeption von dieser These trennen kann. Hegel scheint nun diese Trennung dadurch erreichen zu wollen, daß er in der Beschreibung dessen, was Objekte ‚in Wahrheit' sind, auf eine Struktur zurückgreift, die er als wesentliches Merkmal einer bestimmten Art von Organismen, nämlich bewußten Lebewesen, begreift und die er ‚Subjektivität' nennt. Läßt man zunächst dahingestellt, was mit ‚Struktur' und ‚Subjektivität' genauer gemeint ist, und achtet nur darauf, ob denn durch eine solche Operation die geforderte Trennung erreicht werden kann, so scheint dies tatsächlich der Fall zu sein. Denn mit Hilfe dieser Operation ist nämlich eine organologische Konzeption des Objekts als eine solche beschreibbar, der zufolge alles das, was als Objekt ‚in Wahrheit' oder als wirkliches Objekt betrachtet werden kann, nur durch Rückgriff auf die ‚Subjektivität' genannte Struktur angemessen charakterisiert werden kann, eine Struktur, die ihren primären Ausdruck[54] in Organismen von der Art bewußter Lebewesen findet. Obwohl in dieser Beschreibung immer noch die privilegierte Beziehung zum Ausdruck kommt, die zwischen Objekten ‚in Wahrheit' und Organismen bestehen soll, macht sie dennoch deutlich, daß man nicht jedes Objekt als etwas betrachten muß, was ‚in Wahrheit' ein Organismus ist.

---

54 ‚Ausdruck' hier gemeint in dem eigentümlich Leibnizschen Sinn, gemäß dem z. B. sowohl eine Ellipse als auch eine Hyperbel einen Kreis ausdrücken.

B. Hegels Theorie der Subjektivität

Diese Fassung von Hegels organologischer Konzeption des Objekts mag zwar den Vorteil haben, um einige geläufige Schwierigkeiten des Hegelschen Ansatzes herumzuführen, sie hat aber den Nachteil, daß sie Hegels Objektverständnis und damit seine Ontologie an eines seiner dunkelsten Theoriestücke bindet, nämlich an seine Theorie der Subjektivität. Dunkel ist diese Theorie unter fast jedem Gesichtspunkt, unter dem man sie betrachtet. Daran ändert auch der Umstand nichts, daß man sich wegen der leicht zu sehenden zentralen Rolle dieses Theoriestücks schon seit langem um dessen Aufhellung bemüht.[55] An dieser Lage werden auch die folgenden Ausführungen kaum etwas ändern können, zum einen weil sie auf Hegels Theorie der Subjektivität nur insoweit eingehen, als sie für seine Ontologie relevant ist, zum anderen weil sie Voraussetzungen und Implikationen dieser Theorie nicht berücksichtigen.

a. Historische Vorbemerkung

Zunächst eine historische Vorbemerkung. Unangesehen dessen, was Hegel mit ‚Subjektivität' oder damit eng verbundenen Termini wie ‚Selbstbewußtsein', ‚Ich' oder ‚Geist' nun genauer meint, so ist dennoch schwer zu übersehen, daß Hegel auch hier wieder ein Motiv der Kantischen Philosophie zur Geltung kommen läßt, nämlich das Thema der transzendentalen Einheit

---

[55] Die, soweit ich sehe, gründlichste neuere Darstellung des Themas ‚Subjektivität' in Hegels Philosophie ist die von K. Düsing: *Das Problem der Subjektivität in Hegels Logik*. Sie enthält auch in ihrer Einleitung eine gute Übersicht über die bisherige Literatur zu dem Thema. Ein Mangel dieser ausgezeichneten Darstellung besteht allerdings darin, daß in ihr die Hegelsche Konzeption von Subjektivität nur als ein Versuch betrachtet wird, eine Theorie des Ich oder des Selbstbewußtseins zu entwickeln, also eine Frage der philosophischen Psychologie zu beantworten, die ontologische Funktion dieser Konzeption aber weitgehend übersehen wird. Dieser Mangel hat die Folge, daß Düsing mit den jeweiligen Objektivitätskapiteln der subjektiven Logiken von *Wissenschaft der Logik* und *Enzyklopädie* nur wenig anzufangen weiß. Vgl. 289 f. Das, was Düsing vernachlässigt, nämlich die ontologische Funktion von Subjektivität, steht im Vordergrund der aufschlußreichen Arbeit von H. Brockard: *Subjekt*. In dieser Arbeit sind, wie mir scheint, sehr genau und zutreffend alle die Gesichtspunkte zur Geltung gebracht worden, die Hegels ontologischen Begriff von Subjektivität material bestimmen. Sie stellt eine schwer zu entbehrende Hilfe dar bei allen Versuchen, sich über Hegels Ontologie zu verständigen.

der Apperzeption. Wie bereits erwähnt, ist es neben der Kantischen Lehre von der teleologischen Urteilskraft vor allem die Theorie der transzendentalen Einheit der Apperzeption gewesen, die Hegel aus verschiedenen Gründen für einen unaufgebbaren Ansatzpunkt auch seiner Philosophie gehalten hat. Diese Gründe decken sich allerdings nicht unmittelbar mit denen, die die Kantische Einschätzung von Funktion und Leistung dieser Theorie bestimmt haben, sie sind eher verständlich vor dem Hintergrund der Uminterpretation der Kantischen Einschätzung durch Fichte und Schelling. Der Punkt, an dem nicht nur Hegel, sondern vor allem eben auch Fichte und Schelling einen Anknüpfungspunkt in Kants Theorie der transzendentalen Einheit der Apperzeption finden zu können gemeint haben, ist der bei Kant selbst eigentlich gar nicht angelegte Aspekt, dem zufolge das die Objektivitätsbedingungen der Erkenntnis sichernde nichtempirische Ich in irgendeiner von Fichte, Schelling und Hegel jeweils verschieden gefaßten Weise zugleich so etwas wie Produzent von Realität in materialer Hinsicht sei. Was Fichte, Schelling und Hegel sowie einige andere ihrer Zeitgenossen bewogen hat, die von Kant zunächst nur als logische Bedingung der Möglichkeit der Erkenntnis eingeführte Vorstellung der transzendentalen Einheit der Apperzeption um fast jeden Preis zu einer materialen Bedingung ontologischer Realität umzuwenden, – diese Frage auch nur einigermaßen aufschlußreich zu beantworten, käme dem Unterfangen gleich, eine Entwicklungsgeschichte des Deutschen Idealismus vorzutragen. Will man sie nur für Hegel mit einem sehr verkürzenden Hinweis beantworten, so wird man sagen können, daß Hegel primär daran interessiert gewesen zu sein scheint, die Vorstellung der transzendentalen Einheit der Apperzeption mit der Zentralidee der teleologischen Urteilskraft in einen Zusammenhang so zu bringen, daß die Idee der objektiven Zweckmäßigkeit der Natur sich zu der Idee eines in der Natur als des Inbegriffs aller Realität sich manifestierenden intelligenten Wesens umformen läßt.[56]

b. „Subjektivität" und „Begriff"

Diese historische Vorbemerkung hilft allerdings wenig in der Sache. In bezug auf sie ist der erreichte Stand eher kurios. Denn fragt man, was die

---

[56] Vgl. dazu vor allem *Wissenschaft der Logik* II, 221 ff., bes. 230–232. Schon H. Marcuse: *Hegels Ontologie*, 24 ff., versucht die Hegelsche Umgestaltung der Kantischen Theorie von der transzendentalen Einheit der Apperzeption für ein Verständnis der ontologischen Konzeption Hegels fruchtbar zu machen. Zu Hegels Aufnahme der

oben angedeutete Qualifikation der organologischen Konzeption des Objekts der Sache nach bedeutet, so muß man das Ergebnis in die hinreichend paradoxe Formulierung fassen, daß Hegels Theorie des ontologisch relevanten Objekts allem Anschein nach wesentlich eine Theorie der Subjektivität ist. Dieses Ergebnis, das von Hegel mit dem ihm eigenen Sinn für Pointen in die Bemerkung zusammengezogen ist, daß „Subjektivität und Objekt *dasselbe* seien",[57] ist jedoch nicht nur paradox, sondern auch verwirrend. Denn wenn man das immense Spektrum bedenkt, innerhalb dessen Hegel den Terminus ‚Subjektivität' als einen Sachverhalte qualifizierenden Ausdruck meint einsetzen zu können, dann gibt es allzu viele Möglichkeiten, den Sinn der Verbindung von Objekt mit Subjektivität zu deuten. Im hiesigen Zusammenhang sind es insbesondere zwei Bestimmungen von ‚Subjektivität', die Schwierigkeiten bereiten. Zum einen die, der gemäß ‚Subjektivität' ein den (Hegelschen) Begriff auszeichnendes Merkmal darstellt, und zum anderen die mit dieser ersten schwer in Übereinstimmung zu bringende, der gemäß ‚Subjektivität' ein Merkmal ist, welches dem Hegelschen Begriff nur unter ganz bestimmten Bedingungen zukommt. Daß diese beiden Bestimmungen besondere Probleme machen, hängt damit zusammen, daß Hegels Objektverständnis wesentlich durch sein Verständnis des Begriffs bestimmt ist.

Die mit der paradoxen Formulierung zwangsläufig verbundenen Unklarheiten lassen sich nun nicht mit einem Schlag auflösen. Sie lassen sich aber ansatzweise beseitigen, wenn man sich noch einmal einige der Hegelschen Hauptthesen, soweit sie bisher entwickelt worden sind, in Erinnerung ruft. Ausgangspunkt kann wiederum die These der logischen Konzeption des Objekts sein, daß das, was Objekte in Wahrheit sind, ihr Begriff ist. Diese These, in Verbindung mit der der ontologischen Konzeption des Objekts, der zufolge nur das ‚in Wahrheit' Objekt ist, was in einem noch zu spezifizierenden Sinn als Organismus aufgefaßt werden kann, enthält nun unmittelbar die Behauptung, daß das, was es ‚in Wahrheit' gibt, was also allein ontologisch relevant ist, eben diese Begriffe oder der Begriff sind. Was sind nun Begriffe? Die uns bisher geläufige Antwort, daß nämlich Begriffe Komplexe von Denkbestimmungen sind, genügt in diesem Zusammenhang nicht, weil sie zwar Begriffe formal korrekt charakterisieren mag, nicht aber Auskunft darüber gibt, wie denn der Zusammenhang von Denkbestimmun-

---

Theorie der teleologischen Urteilskraft vgl. R. P. Horstmann: *Der geheime Kantianismus*, 56 ff.
57 *Enzyklopädie*, § 193 Anm.

gen im Begriff gedacht werden kann, oder anders gesagt, welche Komplexe von Denkbestimmungen man denn als Begriffe betrachten kann.

Versucht man, darüber eine Auskunft bei Hegel zu finden, so ist man unmittelbar beim Thema ‚Subjektivität', weil Hegel sowohl in der *Wissenschaft der Logik* als auch in der *Enzyklopädie* immer dann, wenn es darum geht, eine Art vorläufiger Anschauung von dem zu vermitteln, was er unter ‚Begriff' versteht, auf Sachverhalte wie ‚Ich', ‚Selbstbewußtsein', ‚Geist' oder ‚Subjekt' verweist, die er selbst wiederum in eine enge Beziehung mit dem bringt, was er ‚Subjektivität' nennt. Alle diese Hinweise geben zu verstehen, daß man zwar den Hegelschen Begriff nicht mit irgendeinem der erwähnten Sachverhalte identifizieren darf, daß man diese Sachverhalte aber dennoch als die dem Begriff angemessensten ‚empirischen' Paradigmata anzusehen hat. Die Frage also, was für Hegel ein oder der Begriff ist, läßt sich daher in die zwei Fragen auflösen, (1) was denn für Hegel Sachverhalte wie ‚Ich', ‚Selbstbewußtsein' oder ‚Geist' zu den besten empirischen Paradigmata des Begriffs macht, und (2) welche Bedeutung ‚Subjektivität' im Kontext solcher Sachverhalte wie ‚Ich', ‚Selbstbewußtsein' oder ‚Geist' für Hegel hat. Die Doppelung der Frage ist deshalb nicht zu vermeiden, weil Hegel nicht einfach ‚Subjektivität' mit einem der genannten Sachverhalte identifiziert, so daß die Frage nach dem Zusammenhang des Hegelschen Begriffs mit Ich, Selbstbewußtsein usw. zunächst wenigstens unabhängig ist von der Frage, was denn die Kennzeichnung ‚Subjektivität' für den Begriff bedeutet.

Was die erste Frage betrifft, so ist Hegels ausführlichste Antwort in den einleitenden Passagen des dritten Teils der *Wissenschaft der Logik* zu finden. Hier erklärt Hegel: „Der Begriff, insofern er zu einer solchen *Existenz* gediehen ist, welche selbst frei ist, ist nichts anderes als *Ich* oder das reine Selbstbewußtsein" bzw. „Ich ist der reine Begriff selbst, der als Begriff zum *Dasein* gekommen ist."[58] Zu dieser Auffassung kann Hegel deshalb kommen, weil für ihn sowohl der Begriff als auch Ich bzw. Selbstbewußtsein als ein und dieselbe Struktur oder als strukturell identisch gedacht werden müssen, nämlich als Einheit von Allgemeinheit, Besonderheit und Einzelheit oder als *„absolute Allgemeinheit, die ebenso unmittelbar absolute Vereinzelung ist".*[59] Wie Hegel zu diesen Beschreibungen kommt und welche sachlichen Überzeugungen in sie eingehen, braucht uns hier nicht zu interessieren. Festzuhalten ist nur, daß die besondere Affinität zwischen Ich,

---

58 *Wissenschaft der Logik* II, 220.
59 *Wissenschaft der Logik* II, 220.

Selbstbewußtsein usw. und Begriff von Hegel durch eine Betrachtung der Struktur dieser Sachverhalte begründet wird.

c. „Einseitige" und „übergreifende Subjektivität"

Schwieriger ist die zweite Frage zu beantworten, nämlich die nach der Bedeutung dessen, was Hegel ‚Subjektivität' nennt. Hegel verwendet nämlich diesen Terminus in wenigstens zwei verschiedenen Bedeutungen. Beide Bedeutungen hängen wohl miteinander zusammen, doch ist die Art ihres Zusammenhangs extrem dunkel und, soweit ich sehe, von Hegel auch nirgends eigens thematisiert worden. Den wenigen Stellen, an denen Hegel selbst auf den doppelten Sinn dieses Terminus hinweist, ist nur zu entnehmen, daß er zwischen ‚übergreifender' und ‚einseitiger' Subjektivität unterscheidet, zwischen Subjektivität als einem wesentlichen Merkmal des Begriffs und als Kennzeichnung dessen, was er mit ‚Äußerlichkeit und Zufälligkeit' beschreibt.[60]

Das, was Hegel mit ‚einseitiger Subjektivität' oder ‚Subjektivität' im Sinne von ‚Äußerlichkeit und Zufälligkeit' meint, ist noch relativ einfach zu verstehen. ‚Subjektivität' ist hier gebraucht als Gegenbegriff zu ‚Objektivität' und verweist darauf, daß etwas, das in diesem Sinne subjektiv ist, z. B. eine Meinung oder ein Eindruck, noch in einem gewissen Gegensatz zu dem steht oder von dem unterschieden werden muß, was seine objektive Basis ist. Es ist dieser Sinn von ‚Subjektivität', auf den Hegel rekurriert, wenn er in *Wissenschaft der Logik* und *Enzyklopädie* die jeweils ersten Abschnitte der Lehre vom Begriff mit „Subjektivität" bzw. „Der subjektive Begriff" überschreibt.[61]

Worauf Hegel demgegenüber mit der Rede von ‚übergreifender Subjektivität' oder von der ‚(wesentlichen) Subjektivität des Begriffs'[62] zielt, ist weniger einfach auszumachen. Dies ist nicht zuletzt deshalb bedauerlich, weil dieser zweite Sinn von ‚Subjektivität' für seine logische, oder besser, metaphysische Theorie der Subjektivität in einem ganz anderen Maße relevant ist als der erste Sinn. Folgt man den Hinweisen aus *Wissenschaft der Logik* und *Enzyklopädie*, dann zeigt sich, daß Hegel das, was er in der *Enzyklopädie* ‚übergreifende Subjektivität' nennt, bindet an das Vorliegen genau der-

---

60 S. *Enzyklopädie*, § 215 Anm. sowie *Wissenschaft der Logik* I, 47 und II, 358 und 305.
61 Vgl. *Wissenschaft der Logik* II, 236.
62 *Enzyklopädie*, § 214 Anm.

jenigen Bedingungen, die erfüllt sein müssen, damit etwas sich selbst als identisch mit etwas anderem begreift. Diese Auffassung entwickelt er im Kontext von *Wissenschaft der Logik* und *Enzyklopädie* im Zusammenhang von Festlegungen darüber, wie man denn das Verhältnis von Subjektivität zu Objektivität bzw. vom subjektiven Begriff zu dem Objekt im Rahmen der Theorie des Begriffs zu denken hat.[63] Er geht dabei davon aus, daß man einen zureichenden Begriff von Subjektivität nur dann hat, wenn man ihn als den Begriff eines Verhältnisses oder einer Beziehung interpretiert, die zwischen Sachverhalten besteht, die selbst als bestimmte Verhältnisse oder Beziehungen der gleichen Elemente oder Momente gedacht werden können.[64] ‚Subjektivität' in diesem Sinn soll also eine bestimmte Art von Selbstverhältnis oder Selbstbeziehung beschreiben. ‚Übergreifend' nun scheint Hegel deshalb für eine angemessene Charakterisierung dieses Begriffs von Subjektivität zu halten, weil mit ihm ein Verhältnis zwischen Verhältnissen gedacht werden soll, das ‚Subjektivität' nur dann genannt werden kann, wenn es ein entsprechendes Fundament in den Verhältnissen findet, die es in ein Verhältnis setzt. Ein solches Fundament ist anscheinend dann gegeben, wenn das ‚Subjektivität' genannte Verhältnis abgebildet werden kann auf die Verhältnisse, die es zueinander in Beziehung setzt, oder wenn es auf diese Verhältnisse übergreift.

Der Schwierigkeit, die Metapher von der „übergreifenden Subjektivität" mit Hegelschen Mitteln zu explizieren, entspricht die Exklusivität ihrer signifikanten Verwendung durch Hegel. Im Grunde soll es nämlich nach Hegel nur einen Sachverhalt geben, dem Subjektivität in diesem Sinne als Merkmal zugesprochen werden kann. Dieser Sachverhalt ist die Hegelsche „Idee", das Gebilde, das von Hegel als Einheit zweier unreduzierbarer, aber gleichartiger Verhältnisse aufgefaßt wird. Von ihr heißt es: „Die Einheit der Idee ist Subjektivität."[65] Da nun die Vorstellung der übergreifenden Subjek-

---

63 Die Doppelung in dieser Formulierung ist deshalb schwer vermeidbar, weil Hegel sich in der *Wissenschaft der Logik* und der *Enzyklopädie* unterschiedlicher Terminologien bedient und das, was er in der *Wissenschaft der Logik* unter dem Titel ‚Subjektivität' abhandelt, in der *Enzyklopädie* mit dem Titel ‚Der subjektive Begriff' versieht, während er das, was in der *Wissenschaft der Logik* ‚Die Objektivität' heißt, in der *Enzyklopädie* unter dem Titel ‚Das Objekt' verhandelt.
64 Vgl. *Wissenschaft der Logik* II, 236, 358 f.; *Enzyklopädie*, § 193 Anm., § 214 Anm.
65 *Enzyklopädie*, § 215 Anm. Diese hochgradig abstrakte Auffassung von Subjektivität als eines Verhältnisses von Verhältnissen ist, obwohl sie für Hegels Theorieentwurf von zentraler Bedeutung ist, eigentlich ziemlich wenig beachtet worden. Von den Hegel-Schülern im weiteren Sinne scheint Kierkegaard der einzige gewesen zu sein, der dieses Konzept von Subjektivität sowohl rezipiert als auch mit ihm gearbeitet hat, wie die Passage am Anfang des ersten Abschnitts der 1849 erschienenen Schrift *Die*

tivität den Kern der metaphysischen Subjektivitätstheorie Hegels bildet, muß ihr noch weiter nachgegangen werden mit dem Ziel, wenigstens den Umriß des Modells herauszustellen, das der Auffassung von Subjektivität in diesem Sinn zugrundeliegt.

d. Exkurs: Hegels metaphysischer Begriff von Subjektivität in Jena

Da es im hiesigen Zusammenhang nicht so sehr darum geht, Hegels in *Wissenschaft der Logik* und *Enzyklopädie* ausgearbeitete logische[66] Theorie der Subjektivität zu diskutieren, sondern es mehr darauf ankommt, die Art zu charakterisieren, in der Hegel das, was er ‚übergreifende Subjektivität' nennt, aufgefaßt haben möchte, ist es ratsam, die Klärung der gestellten Frage durch eine kurze Diskussion einer von Hegel später wieder aufgegebenen Position voran zu treiben. Die hier herangezogene Position ist die von Hegel 1804/05 im *Zweiten Jenaer Systementwurf* vertretene, einem Systementwurf, der unter dem Titel *Jenaer Logik, Metaphysik, Naturphilosophie* bekannt geworden ist. Diese Position stellt mit relativ einfachen Mitteln das Modell von Subjektivität deutlich vor, an dessen Struktur Hegel nichts Grundlegendes mehr geändert hat. Wenn auch die sachliche und kategoriale Ausfüllung dieses Modells von ihm nicht in sein reifes, durch *Wissenschaft der Logik* und *Enzyklopädie* vorgestelltes System übernommen worden ist, so gibt es doch sehr deutlich Aufschluß darüber, worin Hegel die theoretische Leistungsfähigkeit des Begriffs der Subjektivität sieht und was die Sachgründe für seine Metapher von der übergreifenden Subjektivität sind.

Hegel entwickelt dieses Modell in dem „Metaphysik" überschriebenen zweiten Teil dieses *Zweiten Jenaer Systementwurfes*. Die grundlegende Annahme auch dieses Entwurfes ist die Überzeugung, die uns schon als die

---

Krankheit zum Tode belegt: „Der Mensch ist Geist. Aber was ist Geist? Geist ist das Selbst. Aber was ist das Selbst? Das Selbst ist ein Verhältnis, das sich zu sich selbst verhält, oder ist das am Verhältnis, daß das Verhältnis sich zu sich selbst verhält; das Selbst ist nicht das Verhältnis, sondern daß das Verhältnis sich zu sich selbst verhält." (13)

[66] „logisch" hier verstanden als Gegenbegriff zu „realphilosophisch". Die realphilosophische Theorie der Subjektivität steht übrigens für Hegel in keiner besonders privilegierten Beziehung zur logischen oder metaphysischen Theorie der Subjektivität. Vgl. dazu R. P. Horstmann: *Über das Verhältnis von Metaphysik der Subjektivität und Philosophie der Subjektivität*, 191 ff. Diesem Aufsatz sind einige der folgenden Bemerkungen zu Hegels *Zweitem Jenaer Systementwurf* entnommen.

Basis der Hegelschen Identifikation von ‚Objekt in Wahrheit' mit ‚Begriff des Objekts' einerseits und ‚organologisch interpretierbarem Objekt' andererseits begegnet ist. Es sind die Annahmen, (1) daß es schon aus erkenntnistheoretischen Gründen irgendeine Art von struktureller Gleichartigkeit zwischen all dem geben muß, was man überhaupt als Gegenstand ‚in Wahrheit' zulassen kann und (2) daß alles, was in irgendeinem ontologisch relevanten Sinn Gegenstand ist, ‚in Wahrheit' sein Begriff ist und insofern dem Erkennen zugänglich sein muß. Die Forderungen der Zugänglichkeit und der Gleichartigkeit verweisen nun nicht auf irgendwelche materialen Bedingungen, denen das Erkennen bzw. die Gegenstände genügen müssen, sondern sind eher in dem Sinne zu verstehen, daß alles, was überhaupt als Entität betrachtet werden kann, gewissen formalen Bedingungen genügen muß.

Diese Bedingungen entwickelt Hegel in seiner frühen Logik und Metaphysik, also auch in der Metaphysik des *Zweiten Jenaer Systementwurfes*, im Rahmen einer Analyse des Begriffs des Erkennens. Erkennen ist dieser Analyse zufolge als eine spezifische Relation zwischen Entitäten zu beschreiben, welche selbst nur als Konstellationen von Elementen, also relational gefaßt werden können. Eine Eigentümlichkeit dieser Erkenntnisrelation soll darin bestehen, daß die Eigenschaften dieser Relation abhängen von der Art der Konstellation der Elemente, die die in Beziehung gesetzten Entitäten charakterisieren. Diese „Erkennen" genannte Beziehung genau zu bestimmen, macht beträchtliche Schwierigkeiten und würde eine eingehende Betrachtung der einschlägigen Passagen der *Logik* dieses *Zweiten Jenaer Systementwurfes* erfordern. Als das dieser Beziehung wesentliche Kennzeichen kann jedoch betrachtet werden, daß sie nach Hegel nur angetroffen werden kann zwischen Sachverhalten, deren Grundbestand an Bestimmungen (Momenten) von der Art ist, daß die Verhältnisse, die zwischen diesen Bestimmungen herstellbar sind, gleichartig sind. Hegel kennt nun genau zwei solcher Sachverhalte. Den einen dieser Sachverhalte kennzeichnet er als „Erkennen im engeren Sinne" oder auch als „differentes Erkennen", den anderen als „Ding an sich". Ding an sich und differentes Erkennen sind die beiden „Momente des Erkennens"[67] nicht nur in dem Sinne, daß sie als Erkenntnissubjekt und Erkenntnisobjekt trivialerweise die Relata der Erkenntnisrelation sind, sondern in dem stärkeren Sinne, daß sie und nur sie die Bedingungen erfüllen, die für Momente des *Erkennens* konstitutiv sind, und das heißt, daß sie als Verhältnisse betrachtet werden müssen, die einen

---

[67] *Jenaer Systementwürfe* II, 127.

gewissen ihnen spezifischen Komplexitätsgrad besitzen und gleichartig sind.

Diese Ausgangslage beschreibt nicht nur einen Zustand, den nämlich, der als die die *Logik* des *Zweiten Jenaer Systementwurfes* abschließende Konstellation aufgetreten ist, sondern formuliert zugleich ein Programm und verweist auf Strategien zu dessen Einlösung. Das Programm ist festgelegt durch den Zwang zur Einlösung der durch die Ausgangslage aufgestellten Behauptung und besteht in nichts anderem als (1) der konkreten Bestimmung der Art der Gleichartigkeit der Verhältnisse, die die Momente der Erkenntnisrelation bilden sollen, und dem Nachweis ihrer Gleichartigkeit und (2) der Analyse der Eigenschaften der Erkenntnisrelation selbst, soweit sie als durch die spezifische Beschaffenheit ihrer Relata bestimmt betrachtet wird. Die Strategien, die zur Lösung dieser doppelten Aufgabe zur Verfügung stehen, sind verschieden.[68] Die von Hegel im Rahmen der hier betrachteten *Metaphysik* gewählte besteht darin, daß er zunächst durch eine genaue Analyse der für jedes der Relata konstitutiven materialen Elemente – Hegel nennt sie hier „Sich-selbst-Gleichheit" und „Reflexion"[69] – nachweist, daß die Relata der Erkenntnisrelation als identisch in dem Sinne aufgefaßt werden müssen, daß das eine *das Gleiche* wie das andere ist. Dieser Nachweis der Artidentität der Relata macht nach Hegel zugleich die Begründung dafür aus, daß die Relation, die zwischen diesen Relata besteht, nur als eine Relation gedacht werden kann, die er mit dem Terminus „Grund" bezeichnet.[70]

Dieses Ergebnis des ersten Abschnittes der *Metaphysik* („Das Erkennen als System von Grundsätzen") behauptet nur die strukturelle oder die Artidentität der Relata der als „Grund" bestimmten Erkenntnisrelation, nicht

---

68 Eine genauere Untersuchung der möglichen Strategien würde vermutlich dazu beitragen können, einige schwer verständliche Unterschiede zwischen den verschiedenen Logik-Fassungen zu erklären.

69 *Jenaer Systementwürfe* II, 128 f. Da es hier nur um die Entwicklung der Struktur des Hegelschen Modells von Subjektivität geht, also nicht um eine Diskussion der in es eingehenden inhaltlichen Vorstellungen, kann vom Sinn der von Hegel in seiner Analyse benutzten Termini, hier wenigstens, vollständig abgesehen werden. Für unsere Zwecke würden auch Buchstaben, z. B. A und B, zur Kennzeichnung solcher Elemente genügen.

70 *Jenaer Systementwürfe* II, 136 ff. – Hegel scheint hier terminologisch der nachkantischen idealistischen Interpretation des Satzes vom zureichenden Grund zu folgen, wie sie z. B. schon bei Fichte zu finden ist. Dieser Interpretation zufolge besagt der Satz des Grundes: „Nichts ist entgegengesetzt, das nicht in einem Dritten gleich wäre, und nichts ist gleich, das nicht in einem Dritten entgegengesetzt wäre." Vgl. J. G. Fichte: *Über den Begriff der Wissenschaftslehre*, 210.

jedoch deren numerische Identität. Daß sie auch als numerisch identisch angesehen werden müssen, dies nachzuweisen ist das Ziel des zweiten Schrittes der Explikation der Erkenntnisrelation, der „Metaphysik der Objektivität".[71] Kann jedoch die numerische Identität der Relata behauptet werden, so ist die Erkenntnisrelation nach Hegel nicht mehr zureichend bestimmt, wenn sie nur als „Grund" gefaßt wird. Denn die „Grund"-Relation impliziert ja nur die Artidentität der Relata, und diese ist zwar eine notwendige, keineswegs aber eine hinreichende Bedingung für die numerische Identität der Relata. Die Relation, die zwischen derartig numerisch identischen Relata besteht, muß daher anders gefaßt werden, und Hegel kennzeichnet sie terminologisch als „Unendlichkeit".[72] „Unendlichkeit" heißt nun ganz allgemein eine Relation, die zwischen numerisch identischen Relata besteht, in der also ein Sachverhalt zu sich selbst steht. Sie ist ein Fall einer Erkenntnisrelation dann, wenn die Relata als Verhältnisse von bestimmter Art gedeutet werden können.[73]

Aus dem Umstand, daß die Relata der Erkenntnisrelation als numerisch identisch betrachtet werden müssen, wenn sie in der Unendlichkeits-Relation zueinander stehen sollen, folgt unmittelbar, daß die Unendlichkeits-Relation als eine reflexive oder als Selbstbeziehung verstanden werden muß. Die genauere Bestimmung dessen, was in diesem Kontext „Selbstbeziehung" überhaupt heißen kann, macht nun den dritten Teil der *Metaphysik*, die „Metaphysik der Subjektivität" aus und führt zu einer weiteren Bestimmung der Erkenntnisrelation, die nun als „Geist" („Ich", „absoluter Geist") bezeichnet wird.[74] Zu dieser Weiterbestimmung kommt Hegel auf Grund der Betrachtung der immanenten Struktur der Relata der Unendlichkeits-Relation. Wie bereits mehrfach betont, sollen die Relata als Verhältnisse von Elementen oder Momenten, also selbst als relationale Gebilde betrachtet werden. Die Untersuchung der relationalen Verfassung dieser Relata führt nun nach Hegel nicht nur zu der Einsicht, daß sie für jedes der Relata dieselbe ist – was ja auch nur eine triviale Konsequenz der numerischen Identität der Relata wäre –, sondern soll darüber hinaus deutlich machen, daß die relationale Verfassung der Relata dieselbe ist wie die der Relation,

---

71 Vgl. vor allem die abschließenden Bemerkungen in dem Abschnitt über das höchste Wesen; *Jenaer Systementwürfe* II, 153 f.
72 *Jenaer Systementwürfe* II, 154 f., 170, 172, 179 f.
73 Vor diesem Hintergrund läßt sich auch der von Hegel gerade in diesem Systementwurf betonte Unterschied zwischen einer logischen und einer metaphysischen Unendlichkeit besser verstehen. Vgl. *Jenaer Systementwürfe* II, 179 f.
74 *Jenaer Systementwürfe* II, 165, 172 f., bes. 174 ff., 186.

deren Relata sie sind, daß also die *Elemente* der Relata selbst zueinander in genau derselben Relation stehen, wie die es ist, in der die Relata zueinander stehen, nämlich der Unendlichkeits-Relation.[75]

Zu Artidentität und numerischer Identität der Relata kommt also als drittes die terminologisch schwer zu fassende relationale Identität von Relation und Relata. Daß genau dies dritte es ist, was Hegel im Blick hat, wenn er von der Erkenntnisrelation als „Geist" spricht, wird unschwer deutlich an bestimmten Formulierungen, von denen auf zwei verwiesen sei: (1) „Der absolute Geist, ist die einfache oder sich auf sich selbst beziehende Unendlichkeit"[76] und (2) „Indem der Geist die Unendlichkeit so erkennt, so begreifft er sich selbst, denn sein Begreiffen ist diß daß er sich als bezogen auf ein anderes setze; er begreifft sich denn er setzt sich auf das Andere bezogen, d. h. sich selbst als das Andre seiner selbst, als unendlich, und so sichselbst gleich".[77] Dieses Ergebnis der „Metaphysik der Subjektivität" legt zugleich fest, was Hegel dem Subjektivitätsbegriff zu leisten zumutet: Er soll einen bestimmten Typ von Selbstbeziehung charakterisieren.

Wie auch immer man diese, von Hegel anscheinend bald nach dem Erscheinen der *Phänomenologie des Geistes* aufgegebene Konzeption von ‚Erkennen', ‚Geist' usw.[78] im einzelnen verstehen mag, sie macht doch soviel deutlich, daß Hegel hier den Terminus ‚Subjektivität' zur Kennzeichnung eines Verhältnisses verwendet, das etwas zu sich selbst dann hat, wenn es sich als identisch mit oder als dasselbe wie etwas von ihm Unterschiedenes oder Anderes begriffen hat. Notwendige Bedingungen dafür, daß etwas das Merkmal ‚Subjektivität' zugesprochen werden kann, scheinen zu sein (1) daß es als ein auf bestimmte Weise strukturierter Zusammenhang von wenigstens zwei selbst definiten Elementen angesehen werden kann und (2) daß es sich von sich so unterscheiden kann, daß es sich auf sich selbst als auf ein Anderes seiner selbst beziehen kann, welches Andere (3) wiederum dieselbe strukturelle Verfassung derselben Elemente wie es selbst haben muß.[79]

---

75 *Jenaer Systementwürfe* II, 164, 172, 184 f., 186.
76 *Jenaer Systementwürfe* II, 174.
77 *Jenaer Systementwürfe* II, 173.
78 Die letzten Zeugnisse dieser Konzeption sind wohl die beiden interessanten Texte, die O. Pöggeler 1963 herausgegeben hat (*Fragment aus einer Hegelschen Logik*, 11 ff.). Sie sind im Rahmen der neuen Hegel-Gesamtausgabe in Band 12 unter den Titeln ‚Zum Erkennen' und ‚Zum Mechanismus, Chemismus, Organismus und Erkennen' zu finden und von dessen Herausgebern auf ca. 1807/08 datiert.
79 Anzumerken ist, daß dieser Umriß einer Analyse dessen, was Hegel in seiner *Jenaer Logik und Metaphysik* mit dem Terminus ‚Subjektivität' zu kennzeichnen beabsich-

Dieser Exkurs in den Jenaer Hegel ist unternommen worden, um Aufschluß über den zweiten Sinn zu gewinnen, in dem Hegel den Terminus ‚Subjektivität' verwendet, den Sinn, den Hegel vor Augen hat, wenn er von ‚übergreifender Subjektivität' bzw. von ‚nicht einseitiger Subjektivität' redet. Obwohl nun, wie bereits bemerkt, der Jenaer Subjektivitätsbegriff nicht ohne gewichtige Einschränkungen dem späteren Hegel unterstellt werden kann, ist doch schwer zu übersehen, daß sich die Hauptpunkte des Jenaer Ansatzes einer Metaphysik der Subjektivität auch noch in der *Wissenschaft der Logik* und der *Enzyklopädie* finden. Dies wird deutlich, wenn man sich vergegenwärtigt, daß für die nachjenaer Vorstellung der übergreifenden Subjektivität die bereits für die Jenaer Konzeption grundlegenden Voraussetzungen typisch sind, nämlich (1) daß Subjektivität als Relation oder Verhältnis begriffen wird und (2) daß dieses Verhältnis als Verhältnis zwischen Verhältnissen bestimmter Art anzusehen ist. So wenig diese Hinweise auch dazu beitragen können, Hegels logische oder metaphysische Theorie der Subjektivität vom Verdacht des Obskuren zu befreien, so sind sie doch zureichend für die Charakterisierung der Funktion, die der Begriff der Subjektivität in Hegels Ontologie übernimmt.

V. *Subjektivitätsontologischer Monismus*

Bezieht man diese Betrachtung der Hegelschen Theorie der Subjektivität zurück auf die Frage nach Hegels ontologischer Theorie, also auf die Frage nach dem, was es denn gemäß Hegel in Wahrheit oder wirklich gibt, so muß man die Ergebnisse dieser Betrachtung in den Rahmen der folgenden

---

tigt, im Text selbst insofern wenig Rückhalt zu finden scheint, als Hegel diesen Terminus in diesem Manuskript nur äußerst spärlich verwendet. Er verwendet ihn, soweit ich sehe, explizit nur zweimal, das eine Mal, wenig signifikant, in der ‚Metaphysik der Objektivität' („Die Seele ist also das Eins der Substantialität und Subjektivität, und weder wahrhafte Substanz noch wahrhaftes Subject, jenes nicht wegen der Gleichgültigkeit der Accidenzen, diß nicht wegen der Differenz, des Wechsels der Bestimmtheiten." *Jenaer Systementwürfe* II, 140), das andere Mal in der Überschrift zum letzten Teil der Metaphysik, der ‚Metaphysik der Subjektivität'. Der Umstand aber, daß dieser Terminus in jener Überschrift auftaucht, scheint ein zureichender Rechtfertigungsgrund für die Annahme zu sein, daß Hegel mit ihm genau jenen Typ von Beziehung kennzeichnen wollte, den er in diesem Kapitel thematisiert. Daß Hegel den Terminus ‚Subjektivität' in *realphilosophischen Kontexten* anders verwendet, ist bereits angemerkt worden.

drei Festlegungen integrieren, die aus dem Gang der bisherigen Überlegungen stammen und die zusammen den formalen Begriff einer Ontologie nach Hegel bestimmen: (1) Ontologische – im Unterschied z. B. zu psychologischer, mathematischer oder physikalischer – Realität oder Wirklichkeit kommt einem Gegenstand für Hegel nur dann zu, wenn er als Gegenstand in Wahrheit betrachtet werden kann. (2) Das, was ein Gegenstand in Wahrheit ist, ist der Begriff dieses Gegenstandes, nicht seine Vorstellung. (1) und (2) zusammen legen fest, daß – unangesehen dessen, was sich denn nun als Gegenstand in Wahrheit oder als wirklicher Gegenstand qualifiziert – das, was dieser Gegenstand in Wahrheit ist, sein Begriff ist, so daß ontologisch real nur Begriffe oder der Begriff sein kann, je nachdem, ob es mehrere Gegenstände oder nur einen Gegenstand in Wahrheit gibt. (3) Begriffe müssen als Einheiten inkompatibler Bestimmungen oder organismusartig gedacht werden und zwar nach einem Modell, das als wesentliche Auszeichnung organismusartiger Entitäten das behauptet, was Hegel ‚Subjektivität' nennt. Diese drei Festlegungen bestimmen den formalen Begriff einer Ontologie nach Hegel insofern, als sie die Bedingungen angeben, denen etwas genügen muß, wenn es als Gegenstand in Wahrheit, also – gemäß der doppelten Bedeutung von ‚in Wahrheit' – einerseits nicht bloß als Vorstellungsgegenstand, andererseits nicht bloß als physikalischer (Körper), psychologischer (Seele), theologischer (Gott) usw. Gegenstand angesehen werden soll. Die Festlegungen bestimmen allerdings noch nicht Hegels materialen Begriff von Ontologie; sie sagen nichts aus darüber, was es denn nun ist, das sich als ein solcher Gegenstand in Wahrheit ansehen läßt.

A. Formaler Begriff des ontologischen Gegenstandes

Vor dem Hintergrund dieser Festlegungen und unter Einbeziehung der Hegelschen Theorie der Subjektivität ist man nun in der Lage, dem bereits zitierten änigmatischen Diktum Hegels, daß *in gewisser Weise* „Subjektivität und Objekt *dasselbe*" seien, eine unverfängliche Lesart zu geben. Faßt man nämlich Subjektivität als, verkürzt gesprochen, Verhältnis von Verhältnissen zueinander auf, dann besagt dieses Diktum zunächst nur, daß nur das Objekt ist, was als Verhältnis von Verhältnissen zueinander angesehen werden kann. Geht man weiter davon aus, wie es der Kontext des Zitats nahelegt, daß das Objekt, was Hegel in diesem Diktum thematisiert, das Objekt in Wahrheit ist, so besagt es eben, daß solche Objekte als Verhältnisse von Verhältnissen zueinander aufzufassen sind. Diese Lesart ist zwar unverfänglich, aber wenig informativ. Aufschlußreich wird sie erst, wenn man berücksichtigt, wie Hegel die Verhältnisse bestimmt, als deren Verhältnis zueinander das ‚Subjektivität' genannte Verhältnis auftreten kann, oder anders gesagt, welche Verhältnisse es denn nun sind, deren Verhältnis zueinander der ‚Objekt in Wahrheit' genannte Gegenstand ist. Hegel betrachtet diese Frage im Rahmen seiner Theorie der „Idee", oder besser gesagt, Hegels Theorie der „Idee" ist nichts anderes als die Beantwortung dieser Frage. Die Antwort ist in Hegels Definition der „Idee" enthalten, der zufolge die „Idee ... das Wahre *an und für sich, die absolute Einheit des Begriffs und der Objektivität*" ist.[80] Zunächst eine Vorbemerkung zur Terminologie. Die von Hegel hier getroffene Unterscheidung zwischen Begriff und Idee hat die Funktion darauf hinzuweisen, was denn der Begriff in Wahrheit ist, nämlich Idee. Sie dient also zur Spezifikation des Sinnes, in dem man von einem Begriff als dem, was ein Objekt in Wahrheit ist, reden kann. Die Idee ist, wenn man diese Formulierung vorzieht, der (Hegelsche) Begriff des Objekts ‚Begriff'. Man kann sie auch mit Hegelschen Mitteln als den „realen Begriff" kennzeichnen, in bezug auf den das Objekt ‚Begriff' den Status eines „abstrakten" oder „formellen Begriffs" hat.[81]

Läßt man nun, wie Hegel, Begriffe wesentlich durch Subjektivität ausgezeichnet sein und bestimmt Subjektivität als Verhältnis von Verhältnissen zueinander, dann sind durch die Hegelsche Definition der Idee, wenn sie denn das festlegt, was Begriffe in Wahrheit sind, diese Verhältnisse als ‚Begriff' einerseits und als ‚Objektivität' andererseits bestimmt. Der Begriff also, verstanden als das, was ein Objekt in Wahrheit ist, muß daher als ein spezifisches Verhältnis – für Hegel ist es offensichtlich die Identitätsrelation – von ‚Begriff' und ‚Objektivität' aufgefaßt werden. Diese Auffassung bestimmt aber nicht nur den (Hegelschen) Begriff, sondern auch unmittelbar das, was denn nun als wirkliches Objekt oder als Objekt in Wahrheit betrachtet werden kann. Denn da ein wirkliches Objekt oder ein Objekt in Wahrheit auf jeden Fall ein Begriff sein soll und nichts anderes als ein Begriff ein wirkliches Objekt oder ein Objekt in Wahrheit sein kann, ist durch die angegebene Bestimmung des Begriffs das Objekt in Wahrheit als Verhältnis zwischen ‚Begriff' und ‚Objektivität' bestimmt. Die Hegelsche Antwort auf die Frage, zwischen welchen Verhältnissen nun das ‚Subjektivität' genannte Verhältnis besteht, dient also infolge des doppelten Sinnes,

---

80 *Enzyklopädie*, § 213; *Wissenschaft der Logik* II, 408 ff.
81 *Wissenschaft der Logik* II, 408; *Enzyklopädie*, § 164 Anm.

der mit dem Ausdruck ‚Objekt in Wahrheit' verbunden ist, dem doppelten Zweck, sowohl das, was ein Objekt in Wahrheit ist, also den Begriff, als auch das, was in Wahrheit ein Objekt oder ein wirkliches Objekt ist, abschließend zu charakterisieren. Führt der erste Aspekt dieser Antwort auf die definitive Struktur des Begriffs, so führt der zweite auf Hegels Monismus.

Was nun den Begriff, also das, was ein Objekt in Wahrheit ist, betrifft, so ist Hegels Absicht, ihn als Einheit des (‚formellen') Begriffs und der Objektivität darzustellen insofern bemerkenswert, als sie den Versuch darstellt, in das, was das Objekt in Wahrheit sein soll, nämlich den Begriff, so etwas wie eine materiale, nicht konzeptualistische Komponente zu integrieren. Anders gesagt: Die These, daß das, was Objekte in Wahrheit sind, als Einheit des ‚formellen' Begriffs und der Objektivität aufzufassen ist, versucht dem Umstand Rechnung zu tragen, daß es, wenn auch vielleicht nicht zwingend, so doch in vieler Hinsicht ratsam ist, in eine Konzeption dessen, was ein Objekt in Wahrheit ist, den Existenzaspekt aufzunehmen, das Faktum also, daß es Gegenstände, selbst wenn man sie nicht für in einem ontologisch relevanten Sinne real halten möchte, in irgendeinem Sinne dennoch gibt.

Hegels Lösung, den Existenzaspekt des Objekts durch die Einbeziehung der Objektivitätsbestimmung in den Begriff selbst zur Geltung kommen zu lassen, stellt nun nicht nur den Versuch dar, der schwer zu vermeidenden Erwartung gerecht zu werden, auch im Rahmen eines Ansatzes, der zwischen ontologischer Realität und objektiver Existenz unterscheidet, mit letzterer einen Sinn verbinden zu können. Hegels Lösung soll zugleich dazu beitragen, eine Alternative zu vermeiden, vor die seine Position ohne diese Lösung gestellt werden könnte. Das eine Glied der Alternative wäre, die Objektivität oder den Existenzaspekt der Gegenstände für etwas schlichtweg Irrelevantes, für Täuschung oder ‚schlechten Schein' zu erklären – auf diese Weise könnte man mit Hegelschen Mitteln und im Rahmen des Hegelschen Ansatzes eine von ihm selbst wenig geliebte skeptische Position begründen. Das andere Glied der Alternative wäre, Gegenstände, so wie sie als Objekte gegeben sind, zu Erscheinungen, Ausdrücken, Zeichen zu erklären, die auf etwas vollständig anderes verweisen, nämlich den Hegelschen Begriff, – eine solche Interpretation wäre als Basis für einen Hegelschen Kantianismus oder auch Platonismus denkbar. Hegel selbst votiert für keine dieser beiden Lösungen. Er macht Objektivität oder den Existenzaspekt des Objekts zu einem konstitutiven Element des Begriffs, indem er dessen sog. Subjektivität so konzipiert, daß sie ohne das Komplement der Objektivität unvollständig, einseitig, nicht übergreifend bleibt. Der Gegenstand, das Objekt in seiner soz. vorbegrifflichen Gegebenheitsweise, wird auf diese Weise als etwas aufgefaßt, was für seinen eigenen Begriff zwar eine notwendige, aber keineswegs hinreichende Bedingung darstellt.

So ingeniös und – für den Fall, daß man sie akzeptiert – attraktiv Hegels Lösung zur Vermeidung einerseits skeptischer Konsequenzen und andererseits einer Zwei-Welten-Theorie bei Inanspruchnahme seines formalen Begriffs von Ontologie auch sein mag, so bleibt sie doch aus verschiedenen Gründen unklar. Der Hauptgrund ist wohl der, daß Hegel nur sehr wenig dazu beiträgt, verständlich zu machen, was denn das, was er ‚Objektivität' nennt, zu einem Element oder Moment dessen werden läßt, was er ‚Subjektivität' nennt. Denn selbst wenn man ihm alles zugesteht, was sein Begriff von Subjektivität gemäß der hier vorgetragenen Analyse erfordert, ist auf Grund der formalen Struktur dieses Begriffs nicht einzusehen, warum denn gerade die Hegelsche ‚Objektivität' ein Element dieses Begriffs ist. Man kann daher, soweit ich sehe, Hegels Theorie dessen, was ein Objekt in Wahrheit ist, nämlich ein Begriff, auf der Grundlage seiner Voraussetzungen nur bis zu dem Punkt zugänglich machen, an dem die ihr eigentlich zugemutete Leistung beginnt, die Leistung nämlich, den Hegelschen Begriff des Objekts mit dessen ‚Objektivität', seiner Weise der Existenz, in einen Zusammenhang zu bringen oder zu „vermitteln". Ob diese Theorie diese Leistung tatsächlich erbringen kann, bleibt – hier wenigstens – unausgemacht.

B. Materialer Begriff des ontologischen Gegenstandes

Doch nicht nur das, was ein Objekt in Wahrheit ist, ist durch die Hegelsche Definition der Idee festgelegt, sondern durch sie ist, wie bereits angedeutet worden ist, bestimmt, was denn als Objekt in Wahrheit in Frage kommt. Dies deshalb, weil eben nur das ein Objekt in Wahrheit oder ein wirkliches Objekt sein soll, was als (Hegelscher) Begriff auftreten kann. Die Erörterung der Hegelschen Definition der Idee unter diesem Gesichtspunkt führt auf Hegels materialen Begriff von Ontologie und d. h. auf seinen Monismus. Auch hier zunächst eine Vorbemerkung: Greift man auf die in der Einleitung eingeführte Unterscheidung zwischen zwei Arten von Monismus und deren Charakterisierung zurück,[82] so wird man schon auf Grund

---

82 S. oben 28.

von Hegels bisher ausgeführten formalen Begriff von Ontologie wenig Schwierigkeiten darin finden, Hegels Ontologie als einen im dort erläuterten Sinne schwachen oder qualitativen Monismus zu betrachten. Denn wie auch immer man im Detail Hegels Entwurf interpretieren mag, man wird als dessen grundlegende Ausgangsüberzeugung die Annahme in Anspruch nehmen müssen, daß nur das sich als Objekt in Wahrheit qualifiziert, was so verfaßt ist, daß es als Begriff aufgefaßt werden kann. Dies aber heißt, daß es als organismusartig oder subjektivitätsfähig gedacht werden können muß, was nur der Fall ist, wenn es sich als reduzierbar auf eine und dieselbe Grundstruktur erweist. Einen schwachen Monismus impliziert eine durch eine solche Annahme gekennzeichnete ontologische Position deshalb, weil sie zwar unbestimmt in bezug auf die Frage ist, ob es nun mehrere oder nur ein Objekt ‚in Wahrheit' gibt, wohl aber von allem, was Objekt in Wahrheit sein können soll, fordert, daß es wenigstens strukturell von gleicher Art ist.

Schwieriger ist es zu sehen, warum Hegels Ontologie auch als Monismus in seiner starken Variante oder als numerischer Monismus betrachtet werden muß, als ein solcher also, der letztlich nur einen einzigen Gegenstand als ontologisch real zuläßt. Daß Hegel selbst seine Position als einen starken ontologischen Monismus verstanden hat, dies ist kaum zu bezweifeln.[83] Der Grund für diese seine Auffassung liegt nun wieder in seiner Konzeption von Subjektivität. Sieht man einmal von der im Vorhergehenden nur im Umriß angedeuteten sehr komplexen formalen Struktur ab, mit der Hegel seinen Begriff von (‚übergreifender') Subjektivität ausgestattet hat, so bleibt doch als grundlegendes Faktum bestehen, daß ‚Subjektivität' für Hegel – durchaus im Sinne einer transzendental-idealistischen Tradition – einen Typ von Selbstbeziehung charakterisieren soll, nämlich den Typ, in dem etwas von einer bestimmten Art sich auf etwas Anderes von ebenderselben Art als auf sich selbst bezieht. Subjektivität, als Typ von Selbstbeziehung aufgefaßt, setzt daher schon trivialerweise die numerische Identität der Relata voraus, die in dieser Beziehung stehen sollen. Das also, was in dieser Subjektivitätsbeziehung stehen kann, kann nur jeweils ein und ebendasselbe sein. Nun ist nur das ein Hegelscher Begriff, von dem gesagt werden kann, es stehe zu sich in dieser Art von Selbstbeziehung. Dies deshalb, weil das auszeichnende Merkmal des Begriffs Subjektivität sein soll. Es gibt aber für Hegel nur einen einzigen Gegenstand, von dem zu Recht behauptet werden kann, er sei durch diese Art von Selbstbeziehung ausgezeichnet, und dies ist nun nicht etwa der (Hegelsche) Begriff – ihm kommt Subjektivität nach Hegel

---

83 Vgl. z. B. *Enzyklopädie*, § 193 Anm.

nur „formell" oder „abstrakt" zu –, sondern der (Hegelsche) Begriff des (Hegelschen) Begriffs, nämlich die Idee. Denn nach Hegels Intention und Konstruktion erfüllt nur die Idee die Bedingungen, die für das Vorliegen der Subjektivitätsbeziehung konstitutiv sein sollen.

Von hier aus ist es nun kein weiter Weg mehr zu der Einsicht, daß es für Hegel nur ein einziges wirkliches Objekt oder nur einen einzigen Gegenstand in Wahrheit geben kann. Wenn nämlich die einzigen Kandidaten für den Titel ‚Gegenstand in Wahrheit' oder ‚wirklicher Gegenstand' die (Hegelschen) Begriffe sind und es sich zeigt, daß es nur einen (Hegelschen) Begriff gibt, dann kann es auch nur einen Gegenstand in Wahrheit oder ein wirkliches Objekt geben. Dieses Objekt, die Idee, ist insofern der einzige Gegenstand, der ontologisch relevant ist, wenn denn ontologische Relevanz nur dem zukommt, was es wirklich gibt. Hegels materialer Begriff von Ontologie, d. h. seine inhaltlich bestimmte Konzeption dessen, was als ontologisch real, als wirklich betrachtet werden muß, legt also seine ontologische Position im Sinne eines starken Monismus fest, eines Monismus, den man wegen des ihn begründenden spezifischen Begriffs von Subjektivität einen ‚Monismus der Subjektivität' nennen kann.

C. Konsequenzen

Diese Skizze der Hegelschen Ontologie – so verkürzend und fragmentarisch sie auch in bezug auf jede einzelne der in ihr betrachteten grundlegenden Konzeptionen ist – läßt, wenn man sie als eine die Grundrisse der Hegelschen Position einigermaßen fair beschreibende Darstellung ansehen kann, wenigstens deutlich werden, warum für Hegel unter einem bestimmten Gesichtspunkt Relationen kein ontologisches Problem darstellen. Dies führt auf den Ausgangspunkt der hier angestellten Überlegungen zurück, die Frage nämlich, was es Hegel ermöglicht, sich einerseits den Standpunkt leisten zu können, daß man im Grunde in bezug auf Relationen vetreten kann, was man will, ohne jemals zu irgendwelchen ontologisch relevanten Ergebnissen zu kommen,[84] und andererseits als die basale monistische Entität einen Sachverhalt auszugeben, der wesentlich relational bestimmt ist, nämlich als Verhältnis von Verhältnissen zueinander. Die Antwort auf diese Frage ist nun offensichtlich nicht die, daß Hegel die latente Unverträglich-

---

84 S. oben 44 ff.

keit dieser beiden Positionen entgangen ist. Er scheint vielmehr der Meinung zu sein, daß die eine Position die andere erforderlich macht.

Um dies zu sehen, muß man noch einmal zurückblicken auf die Begründung, die Hegel für seine These von der ontologischen Irrelevanz von Relationen anführt. Wie seiner kritischen Diskussion der ontologischen Haltbarkeit der ‚Ding-Eigenschaften' bzw. ‚Substanz–Akzidenz' Distinktion zu entnehmen gewesen ist, ist seine Begründung für diese These die, daß diese Unterscheidungen haltlos sind und insofern die sich auf sie stützende traditionelle Ontologie hinfällig ist. Das Diktum von der ontologischen Irrelevanz von Relationen bezieht sich daher zunächst nur auf einen Begriff von Relation, der im Rahmen der traditionellen Ontologie seinen Ort hat. Dies heißt aber nur, daß die Frage, ob es Relationen – entweder als relationale Eigenschaften oder als relationale Akzidenzen oder schließlich als eigenständige, auf Dinge und Eigenschaften bezogene Entitäten – *gibt*, in einem durch die Annahmen und den kategorialen Apparat der traditionellen Ontologie bestimmten Kontext eine unergiebige Frage ist, die nicht zu irgendwelchen Einsichten in das, was wirklich ist, führen kann.

Diese Einschätzung des ‚Problems der Relationen', soweit es im Rahmen und mit den Mitteln der traditionellen Ontologie angegangen wird, hindert Hegel allerdings nicht daran zu sehen, daß jede zur traditionellen alternative Ontologie dem Faktum Rechnung zu tragen hat, daß es ein ‚Problem der Relationen' gibt. Dies in dem Sinn, daß in jeder Ontologie als einer Theorie dessen, was in Wahrheit oder wirklich ist, eine explizite oder implizite Auskunft darüber enthalten ist, als was denn Beziehungen, Verhältnisse, Relationen gedacht werden müssen. Hegel ist nun offenbar nicht der Meinung gewesen, daß der von ihm diagnostizierte Ruin der traditionellen Metaphysik zu der Erwartung Anlaß gibt, daß das, was letztlich wirklich ist, als ein beziehungsloses, unbestimmtes und unbestimmbares, auf keine Weise zugängliches X aufzufassen sei. Ihm scheint der relationale Aspekt der Realität immerhin so wichtig und anscheinend auch ontologisch problematisch gewesen zu sein, daß er das in seiner eigenen ontologischen Theorie favorisierte monistische Substrat, das also, was es gemäß dieser Theorie allein wirklich gibt, selbst als Relation, nämlich als eine spezifische Art von Selbstbeziehung konzipiert.

Wenn also auch Hegels Auffassung, daß Relationen, verstanden im Sinne der traditionellen Ontologie, ontologisch bedeutungslos sind, nicht unverträglich ist mit dem von ihm vertretenen relationsontologischen ‚Monismus der Subjektivität', so sagt dies alles doch sehr wenig aus über die Plausibilität und Haltbarkeit des Hegelschen Monismus. Hierüber eine Auskunft in diesem Kontext zu erwarten, ist verfehlt. Dies nicht nur deshalb, weil es im

Zusammenhang der hier zur Bewältigung anstehenden Aufgabe nur darum gegangen ist, Hegels ontologisches Programm, d. h. einige seiner grundlegenden Prämissen und die daraus gezogenen Folgerungen zur Diskussion zu stellen. Eine solche Erwartung ist auch deshalb verfehlt, weil die Mittel zur Einlösung dieser Erwartung nur auf der Basis eines Verständnisses der Hegelschen Philosophie gewonnen werden können, das weit über das hinausgeht, was zur notgedrungen partiellen Einsicht in die Grundlagen des Programms dieser Philosophie erforderlich ist. So mag es denn durchaus sein, daß die eigentlich interessanten Fragen an die Hegelsche Philosophie erst an dem Punkt anfangen, an dem die hier gegebene Darstellung aufhört.[85]

---

85 Im Zusammenhang mit derartigen Fragen sind die, die auf die Klärung der Möglichkeiten des Umsetzens des Hegelschen Programms in einen systematischen Zusammenhang zielen, besonders intensiv von D. Henrich diskutiert worden. Eine m. E. sehr gute Zusammenfassung seiner in vielen Arbeiten entwickelten Thesen stellt sein Aufsatz *Formationsbedingungen der Dialektik* dar. Da Henrich sich dort auch zu Hegels monistischem Programm äußert, sind einige Bemerkungen zu den Eigentümlichkeiten seines Ansatzes geboten. Henrich geht davon aus, daß man Hegels Methode angemessen nur dann rekonstruieren kann, wenn man sich die Bedingungen vergegenwärtigt, unter denen so etwas wie ein Monismus methodisch möglich ist. Diese Bedingungen sollen nach Henrich darin bestehen, daß (1) die Ontologie des natürlichen Bewußtseins revidiert wird und (2) „die Annahmen bestritten werden, die im natürlichen Weltverhalten hinsichtlich der Begriffe und Funktionen gemacht werden, welche bei der Bezugnahme auf und bei der Bestimmung von Wirklichem im Gebrauch sind" (142). Um diese beiden Bedingungen einlösen zu können, dazu muß man, so Henrich, mit Annahmen operieren, die ungefähr denen entsprechen, die Hegel benutzt, wenn er Ableitungszusammenhänge herstellt. Solche Annahmen sind z. B., daß das Identische wesentlich unterschieden von sich ist, daß das Eine ein anderes als es selbst ist, daß die Affirmation wesentlich Negation ist. Derartige Annahmen arbeitet Henrich an vielen Stellen beeindruckend aus. Was allerdings gegen Henrichs Charakterisierung des Hegelschen monistischen *Ansatzes* spricht, ist der Umstand, daß man die von ihm angegebenen beiden Bedingungen nur sehr schwer als charakteristisch für *Hegels* monistisches Programm deutlich machen kann. Denn, was die erste Bedingung betrifft, so werden sich vor allem Kenner der *Phänomenologie des Geistes* kaum davon überzeugen lassen, daß es für Hegel so etwas wie „*die* Ontologie des natürlichen Bewußtseins" gibt, und was die zweite Bedingung betrifft, so scheint Hegel gerade nicht der Meinung zu sein, daß das pure Bestreiten der natürlichen Annahmen über die Art der Bezugnahme von Begriffen und Urteilen auf die Wirklichkeit ausreicht, um alternative Annahmen, z. B. die von ihm selbst, plausibel zu machen, wie man dem weiter oben skizzierten Hegelschen Verständnis der Funktion des Urteils entnehmen kann.

Zweites Kapitel

Die Vereinbarkeit interner Relationen mit einem ontologischen Monismus – F. H. Bradley

I. Bradley, Hegel und interne Relationen

Die Hauptvertreter des Britischen Idealismus des späten 19. und frühen 20. Jahrhunderts, Bradley, Bosanquet und McTaggart, haben allesamt das merkwürdige Schicksal erfahren, wenn überhaupt, dann hauptsächlich durch eine einzige ihrer vielen Thesen der philosophischen Nachwelt im Gedächtnis geblieben zu sein. Verbindet man mit dem Namen von B. Bosanquet mit einiger Mühe noch dessen hegelianisierende These vom Staat als der ‚Wahrheit' des Individuums, so ist J. M. E. McTaggart eigentlich nur noch wegen seiner Behauptung der Irrealität der Zeit präsent, und F. H. Bradley wird in der Regel ausschließlich über seine Theorie der internen Relationen kritisch gewürdigt. Könnten Bosanquet und McTaggart, mit dieser Situation konfrontiert, wenigstens die Genugtuung haben, ihre Namen mit Behauptungen in einen Zusammenhang gebracht zu sehen, die sie tatsächlich vertreten haben, so wäre Bradley selbst diese Genugtuung weitgehend versagt. Dies nicht etwa deshalb, weil Bradley keine Theorie interner Relationen gehabt hat, sondern deshalb, weil sie nur einen, im allgemeinen sogar falsch verstandenen Aspekt seiner Theorie der Relationen darstellt.

Doch nicht nur in bezug auf seine Relationstheorie hat Bradley das Unglück gehabt, daß die ausschließliche Betrachtung und die daraus resultierende Überbewertung eines ihrer Aspekte zu einer stark verzerrten Wahrnehmung der Gesamttheorie geführt haben. Ähnlich erging es ihm in bezug auf die Einschätzung seiner Abhängigkeit von Hegel. Auch hier gibt es ein gewisses Mißverhältnis zwischen der Auffassung, die Bradley selbst über den Einfluß der Hegelschen Philosophie auf seine eigene Theorie gehabt hat, und der ihm von anderen unterstellten Abhängigkeit seiner Position von der Hegels. Dieses Mißverhältnis ist gleichfalls dadurch zustande gekommen, daß man allzu bereit gewesen ist, den Teil für das Ganze zu halten, also einen zweifellos vorhandenen Einfluß Hegels als eine die Position Bradleys charakterisierende Abhängigkeit von Theoremen der Hegelschen Philosophie zu betrachten.

Eine Folge dieser beiden Mißgeschicke ist das Bild, das man landläufig von Bradley hat, nämlich das eines Hegelianers, der internen Relationen anhängt. Während nun der Umstand, daß von Bradleys ebenso wortreich wie wortgewaltig formulierten metaphysischem System eigentlich nur die These von der Internalität von Relationen nicht fast vollständig vergessen worden ist, den sich wandelnden Interessenlagen und dem damit einhergehenden Verfall der Attraktivität metaphysischer Konstruktionen Bradleyscher Art zugerechnet werden kann, also auf Entwicklungen zurückgeführt werden kann, die sich *nach* Bradleys Zeit durchgesetzt haben, ist die Einschätzung seiner als eines Hegelianers nicht auf diese Weise zu erklären. Denn diese Einschätzung ist ein Produkt der Rezeption seiner Werke durch seine Zeitgenossen.[1] Wie weit diese Einschätzung durch Bradley selbst gedeckt ist, muß hier insofern interessieren als, wie bereits bemerkt worden ist, die Vermarktung der Bradleyschen Position als einer hegelianischen oder hegelianisierenden Folgen für die Art der Auffassung der Hegelschen Philosophie gehabt hat. Daher zunächst einige Bemerkungen zu Bradleys Hegel-Rezeption.

A. Bradley – ein Hegelianer?

Wenn Bradley, z. B. wie McTaggart, eine große Anzahl von einschlägigen Arbeiten zu Hegels Philosophie veröffentlicht hätte, die allesamt hätten erkennen lassen, daß er diese Philosophie nicht nur sehr gut kennt, sondern auch mit ihren basalen Annahmen sympathisiert, dann wären Reaktionen wie die von Russell oder auch von McTaggart oder J. Royce in bezug auf Bradleys eigenes Werk in gewisser Weise verständlich, Reaktionen, denen gemeinsam ist, daß sie wie selbstverständlich davon ausgehen, daß Bradleys Theorie sowohl im Ansatz als auch in vielen Punkten ihrer Ausführung der Hegelschen Position verpflichtet sei.[2] Diese Reaktionen werden aber unver-

---

1 Diese Einschätzung ist in aller Härte sogar nur von seinen Zeitgenossen vertreten worden. Mittlerweile ist es üblich geworden, ihn nicht mehr als Hegelianer, sondern als einen Philosophen darzustellen, der der kontinentalen, vor allem der deutschen Philosophie des 19. Jahrhunderts stark verpflichtet war, eine Verpflichtung, die besonders deutlich in bezug auf Hegel, Herbart und Lotze zum Ausdruck kommt. Vgl. Wollheim: *Bradley,* 18 f., Passmore: *A Hundred Years of Philosophy,* 60ff., 157, Copleston: *A History of Philosophy,* Vol. 8, 215 f., J. Robinson: *Bradley and Bosanquet,* 8 ff. An der alten Einschätzung wird aber auch heute noch von manchen aus mich jedoch wenig überzeugenden Gründen festgehalten, vgl. z. B. A. Quinton: *Absolute Idealism,* 322 ff.
2 Zu Russells Einschätzung des Bradleyschen Hegelianismus vgl. oben 20 ff. Während man Russell als engagiertem Bradley- und Hegelgegner ruhig einige polemische Absich-

ständlich, wenn man bedenkt, daß Bradley sich nicht nur nie ausführlich mit Hegels Philosophie explizit auseinandergesetzt hat, sondern eher explizit davor gewarnt hat, seine Verpflichtung gegenüber Hegel zu überschätzen. In einer vielzitierten Passage aus dem Vorwort zur ersten Auflage seiner *Principles of Logic* (1883) schreibt Bradley bereits: „I fear that, to avoid worse misunderstandings, I must say something as to what is called ‚Hegelianism'. For Hegel himself, assuredly I think him a great philosopher; but I never could have called myself an Hegelian, partly because I can not say that I have mastered his system, and partly because I could not accept what seems his main principle, or at least part of that principle. I have no wish to conceal how much I owe to his writings; but I will leave it to those who can judge better than myself, to fix the limits within which I have followed him. As for the ‚Hegelian School' which exists in our reviews, I know no one who has met with it anywhere else" (X).

Und diesen Standpunkt, der durch eine eigentümliche Mischung von Reverenz und Distanz gegenüber Hegel gekennzeichnet ist, hat Bradley Zeit

---

ten in der Zusammenziehung der Positionen beider zu einer unhaltbaren Gesamtposition unterstellen darf, sind solche Absichten bei Royce und McTaggart schwer zu vermuten. Denn diesen beiden liegt es auf Grund der ihnen eigentümlichen positiven Einstellung zur Hegelschen Philosophie fern, irgendwelche vermeintlichen oder tatsächlichen Affinitäten zu Hegels Position als Indikatoren der Unhaltbarkeit einer durch solche Affinitäten ausgezeichneten Theorie aufzufassen. Es ist daher sehr erstaunlich, wenn auch sie, ohne auch nur die Andeutung einer erkennbaren Begründung zu geben, Bradleys Hegelianismus geradezu wie ein Faktum anerkennen. Dies sieht man sehr deutlich z. B. an den Rezensionen, die Royce und McTaggart über Bradleys *Appearance and Reality* verfaßt haben. Die Rezension von Royce erschien im Philosophical Review 3 (1894, 212 ff.) und die von McTaggart in der Revue de Métaphysique et de Morale 2 (1894, 98 ff.). Besonders bei der Besprechung von McTaggart verwundert, wie er einerseits auf Bradleys Beeinflussung durch Hegel besteht – „l'influence de Hegel, dans la manière dont le sujet est traité, *si elle est difficile à déterminer d'une façon précise* (Hervorhebung von R. P. H.) n'est pas moins fondamentale" (99) als der von Lotze und Sigwart – und andererseits im Verlauf der Rezension fast schon bedauernd eine Bradleysche Abweichung nach der anderen vom Hegelschen Geist und Buchstaben konstatiert, so daß im Ergebnis Hegel und Bradley als zwei weit voneinander entfernte Denker erscheinen. Solche Ungereimtheiten lassen den Eindruck entstehen, daß man im angloamerikanischen Raum um die Jahrhundertwende herum die Bezeichnung ‚Hegelianer' oder ‚Hegelianismus' auf Grund von Kriterien benutzt hat, die uns heute weitgehend entfallen sind. Meines Wissens hat sich noch niemand die Mühe gemacht, diesen Kriterien nachzugehen. Einige Hinweise dazu kann man R. Mackintosh (*Hegel and Hegelianism*) entnehmen, der schon 1903 darauf hinweist, daß „British Hegelianism is, in a sense of its own, Neo-Kantian" (87). Über den sozial- und universitätshistorischen Hintergrund, vor dem Hegels Einfluß auf die englische Philosophie des 19. Jahrhunderts gesehen werden muß, informiert kurz, aber aufschlußreich A. Manser: *Bradley's Logic*, Kap. 1.

seines Lebens nicht aufgegeben. In den Zusätzen zur zweiten Auflage seiner *Principles*, die kurz vor seinem Tod (1922) erschienen ist, verweist er im Zusammenhang einer Diskussion von Hegels Psychologie nicht nur darauf, daß „there is much in Hegel's psychology which I do not understand, and there are things in it from which, as I understand them, I am forced to dissent", sondern auch wieder darauf, daß „I did not, and I do not, know the limits of my indeptedness to Hegel".³ Die in diesen Äußerungen sehr deutlich zum Ausdruck kommende Warnung vor einer allzu direkten Verrechnung seiner Philosophie mit der Hegels hat Bradley in gewisser Weise dadurch selbst unterlaufen, daß er seine Verpflichtung gegenüber bestimmten Aspekten der Hegelschen Philosophie ungleich häufiger betont hat als seine Distanz zu dem Hegelschen Gesamtunternehmen.⁴ Doch sieht man genauer hin, so zeigt sich, daß die von Bradley so bereitwillig konstatierten Hegelschen Einflüsse sich im allgemeinen auf Sachverhalte erstrecken, bei denen Hegelsche Ergebnisse unangesehen der Art, wie Hegel sie gewinnt und wie er sie im Rahmen seines Systems interpretiert, von Bradley übernommen werden konnten. Hegels Theorie des Gefühls, seine Kritik an der traditionellen Deutung bestimmter Urteilsformen, seine Annahmen über den Zusammenhang von individuellem und ‚allgemeinem' Bewußtsein – auf derartige materiale, sowohl logische wie psychologische und epistemologische Thesen bezieht sich Bradleys Anerkennung des Hegelschen Einflusses in der Regel, selten jedoch auf die Kontexte, in denen, und die Voraussetzungen, aus denen sie bei Hegel gewonnen werden. Bradley hat Hegel benutzt, ohne ihm zu folgen.

Das relativ selbständige Verhältnis, das Bradley zu Hegels Philosophie gehabt hat, zeigt sich am deutlichsten an Bradleys Äußerungen zur dialektischen Methode, die wohl auch für ihn eng mit Hegels Namen verbunden war. Zunächst fällt die schon fast polemische Ablehnung auf, mit der er sie im Zusammenhang eines kurzen Referats ihrer (vermeintlichen) Leistungen in den *Principles of Logic* dem Leser vorstellt. Dort schreibt er: „In this speculative movement, if we take it in the character it claims for itself, I neither profess belief nor ask it from the reader."⁵ Dann jedoch ist das weit-

---

3 *Principles of Logic*, 515, vgl. auch *Essays on Truth and Reality*, 262 n. und *Collected Essays*, 687.
4 Eine keineswegs vollständige Aufzählung der Stellen, an denen Bradley sich als von Hegel beeinflußt erklärt, hat wenigstens folgende Passagen zu berücksichtigen: *Principles of Logic*, 499 (note 28); *Appearance and Reality*, 318; *Essays on Truth and Reality*, 132, 153, 231 n, 327 n.
5 *Principles of Logic*, 189. In der zweiten Auflage hat Bradley diesen Satz dahingehend

aus Bemerkenswertere, daß man die größten Schwierigkeiten hat, in dem, was Bradley über die dialektische Methode sagt, auch nur zu vermuten, es habe irgendetwas mit Hegel oder sogar mit dessen Äußerungen über seine Methode zu tun. Wenn Bradley etwa von seiner eigenen Methode sagt, daß sie „may be called in the main the procedure used by Hegel, that of a direct ideal experiment made on reality",[6] so muß er eine extrem eigenständige Auffassung von den Eigentümlichkeiten des Hegelschen Verfahrens gehabt haben, wenn er dieses Diktum, was er allerdings nicht tut, nicht nur rechtfertigen, sondern allererst verständlich machen will. Auch die von Bradley vertretene Auffassung, daß die dialektische Methode bis zu einem gewissen Punkt in Analogie zu psychologischen Wiedererkennungsprozessen erläutert werden kann, und seine damit verbundene Kritik an der Rolle der Negation im dialektischen Prozeß[7] läßt nur deshalb vermuten, daß sie wenigstens nach Bradleys Meinung irgendeinen Bezug auf spezifisch Hegelsche Ansichten haben soll, weil er es ausdrücklich versichert.[8] Fehlte diese Versicherung, so wäre es naheliegender anzunehmen, Bradley würde sich mit irgendeiner Version Platonischer Dialektik auseinandersetzen.

Beachtet man also Bradleys eigene Äußerungen sowie seinen Umgang sowohl mit dem materialen als auch dem methodischen Fundus der Hegelschen Philosophie, so wird man schwer umhin können anzuerkennen, daß Bradleys Hegel-Rezeption sehr selektiv gewesen ist. Auf keinen Fall gibt sie Grund zu der Annahme, daß Bradleys Position so durch die Hegels bestimmt gewesen sei, daß man aus ihren vermeintlichen Verdiensten oder Defekten direkt auf Vorzüge oder Gebrechen der Hegelschen Position schließen kann. Bradley als Hegelianer zu charakterisieren, ist daher nicht sehr aufschlußreich, sondern eher irreführend.

---

geändert, daß man doch anstelle von „character it claims for itself" besser „character so often claimed for it" lesen solle, 195 (note 28).

6 *Essays on Truth and Reality*, 311.
7 *Principles of Logic*, 408 ff.
8 Er behauptet nämlich im Zusammenhang seiner Darstellung der dialektischen Methode, daß „this great ideal of self-development and natural evolution led in Hegel's hands to most fruitful results, and in the main these will stand when the principle of negativity is rejected as an error" (*Principles of Logic*, 410) – auch aus dieser Äußerung geht deutlich Bradleys Auffassung hervor, daß man Hegels Ergebnisse sehr wohl abgelöst von ihrem Hegelschen Hintergrund wahrnehmen und würdigen kann. Eine ausführlichere Betrachtung der Differenzen zwischen Bradley und Hegel hinsichtlich der dialektischen Methode findet sich bei G. Bedell: *Bradley and Hegel*, 268 ff.

B. Bradley – ein Vertreter interner Relationen?

Der zweite, das traditionelle Bild von Bradley bestimmende Eindruck, nämlich daß er sich besonders als Vertreter der Internalität von Relationen hervorgetan habe, ist insofern auch irreführend, als er Bradleys Theorie in bezug auf Relationen entscheidend verkürzt. Sieht man einmal davon ab, daß dieser Eindruck sich ebenfalls gegen den deutlichen Einspruch Bradleys durchgesetzt hat, und fragt nur nach seiner Genese, so wird man seinen Grund hauptsächlich in der Russellschen Auseinandersetzung mit Bradleys Position und den Folgen dieser Auseinandersetzung suchen müssen. Russell nämlich brachte das Kunststück fertig, die Meinung durchzusetzen, daß mit einer Entscheidung in der Frage, ob man Relationen als externe oder interne zu betrachten habe, eine Entscheidung einer auf den ersten Blick ganz anderen Frage zwangsläufig verbunden sei, nämlich der Frage, ob man einer monistischen oder einer pluralistischen Ontologie den Vorzug geben müsse. Wie Russell zu dieser Meinung gekommen ist, wird uns später noch beschäftigen müssen. Ihr Erfolg war allerdings beträchtlich.[9] Für die Wahrnehmung der Bradleyschen Philosophie hatte sie jedoch die nachteilige Folge, daß sie vor allem bei denen, die sich auf Bradleys Metaphysik und d. h. auf seinen Monismus bezogen, zu der mehr oder weniger stillschweigenden Voraussetzung geführt hat, daß der interessante Kern seiner Relationstheorie eben die Theorie interner Relationen sei. Dies hat sehr bald dazu geführt, daß man schlichtweg vergaß, daß es sich bei der Theorie interner Relationen nur um eine, von Bradley sogar für metaphysisch nicht sehr interessant gehaltene Teiltheorie handelt, der eine Funktion nur innerhalb der gesamten Theorie der Relationen zukommt, deren Kernpunkt in der Behauptung der Irrealität der Relationen besteht. Bradley selbst charakterisiert bereits gegen Ende seines Lebens die Art der Rezeption seiner Theorie der Relationen sehr zutreffend, wenn er schreibt: „This fundamental doctrine (die Behauptung der Irrealität von Relationen, R. P. H) I have done my best to preach, but, I fear, still largely in vain. It does not surprise me, even now, to find it assumed, in criticism of myself, that relations are ulti-

---

[9] So begründet z. B. L. S. Stebbing bereits 1916 ihre Beschäftigung mit Relationen wie folgt: „... the question of relations is of the utmost importance for philosophy, since the decision between a monistic and a pluralistic interpretation of reality turns mainly upon the question as to the nature and reality of relations" (*Relation and Coherence*, 459).

mately real, and that the only question, even with myself, is as to their character as so real."[10]

II. Bradleys Theorie der Relationen

Bradleys Thesen zum Thema ‚Relationen' lassen sich in wenige Sätze zusammenfassen. Die ihm um des Bestands seiner monistischen Metaphysik willen zweifellos wichtigste Behauptung ist die, daß Relationen nicht real sind, nichts sind, was zum Bestand der Wirklichkeit gehört, weil der Begriff der Relation widersprüchlich ist. Von dieser metaphysischen These unterscheidet er deutlich eine erkenntnistheoretische These, der zufolge im erkennenden Umgang mit der Wirklichkeit die Annahme von Relationen unvermeidlich ist. Nur in diesem Bereich des erkennenden Bezugs auf Wirklichkeit stellt sich nun die Frage der Externalität oder Internalität von Relationen, die Frage also, wie man das Verhältnis von Relationen zu ihren Relata zu bestimmen hat. Und hier, so Bradley, gibt es keine Gründe anzunehmen, daß die Relata einer Relation nicht durch diese Relation in dem, was sie sind, bestimmt sind, daß Relationen also ihren Relata extern sind, während es einige Gründe gibt anzunehmen, daß die Relata einer Relation durch diese Relation wesentlich bestimmt sind.

So wenig informativ der Sache nach diese kurze Zusammenfassung auch ist, sie gibt wenigstens einen Leitfaden für die Diskussion der Bradleyschen Theorie der Relationen an die Hand. Sie legt nämlich nahe, zunächst die für Bradleys Metaphysik relevante Irrealitätsbehauptung zu diskutieren, um sich dann der Internalitätsthese zuzuwenden. Dies nicht etwa deshalb, weil irgendeine logische Abhängigkeitsbeziehung zwischen diesen beiden The-

---

10 *Principles of Logic*, 495 (note 20). Die in Bradleys Augen so unangemessene Rezeption seiner Theorie der Relationen ist auch die Folge eines Phänomens, das M. R. Cohen (*F. H. Bradley*) bereits 1927 wie folgt beschrieben hat: „... philosophers generally preferred to make smart demonstrations against him rather than come to close grips with him" (205). Diese Beobachtung trifft auch auf einen beträchtlichen Teil der neueren Arbeiten zum Thema ‚Bradley und Relationen' zu. Vgl. z. B. die Arbeiten von M. S. Gram: *The Reality of Relations*, 49 ff. (zusammen mit der Entgegnung von R. Gull: *Bradley's Argument against Relations*, 324 ff. und der Erwiderung von M. S. Gram: *Relations, again: A Reply to Gull*, 611 ff.) sowie von J. Rolston: *Bradley on Russell and Relations*, 513 ff. und von T. W. Silkstone: *Bradley on Relations*, 160 ff.

sen besteht, sondern deshalb, weil die Irrealitätsbehauptung die ontologisch weitergehende Behauptung darstellt. Die folgenden Ausführungen werden sich an diesem Leitfaden orientieren. Dabei läßt sich nicht vermeiden, daß auch die Grundzüge der Bradleyschen Gesamttheorie eher verkürzt zur Sprache kommen und daß in einigen Kontexten verschiedene Ansätze Bradleys unterschieden und diskutiert werden.

A. Die Irrealität von Relationen

a. Die „Irrealitätsargumente" in Appearance and Reality

Die Behauptung der Irrealität von Relationen vertritt Bradley sehr ausführlich mit einer Reihe ebenso berühmter wie berüchtigter Argumente in seinem 1893 erschienenen, viel diskutierten Buch *Appearance and Reality*.[11] In diesem Werk unternimmt Bradley eine Bestimmung dessen, was wir über die wahre Verfassung der Wirklichkeit ausmachen können. Unter Wirklichkeit oder Realität versteht er alles das, was von bloßem Schein bzw. von bloßer Erscheinung unterschieden werden kann, das, was zum Vorschein kommt, wenn man die Welt des Scheins oder der Erscheinungen kritisch destruiert. Ein solches Unternehmen in Angriff zu nehmen, setzt nach Bradley zwei Überzeugungen voraus: (1) daß es erkennenden Subjekten möglich ist, sich die von der Welt der Erscheinungen zu unterscheidende Wirklichkeit zugänglich zu machen, und (2) daß sich Kriterien angeben lassen, die die Entscheidung darüber erlauben, was denn als bloßer Schein bzw. als bloße Erscheinung und was als Realität betrachtet werden muß. Bradley verweist zur Rechtfertigung der ersten Überzeugung auf das mehr oder weniger starke Ungenügen, das „uns alle" im Umgang mit der „region of ordinary facts" bzw. mit der „visible world"[12] befällt, ein Ungenügen, das auf die Möglichkeit eines Zugangs zu dem, was jenseits jener Region

---

[11] Dieses Buch erschien im Jahre 1928 in einer deutschen Übersetzung mit dem Titel: *Erscheinung und Wirklichkeit*. Da in Bradleys Verwendung des Wortes „appearance" die im Deutschen durch zwei verschiedene Wörter ausgedrückten Bedeutungen „Schein" im Sinne von „Anschein" und „Erscheinung" sehr eng miteinander verbunden sind, werde ich an einigen Stellen, wo im Englischen von „appearance" die Rede sein würde, die Formel „Schein bzw. Erscheinung" oder einen ähnlichen Ausdruck verwenden.

[12] *Appearance and Reality*, 5.

bzw. dieser Welt liegt, hinweist. Die zweite Überzeugung stammt aus der Überlegung, daß wir im Besitz eines formalen Kriteriums sind, das es erlaubt, zwischen dem, was nur Schein bzw. Erscheinung, und dem, was Wirklichkeit ist, zu unterscheiden. Als dieses Kriterium betrachtet Bradley das logische Kriterium des Widerspruchs bzw. der Konsistenz derart, daß alles das, was in sich widersprüchlich oder inkonsistent ist, als Schein und insofern der Welt der Erscheinungen angehörig betrachtet werden muß, während das, was sich als konsistent bzw. nicht widersprüchlich erweist, als Wirklichkeit gilt.

Bradleys Interesse ist zunächst darauf gerichtet, unter Inanspruchnahme seines Kriteriums zur Unterscheidung von Erscheinung bzw. Schein und Realität einige für fundamental gehaltene metaphysische Annahmen über die wirkliche Verfassung der Welt und der sie ausmachenden Gegenstände als in sich widersprüchlich nachzuweisen. Im Zusammenhang der Diskussion derartiger Annahmen, zu denen für Bradley die Unterscheidung zwischen primären und sekundären Qualitäten, zwischen Substanz und Akzidenz, die Wirklichkeit von Raum, Zeit und Kausalität, sowie Behauptungen über die Natur des Selbst gehören, kommt er unter der Überschrift *Relation and Quality* auf die in der Tradition häufig vertretene These zu sprechen, daß Gegenstände nichts weiter als Arrangements von Relationen und Qualitäten sind.[13] In der kritischen Analyse dieser These verfolgt er das Ziel zu zeigen, daß Qualitäten und Relationen keine Merkmale oder Bestimmungen sind, die etwas mit der wirklichen Verfassung von Gegenständen zu tun haben, sondern nur in bezug auf die Welt der Erscheinungen eine, allerdings notwendige Funktion haben.

1. Bradleys Terminologie

Daß Relationen und Qualitäten nichts zur Bestimmung der wirklichen Verfassung von Gegenständen beitragen können, ist das Ergebnis der Überlegung, daß einerseits Relationen und Qualitäten nur durch einander möglich sind, andererseits aber einander unmöglich machen: „Relation presupposes quality, and quality relation. Each can be something neither together with, nor apart from the other."[14] Ehe dieser Bradleyschen Behauptung nachgegangen wird, muß zweierlei geklärt werden, nämlich (1) warum Bradley ausgerechnet Relationen und Qualitäten in diesen aporetischen Zusammen-

---

13 *Appearance and Reality*, 21.
14 *Appearance and Reality*, 21.

hang stellt und (2) was er mit diesen Termini meint. Was (1) betrifft, so ist der Grund für dieses Vorgehen darin zu sehen, daß er sich der Analyse von Relationen im Zusammenhang der kritischen Destruktion traditioneller Gegenstandsvorstellungen annimmt.[15] Gegenstände, so Bradley, sind unter wenigstens zwei Betrachtungsweisen überhaupt nicht konsistent bzw. nur widersprüchlich zu fassen: Weder können sie als Substanzen, die bestimmte Eigenschaften haben, noch als Menge von miteinander verbundenen Qualitäten angesehen werden. Vor allem die Annahme, daß letzteres möglich sei, ist nach Bradley nur dadurch verständlich, daß man sich über die ausgezeichneten Eigentümlichkeiten von dem, was Qualitäten und Relationen sind, eine vollständig falsche Vorstellung macht, deren Kern eben in der Unklarheit über jenen aporetischen Zusammenhang besteht, in dem Relationen und Qualitäten zueinander stehen.[16]

Was die Bradleysche Verwendung der Termini „Relation" und „Qualität" betrifft, so bedarf die des Terminus „Relation" keiner besonderen Diskussion, da er ihn in dem gängigen Sinne gebraucht, demzufolge alles das als Relation betrachtet wird, was zwei oder mehr Relata (terms) miteinander in ein Verhältnis setzt. Wesentlich mehr der Erläuterung bedürftig ist seine Verwendung des Terminus „Qualität", weil sie stark geprägt ist von seinen metaphysischen Überzeugungen. Diese veranlassen ihn, den Begriff der Qualität von der Vorstellung eines gefühlten Ganzen (felt whole) aus zu erläutern. Unter einem gefühlten Ganzen versteht er „anything which contains an undistinguished diversity, any totality of aspects which is not broken up",[17] kurz: etwas Gegebenes, dessen interne Differenzierung noch unbestimmt ist. Im Zusammenhang der Beschreibung dieser so vorgestellten gefühlten Ganzen kann nun der Terminus „Qualität" zur Kennzeichnung verschiedener Sachverhalte verwendet werden. Bradley selbst deutet drei Möglichkeiten an: (1) Eine Qualität ist oder hat etwas auf Grund des Umstands, daß es überhaupt *etwas* ist.[18] Der Ausdruck „Qualität", in diesem

---

15 Vgl. *Appearance and Reality*, 16 ff.
16 Ähnlich versucht auch Wollheim: *Bradley*, 108, zu erläutern, warum Bradley ausgerechnet Relationen und Qualitäten zusammen betrachtet. Er sieht allerdings diese Erläuterung als Ermächtigung dazu an, für den Terminus „Qualität" den Terminus „term" bzw. „thing" zu substituieren, da Bradley ja schließlich sich hier mit Gegenstandsvorstellungen beschäftige. Dieser Substitution kann jedoch nicht gefolgt werden, weil dadurch Bradleys Absicht zu kurz kommt, über den Zusammenhang von Qualität und Relation den Begriff des Gegenstandes zu destruieren.
17 *Appearance and Reality*, 512.
18 „Anything that is somewhat at all may be said to be or to have a quality"; *Appearance and Reality*, 512.

ersten Sinn verwendet, dient also zunächst nur zur Kennzeichnung des Umstands, daß etwas immer schon irgendetwas, also irgendwie bestimmt ist. (2) Der Terminus „Qualität" kennzeichnet die verschiedenen Aspekte eines gefühlten Ganzen, die ihm auf Grund seiner internen Differenzierung zugeschrieben werden können. Diese zweite Möglichkeit der Verwendung des Terminus „Qualität" kennzeichnet etwas, das jedoch nur uneigentlich, „improperly" wie Bradley sagt,[19] als Qualität betrachtet werden kann. Dieses einschränkende Attribut verwendet Bradley deshalb, weil er der Meinung ist, daß man sich bei der Beschreibung dessen, was auf der Ebene des Fühlens als Ganzes gegeben ist, nur um den Preis der systematischen Verfälschung des im Gefühl Gegebenen auf eine interne Differenzierung dieses Ganzen beziehen kann.[20] Denn ein gefühltes Ganzes soll sich gerade durch „ununterschiedene Verschiedenheit" auszeichnen, so daß schon die Unterscheidung zwischen verschiedenen Aspekten dieses gefühlten Ganzen und d. h. die Möglichkeit des Redens von „Qualitäten" im zweiten Sinne das Produkt einer Reflexion auf das im Gefühl ungetrennt Gegebene ist, einer Reflexion, die damit aber zugleich ein „Aufbrechen" des gefühlten Ganzen darstellt. In diesem zweiten Sinn verwendet, kann man als (uneigentliche) Qualitäten die Bestimmungen betrachten, die ein gefühltes Ganzes als das, was es ist, charakterisieren: „Within any felt whole ... the diversities qualify that whole, and are felt as making it what it is."[21] (3) Schließlich kennzeichnet der Terminus „Qualität" „those diversities which are developed when wholes are analysed into terms and relations".[22] Unterschiedliche Bestimmungen dieser dritten Art, die das Ergebnis der Analyse von komplexen Ganzen sind, nennt Bradley auch „qualities proper".[23] Es sind vor allem die Qualitäten dieser Art, an die Bradley denkt, wenn er das Verhältnis von Qualität und Relation als einen aporetischen Zusammenhang darzustellen versucht. Allen drei Bedeutungen von „Qualität" ist gemeinsam, daß sie in jeweils verschiedener Weise das charakterisieren, was etwas von etwas Anderem unterscheidet, sei es, daß dieses Etwas als bestimmter Gegenstand aufgefaßt wird, der sich von anderen Gegenständen unterscheidet (erster Sinn von „Qualität"), sei es, daß etwas einen von mehreren miteinander verwobenen Aspekten eines Gegenstandes bezeichnet (zweiter Sinn von „Qualität"), oder sei es, daß etwas als ein von anderen wohlunterschiedenes

---

19 *Appearance and Reality*, 513.
20 Vgl. *Appearance and Reality*, 22 f., 512.
21 *Appearance and Reality*, 512.
22 *Appearance and Reality*, 512.
23 *Appearance and Reality*, 22, 513.

Merkmal eines Gegenstandes betrachtet wird (dritter Sinn von „Qualität").

2. Qualitäten ohne bzw. mit Relationen

Gemäß seiner Annahme, daß alles das nicht wirklich ist, was nur als in sich widersprüchlich gedacht werden kann, verfolgt Bradley bei dem Nachweis der Unwirklichkeit von Relationen und Qualitäten die Strategie, jeweils zwei miteinander unvereinbare Urteile als gleichermaßen wahr zu beweisen. Was die Qualitäten betrifft, so soll ihre Unwirklichkeit aus ihrer Unmöglichkeit folgen und diese selbst aus den einander ausschließenden, zugleich aber wahren Behauptungen, daß (1) Qualitäten ohne Relationen unmöglich sind („Qualities are nothing without relations"),[24] und daß (2) Qualitäten zusammen mit Relationen ebenfalls unmöglich sind („taken together with them, they are equally unintelligible").[25] Was die erste These betrifft, so kann man Bradleys Argument, das sich zum Teil auf hier nicht weiter beachtete psychologische Überlegungen stützt, in folgende Form bringen: Geht man davon aus, daß es Qualitäten ohne Relationen gibt, so kann man zu der (absurden) Behauptung gezwungen werden, daß es nur eine einzige Qualität gibt. Denn um mehr als eine Qualität annehmen zu können, muß man auf so etwas wie Verschiedenheit, Unterschied oder Getrenntheit rekurrieren. Dies aber sind Relationen. Will man also nicht gezwungen werden, nur eine Qualität annehmen zu können – eine Annahme, die unter keiner der drei von Bradley erwogenen Verwendungsarten des Ausdrucks „Qualität" einen Sinn ergibt – so muß man Relationen als notwendige Bedingungen für Qualitäten, also als etwas akzeptieren, ohne das Qualitäten nicht möglich sind: „The manyness of the qualities cannot, in short, be reconciled with their simplicity. Their plurality depends on relation, and, without that relation, they are not distinct. But, if not distinct, then not different, and therefore not qualities."[26]

---

24 *Appearance and Reality*, 21.
25 *Appearance and Reality*, 25.
26 *Appearance and Reality*, 24. S. K. Saxena (*Studies in the Metaphysics of Bradley*, 116 f.) unterstellt Bradley im Zusammenhang der Diskussion dieser ersten Behauptung das Beweisziel, daß Qualitäten ohne Relationen nicht *denkbar* seien. Doch abgesehen davon, daß dieses Beweisziel viel schwächer ist als das, was Bradley tatsächlich verfolgt – daß nämlich Qualitäten ohne Relationen nicht möglich sind –, so steht es außerdem noch im Widerspruch zu der von Bradley explizit verfolgten Intention, zwar die Denkbarkeit von Qualitäten ohne Relationen zuzugeben, zugleich aber darauf zu insistieren, daß Qualitäten ohne Relationen nur dann denkbar sind, wenn man

Die dieser ersten These entgegengesetzte Behauptung (2), daß Qualitäten auch zusammen mit Relationen unmöglich sind, begründet Bradley mit einem Argument, das ausgeht von der Überlegung, daß nicht nur Relationen – gemäß der ersten These – eine notwendige Bedingung für die Möglichkeit von Qualitäten, sondern umgekehrt auch Qualitäten notwendige Bedingung für die Möglichkeit von Relationen sind.[27] Denn, so Bradley, Relationen verbinden nicht nichts, sondern sie verbinden etwas. Das, was sie verbinden, nämlich die Qualitäten, kann aber nicht aufgefaßt werden als etwas, das allein durch Relationen geschaffen wird, da die Annahme, „that relations can somehow make the terms upon which they seem to stand, ... is quite unintelligible".[28] Mit anderen Worten: immer dann, wenn das Bestehen einer Relation behauptet wird, muß zugleich das Bestehen von irgendwelchen Entitäten (in unserem Fall: von Qualitäten) angenommen werden, die als Relata dieser Relation auftreten können und deren Bestand nicht nur als Folge des Bestehens der Relation betrachtet werden darf. Daß es solche Entitäten gibt, ist insofern Bedingung dafür, daß es Relationen gibt. Qualitäten lassen sich also als etwas charakterisieren, das einerseits Bedingung für und andererseits bedingt durch Relationen ist: Jede Qualität „has a double character, as both supporting and as being made by the relation. It [the quality, R. P. H.] may be taken as at once condition and result."[29] Diese beiden Aspekte aber schließen, wie Bradley meint, einander aus. Nennt man den Aspekt, gemäß dem eine Qualität A bedingt ist durch Relationen, a, und den Aspekt, gemäß dem sie Bedingung für Relationen ist, α, so muß man nämlich die Qualität A als die Einheit von a und α auffassen. Um sie aber als Einheit dieser Aspekte auffassen zu können, muß man a und α als in der Qualität A miteinander verbunden, d. h. als in Relation zueinander stehend betrachten. Dies heißt jedoch, a und α nicht mehr als bloße Aspekte der Qualität A behaupten zu können, sondern sowohl a als auch α selbst als Qualitäten annehmen zu müssen. Denn gemäß der anfänglichen Überlegung muß immer dann, wenn das Bestehen einer Relation behauptet wird, auch das Bestehen von Qualitäten als dem, was durch die Relation in einen Zusammenhang gestellt wird, behauptet werden. a und α aber als Qualitäten betrachten zu müssen, bedeutet, ihnen jeweils zwei Aspekte zuzuschreiben: a ist dann ebenso wie α die Einheit von a′, d. h. a bzw. α

Denken als einen Abstraktionsprozeß versteht, dessen Produkt gerade durch die Vernachlässigung bestimmter Elemente des gedachten Gegenstandes gekennzeichnet ist (vgl. *Appearance and Reality*, 23).
27 *Appearance and Reality*, 25 f.
28 *Appearance and Reality*, 26.
29 *Appearance and Reality*, 26.

betrachtet als bedingt durch Relationen, und α', d. h. a bzw. α betrachtet als Bedingung für Relationen. Das, was für a und α gilt, gilt jedoch, wie leicht ersichtlich, auch für a' und α'. Sie zerfallen nach der Logik dieser Überlegung jeweils in ein a'' und ein α'', welche wiederum in Relationen zwischen a''' und α''' aufgelöst werden usw.: „We, in brief, are led by a principle of fission which conducts us to no end. Every quality in relation has, in consequence, a diversity within its own nature, and this diversity cannot immediately be asserted of the quality. Hence the quality must exchange its unity for an internal relation. But, thus set free, the diverse aspects, because each something in relation, must each be something also beyond. This diversity is fatal to the internal unity of each; and it demands a new relation, and so on without limit."[30] Qualitäten also, um auf das Beweisziel zurückzukommen, sind nach Bradley zusammen mit Relationen deshalb unmöglich, weil sie sich in ihrem Zusammenhang mit ihnen in eine endlose Kette interner Relationen auflösen.

3. Relationen ohne bzw. mit Qualitäten

Ohne hier schon darauf einzugehen, was man von diesen beiden Behauptungen und ihren Begründungen zu halten hat, ist jedoch so viel klar, daß der vermeintliche Nachweis der Unmöglichkeit von Qualitäten, insofern sie weder ohne noch mit Relationen bestehen können, nach normalen Standards schon ausreicht, um auch die Unmöglichkeit von Relationen zu beweisen. Denn nach dem, was Bradley bereits dargelegt hat, hat man ja davon auszugehen, daß es (a) keine Relation ohne Qualität gibt und daß es (b) keine Qualitäten gibt. Also kann es dann auch (c) keine Relationen geben. Wenn Bradley dennoch darangeht, mit zwei weiteren Argumenten zu zeigen, daß Relationen ebenfalls in einem ebenso notwendigen wie aporetischen Zusammenhang mit Qualitäten stehen, dann kann der Grund nicht darin zu suchen sein, daß er nur an dem Beweisziel der Irrealität von Relationen interessiert ist. Obwohl Bradley sich dazu, soweit ich sehe, nie explizit äußert, läßt sich auf Grund der von ihm verfolgten Strategie bei der Destruktion des Realitätsbezugs basaler Kategorien vermuten, daß es ihm nicht nur darum geht, die Unmöglichkeit der durch sie gekennzeichneten Entitäten zu behaupten, sondern außerdem auch darum zu zeigen, daß diese Kategorien alle aus dem gleichen Grund problematisch werden, nämlich dadurch, daß sie Widersprüche implizieren. Nimmt man diese Vermutung

---

30 *Appearance and Reality*, 26 f.

in Anspruch, dann hat Bradleys Vorgehen wenigstens eine gewisse Berechtigung. Denn selbst wenn es stimmt, daß der Begriff der Qualität widersprüchlich ist, weil er auf den der Relation rekurrieren muß, und deshalb auch der Begriff der Relation widersprüchlich sein muß, mag es eine von den bisherigen Überlegungen unabhängige Überlegung geben, die die Irrealität von Relationen und damit auch die Widersprüchlichkeit des Begriffs der Relation darlegt.

Die Überlegung in bezug auf die Irrealität von Relationen ist formal ein Pendant zu der über die Qualitäten und hat dementsprechend zum Ziel, die beiden Behauptungen, (3) daß Relationen ohne Qualitäten unmöglich sind und (4) daß Relationen mit Qualitäten unmöglich sind, als gleichermaßen wahr zu erweisen. Die Behauptung (3) begründet Bradley nicht so sehr mit einem Argument als vielmehr mit einer common-sense Überlegung. Diese Überlegung kann man in die Frage zusammenfassen, was denn eine Relation ohne etwas, das sie verbindet, sein soll.

Zwar mag man einen Ausdruck wie „x steht in Relation R zu y" in die Bestandteile „steht in Relation R zu" und in „x" und „y", also in einen Relationsausdruck und die durch ihn verbundenen Gegenstandsausdrücke zerlegen, so daß es den Anschein hat, als könne man die durch den Relationsausdruck bezeichnete Relation auch als unabhängig von den durch die Gegenstandsausdrücke bezeichneten Gegenständen bestehend denken. Doch in Wahrheit, so Bradley, *gibt* es eine Relation nur dann, wenn es auch Gegenstände *gibt*, die durch sie de facto verbunden sind: „hence, a relation ... without qualities is nothing".[31]

Die vierte Behauptung schließlich, daß Relationen auch zusammen mit Qualitäten nichts sind, bemüht, wie schon die Begründung der zweiten Behauptung, ein Argument, das einen unendlichen Regreß nachweisen soll:[32] Relationen verbinden etwas; um aber etwas verbinden zu können, dürfen sie nicht nichts, sondern müssen selbst etwas sein; wenn aber eine Relation R selbst etwas im Unterschied zu dem ist, was sie verbindet, dann bedarf es einer weiteren Relation R', die die ursprüngliche Relation R mit ihren Relata T_1 und T_2 verbindet. Diese neue Relation R' ist aber gleichfalls etwas im Unterschied zu dem, was sie verbindet, nämlich die ursprüngliche Relation R und deren Relata T_1 und T_2. Also muß auch sie durch eine weitere Relation R" mit ihren Relata R' und T_1 bzw. R' und T_2 verbunden werden usw. Ein nicht endender Regreß in der Reihe der Relationen ist unvermeidbar. „The links are united by a link, and this bond of union is a link which also

---

31 *Appearance and Reality*, 27.
32 Vgl. *Appearance and Reality*, 18.

has two ends; and these require each a fresh link to connect them with the old."³³ Kurz: Relationen sind auch zusammen mit Qualitäten deshalb unmöglich, weil überhaupt nicht einsichtig gemacht werden kann, wie sie in der Lage sein sollen, ihre Bestimmung, nämlich etwas zu verbinden, zu erfüllen. In Anbetracht der Ergebnisse dieser vier Überlegungen sieht Bradley sich schließlich zu folgendem Schluß veranlaßt: „The conclusion to which I am brought is that a relational way of thought – anyone that moves by the machinery of terms and relations – must give appearance, and not truth."³⁴ Soweit die Darstellung der Bradleyschen Argumente.

b. Kritische Betrachtung dieser Argumente

Es besteht nun ein seltsamer Kontrast zwischen der vermeintlichen Klarheit dieser wohlgegliederten Argumente über die Unwirklichkeit von Relationen und Qualitäten und den Schwierigkeiten, die sie denen, die sich mit ihnen beschäftigt haben, bereiten. Dies gilt sowohl für die Thesen über den ontologischen Status von Qualitäten, die allerdings weniger starke Beachtung in der kritischen Diskussion des Bradleyschen Unternehmens gefunden haben, als auch für die stärker rezipierten und diskutierten Überlegungen zum Status der Relationen, auf die im folgenden hauptsächlich, wenn auch nicht ausschließlich, Bezug genommen wird. Die Schwierigkeiten mit Bradleys Ausführungen über Relationen hängen zum Teil damit zusammen, daß man sich bei der Betrachtung dieser Argumente häufig von dem Vorurteil hat leiten lassen, sie hätten irgendetwas mit Bradleys Theorie der Internalität von Relationen in dem Sinne zu tun, daß durch sie Relationen als wesentlich interne bewiesen werden sollten.³⁵ Die diesem Vorurteil zugrun-

---

33 *Appearance and Reality*, 28.
34 *Appearance and Reality*, 28.
35 So hält z. B. – um nur auf eine der neueren und kenntnisreichen Arbeiten zur Philosophie Bradleys zu verweisen – auch noch R. Wollheim dieses Kapitel über Relationen und Qualitäten fälschlicherweise für die „earliest exposition of the doctrine" (108), nämlich der Doktrin von den internen Relationen, um sich im Verlauf der Darstellung und Diskussion der dort entwickelten Argumente etwas ratlos zu fragen, was sie wohl mit der Theorie der internen Relationen zu tun haben mögen: „A difficulty with both these arguments is to see how or why they are, or can be interpreted as, arguments for the internality of relations. And in part the answer is that they should be seen as not so much arguments for, but explications of, the internality of internal relations; for someone who did not understand what was meant by talking of internal relations, it might be useful to present him with these arguments and then say that internal relations are relations against which these arguments cannot be urged." (112) Gegen Woll-

deliegende Fehleinschätzung der Intention Bradleys, die in diesem Kontext auf den Nachweis der Unmöglichkeit von Relationen respektive Qualitäten geht, ist offensichtlich. Sie ist nur damit zu erklären, daß in diesen Argumenten Überlegungen eine Rolle spielen, die sowohl in Bradleys Auseinandersetzung mit der Theorie externer Relationen als auch in seiner Theorie interner Relationen von Bedeutung sind. Doch auch von derartigen Mißverständnissen abgesehen, bleibt vieles an diesen Argumenten mehrdeutig bzw. dunkel. Dies betrifft sowohl die Strategie und die Mittel, die im Rahmen des gesamten Argumentationszusammenhanges eingesetzt werden, als auch die Struktur der einzelnen Argumente selbst.

1. Bradleys Begriff der Realität

Die nächstliegende und wohl auch allgemeinste Frage an diesen ganzen Argumentationszusammenhang betrifft den Begriff der Realität. Was meint Bradley, wenn er bestimmten Sachverhalten Realität zu- bzw. abspricht, mit dem, was er diesen Sachverhalten zu- bzw. abspricht. Diese Frage, die in das Zentrum der Bradleyschen Metaphysik führt, ist vor allem deshalb nicht ganz einfach zu beantworten, weil Bradley den Terminus „Realität" auf wenigstens zweierlei Weise verwendet. Zum einen verwendet er ihn in einem ontologischen Sinn, demgemäß etwas real ist bzw. Realität hat dann und nur dann, wenn es als selbständig und unabhängig *existierend* betrachtet werden muß, zum andern verwendet er ihn aber auch in einem logischen Sinn, demzufolge das real ist bzw. Realität hat, was nicht zu Widersprüchen führt. Obwohl beide Sinne deutlich voneinander zu unterscheiden sind, rückt Bradley sie sehr eng zusammen, so daß es einer eigenen Anstrengung bedarf, sie unabhängig voneinander zu exponieren.

Im Zusammenhang der hier zu betrachtenden Argumente ist jedoch nur der logische Sinn von Realität von Bedeutung, auf den Bradley dann die Bestimmung des ontologischen Sinnes dieses Terminus aufbaut. Dieser logische Sinn soll deshalb zunächst kurz dargestellt werden. Dies führt zurück auf die bereits anfangs erwähnte Festsetzung von Kriterien, auf Grund deren entschieden werden kann, was zur wirklichen Verfassung von Gegenständen gehört, was also die Wirklichkeit ausmacht, und was zur scheinba-

heim muß in diesem Zusammenhang jedoch nicht nur festgehalten werden, daß die von ihm vermutete Schwierigkeit nur dann zustande kommt, wenn man die Bradleyschen Argumente in eine Beziehung zu seiner Theorie interner Relationen stellt, sondern auch, daß, wie noch zu zeigen sein wird, Bradley lebhaft darauf insistieren würde, daß seine Argumente auch gegen interne Relationen erhoben werden können.

ren Verfassung von Gegenständen gehört, was sie also als Erscheinungen kennzeichnet. Als Grundlage dieser Unterscheidung zwischen der Wirklichkeit und den Erscheinungen dienen Bradley die folgenden metaphysischen Überzeugungen. Nach Bradley gilt, daß alles, was ist, als Einheit von zwei Aspekten existiert, Aspekten, die er als Existenz und Bestimmtheit (character) faßt.[36] Damit ist gemeint, daß alles, was ist, (1) in irgendeiner Weise existiert (in Bradleys Terminologie: ein Dieses – ein „that" – ist) und (2) durch bestimmte Merkmale gekennzeichnet ist (Bradley: ein Was – ein „what" – ist). Die ungeschiedene Einheit dieser beiden Aspekte, die alles Seiende sozusagen an sich ist, können wir, die erkennenden Subjekte, auf Grund der Diskursivität unseres Denkens uns nur durch Konstruktionen in der Form von Urteilen vergegenwärtigen, in denen die beiden Aspekte nie zu der ursprünglichen Einheit zusammengebracht werden können. Denn das Denken kann sich nur urteilend über das, was ist, verständigen, und (kategorische) Urteile sind für Bradley schon auf Grund ihrer Subjekt-Prädikat-Form nicht in der Lage, die Einheit, die der Gegenstand darstellt, auszudrücken.[37] Der dieser These zugrundeliegenden Theorie des Urteils kann hier nicht weiter nachgegangen werden.[38] Eine ihrer Grundannahmen geht dahin, daß Urteile Wiedervereinigungen der durch das Denken getrennten Aspekte des Gegenstandes sind.[39] Als *Wieder*vereinigungen aber sind sie nicht die ursprünglich der Trennung zur Voraussetzung dienende Einheit. Die Synthesis im Urteil „is a re-union of the distinguished, and it implies a separation, which, though it is overridden, is never unmade".[40] Wenn also Bradley behauptet, daß das, was der Gegenstand in Wirklichkeit ist, nur als die ungeschiedene Einheit der von ihm dargebotenen Aspekte beschrieben werden kann, diese Einheit dem Denken aber nur in der sie verfremdenden Form des Urteils zugänglich ist, so heißt dies erstens, daß den diskursiv erkennenden Subjekten die Realität immer nur in derivierter Form als Erkenntnisgegenstand zugänglich ist, und zweitens wird verständlich, warum Bradley bei der Suche nach Kriterien dafür, was denn zur Erscheinung und was zur Wirklichkeit von Gegenständen gehört, sich auf

---

36 Vgl. *Appearance and Reality*, 143 ff., 148, 403 ff., 430, 526; *Principles of Logic*, 646 Anm.; *Essays on Truth and Reality*, 250, 313; *Collected Essays*, 210, 338.
37 *Appearance and Reality*, 144 f.; vgl. *Essays on Truth and Reality*, 227, Anm. 1.
38 Vgl. dazu an neueren Arbeiten vor allem das ausgezeichnete Buch von A. Manser: *Bradley's Logic*, sowie M. J. Cresswell: *Bradley's Theory of Judgement*, 575 ff. und St. Candlish: *Idealism and Bradley's Logic*, 251.
39 „judgement is essentially the re-union of two sides, ,what' and ,that', provisionally estranged", *Appearance and Reality*, 145.
40 *Appearance and Reality*, 144.

Sachverhalte bezieht, die nur im Zusammenhang mit Urteilen einen Sinn haben.

Für Bradley sind solche Kriterien leicht zu gewinnen, wenn man sich den Grund vor Augen führt, der uns veranlaßt, bestimmte Eigenschaften nur als Eigenschaften von Gegenständen, insofern sie als Erscheinungen betrachtet werden, gelten zu lassen, nicht aber als Eigenschaften, die von Gegenständen, wie sie in Wirklichkeit sind, und damit über die Wirklichkeit, ausgesagt werden können. Dieser Grund besteht nach Bradley darin, daß alle Prädikate, die wir für solche halten, durch welche Gegenstände nur scheinbar oder als Erscheinungen bestimmt werden, dadurch ausgezeichnet sind, daß sie von Gegenständen Widersprüchliches aussagen. Nun zeigt aber unsere Erkenntnispraxis, daß wir uns weigern, widersprüchliche Bestimmungen als Bestandteile von Urteilen zu akzeptieren, die prätendieren, etwas über Gegenstände, wie sie in Wirklichkeit sind, auszusagen: Wir verhalten uns gegenüber Widersprüchen so, „as if the self-contradictory could not be real",[41] wir gehen davon aus, daß das, was sich als „inconsistent with itself" erweist, „cannot be true of the real",[42] nicht „predicated of reality"[43] werden kann. Diese unsere *Praxis* zeigt aber, daß wir immer schon im Besitz wenigstens eines Kriteriums für das, was Wirklichkeit auszeichnet, sind: „in rejecting the inconsistent as appearance, we are applying a positive knowledge of the ultimate nature of things. Ultimate reality is such that it does not contradict itself; here is an absolute criterion. And it is proved absolute by the fact that, either in endeavouring to deny it, or even in attempting to doubt it, we tacitly assume its validity."[44] Dieses Kriterium bestimmt zugleich den logischen Begriff von Realität: Wirkliches ist von der Art, daß es nicht durch Widersprüche bestimmt bzw. mit Inkonsistenzen behaftet sein kann.[45]

---

41 *Appearance and Reality*, 120.
42 *Appearance and Reality*, 114.
43 *Appearance and Reality*, 61.
44 *Appearance and Reality*, 120.
45 Gegen diese Bradleysche Argumentation, die wie ein direktes Zitat aus irgendeinem Lehrbuch der traditionellen Metaphysik à la Chr. Wolff wirkt, sind bereits früh einige gravierende Einwände vorgebracht worden. Dieser Umstand veranlaßte Bradley, sie später durch andere, seiner Meinung nach weniger mißverständliche Formulierungen zu ersetzen, Formulierungen, die vor allem mit dem Unterschied zwischen bedingt wahren und unbedingt wahren Urteilen arbeiten (zu den späteren Formulierungen vgl. *Essays on Truth and Reality*, 232 f.; *Collected Essays*, 687; *Principles of Logic*, 495 ff.). Am deutlichsten formulierte H. W. Carr den Punkt, der zur Diskussion stand, indem er sich fragte, was es denn heißen soll, daß widersprüchliche Prädikate Gegenstände nur als Erscheinungen bestimmen. Sicher, so Carr, ist Bradley zuzugeben, daß Wider-

2. Relationen als widersprüchliche Begriffe

Unangesehen nun der Plausibilität dieses Begriffs von Realität ist zu fragen, was er zur Klärung der Behauptung von der Irrealität der Relationen beiträgt. Genauer: Ist es Bradley gelungen, selbst unter Voraussetzung dieses seines logischen Begriffs von Realität, die Irrealität von Relationen nachzuweisen? Es ist nicht schwierig anzugeben, unter welcher Bedingung es Bradley gelungen wäre, diesen Nachweis zu erbringen – er wäre dann erbracht, wenn gezeigt worden wäre, daß der Begriff der Relation widersprüchlich ist. Unsere Frage läßt sich daher auch umformulieren zu der, ob Bradley die Widersprüchlichkeit des Begriffs der Relation gezeigt hat. Was sind nun widersprüchliche Begriffe? Die berüchtigtsten Beispiele sind die schwarzen Schimmel und die weißen Rappen, die verheirateten Junggesellen und die unverheirateten Witwen, die runden Vierecke und die viereckigen Kreise. Ihnen allen ist gemeinsam, daß sich aus der Annahme, sie träfen auf irgendetwas zu, kontradiktorisch entgegengesetzte Urteile ableiten lassen, die beide falsch sind. So lassen sich z. B. aus dem Begriff „viereckiger Kreis" die beiden falschen und kontradiktorisch entgegengesetzten Urteile ableiten (1) „der viereckige Kreis ist rund" und (2) „der viereckige Kreis ist nicht rund". Der Grund dafür ist schlicht der, daß die Merkmale, rund zu sein und viereckig zu sein, einander ausschließen derart, daß einem Objekt, dem das Merkmal „rund" zukommt, nicht auch das Merkmal „viereckig" zukommen kann und umgekehrt, so daß es keinen Gegenstand geben kann, dem beide Merkmale zukommen.

Wie verhält es sich nun mit dem Begriff „Relation"? Hat Bradley gezeigt, daß sich aus ihm zwei kontradiktorisch entgegengesetzte und dennoch falsche Urteile ableiten lassen? Was die kontradiktorische Entgegensetzung betrifft, so scheint dies der Fall zu sein; denn die von Bradley als Ergebnis seiner Überlegungen zu Relationen formulierten Behauptungen lassen sich ohne weiteres als kontradiktorisch entgegengesetzte Urteile darstellen, nämlich als die Urteile „Relationen kann es nur zusammen mit Qualitäten

---

sprüche nichts dazu beitragen, etwas über die Wirklichkeit auszusagen. Dies aber keineswegs deshalb, weil sie etwas über irgendetwas anderes aussagen, was man dann, um es von der Wirklichkeit zu unterscheiden, Erscheinung nennt. Widersprüche sagen vielmehr überhaupt nichts aus, und nur insofern sie überhaupt nichts aussagen, sagen sie auch nichts über die Wirklichkeit aus. Dies heißt aber, wie Carr in der Ausführung dieser kritischen Überlegung formuliert: „Contradictory appearance is as unthinkable as contradictory reality" (*Mr. Bradley's Theory of Appearance*, 216; vgl. auch vom gleichen Autor: *On Mr. F. H. Bradley's „Appearance and Reality"*, 59 ff.) Zur Kritik an Bradleys Konzeption von Realität vgl. auch H. Rashdall: *The Metaphysic of Mr. F. H. Bradley*, 438 ff.

geben" und „Relationen kann es nicht zusammen mit Qualitäten geben". Was jedoch die Falschheit betrifft, so ist diese Bedingung für diese beiden Urteile offensichtlich nicht erfüllt, wenigstens dann nicht, wenn man die Bradleysche Begründung für diese Urteile akzeptiert. Denn nicht nur ist Bradley nicht der Meinung, daß diese Urteile falsch sind, er ist im Gegenteil der Überzeugung, daß sie wahr sind und von ihm auch als wahr ausgewiesen worden sind. Hat man aber zwei kontradiktorisch entgegengesetzte Urteile als wahr bewiesen, so kann man zwar sicher sein, daß mit diesem Beweis irgendetwas nicht stimmt, man hat aber nicht den mindesten Grund, von dieser Basis aus auf die Widersprüchlichkeit des in den Urteilen als Urteilssubjekt fungierenden Begriffs zu schließen. Das von Bradley angewandte Verfahren zur Bestimmung der Widersprüchlichkeit von Begriffen, das eben darauf beruht, zwei kontradiktorisch entgegengesetzte Urteile als gleichermaßen wahr zu beweisen, ist demnach prinzipiell ungeeignet, sein Ziel zu erreichen. Der Schluß von den beiden (als wahr behaupteten) Urteilen über Relationen auf die Widersprüchlichkeit des Begriffs der Relation ist daher unhaltbar, und insofern ist es, wenigstens nach Bradleys eigenem Kriterium, schon aus diesem formalen Grund vollkommen offen, ob Relationen zu dem Bereich dessen gehören, was als widersprüchlich angesehen werden muß und was auf Grund dessen allenfalls in der Lage ist, Gegenstände als Erscheinungen zu bestimmen. Daß sich diese Kritik auch auf die Thesen über die Qualität übertragen läßt, ist leicht ersichtlich, wenn man sich nur die Form des Arguments vergegenwärtigt. Sie bedarf daher keiner besonderen Ausführung.[46]

46 Einen ähnlichen Einwand hat N. G. Kulkarni (*Bradley's Anti-Relational Argument*, 105 f.) gegen Bradleys Kritik am Begriff der Qualität vorgebracht. Diesen Einwand versucht C. A. Campbell (*Bradley's Anti-Relational Argument: A Reply to Mr. Kulkarni*, 60 f.) dadurch zu entkräften, daß er gegenüber Kulkarni zu Recht geltend macht, daß dessen Formulierungen der von ihm als kontradiktorisch entgegengesetzt betrachteten Urteile gar nicht kontradiktorisch entgegengesetzt sind, um dann aber zu Unrecht zu behaupten, „that the two propositions [‚Qualities are unintelligible without relations' and ‚Qualities are unintelligible with relations', R. P. H.] are not intended to be ... contradictory of one another", wenigstens nach Bradley. Genau das Gegenteil ist der Fall: sie sollen einander kontradiktorisch entgegengesetzt sein, obwohl ihre Formulierung dies nur unzureichend zeigt. Denn beachtet man Bradleys Argumentation, so ist schwer daran zu zweifeln, daß die Formulierungen ‚Qualities are unintelligible without relations' und ‚Qualities are unintelligible with relations' für Bradley die Behauptungen ‚Relationen sind notwendige Bedingungen für Qualitäten' bzw. ‚Relationen sind keine notwendigen Bedingungen für Qualitäten' enthalten sollen. Dies aber sind zwei kontradiktorisch entgegengesetzte Propositionen. Es ist auch nicht leicht einzusehen, wie Bradley sonst die Widersprüchlichkeit der Begriffe ‚Relation' und ‚Qualität' hätte „beweisen" wollen mit dem von ihm gewählten Ansatz.

3. Qualität als „Einheit von Aspekten"

Neben diesem formalen Grund, der mehr die Beweisstrategie der gesamten Überlegung als die Schlüssigkeit der einzelnen Argumente betrifft, gibt es jedoch auch andere Gründe, Bradleys Behauptung über den Realitätsstatus von Relationen und Qualitäten für nicht bewiesen zu halten. Sie sind in den einzelnen Argumenten selbst zu finden und betreffen die Bradleysche Annahme, daß sie zu zwei Paaren von kontradiktorisch entgegengesetzten *wahren* Urteilen führen. Um die Berechtigung dieser Annahme zurückweisen zu können, genügt es, jeweils ein Urteil eines jeden Paares als falsch zu erweisen. Und dies ist, wenn man die jeweils zweiten Urteile eines jeden Paares betrachtet, nicht weiter schwierig. Denn man wird schnell gewahr, daß sie nur zustande kommen durch die mehrdeutige Verwendung der in ihnen auftretenden Subjektausdrücke. So wird in dem Argument, welches das Urteil begründen soll, daß Qualitäten zusammen mit Relationen unmöglich sind, von der Qualität gesagt, sie sei als Einheit von Aspekten aufzufassen.[47] Die Rede von der Qualität als Einheit von Aspekten hat nur solange ihren guten Sinn, wie man darunter nicht mehr, aber auch nicht weniger versteht, als daß jede Qualität, wie jeder andere Gegenstand auch, durch gewisse, voneinander zu unterscheidende Merkmale gekennzeichnet werden kann. Die Eigenschaft, dreieckig zu sein, kommt z. B. einer Figur (im euklidischen Raum) dann zu, wenn sie durch drei gerade Linien einen Raum einschließt, aber auch dann, wenn ihre Winkelsumme 180° beträgt. Da beides die Eigenschaft, dreieckig zu sein, kennzeichnet, mag man beides als Aspekt dieser Eigenschaft und die Eigenschaft selbst als Einheit ihrer Aspekte in dem Sinne begreifen, daß jeder ihrer Aspekte an ihr als Merkmal zu finden ist. Eine Qualität in diesem Sinn als Einheit ihrer Aspekte aufzufassen, heißt nun aber nicht, sie auf eine Relation zwischen ihren Aspekten zu reduzieren, eine Auffassung, die Bradley offensichtlich auch mit dem Ausdruck „Einheit von Aspekten" zu decken meint. Denn wie am Beispiel der Eigenschaft, dreieckig zu sein, leicht zu sehen ist, behauptet man ja nicht, wenn man die Eigenschaft, dreieckig zu sein, durch die Merkmale, einen Raum durch drei gerade Linien einzuschließen und eine bestimmte Winkelsumme zu haben, charakterisiert, daß diese Eigenschaft als Relation zwischen diesen Merkmalen verstanden werden muß, so daß etwa die Behauptung gilt, „die Eigenschaft ‚dreieckig zu sein' besteht in der Beziehung zwischen den Merkmalen ‚eine Winkelsumme von 180° haben' und ‚einen Raum durch drei gerade Linien einschließen'". Man könnte mit einer sol-

---

47 S. oben 121 f.

chen Behauptung nicht einmal einen Sinn verbinden. Zwar mag es die verschiedensten Relationen zwischen diesen beiden Merkmalen geben, wie z. B. die, daß das eine Merkmal dieselbe Eigenschaft wie das andere Merkmal charakterisiert oder daß das eine Merkmal nicht ohne das andere Merkmal angetroffen werden kann; es mag auch die verschiedensten Relationen zwischen diesen Merkmalen und der durch sie charakterisierten Eigenschaft geben – in unserem Beispiel z. B. die, daß beide Merkmale notwendige und hinreichende Bedingungen für das Vorliegen dieser Eigenschaft sind –; die Eigenschaft selbst aber, dreieckig zu sein, kann nicht als Relation zwischen dem Merkmal, einen Raum durch drei gerade Linien einzuschließen, und dem Merkmal, eine Winkelsumme von 180° zu haben, betrachtet werden. Es kann also gar nicht die Rede davon sein, daß jede „quality must exchange its unity for an internal relation".[48] Wenn dies aber nicht der Fall ist, dann gibt es auch keinen unendlichen Regreß und damit auf diesem Weg kein Argument für die Unmöglichkeit von Qualitäten. Der Fehler dieses Arguments liegt eben in der doppeldeutigen Verwendung der Bestimmung der Qualität, Einheit von Aspekten zu sein.

4. Relation und Gegenstand

Denselben Fehler begeht Bradley im Zusammenhang der Begründung seiner vierten Behauptung, daß nämlich Relationen zusammen mit Qualitäten unmöglich sind. Hier ist es der Begriff der Relation, der einen befremdlichen Bedeutungswandel im Zuge der Argumentation durchmacht. Während einerseits die Relation dem normalen Verständnis entsprechend über ihre Funktion als Verbindung zwischen Gegenständen bestimmt wird, wird sie andererseits auf Grund der Überlegung, daß sie nicht nichts, sondern etwas sei, als etwas der Art nach Gleiches wie die durch sie verbundenen Gegenstände aufgefaßt. Die dieser zweiten Deutung des Terminus „Relation" zugrundeliegende Auffassung kann jedoch nicht einleuchten, weil sie auf einem Fehlschluß basiert. Es ist zwar richtig, daß alles das, von dem man zutreffenderweise sagen kann, es sei nicht nichts, etwas ist, doch ist damit noch gar nichts darüber ausgesagt, um was für eine Art von Gegenstand es sich bei dem jeweiligen etwas handelt. So gibt es z. B. Dinge in Raum und Zeit, es gibt Ereignisse und Handlungen, Vorstellungen und Fähigkeiten. Obwohl alle diese Entitäten nicht nichts sind, sind sie doch etwas in ganz verschiedener Weise. Dinge in Raum und Zeit z. B. sind ausgedehnt

---

[48] *Appearance and Reality*, 26.

und schwer, während Vorstellungen und Fähigkeiten, Ereignisse und Handlungen dies – nach normalem Verständnis – nicht sind. Ereignisse und Handlungen finden statt, was man weder von Dingen in Raum und Zeit noch von Vorstellungen und Fähigkeiten behaupten kann. Und Vorstellungen und Fähigkeiten wiederum können als Zustände bzw. Dispositionen beschrieben werden, die an bestimmten Gegenständen angetroffen werden, ohne daß eine solche Beschreibung auch auf Dinge in Raum und Zeit oder auf Ereignisse und Handlungen zutrifft. Kurz: innerhalb der großen Klasse dessen, von dem man zu Recht sagen kann, es sei etwas, lassen sich sehr verschiedene Arten von Gegenständen antreffen, und dieser Umstand ist es, der einen Schluß von der Behauptung, ein Gegenstand sei etwas, auf die Behauptung, ein Gegenstand sei etwas von der und der Art, unmöglich macht. Genau dieses Schlusses bedient sich aber Bradley in seinem Argument, wenn er meint, daß Relationen deshalb, weil sie etwas sind, auch von der gleichen Art wie das sind, was sie verbinden. Doch auch wenn man von diesem dem Argument zugrundeliegenden Fehlschluß absieht, kann man mit der These wenig Sinn verbinden, daß Relationen und das, was durch sie verbunden wird, Entitäten der gleichen Art sind. Ein Unterschied besteht z. B. schon darin, daß Relationen ihre Relata verbinden, während die Relata durch Relationen verbunden werden. Schon auf Grund dieses Unterschiedes ist es nicht möglich, Relationen und ihre Relata als der Art nach identische Entitäten aufzufassen. Relationen können vielmehr dadurch charakterisiert werden, daß sie nicht relationsfähig in dem Sinne sind, in dem es ihre Relata sind. Die Vergleichbarkeit von Relationen und Relata in bezug auf diese Relationsfähigkeit ist es aber, was das Bradleysche Argument voraussetzt, um einen unendlichen Regreß konstruieren zu können.[49]

---

[49] Es ist besonders dieses letzte der vier Bradleyschen Argumente gewesen, was die kritische Aufmerksamkeit auf sich zog, und Gegenstand unterschiedlichster Einschätzungen wurde. So macht bereits G. F. Stout (*Alleged Self-Contradictions in the Concept of Relation – A Criticism of Mr. Bradley's „Appearance and Reality", Pt. I, Ch. III*, 1-14) geltend, daß Bradley in diesem Argument Relationen als abstrakte Objekte behandelt, deren wichtigste Auszeichnung, nämlich als Verbindung zu bestehen, von ihm vernachlässigt wird. Russell war schon früh (*The Principles of Mathematics* IX, 99) der Meinung, daß Bradley zwei verschiedene Typen von Regreß miteinander verwechsele, und fügte später (*An Outline of Philosophy*, 263) hinzu: „Bradley conceives a relation as something just as substantial as its terms, and not radically different in kind" – zwei Argumente, die dann von Wollheim (*Bradley*, 113) wieder aufgenommen werden. Am schärfsten geht C. D. Broad (*Examination of McTaggart's Philosophy* I, 85) mit diesem Argument ins Gericht, das seiner Meinung nach von der irrigen Bradleyschen Annahme abhängt, Relationen „shall behave as if they were particulars like the terms which they relate". Bitter bemerkt er abschließend: „Charity bids us avert

5. Metaphysischer Hintergrund

Mag man auch die Beweiskraft der Bradleyschen Argumente zugunsten der These von der Irrealität von Relationen und Qualitäten für gering erachten, so sind sie doch aufschlußreich für die Aufhellung der metaphysischen Intention, die dieser Bemühung Bradleys um eine kritische Destruktion der Elemente traditioneller Gegenstandsvorstellungen zugrundeliegt. Diese Intention kommt sehr deutlich in der bereits zitierten Konklusion zum Ausdruck, die er aus seinen Überlegungen zum Realitätsstatus von Relationen und Qualitäten zieht, eine Konklusion, die darauf zielt, daß der „relational way of thought" nicht wahrheitsfähig im Sinne von gegenstandsadäquat ist. Daß sie essentiell ist für Bradleys philosophisches Programm, liegt an seiner Version einer monistischen Weltanschauung. Bradley teilt mit allen Vertretern monistischer Positionen die Überzeugung, daß Alles Eines ist, wenn er auch nicht der Meinung ist, daß Alles als Eines Gegenstand der Erfahrungserkenntnis werden kann. Unter „Alles" versteht Bradley „alles Reale" und unter „Eines" versteht er sowohl numerische als auch kollektive Einheit in dem Sinne, daß (1) das Reale nur als Einheit von Elementen oder Aspekten gedacht werden kann, die in dieser Einheit ungeschieden und ununterscheidbar enthalten sind („Eines" im kollektiven Sinn) und (2) es nur als eine einzige Einheit bildend betrachtet werden kann („Eines" im numerischen Sinn).[50]

Nun ist auch Bradley klar, daß diese monistischen Maximen wenig Rückhalt in der „naiven" Weltauffassung erkennender Subjekte finden, dergemäß die Welt aus Gegenständen verschiedenster Art besteht, die in mannigfaltigen Beziehungen zueinander stehen. Es bedarf deshalb einer Theorie der Erfahrung, die die Erfahrungstatsachen der naiven Weltauffassung vermittelt mit den monistischen Prinzipien. Sie geht davon aus, daß das, was wir unmittelbar und d. h. für Bradley: fühlend erfahren, uns einen unverstellten Zugang zur wahren, also monistischen Verfassung der Wirklichkeit bereitstellt, insofern im Fühlen die jeweiligen Inhalte als in sich undifferenzierte Ganze erfahren werden. Obwohl diese Gefühlsinhalte verschiedene und potentiell unendlich viele sind, sie also nicht als unmittelbare Erfahrung der monistischen Welteinheit dem Inhalte nach betrachtet werden können, sind

---

our eyes from the pitiable spectacle of a great philosopher using an argument which would disgrace a child or a savage." Zur neueren Diskussion der Bradleyschen Regreß-Behauptung vgl. auch N. Wolterstorff: *On Universals*, 91 ff. und E.B. Allaire: *Wolterstorff and Bradley on Ontology*, 728 ff.

50 Zur Realität als kollektiver Einheit vgl. *Collected Essays*, 639 f., zur Realität als numerischer Einheit vgl. den „Beweis" in *Appearance and Reality*, 123 ff.

sie doch der Form nach von eben derselben Art wie die Realität, nämlich eine ungebrochene Einheit („unbroken unity").[51] Diese nach Bradley der Realität eigentümliche Form der ungebrochenen Einheit ist nun das, was erkennend auf keine Weise eingeholt werden kann. Denn, so Bradley, Erkennen bedeutet Urteilen, und Urteilen bedeutet Auflösen der formalen Bestimmung von Realität, ungebrochene Einheit zu sein, und führt notwendigerweise zur Einführung von Unterscheidungen.[52] Bradley nennt diesen Bereich des erkennenden Umgangs mit der Wirklichkeit den „intellectual middle space",[53] in dem das, was im Gefühl unmittelbar und ungeschieden, also realitätsadäquat gegeben ist, sich als irgendwie beschaffener Gegenstand mit irgendwelchen Eigenschaften und in bestimmten Relationen zu anderen Gegenständen präsentiert. Der erkennende Bezug auf die Wirklichkeit führt also nicht kontingenter-, sondern notwendigerweise auf eine Betrachtung und Deutung der Welt, die geleitet ist durch die „machinery of terms and relations".[54]

Erkennend ist daher die Einsicht in die wahre Verfassung der Wirklichkeit nicht nur faktisch, sondern prinzipiell unmöglich. Die naive Weltauffassung, soweit sie auf Erkenntnis rekurriert, ist insofern nicht nur berechtigt, sondern geradezu gezwungen, die Wirklichkeit als ein Ensemble von Dingen, die in Relationen zueinander stehen, aufzufassen.[55] Ihr Fehler besteht nur darin, diese auf Grund von Bedingungen, die dem Erkennen spezifisch sind, gewonnene Ansicht der Welt für eine der eigentlichen Verfassung der Wirklichkeit adäquate Ansicht zu halten. Daß dies ein Fehler ist, meint Bradley dadurch demonstrieren zu können, daß er die Widersprüchlichkeit der für den erkennenden Bezug auf Wirklichkeit konstitutiven ontologischen Voraussetzungen nachweist, wie eben die, daß es Qualitäten gibt, die Dingen zu- oder abgesprochen werden können, oder die, daß Gegenstände und auch Qualitäten durch Relationen miteinander verbunden sind. Beachtet man die Absicht, so muß man Bradleys Unternehmen, die Irrealität von Relationen und Qualitäten zu beweisen, als einen Versuch

---

51 *Essays on Truth and Reality*, 316.
52 Vgl. 125 f.
53 *Essays on Truth and Reality*, 269.
54 *Appearance and Reality*, 28.
55 Bradley drückt seine Überzeugung von der Unvermeidbarkeit von Relationen im Zusammenhang des erkennenden Bezugs auf die Wirklichkeit an vielen Stellen sehr deutlich aus. Vgl. z. B. *Principles of Logic*, 127 und 691 f. *Essays on Truth and Reality*, 230, 253 ff., *Collected Essays*, 234, 639, *Appearance and Reality*, 522.

betrachten, seine monistischen Überzeugungen mit der naiven Weltauffassung zu vermitteln.[56]

c. Der Ansatz in den späteren Schriften

Obwohl Bradley sich Zeit seines Lebens nie explizit mit den verschiedenen kritischen Einwänden und den erheblichen Zweifeln an der Richtigkeit seiner Theorie der Relationen in anderer Form auseinandergesetzt hat als mit dem Hinweis darauf, daß man seine eigentliche Intention nicht angemessen gewürdigt habe, hat er sich doch später dazu veranlaßt gesehen, seine Bedenken gegen den Realitätsanspruch relationaler Erfahrung auf eine ganz andere Basis zu stellen, ohne allerdings auch nur ein einziges Element seiner monistischen Gesamtkonzeption preiszugeben. Er formuliert diesen neuen Ansatz zuerst in einem Appendix zur 2. Auflage von *Appearance and Reality* (1897), entwickelt ihn aber am deutlichsten in einem nach seinem Tode veröffentlichten Essay über Relationen,[57] an dem er in den letzten Jahren seines Lebens (1923) gearbeitet hat. Ausgangspunkt seiner Überlegung ist nicht mehr ein vermeintlicher Widerspruch im Begriff der Relation, sondern eine Analyse der Defizienz relationaler Erfahrung, also der schon irgendwie begrifflich und urteilend aufbereiteten Erfahrung, gegenüber der unmittelbaren Erfahrung. Anknüpfend an seine alte These, daß nur im Fühlen die Realität wenigstens in bezug auf eines ihrer auszeichnenden Merkmale adäquat erfahrbar ist, faßt er „Fühlen" terminologisch nun als „unmittelbare Erfahrung" und bestimmt deren Eigentümlichkeit dahin, daß „in immediate experience the whole qualifies every part while the parts qualify all and each both one another and the whole."[58] Diese Qualifizierung des Ganzen durch seine Teile und der Teile durch das Ganze ist auf der Ebene unmittelbarer Erfahrung „free from every kind of relation",[59] und dieser

---

[56] Auf welche Wege man geführt wird, wenn man mit Bradleyschen Mitteln und im Rahmen Bradleyscher Voraussetzungen eine Theorie der Erfahrung zu konzipieren versucht, zeigt die ebenso perspektivenreiche wie informative Arbeit von T. S. Eliot: *Knowledge and Experience in the philosophy of F. H. Bradley*, die, obwohl bereits 1915/16 verfaßt, erst 1964 erschienen ist. Eine sehr gute Darstellung der realistischen (Broad, Cook Wilson) und der idealistischen (Cunningham, Royce, Joachim) Auseinandersetzung mit Bradleys Theorie der Relationen findet sich bei G. L. Vander Veer: *Bradley's Metaphysics and the Self*. Kap. 3 und 5.
[57] *Collected Essays*, 630 ff.
[58] *Collected Essays*, 631.
[59] *Collected Essays*, 632.

relationslose Zusammenhang einander qualifizierender und eine Einheit bildender Elemente ist das uns in der Erfahrung primär Gegebene. Demgegenüber kann der diskursiv-erkennende Bezug auf das in unmittelbarer Erfahrung Gegebene nur unter Aufgabe der Unmittelbarkeitsbedingungen gedacht werden. Er bedarf der Unterscheidung zwischen Relationen und den Entitäten, die durch sie in einen Zusammenhang gebracht werden, den Relata, und dies aus den von Bradley schon früh angegebenen Gründen.

Der zum Gegenstand der Kritik an der Realitätsadäquatheit relationaler Erkenntnis gemachte Mangel relationaler Erfahrung besteht nach Bradley nun darin, daß der jeweils bestimmte Gegenstand unmittelbarer Erfahrung nicht mehr zureichend als Gegenstand bestimmt werden kann, wenn er mit den Mitteln relationaler Erfahrung betrachtet wird. Zu dieser Kritik kommt Bradley durch folgende Überlegung: Jeder Gegenstand relationaler Erfahrung hat sein Fundament oder seine Entsprechung in etwas, das in der unmittelbaren Erfahrung gegeben ist, denn schließlich soll die relationale Erfahrung nur das für die Erkenntnis angemessene und notwendige Pendant zur unmittelbaren Erfahrung sein. Das in der unmittelbaren Erfahrung als ein sich wechselweise qualifizierender Zusammenhang gegebene Ganze kann aber als relationale Konstruktion deshalb nicht ohne Verlust an Gegenständlichkeit auftreten, weil die Elemente relationaler Konstruktion, d. h. die im Begriff von einem Gegenstand durch Relationen verbundenen Relata, diese ihre Verbindung zu einem einheitlichen, dem „Ganzen" der unmittelbaren Erfahrung entsprechenden Gegenstand nicht durch sich selbst leisten können. Das in der unmittelbaren Erfahrung als ein Ganzes Gegebene mag z. B. durch Ausdehnung, Farbe und Gefühlsqualitäten gekennzeichnet und insofern für die relationale Erfahrung als ein Zusammenhang zwischen den genannten Qualitäten diskursiv faßbar sein. Doch dadurch, daß man diese Qualitäten als Relata und den Zusammenhang zwischen ihnen als Relationen auffaßt, hat man die dem in der unmittelbaren Erfahrung gegebenen Ganzen eigentümliche Individualität, die sich an der kategorialen und ontologischen Ununterscheidbarkeit der Teile und des Ganzen festmachen läßt, nicht mit erfaßt. Diese relational nicht einholbare Individualität des Gegenstandes ist also einerseits etwas, das der relationalen Erfahrung prinzipiell nicht zugänglich ist, was aber andererseits zugleich eine Voraussetzung dafür ist, daß das jeweilige Geflecht der Relata und Relationen als der relationale Ausdruck eines bestimmten Gegenstandes überhaupt auftreten kann: „And the attempt to find the required unity and totality in the terms and the relations taken somehow together must end obviously in failure. For this ‚together' must bring in something more than, and going beyond, the experience if (ex hyp.) that is taken as relational. Or else, to gain our required ‚together' and the fact of ‚relatedness', we shall have fallen back on the old unity which we found in feeling. But such a mode of unity (we have seen) no longer holds when once our experience becomes relational."⁶⁰

Die Widersprüchlichkeit relationaler Erfahrung wird also in diesem späten Ansatz von Bradley nicht durch Rekurs auf die für diesen Typ von Erfahrung konstitutiven Kategorien und deren Widersprüchlichkeit behauptet, sondern sie soll sich darin zeigen, daß relationale Erfahrung gebunden ist an Voraussetzungen, die sie nur um den Preis der Aufgabe ihres Begriffs einlösen kann. Betrachtet man die Gründe dieser Widersprüchlichkeit genauer, so zeigen sie sich nach Bradley dann besonders deutlich, wenn man die Forderungen mit in Anschlag bringt, die an Relationen gestellt werden müßten, wenn sie als Mittel der adäquaten Darstellung des in der unmittelbaren Erfahrung Gegebenen geeignet sein sollen. Denn dann erweist sich, daß Relationen durch widersprüchliche Forderungen bestimmt sind. Bradley zeigt dies an zwei Punkten, deren erster den ontologischen Status von Relationen betrifft: Eine Relation soll zunächst etwas sein, das nicht identisch ist mit ihren Relata, sondern das zwischen ihnen besteht. Dies ist für Bradley nichts weiter als eine triviale Folgerung aus der Unterscheidung zwischen Relata und Relationen. Zugleich aber muß sie, um als Ausdruck von etwas in der Erfahrung Gegebenem betrachtet werden zu können, ein „individual or particular fact"⁶¹ sein. Dies aber kann sie nicht sein, wenn sie eine von ihren Relata unterschiedene Entität sein soll. Denn nur zusammen mit ihnen ist sie als ein „individual *fact*" denkbar. Kurz: „A relation both is and is not what may be called the entire relational situation, and hence in this respect contradicts itself."⁶² Zum Widerspruch führt auch die zweite von Bradley namhaft gemachte Schwierigkeit, die im Zusammenhang mit Relationen unvermeidlicherweise auftreten soll: „Every relation does and again does not qualify its terms, and is and is not qualified by them. To state this otherwise,... the terms and the relation must ‚enter' one into the other, and yet again are ruined if they do so. You cannot (this is the point at present) alter one or both of the terms and leave the relation unaltered, or alter the relation without making a difference to the terms. But on the other hand unless, and except so far as, you are able to do this, you cannot think relationally. And to combine the above requirements without

---

60 *Collected Essays*, 635.
61 *Collected Essays*, 636.
62 *Collected Essays*, 635.

contradiction is impossible so long as relations are accepted as something which is ultimately real and true."⁶³

d. Kritik dieses Ansatzes

Obwohl das Ergebnis dieser beiden Überlegungen sich sachlich in gar keiner Weise von dem unterscheidet, was Bradley auch schon als Konklusion in *Appearance and Reality* erreicht hat, so verfällt es dennoch nicht ohne weiteres den gleichen Einwänden, an denen die frühe Version scheiterte. Denn im Unterschied zur frühen Version, wo Bradley zur Erreichung seines Ziels auf vermeintliche Schwierigkeiten im Begriff der Relation zurückgriff, geht die neue Überlegung von Voraussetzungen aus, die sich aus dem expliziten Bezug auf Erfahrungsinhalte und deren Struktur ergeben. Mag dies auch als eine Verbesserung gegenüber den früher von Bradley benutzten Argumenten betrachtet werden, so kann auch hier der ganze Scharfsinn bei der Konstruktion von Widersprüchen nicht übersehen lassen, daß sie nach einem relativ simplen Schema gewonnen werden. In beiden von Bradley diskutierten Fällen entsteht der behauptete Widerspruch nur dadurch, daß von den konstitutiven Kategorien relationaler Erfahrung verlangt wird, einen per definitionem nichtrelationalen Komplex adäquat und d. h. nichtrelational auszudrücken. So ist z. B. die im zweiten Fall aufgestellte Forderung, daß Relata und Relation ineinander eingehen sollen, sinnvoll nur vor dem Hintergrund der Annahme einer allen zugrundeliegenden nichtrelationalen Einheit verständlich zu machen, einer Annahme, die mit relationalem Vokabular nur noch metaphorisch zu beschreiben ist. Wenn dies aber die argumentationsstrategische Voraussetzung ist, daß nichtrelationale Kontexte relational ausgedrückt werden müssen, zugleich aber festgesetzt ist, daß ein rein relationaler Ausdruck nichtrelationaler Kontexte nicht möglich ist, dann hat man trivialerweise einen Widerspruch. Dieser Widerspruch ist aber in keiner Weise einer der Relationen oder sonst irgendeines Elementes relationaler Erfahrung oder gar der relationalen Erfahrung selbst, sondern er kommt nur durch die einander ausschließenden Behauptungen über die Beziehung zwischen relationalen und nichtrelationalen Kontexten zustande.

Nun ist jedoch sehr fraglich, ob diese Behauptungen selbst einsichtig gemacht werden können. Was die erste, nämlich die, daß nichtrelationale Kontexte relational ausgedrückt werden müssen, betrifft, so kann man sie

---

63 *Collected Essays*, 638.

wenigstens dann akzeptieren, wenn man Bradleys Vorschlag zur Vermittlung der monistischen These von der Einheit der Welt mit den Bedingungen der natürlichen, „naiven" Weltauffassung nicht in Frage stellt. Denn da dieser Vorschlag von der notwendigen relationalen Verfassung der natürlichen Weltauffassung ausgeht, deren Gegenstände aber als wesentlich nichtrelationale Ganzheiten interpretiert, so ergibt sich das in der ersten Behauptung ausgesprochene Postulat von selbst, wenn man eine Antwort auf die Frage versucht, wie überhaupt Erkenntnis von Gegenständen möglich ist. Die erste Behauptung ist insofern nur eine Folge der Implikate einer monistischen Ontologie einerseits und erkenntnistheoretischer Zwänge andererseits. Sie mag daher als wenigstens auf dem Boden der Bradleyschen Theorie prinzipiell einsichtig eingeräumt werden. Anders die zweite Behauptung, nämlich die, daß ein rein relationaler Ausdruck nichtrelationaler Kontexte nicht möglich ist. Sie gibt Anlaß zu einer ganzen Reihe von Fragen, vor allem, wenn man sich an ihre Begründung durch Bradley hält. Als deren zentraler Punkt muß ja die These angesehen werden, daß das in der unmittelbaren Erfahrung jeweils gegebene komplexe Ganze sich aus zwei Gründen nicht in den relationalen Begriff eines diesem Ganzen korrespondierenden Gegenstandes überführen lassen kann. Der erste Grund ist der, daß „every sort of whole ... has a qualitative aspect; in various respects the whole has a character – even its figure may here be included – which cannot be shown to consist barely in mere terms and mere relations between them".[64] Der zweite Grund soll der sein, daß ein relationaler Begriff eines Gegenstandes überhaupt nicht möglich ist, ohne daß entweder doch auf ein nichtrelationales komplexes Ganzes der unmittelbaren Erfahrung rekurriert werden muß oder aber auf den Begriff eines Gegenstandes als einer *Einheit* des in ihm gedachten relationalen Zusammenhanges verzichtet werden muß.[65]

1. Ganzes („whole") und Merkmal („character")

Diese These, zusammen mit ihren beiden Begründungen, geht jedoch von Voraussetzungen aus, die keineswegs sonderlich deutlich sind. So ist zunächst in bezug auf die erste Begründung unklar, was Bradley denn mit den Merkmalen (characters) eines Ganzen meint, die nicht als Relationen zwischen Relata ausgedrückt werden können, und warum sie, wenn es sie gibt, als Argument gegen die Möglichkeit der Überführung unmittelbar gegebe-

---

64 *Appearance and Reality*, 515.
65 *Collected Essays*, 635.

ner komplexer Ganzer in relationale Begriffe von Gegenständen angesehen werden können. Obwohl Bradley selbst, soweit ich sehe, in keinem einzigen konkreten Fall ein solches Merkmal benennt, kann man aus seinen Andeutungen wenigstens das Argument rekonstruieren, mit dem er meint, zu der Annahme derartiger Merkmale zu kommen. Dieses Argument sei an einem Beispiel erläutert. Man stelle sich eine Ebene vor, auf der Punkte durch gerade Linien zu einem Ganzen von bestimmter Figur verbunden sind. Von den Punkten, die durch diese Linien verbunden sind, wird man ebensowenig wie von den Linien, die diese Punkte verbinden, sagen können, daß zu ihren Merkmalen auch die Figur zählt, die sie zusammen bilden. Es muß also nach einem Dritten gesucht werden, dem diese bestimmte Figur als Merkmal zukommen kann. Und dieses Dritte kann nur das Ganze sein, das durch den Zusammenhang dieser Punkte und dieser Linien gebildet ist.[66] Mit anderen Worten: es gibt Merkmale, als deren Subjekt nicht die Elemente eines Gegenstandes, nämlich Relata und Relationen, auftreten können, sondern nur der Gegenstand selbst als unterschieden von seinen Elementen.

Es spielt hier keine Rolle, was man mit diesem Argument tatsächlich zeigen kann, wichtig für uns ist nur, daß man auf Grund dieses Arguments nicht einsichtig machen kann, daß es Merkmale gibt, die nicht als ein relationaler Zusammenhang zwischen Relata ausgedrückt werden können, es sei denn, man geht davon aus, daß jedes Merkmal auch dem zukommen muß, das als Element des relationalen Ausdrucks dieses Merkmals auftritt. Diese Annahme ist jedoch abwegig. Wenn, um bei dem angeführten Beispiel zu bleiben, jenes durch Punkte und gerade Linien gebildete Ganze z. B. ein Rechteck ist, so kann man dieses figürliche Merkmal ohne große Schwierigkeiten als etwas betrachten, das in einer bestimmten Beziehung zwischen Punkten bzw. Linien besteht, also relational ausdrückbar ist. Diese Möglichkeit verpflichtet aber niemanden zu der Behauptung, daß die Sachverhalte, die in dem relationalen Ausdruck des figürlichen Merkmals der Rechteckigkeit vorkommen, also Punkte als Relata und Linien als Relationen oder umgekehrt, selbst rechteckig sind. Wenn dies aber, wie offensichtlich, nicht so ist, so besteht keine Veranlassung, die Frage nach den möglichen Subjekten von Merkmalen mit der vollständig anderen Frage nach der Möglichkeit eines relationalen Ausdrucks von Merkmalen so zu koppeln, daß man meint, mit irgendeiner Annahme über die Bedingungen, denen ein mögliches Subjekt von Merkmalen genügen muß, so einsichtig sie auch für sich selbst sein mag, einen Grund für die Möglichkeit oder die

---

66 Vgl. *Appearance and Reality*, 515 ff., 559 f., *Collected Essays*, 635 f., 657 f.

Unmöglichkeit eines relationalen Ausdrucks von Merkmalen gefunden zu haben. Doch selbst wenn man einen Grund entweder für oder gegen die Möglichkeit eines relationalen Ausdrucks von Merkmalen auf diese Weise gefunden hätte, so wäre damit noch gar nichts darüber entschieden, ob das jeweils unmittelbar gegebene Ganze im relationalen Begriff eines Gegenstandes aufgehen kann, obwohl Bradleys Überlegungen zum relationalen Ausdruck von Merkmalen als Argument zur Entscheidung dieser Frage gedacht sind. Denn nimmt man an, es gäbe Merkmale, die nicht relational ausgedrückt werden können, so spricht dennoch nichts dagegen, daß das Ganze, das über solche Merkmale verfügt, selbst relational ausgedrückt werden kann, z. B. eben als ein relationaler Zusammenhang von Merkmalen, die nicht relational ausdrückbar sind, oder als ein Zusammenhang zwischen Merkmalen, von denen einige relational, andere aber nicht relational ausgedrückt werden können. Nimmt man aber an, es gäbe keine Merkmale, die nicht relational ausgedrückt werden können, so würde daraus ebensowenig wie aus der ersten Annahme folgen, daß das Ganze nicht relational ausgedrückt werden kann.

Bezeichnenderweise nimmt Bradley selbst die hier diskutierte erste Begründung für seine Überzeugung von der relationalen Unausdrückbarkeit eines komplexen Ganzen in einem Zusammenhang in Anspruch, in dem er zum Zwecke des Beweises der Unmöglichkeit externer Relationen von einem Ganzen ausgeht, das tatsächlich durch ein bestimmtes Merkmal, nämlich durch eine bestimmte Situierung im Raum, von anderen Ganzen unterschieden ist. Durch den Rekurs auf ein bestimmtes Ganzes erspart er sich die Diskussion einer weiteren Schwierigkeit, die in seiner Begründung gelegen ist und die mit einer von ihm selbst gelegentlich zugestandenen Unklarheit in bezug auf seinen Begriff des unmittelbar gegebenen Ganzen[67] zusammenhängt. Einerseits soll ja dieses Ganze etwas in dem Sinne unmittelbar Gegebenes sein, daß es überhaupt keiner qualitativen Bestimmung zugänglich ist, weil eben qualitative Bestimmung das Vorhandensein von Merkmalen und Relationen impliziert,[68] diese aber gerade an dem unmittelbar Gegebenen nicht auftreten sollen. Hält man sich an diese Charakterisierung, wird es vollständig unklar, wie andererseits *jede* Art von Ganzen, also auch das unmittelbar gegebene Ganze, über bestimmte, relational nicht ausdrückbare Merkmale verfügen soll.[69] Achtet man nun darauf, daß das oben

---

67 Vgl. z. B. *Collected Essays*, 634 f., 658.
68 *Collected Essays*, 631 f.
69 *Appearance and Reality*, 515.

diskutierte Argument von Ganzheiten ausgeht, die über Merkmale verfügen, die sie von anderen Ganzheiten unterscheiden, so ergibt sich folgendes Dilemma: Entweder sind die Ganzheiten, die im Argument bemüht werden, von anderer Art als das in der unmittelbaren Erfahrung jeweils gegebene komplexe Ganze; dann jedoch ist nicht einzusehen, wieso dieses Argument, selbst wenn es nicht in sich unstimmig wäre, für die relationale Unausdrückbarkeit von den in der unmittelbaren Erfahrung gegebenen Ganzen in Anspruch genommen werden kann. Oder aber es gilt, daß jede Art von Ganzen, also auch das in der unmittelbaren Erfahrung gegebene Ganze, über wenigstens ein Merkmal verfügt, das es von anderen unterscheidet; dann jedoch kann die Behauptung der prinzipiellen Nichtrelationalität des in der unmittelbaren Erfahrung gegebenen Ganzen nicht aufrechterhalten werden, und das von Bradley exponierte Problem des relationalen Ausdrucks von unmittelbar Gegebenem stellt sich ganz anders.

Es ist zu vermuten, daß Bradley, auf diese Schwierigkeiten im Begriff des unmittelbar gegebenen Ganzen hingewiesen, zu ihrer Auflösung auf seine frühe Unterscheidung zwischen eigentlichen und uneigentlichen Qualitäten[70] in dem Sinne zurückgreifen würde, daß er dem in der unmittelbaren Erfahrung gegebenen Ganzen nur uneigentliche Qualitäten zuerkennen würde, während andere Arten von Ganzheiten über eigentliche Qualitäten verfügen. Doch ist nicht abzusehen, wie ein derartiger Rekurs im Rahmen der von Bradley versuchten Begründung für die relationale Unausdrückbarkeit eines komplexen Ganzen fruchtbar gemacht werden kann, denn er verschiebt nur die Probleme, die das ursprüngliche Argument auszeichnen, auf eine andere Ebene.[71]

2. Ganzes und Gegenstand

Auch das zweite Argument hat seine Schwierigkeiten. Es bestand in der Behauptung, daß ein relationaler Begriff eines Gegenstandes als einer Einheit von einer gewissen Anzahl von Merkmalen oder Bestimmungen und deren Beziehungen nur möglich sei unter Rekurs auf ein nicht relationales komplexes Ganzes der unmittelbaren Erfahrung.[72] Die dieser Behauptung zugrundeliegende Überzeugung besteht darin, daß die Angabe von irgend-

---

70 S. oben 118 f.
71 Vgl. auch die Kritik an der Annahme der Nichtrelationalität unmittelbarer Erfahrung bei G. W. Cunningham: *The Idealistic Argument in Recent British and American Philosophy*, 382 ff.
72 *Collected Essays*, 635; s. oben 139.

welchen beliebigen Bestimmungen und Relationen zwischen ihnen aus sich selbst heraus keinen Grund dafür hergibt, diese Bestimmungen und ihre Relationen im Begriff eines Gegenstandes verbunden zu denken.[73] Die Vorstellung des Gegenstandes als einer formalen Bedingung der Einheit von Bestimmungen und Relationen in einem Gegenstand muß vielmehr bereits irgendwie vorhanden sein, damit eine Mannigfaltigkeit von Bestimmungen und deren Relationen als im Begriff eines Gegenstandes verbunden aufgefaßt werden kann. Diese aus der Tradition gut bekannte und wohl am deutlichsten durch Kant[74] formulierte Überzeugung muß nun nicht selbst auf ihre Berechtigung hin diskutiert werden um zu sehen, daß sie wenig für Bradleys Argument einbringt. Denn selbst wenn man sie mit Bradley teilte, wäre es völlig unklar, wie der in dieser Überzeugung benutzte Begriff von einem Gegenstand als einer formalen Einheitsbedingung einer jeweiligen Mannigfaltigkeit von Bestimmungen und Relationen auf das nichtrelationale komplexe Ganze der unmittelbaren Erfahrung so bezogen werden kann, daß die für den Begriff des Gegenstandes in Anspruch genommene Funktion, formale *Bedingung* der Einheit zu sein, auf das jeweilige Ganze der unmittelbaren Erfahrung übertragen werden kann. Die Möglichkeit einer solchen Übertragung und d. h. die irgendwie bestimmte Vergleichbarkeit zwischen der Funktion, die der Begriff eines Gegenstandes in bezug auf eine durch Relationen verbundene Mannigfaltigkeit von Bestimmungen wahrnehmen soll, und der Funktion, die dem nichtrelationalen komplexen Ganzen der unmittelbaren Erfahrung in bezug auf den relationalen Begriff eines Gegenstandes zugemutet wird, darf jedoch nicht unklar gelassen werden. Sie muß schon deshalb explizit ausgewiesen werden, weil es durchaus möglich ist, daß zwar tatsächlich so etwas wie die Vorstellung von einem Gegenstand eine notwendige formale Bedingung dafür ist, daß eine durch Relationen verbundene Mannigfaltigkeit von Bestimmungen als gegenständliche Einheit gedacht wird, daß aber das nichtrelationale Ganze der unmittelbaren Erfahrung keineswegs als Bedingung der Einheit von Relationen und Bestimmungen *in einem Gegenstand* betrachtet werden muß.

Bradley selbst hat sich zu einer derartigen Möglichkeit nie geäußert und insofern versäumt, Gründe für die Berechtigung der Übertragung traditioneller Annahmen über Leistung und Funktion der Gegenstandsvorstellung auf sein nichtrelationales Ganzes der unmittelbaren Erfahrung anzugeben. Es besteht allerdings auch kein Grund zu der Vermutung, daß er einschlägige Gründe hätte angeben können. Denn hält man sich an seine Charakteri-

---

73 Vgl. *Collected Essays*, 635, 662 f.
74 Kant: *Kritik der reinen Vernunft*, A 105.

sierung dieses nichtrelationalen Ganzen, so soll es zwar als eine Einheit aufgefaßt werden, aber diese Einheit soll gerade nicht die von distinkt gegebenem Mannigfaltigen und dessen Beziehungen sein, sondern sie soll die materiale Einheit eines prinzipiell undifferenzierbaren nichtrelationalen Gegebenen sein. Diese materiale Einheit ist aber schon auf Grund ihrer internen Verfassung vollständig ungeeignet, die der Gegenstandsvorstellung zugemutete Einheitsfunktion in bezug auf ein Mannigfaltiges von Bestimmungen und Relationen zu übernehmen. Denn sie kann nur um den Preis der Selbstdestruktion auf Mannigfaltiges bezogen werden, weil die Möglichkeit einer solchen Beziehung entweder voraussetzt, daß sie als Einheit von Mannigfaltigem gedacht werden kann – dies soll sie jedoch ihrem Bradleyschen Begriffe nach nicht sein – oder aber voraussetzt, daß sie bestimmte Einheit in dem Sinne ist, daß sich in ihr doch aufweisbare Entsprechungen zu den mannigfaltigen Bestimmungen und Relationen finden lassen, die als Elemente des relationalen Begriffs des Gegenstandes auftreten. Eine in diesem Sinne bestimmte Einheit kann Bradleys materielle Einheit aber nicht sein, wenn nicht der Anspruch der Nichtrelationalität dieser Einheit aufgegeben werden soll. Es mag daher durchaus so sein, daß der relationale Begriff eines Gegenstandes neben den für ihn charakteristischen Bestimmungen und deren Relationen noch eines anderen bedarf, um als Vorstellung eines Gegenstandes betrachtet werden zu können, dieses andere ist aber nicht Bradleys nichtrelationales Ganzes der unmittelbaren Erfahrung. Insofern besteht wenig Grund, Bradleys Überzeugung von der Unmöglichkeit eines relationalen Begriffs eines Gegenstandes auf der Basis seiner eigenen Überlegungen für plausibel zu halten.

Die Irrealität oder Unwirklichkeit der Relationen, dieses von Bradley selbst für zentral gehaltene Kernstück seines monistischen Modells, kann also in keiner seiner beiden Versionen, in denen Bradley es, wie er sagte, „predigte", überzeugen. Berücksichtigt man die unermüdliche Hartnäckigkeit, mit der Bradley sich zeit seines Lebens in endlosen Kontroversen mit zum Teil wenig kompetenten Gegnern für dieses Theorem eingesetzt hat, so mag man den Aufwand, den Bradley mit dieser Sache betrieb, als nicht zu rechtfertigende Skurrilität abtun. Es darf jedoch nicht übersehen werden, daß eben die Überzeugung von der Irrealität der Relationen es war, die Bradleys Standpunkt in der Frage der Externalität oder Internalität von Relationen entscheidend beeinflußt hat.

B. Die Internalität von Relationen

Wenn man den beträchtlichen Aufwand bedenkt, mit dem Bradley die Irrealität von Relationen nachzuweisen sucht, so wird es zunächst als verwirrend erscheinen, daß ebenderselbe Bradley als einer der Hauptbeteiligten in der Debatte darüber anzusehen ist, ob Relationen als externe oder als interne betrachtet werden müssen. Denn, so sollte man meinen, sind Relationen sowieso nichts weiter als Produkte einer fehlgeleiteten philosophischen Phantasie, denen Realität auf gar keine Weise zukommen kann, dann sollte es sie eigentlich, unabhängig davon, ob man sie als interne oder externe betrachtet, nicht geben, und die Frage nach ihrer Internalität oder Externalität müßte insofern vollständig müßig sein.[75]

Die Verwirrung wird noch gesteigert, wenn man feststellen muß, daß Bradley nicht nur tatsächlich der Meinung ist, daß diese Frage in Wahrheit gänzlich überflüssig ist,[76] sondern außerdem gleichzeitig die These vertritt, daß man Relationen eher als interne denn als externe auffassen müsse,[77] und darüber hinaus noch bereit ist zuzugeben, daß man unter gewissen Bedingungen sinnvoll von der Externalität von Relationen reden kann.[78] Diese scheinbaren Widersinnigkeiten bedürfen der Aufklärung, ehe an die Diskussion der Bradleyschen Überlegungen zur Internalität bzw. zur Externalität von Relationen gegangen werden kann.

Das verwirrende Bild läßt sich nur schrittweise entwirren. Zunächst: Daß die Frage nach der Internalität oder Externalität von Relationen im Rahmen des Bradleyschen Ansatzes sinnvoll gestellt werden kann, wird deutlich, wenn man sich noch einmal die Grundzüge der Bradleyschen Theorie der Relationen vergegenwärtigt. Deren Kerngedanken lassen sich nach dem, was bisher ausgeführt worden ist, in zwei Sätze zusammenfassen: (1) Die Wirklichkeit kann nicht als ein Ganzes, das aus Relata und Relationen besteht, betrachtet werden, weil (a) der Begriff der Relation widersprüchlich ist und weil (b) ein relationales Ganzes ein nichtrelationales Ganzes voraussetzt. (2) Der uns wegen der Diskursivität unserer Erkenntnis einzig mögliche Umgang mit Wirklichkeit ist von der Art, daß er ohne Rekurs auf

---

[75] Dies war auch schon die Meinung von A. C. Ewing in seiner Entgegnung auf R. W. Church (*On Dr. Ewing's Neglect of Bradley's Theory of Internal Relations*): „... Bradley denied the reality of relations and therefore can not have held that relations really were internal in any ... sense" (273).
[76] Vgl. *Appearance and Reality*, 513.
[77] Vgl. *Essays on Truth and Reality*, 312.
[78] Vgl. *Essays on Truth and Reality*, 240; *Collected Essays*, 645; *Appearance and Reality*, 515 f.

Relationen nicht möglich ist, weil das nichtrelationale Ganze dem Erkennen nur als relationaler Zusammenhang zugänglich ist. Während der erste Gedanke eine metaphysische Überzeugung formuliert, thematisiert der zweite eine erkenntnistheoretische These. Es ist nun genau diese Regionalisierung des legitimen Bezugs auf Relationen, die es Bradley erlaubt, sowohl die Irrealität von Relationen zu vertreten, als auch die Frage nach der Externalität bzw. Internalität von Relationen zu stellen. Denn mag auch, gemäß der metaphysischen Überzeugung, die Wirklichkeit so verfaßt sein, daß in ihr Relationen keinen Platz haben können, so sind Relationen dennoch wegen ihrer erkenntnistheoretischen Unentbehrlichkeit von Bedeutung, und es bedarf daher der Entscheidung über die ihrer erkenntnistheoretischen Funktion angemessene Interpretation. Die Ablehnung der metaphysischen Annahme von der Realität der Relationen macht also die Klärung des ihnen zukommenden Status im Rahmen unserer Erkenntnis nicht überflüssig, wenn man, wie Bradley, Metaphysik und Erkenntnistheorie scharf trennt und zugleich, ebenfalls mit Bradley, im Auge behält, daß die erkenntnistheoretische Unentbehrlichkeit irgendwelcher Sachverhalte keinen Anspruch auf die metaphysische Realität eben dieser Sachverhalte begründet.

Damit aber ist die mit den oben angeführten Überzeugungen Bradleys verbundene Verwirrung noch nicht ausgeräumt. Denn mag man auch unangesehen der vermeintlichen Irrealität von Relationen die Frage nach ihrem Status in Erkenntniszusammenhängen sinnvoll stellen können, so ist damit noch nicht klar, was Bradley berechtigt, einerseits die Internalität von Relationen gegen deren Externalität zu behaupten, andererseits aber die Externalität von Relationen nicht auszuschließen. Die wird nur verständlich, wenn man zweierlei unterstellt: (1) Bradley geht davon aus, daß man die Termini „intern" und „extern" im Zusammenhang mit Relationen verschieden verwenden kann. (2) Wenigstens eine Verwendung dieser Termini ist von der Art, daß sie in ihr als Glieder einer vollständigen Disjunktion betrachtet werden, so daß jede Relation entweder eine interne oder eine externe ist. Unter Einbeziehung dieser Voraussetzungen lassen sich Bradleys zunächst verwirrende Äußerungen in einen verständlichen Zusammenhang bringen, den man wie folgt paraphrasieren kann: Wenn die Annahme der Realität von Relationen aus verschiedenen Gründen zu Widersprüchen führt und daher haltlos ist, dann gilt dies auch für die Annahme der Realität entweder von externen oder internen Relationen. Insofern ist die ganze Diskussion über die Externalität oder Internalität von Relationen, wie Bradley sagt: „unsound",[79] wenn sie unter der Voraussetzung der Realität

---

[79] *Essays on Truth and Reality*, 238.

von Relationen geführt wird. Betrachtet man Relationen aber als unumgängliche Mittel des erkennenden Umgangs mit der Wirklichkeit, dann wird man sie unter einer bestimmten Interpretation der Termini „extern" und „intern" nicht als nur externe ansehen können, sondern als interne deuten müssen. Dies bedeutet aber nicht, daß andere Interpretationen der Termini „extern" und „intern" möglich sind, unter deren Inanspruchnahme auch die Externalität von Relationen angenommen werden kann.

Will man also Bradleys Stellung in der Frage der Externalität oder Internalität von Relationen angemessen beurteilen können, muß man sich nicht nur mit seinen jeweiligen Argumenten für oder gegen die jeweilige Betrachtungsart von Relationen auseinandersetzen, sondern man muß zunächst einmal klären, was er unter externen bzw. internen Relationen versteht. Zuvor jedoch eine Bemerkung zum Verfahren: Bradley selbst hat sich nie sehr große Mühe gegeben, seine Argumente für die Internalität bzw. gegen die Externalität von Relationen deutlich auseinanderzuhalten; er hat es auch unterlassen, die verschiedenen Begriffe von „extern" und „intern" klar voneinander zu unterscheiden. Beides ist, wie ich meine, sehr nachteilig für ein Verständnis seiner Position gewesen, indem es allzu leicht die Möglichkeit eröffnet hat, die Unklarheiten in der Exposition seiner Position für Ungereimtheiten und für Widersprüche zu halten. Ein beträchtlicher Teil der Bradley-Literatur lebt von dieser Möglichkeit. Um ihr zu entgehen, ist es daher ratsam, sozusagen analytisch vorzugehen mit dem Ziel, auch das noch auseinanderhalten zu können, was Bradley, aus welchen Gründen auch immer, vermengt. Ich werde insofern im folgenden so gut wie möglich zwischen dem Komplex „externe Relationen" und dem Komplex „interne Relationen" unterscheiden und beide jeweils in gesonderten Abschnitten diskutieren. Dabei werde ich zunächst Bradleys kritische Auseinandersetzungen mit der Externalitätsthese betrachten, weil sie den unentbehrlichen Hintergrund für seine Einschätzung der Internalität von Relationen darstellt.

a. Argumente gegen die Externalität von Relationen

1. Was sind externe Relationen?

Sich über den Sinn zu verständigen, in dem Bradley den Ausdruck „externe Relation" verwendet, ist eine weder angenehme noch leichte Aufgabe. Dies deshalb, weil Bradley erstens wenige, zweitens verschiedene und drittens unklare Bestimmungen dieses Ausdrucks gibt, obwohl er ihn sehr häufig verwendet. Die folgenden fünf Formulierungen kommen einer Explikation dieses Ausdrucks durch Bradley noch am nächsten: (1) Externe Relationen sind solche, die vorgestellt werden können „as being real apart from all terms".[80] (2) Eine externe Relation ist „something which in and by itself is real independently".[81] (3) Externe Relationen „make no difference to their terms".[82] (4) Externe Relationen „qualify terms, A, B, and C, from the outside merely and without in any way affecting and altering them internally".[83] (5) Wenn man von internen Relationen spricht, so meint man solche, die nicht „within our datum" fallen.[84] Mit Hilfe dieser Bestimmungen lassen sich drei Forderungen formulieren, die Relationen erfüllen müssen, um als externe betrachtet werden zu können: (a) sie müssen (gemäß (1) und (2)) unabhängige Realität haben, d. h. es muß sie auch dann geben, wenn es nichts gibt, was durch sie verbunden wird; (b) sie sollen (gemäß (3) und (4)) ihre jeweiligen Relata nicht verändern, d. h. die Relata sollen dadurch, daß sie in bestimmten und wechselnden Relationen stehen, nicht in bezug auf ihre Identität verändert werden; (c) sie dürfen (gemäß (5)) nicht Relationen zwischen Elementen eines bereits gegebenen Ganzen sein, d. h. sie müssen in bezug auf ein jeweiliges Ganzes als solche angesehen werden, die nicht schon selbst als Bestandteile in einem als Einheit von Elementen zu interpretierenden Zusammenhang auftreten.

Es ist nun sehr schwer auszumachen, ob Bradley der Meinung ist, daß Relationen nur dann als externe betrachtet werden können, wenn sie alle drei Forderungen erfüllen, da er sich nie dazu geäußert hat. Da die Forderungen selbst voneinander unabhängig und nicht widersprüchlich sind, keine also zur Möglichkeit ihrer Erfüllung die Erfüllung einer der beiden anderen voraussetzt und keine mit ihrer eigenen Erfüllung die Möglichkeit der Erfüllung einer der beiden anderen ausschließt, gibt es auch keinen formalen Grund, ihm eine solche Meinung zu unterstellen. Allerdings gibt es daher auch keinen formalen Grund, ihm eine solche Meinung nicht zu unterstellen. Angesichts dieser Sachlage wird man gut daran tun, ihm die relativ vernünftigste Meinung als die zu unterstellen, die er sich zu eigen gemacht hätte. Und die ist nun sicher nicht die stärkste mögliche These, nämlich die, daß Relationen nur dann externe sind, wenn sie alle drei Forderungen erfüllen. Denn nimmt man einmal an, es sei von einer Relation

---

80 *Essays on Truth and Reality*, 295, vgl. 238, 291.
81 *Collected Essays*, 642, vgl. *Appearance and Reality* 18, 126 Anm.
82 *Appearance and Reality*, 513.
83 *Appearance and Reality*, 514, vgl. *Essays on Truth and Reality*, 259.
84 *Principles of Logic*, 494 Anm. 5.

gezeigt worden, daß sie die Forderung (a), nicht aber die Forderung (b) erfüllt, dann hieße das, daß es sie zwar vollständig unabhängig von der Existenz irgendwelcher Relata gäbe, sie aber dennoch keine externe Relation wäre. Geht man mit Bradley weiter davon aus, daß jede Relation in einem gewissen Sinne entweder eine externe oder eine interne ist, dann wäre eine Relation, die die Forderung (a) und nicht die Forderung (b) erfüllt, eine interne Relation. Diese Konsequenz ist aber – besonders im Zusammenhang mit der Erfüllung der Forderung (a) – paradox und sicher keine, die Bradley hätte in Kauf nehmen können. Man wird ihm daher sinnvoller- bzw. fairerweise keine dermaßen starke Behauptung über die Externalität von Relationen zuschreiben wollen.

Als eine Alternative bietet sich die schwächere These an, daß nur irgendeine der drei Forderungen erfüllt sein muß, um eine Relation als externe aufzufassen. Diese These hat nicht nur den Vorteil, den Begriff der externen Relation nicht schon auf Grund der mit ihm verbundenen Bestimmungen so weit zu diskreditieren, daß man kaum Fälle seiner plausiblen Verwendung vorfinden kann. Sie hat außerdem den Vorteil, daß sie verschiedene Möglichkeiten des Redens von externen Relationen zuläßt, Möglichkeiten, die abhängen von dem Kontext, in dem nach der Externalität von Relationen gefragt wird. Man wird also gemäß dieser These bei der Frage nach dem ontologischen Status von Relationen unter „Externalität" etwas anderes verstehen als bei der Frage nach dem Status von Relationen in bezug auf ihre qualitätsverändernde Funktion oder bei der Frage nach dem Status von Relationen in bezug auf ein Ganzes. Wird man im ersten Fall mit der Forderung (a) als einem Kriterium für die Externalität arbeiten können, so wird man im zweiten und dritten Fall sich eher an die Forderungen (b) und (c) halten, um den jeweiligen Sinn der Rede von Externalität festzulegen. Und schließlich empfiehlt sich diese schwächere These auch noch durch das pragmatische Argument, daß man einen möglichst schwachen Begriff von Externalität einführt, wenn man, wie Bradley, die Absicht hat, die Annahme der Externalität von Relationen zu kritisieren. Denn je stärker man den zu kritisierenden Begriff macht, desto eingeschränkter ist die Gültigkeit der Kritik.

In Anbetracht des Umstands, daß Bradley selbst keinen expliziten Hinweis darauf gibt, welche der beiden Thesen über die Externalität von Relationen er vertreten möchte, kann man die schwächere als die unterstellen, die seiner Intention wohl am nächsten kommt. Hinzu kommt, daß es nur unter Rekurs auf die schwächere These möglich ist, ein einigermaßen konsistentes Modell von Bradleys Relationentheorie zu entwickeln. Denn, wie bereits angedeutet, die verschiedenen Behauptungen Bradleys zu Relationen lassen sich nur dann als sich nicht gegenseitig ausschließend betrachten, wenn man davon ausgeht, daß er unter der Externalität von Relationen je nach Kontext Verschiedenes begreift.

Bradleys Argument gegen die Annahme, daß man Relationen als externe betrachten müsse, lassen sich grob in zwei Gruppen einteilen. Die erste enthält alle die Argumente, die sich hauptsächlich gegen die Möglichkeit der unabhängigen Realität von Relationen wenden, also gegen die Externalität im Sinne der Forderung (a). Die zweite ist vor allen Dingen gegen die Externalität im Sinne der Forderung (b) gerichtet, also gegen die Annahme, daß Relationen keinen Einfluß auf die qualitative Verfassung der durch sie in Beziehung gesetzten Relata haben. Gegen die Externalität von Relationen im Sinne der Forderung (c) wendet er sich deshalb nicht, weil er sie selbst in Anspruch nimmt.[85] Um der Kürze und der Deutlichkeit willen, werde ich im folgenden die Externalität im Sinne der Forderung (a) die „a-Externalität" nennen und, wo es sein muß, von „a-externen Relationen" oder ähnlichem reden sowie die Externalität im Sinne der Forderungen (b) und (c) die „b-Externalität" bzw. „c-Externalität" nennen und entsprechend die Adjektive „b-extern" und „c-extern" verwenden.

2. a-externe Relationen

Bradleys Kritik an der Möglichkeit der a-Externalität von Relationen basiert fast ausschließlich auf Überlegungen, die er bereits in *Appearance and Reality* im Zusammenhang seines Versuchs verwendet hat, die Irrealität von Relationen nachzuweisen.[86] Dies verwundert nicht, wenn man sich vergegenwärtigt, daß für Bradley die Behauptung der a-Externalität von Relationen die Behauptung der Realität von Relationen impliziert und daß es insofern naheliegt, die Argumente, die die Annahme der Realität von Relationen widerlegen, auch als Argumente zu betrachten, die die Annahme der a-Externalität von Relationen widerlegen. Beachtet man weiter, daß die von Bradley in *Appearance and Reality* vorgetragenen beiden Argumente die Realität von Relationen genau auf Grund von Überlegungen bestreiten, die ausgehen von der Annahme einer von der Realität der Relata unabhängigen Realität von Relationen, so sind Bradleys Argumente gegen die Realität von Relationen nicht nur per Implikation Argumente gegen die a-Externalität

---

85 Vgl. *Principles of Logic*, 471 f.
86 Vgl. *Principles of Logic*, 96; *Appearance and Reality*, 18, 126 Anm.; *Essays on Truth and Reality*, 237 f., 302; *Collected Essays*, 642 f.

von Relationen, sondern sie sind direkte Argumente gegen sie. Das Thema „Kritik der a-Externalität von Relationen" scheint daher nur zu einer Wiederholung zu führen, zu einer Wiederholung, in der von Bradleys Seite genau das wieder zur Sprache zu kommen hätte, was bei der Diskussion seiner Irrealitätsthese bereits vorgebracht worden ist, und gegen das genau das wieder kritisch eingewandt werden kann, was bereits im Zusammenhang der Erörterung dieser These vorgebracht worden ist.[87]

Sieht man von den Argumenten gegen die a-Externalität von Relationen ab, die sich auf die vermeintliche Unmöglichkeit von Relationen entweder zusammen mit oder ohne Relata stützen, scheint Bradley allerdings noch wenigstens ein weiteres Argument gegen die a-Externalität von Relationen ins Feld führen zu wollen. Dieses an verschiedenen Stellen angedeutete, aber nirgends ausgeführte Argument wird von ihm als die Frage formuliert: „If external relations were absolute, could we get to know that they were so except by a vicious argument?"[88] Auf welche Weise genau durch diese Frage die Annahme der a-Externalität von Relationen diskreditiert werden soll, ist nicht auszumachen. Man kann jedoch auf Grund von Parallelen, die diese Frage mit einer Überlegung zu Bradleys Versuch der Widerlegung der Möglichkeit der kantischen Dinge an sich hat,[89] folgendes Argument vermuten: a-Externalität von Relationen bedeutet, daß sie vollständig unabhängig von ihrer Beziehung auf *irgendwelche* Relata real sind, d. h. daß es sie auch dann gibt, wenn es gar nichts gibt, was auf sie bezogen ist. Ob es solche Relationen gibt, können wir aber nicht wissen. Denn alles, von dem wir etwas wissen, ist von der Art, daß wir in einer Beziehung zu ihm stehen, nämlich der Beziehung des Wissens. In dieser Beziehung müssen nun auch a-externe Relationen stehen, wenn wir behaupten wollen, daß es sie *als* a-externe Relationen gäbe. Das aber führt in ein Dilemma: Entweder können wir nicht wissen, ob es a-externe Relationen gibt, eben weil a-Externalität durch die Möglichkeit der vollständigen Unbezogenheit definiert ist, oder aber es gibt keine a-externen Relationen, einfach auf Grund des Umstands, daß die Behauptung, es gäbe sie, die Annahme ihrer Realität widerlegt. Es ist einfach zu sehen, daß dieses Argument an dem gleichen Fehler leidet, der schon den Wert der zweiten Bradleyschen Überlegung zur Irrealität von Relationen in *Appearance and Reality* zunichtewerden ließ.[90] Auch hier geht Bradley davon aus, daß man Relationen als Gegenstände der

---

87 S. oben 116 ff.
88 *Essays on Truth and Reality*, 238.
89 Vgl. *Appearance and Reality*, 126 Anm., 549 f.
90 S. oben 131 f.

gleichen Art wie die Relata von Relationen betrachten kann, und nur auf der Basis dieser Voraussetzung funktioniert das Argument. Es bringt also sachlich nichts Neues gegenüber den früheren Überlegungen zur Irrealität von Relationen, so daß die ganze Diskussion der a-Externalität von Relationen durch Bradley als Diskussion eines Spezialfalls der Irrealität von Relationen betrachtet werden muß. Für diesen Spezialfall gilt dasselbe, was schon für Bradleys Irrealitätsthese festgehalten worden ist: Bradley ist es nicht gelungen, ihn in seinem Sinn zu entscheiden.

Es ist interessant, sich zu fragen, welche Positionen seiner Theorie Bradley aufgeben muß, wenn man davon ausgeht, daß ihm gegen die a-Externalität von Relationen keine einschlägigen Argumente zur Verfügung stehen. Ganz offensichtlich muß er seine monistische Ontologie preisgeben. Dies jedoch bemerkenswerterweise nicht etwa deshalb, weil die a-Externalität von Relationen für sich schon zureiche, eine monistische Ontologie unmöglich zu machen. Denn es sind unschwer Modelle zu entwickeln, die von der Realität einer Relation ausgehen, von der zwar alles, was es sonst noch geben mag, abhängig in dem Sinne ist, daß es ohne sie nicht möglich wäre, die selbst aber unabhängig von allem anderen ist. Und auf der Grundlage solcher Modelle kann eine monistische Ontologie entwickelt werden.[91] Bradleys monistische Ontologie fällt vielmehr deshalb bei angenommener Legitimität der Behauptung von a-externen Relationen zusammen, weil es dann außer dem Einen Ganzen noch etwas anderes und von ihm Unabhängiges gäbe, nämlich Relationen. Gibt es aber mehrere reale Entitäten, dann gibt es keine monistische Ontologie mehr. Was Bradley im Zusammenhang mit der a-Externalität noch nicht preisgeben muß, ist sein erkenntnistheoretischer Monismus, seine These also, daß Relationen, soweit sie in unserem erkennenden Umgang mit der Realität eine Rolle spielen, als interne betrachtet werden müssen. Denn aus der a-Externalität von Relationen und ihrer damit implizierten Realität folgt nicht, daß in unsere Erkenntnis der Realität Relationen nur so eingehen können, wie sie wirklich sind, nämlich a-extern. Auch hier sind Modelle leicht vorstellbar, in denen die ontologische a-Externalität von Relationen verträglich sein kann mit der erkenntnistheoretischen Internalität von Relationen.[92]

---

[91] Die okkasionalistische Variante der Leibnizschen Monadenlehre kommt einem solchen Modell am nächsten. Bradley entwickelt dieses Modell im Rahmen eines kleinen Gedankenspiels im Zusammenhang seiner Auseinandersetzung mit Russells Theorie. *Essays on Truth and Reality*, 304 f.

[92] Geeignete Modelle dafür lassen sich z. B. leicht aus Positionen gewinnen, die mit der Unterscheidung von Dingen an sich und Erscheinungen arbeiten.

3. b-externe Relationen

Anders ist es mit der Behauptung der b-Externalität von Relationen, der Behauptung also, daß es Relationen gibt, die ohne jede Bedeutung für die Identität der Objekte sind, die in diesen Relationen zueinander stehen. Läßt sich diese Behauptung als zutreffend erweisen, so kann Bradley zwar seine monistische Ontologie, nicht aber seinen erkenntnistheoretischen Monismus retten. Was die monistische Ontologie Bradleys betrifft, so ist sie deshalb nicht unmittelbar durch die b-Externalität von Relationen gefährdet, weil in ihr Objekte und Relationen überhaupt nicht als Elemente der Realität vorkommen, vielmehr nur das real ist, was sich „jenseits" und „hinter" der Welt der Objekte und deren Relationen als die sie ermöglichende undifferenzierbare Einheit verbirgt. Was Bradleys erkenntnistheoretischen Monismus betrifft, den Monismus also, der aus der Annahme folgt, daß Relationen zu den Identitätsbedingungen eines Dinges gehören, so ist er trivialerweise hinfällig, wenn es b-externe Relationen gibt.

Es ist vielen Kritikern Bradleys, einschließlich seiner berühmten Gegner Moore und Russell, nicht immer leicht gefallen zu sehen, daß Bradleys monistische Theorie auf Grund der ihr eigentümlichen und für sie konstitutiven Unterscheidung zwischen einer monistischen Ontologie und einem erkenntnistheoretischen Monismus nicht einfach schon dadurch zu Fall zu bringen ist, daß man die Externalität von Relationen *in irgendeinem Sinne* nachweist. Zwar steht und fällt Bradleys Monismus mit seiner Theorie der Relationen, aber welche Teile dieser Theorie stehen und welche fallen, hängt sehr davon ab, mit welchen Begriffen von Externalität man gegen sie vorgeht.

Zunächst: was meint man, wenn man von irgendwelchen Relationen sagt, sie seien b-extern, d. h. sie seien ohne Bedeutung für die Identität der durch sie verbundenen Objekte? Man meint folgendes: Wenn man sich ein Objekt und die verschiedenen Relationen desselben zu anderen Objekten vorstellt, so wird man wenigstens einige Relationen finden, von denen man bereit ist zu glauben, daß dies Objekt bleibt, was es ist, ob es nun in diesen Relationen zu anderen Objekten steht oder nicht. Derartige Relationen können insofern als solche gedacht werden, die keinen Einfluß auf die Identität des Objekts haben und in diesem Sinne ohne jede Bedeutung für es sind. Relationen, für die dies zutrifft, sind b-externe Relationen.

Die intuitive Basis für die Annahme, daß es b-externe Relationen gibt, scheint sich unschwer an unserem alltäglichen Umgang mit den Gegenständen unserer Erfahrung festmachen zu lassen. So befindet sich z. B. ein Ei auf einem Frühstückstisch in verschiedenen Relationen zu den verschiedenen anderen Gegenständen auf diesem Tisch; es steht links neben der Kaffeetasse, ist kleiner als das Marmeladenglas und ist früher kalt als der Kaffee. In bezug auf die angegebenen Objekte ist daher das Ei durch die angegebenen Relationen bestimmt. Ändert sich nun aus irgendeinem Grund irgendetwas auf dem Frühstückstisch z. B. dadurch, daß irgendetwas, ein Salzfaß, neu hinzukommt, oder etwas anderes, die Kaffeekanne, weggenommen wird, dann ändert sich zwar auch Zahl und Art der Relationen, in denen das Ei zu anderen Gegenständen steht, nicht aber, so wird man meinen, ändert sich das Ei. Es bleibt eben dasselbe Ei, ganz gleichgültig, ob nun ein Salzfaß auf dem Tisch ist oder nicht, der Kaffee kalt ist oder nicht oder ob es nun links oder rechts von der Kaffeetasse steht. Es liegt deshalb nahe zu vermuten, daß die genannten Relationen nichts mit dem Ding derart zu tun haben, daß dadurch, daß sich die Relationen ändern, sich auch das Ding ändert – diese Relationen gehen das Ding nichts in seiner Identität an. Der Rekurs auf die intuitive Basis der b-Externalität von Relationen zeigt jedoch nicht nur die Gründe an, die zur Annahme von b-externen Relationen führen, er verdeutlicht zugleich, daß es bei der Diskussion der b-Externalität von Relationen nicht ausschließlich um die Frage geht, was denn Relationen sind bzw. ob und wie sie sich von anderen Entitäten unterscheiden. Es geht vielmehr auch um die Frage, ob und in welchem Ausmaße ein Objekt durch Relationen als das, was es ist, bestimmt ist. Es verwundert daher nicht, daß in das Zentrum der Diskussion um die b-Externalität Bradleys Einschätzung der Identitätsbedingungen von Objekten eingeht.

Der Haupteinwand Bradleys gegen die b-Externalität von Relationen läßt sich durch folgende Äußerung dokumentieren: „At first sight obviously such external relations seem possible and even existing. They seem given to us, we saw, in change of spatial position and again also in comparison. That you do not alter what you compare or rearrange in space seems to Common Sense quite obvious, and that on the other side there are as obvious difficulties does not occur to Common Sense at all. And I will begin by pointing out these difficulties that stand in the way of our taking any relations as quite external. In a mental act, such for instance as comparison, there is a relation in the result, and this relation, we hear, is to make no difference to the terms. But, if so, to what does it make a difference, and what is the meaning and sense of qualifying the terms by it? If in short it is external to the terms, how can it possibly be true of them? To put the same thing otherwise, if we merely *make* the conclusion, is that conclusion a true one? But if the terms from their inner nature do not enter into the relation, then, so far as they are concerned, they seem related for no reason at all, and, so far as they are concerned, the relation seems arbitrarily made. But otherwise the terms themselves seem affected by a merely external relation."⁹³

Auch dieses Argument kann aus einer ganzen Reihe von Gründen nicht überzeugen. Es soll hier nur auf zwei dieser Gründe hingewiesen werden, die in meinen Augen am naheliegendsten und am gewichtigsten sind. Zunächst: Bradley scheint der Meinung zu sein, daß die Behauptung, eine Relation sei ihren Relata äußerlich oder b-extern, äquivalent sei mit der Behauptung, daß es keinen Unterschied für die Relata ausmachen würde, ob sie in einer Relation zueinander stehen oder nicht. Diese Äquivalenz mag ihren guten Sinn haben. Keinen Sinn hat jedoch dann die Frage, für was denn, wenn nicht für die Relata, das Vorliegen oder Nichtvorliegen einer Relation einen Unterschied ausmacht. Dies deshalb nicht, weil diese Frage nur dann einen Sinn hat, wenn man davon ausgeht, daß das Vorliegen oder Nichtvorliegen einer Relation Unterschied (oder besser: Veränderung) impliziert. Dies aber heißt, daß man bereits davon ausgeht, daß Relationen nur als interne aufgefaßt werden können, also als solche, deren Vorliegen oder Nichtvorliegen die Relata, und wenn nicht diese, irgendetwas anderes, verändert. Wenn man diese Voraussetzung macht, dann kann man sich natürlich mit Bradley fragen, welche anderen Kandidaten außer den Relata es denn gibt, die sich bei Vorliegen oder Nichtvorliegen einer Relation verändern können, und zu dem Ergebnis kommen, daß das Vorliegen oder Nichtvorliegen einer Relation wohl höchstens für die Relata einen Unterschied machen kann, doch als Argument gegen die b-Externalität von Relationen sind solche Überlegungen wertlos, weil sie eine sehr schlichte petitio principii enthalten.

Ähnliches gilt für die zweite in dieses Argument eingehende Überlegung, die Bradley in die Frage kleidet, wie denn Relationen, wenn sie ihren Relata b-extern sind, auf sie zutreffen können (be true of them). Diese, im Deutschen wenigstens, etwas merkwürdig klingende Formulierung soll wohl auf das folgende vermeintliche Problem hinweisen. Angenommen, Relationen sind ihren Relata b-extern, dann macht es für die Relata keinen Unter-

---

93 *Appearance and Reality*, 514. Im vorletzten Satz dieses Zitats legt das ansonsten vollständig überflüssige doppelte Auftreten der Formel „as far as they are concerned" die Vermutung nahe, daß an einer der beiden Stellen ihres Auftretens ein „not" fehlt, daß also von „terms ... so far as they are concerned" und „so far as they are not concerned" die Rede sein soll. Welche der beiden Stellen der geeignetere Kandidat für die Konjektur des „not" ist, vermag ich nicht auszumachen. Anzumerken ist noch, daß schon W. James (*Essays in Radical Empiricism*, 53 ff.), der sich ausführlich mit diesem Argument auseinandersetzt, die Unklarheit dieser Überlegung rügt.

schied, ob sie in irgendeiner Relation R zueinander stehen oder nicht. Wenn es aber keinen Unterschied für sie macht, dann sind es nicht sie selbst, die diese Beziehung R zueinander eingehen, sondern wir, die in diesem Fall sie vergleichenden Subjekte sind es, die sie in diese Relation R zueinander bringen. Welche Beziehungen wir jedoch zwischen irgendwelchen Entitäten (terms) herstellen, ist unsere Sache und bedeutet nichts dafür, ob es für die in Frage stehenden Entitäten tatsächlich zutrifft, daß sie in der Relation R zueinander stehen. Ob irgendwelche Relata durch eine Relation R bezogen sind, kann nur entschieden werden, wenn man davon ausgeht, daß die Relata selbst (terms themselves) aufeinander R-bezogen sind, und dies kann nur heißen, daß es für sie selbst einen Unterschied macht, ob sie durch die Relation R bezogen sind oder nicht. Auch diese Überlegung enthält ganz offensichtlich eine petitio principii. Indem sie nämlich davon ausgeht, daß alles, was auf irgendeine Entität zutrifft, seinen Grund bzw. Basis in der Entität selbst haben muß, setzt sie bereits voraus, daß man alle Bestimmungen einer Entität, also auch ihre relationalen, als interne Bestimmungen auffassen muß.

Auch das also, was Bradley zuungunsten der b-Externalität von Relationen vorzubringen hat, erweist sich als wenig haltbar. Um die Haltbarkeit seines erkenntnistheoretischen Monismus steht es daher auch nicht gerade gut. Berücksichtigt man noch, daß die von ihm ebenfalls diskutierte c-Externalität von Relationen nur dazu dient, ihm die Möglichkeit des Redens von externen Relationen offenzuhalten, ohne ihn zu der Annahme nicht-interner Relationen zu verpflichten,[94] also nicht einen weiteren Typ von Einwänden gegen einen weiteren Sinn von Externität liefern soll, dann wird man sich sehr schwer dem Ergebnis verschließen können, daß Bradley, gegen welche Art der Externalität auch immer, nichts Einleuchtendes einzuwenden weiß. Dies macht nicht nur sein Plädoyer für die Internalität von Relationen sehr schwach, sondern schwächt auch sein gesamtes metaphysisches Konzept, soweit es an seine Theorie der Relationen gebunden ist.

---

94 Neben *Principles of Logic,* 471 f. und der dazugehörigen späten Anmerkung (494, Anm. 5) vgl. zur c-Externalität auch *Collected Essays,* 665.

b. Argumente für die Internalität von Relationen

1. Was sind interne Relationen?

Neben diesen indirekten Argumenten für die Internalität von Relationen führt Bradley auch einige direkte Argumente an, die uns abschließend beschäftigen müssen. Zunächst auch hier der Versuch zu klären, was Bradley genau unter ‚internen Relationen' versteht. Wie schon bei dem Terminus ‚externe Relation' muß man auch bei der Bradleyschen Rede von ‚internen Relationen' zwischen verschiedenen Bedeutungen unterscheiden. Gemäß einer Äußerung in *Appearance and Reality* soll gelten, daß „every relation ... essentially penetrates the being of its terms, and, in this sense, is intrinsical; or, in other words, every relation must be a relation of content".[95] In den *Essays on Truth and Reality* bestimmt Bradley interne Relationen als „relations founded on and based in their terms",[96] und in einer der späten Anmerkungen zu den *Principles of Logic* erklärt er: „In our intellectual world we *must* take every element as within a whole, and as qualified by its relations in that whole, and, further, as qualified by them internally. By ‚internally' is meant that the element itself, and not merely something else, is qualified. Hence everything will imply its relations both positive and negative."[97]

Auch hier wiederum ist nicht sehr deutlich, wie diese Bestimmungen im einzelnen miteinander zusammenhängen. Obwohl in allen diesen Bestimmungen die Internalität von Relationen festgemacht wird an einer spezifischen Beziehung, die sie zu ihren Relata (terms, elements) haben sollen, ist diese Beziehung in jeder der drei Formulierungen anders gekennzeichnet und zwar so, daß nicht jede dieser Kennzeichnungen die jeweils anderen einschließt. So mag man durchaus der Meinung sein, daß jede Relation ihre Relata qualifiziert, daß es also zu jeder Relation eine relationale Eigenschaft gibt, die den Relata einer Relation zukommt, ohne sich zugleich dazu zu verpflichten, Relationen als gegründet auf und begründet in ihren Relata zu betrachten. Oder man mag letzteres annehmen und dennoch vermeiden wollen, jede Relation zu einer „relation of content", also zu einer solchen zu erklären, die durch die Relata impliziert ist. Doch sieht man davon ab,

---

[95] *Appearance and Reality*, 347, vgl. auch 201. Zur Gleichsetzung von ‚intrinsic' mit ‚intern' und ‚extrinsic' mit ‚extern' vgl. neben der angegebenen Stelle auch *Appearance and Reality*, 125, 322, 513 f.
[96] *Essays on Truth and Reality*, 238.
[97] *Principles of Logic*, 127, Anm. 14.

so ist der harte Kern der Bradleyschen Überzeugung, was die Internalität von Relationen betrifft, wohl darin zu sehen, daß es die Relata selbst sind, in deren Wesen, innerer Natur oder Sein die alleinige Grundlage dafür zu suchen ist, daß und in welchen Relationen sie zueinander stehen.

Akzeptiert man diese Charakterisierung dessen, was für Bradley die Behauptung der Internalität von Relationen besagen sollte, dann wird es zu einer aufschlußreichen Nebenfrage, inwieweit seine indirekten Argumente für die Internalität von Relationen, also seine Argumente gegen die Externalität von Relationen in ihren verschiedenen Interpretationen, überhaupt etwas zur Sicherung der These von den internen Relationen beigetragen haben. Und hier ist nun das wenig überraschende Ergebnis, daß wenigstens seine kritischen Überlegungen zur a- und c-Externalität nichts dazu beitragen. Selbst für den Fall also, daß es ihm gelungen wäre, einige überzeugende Argumente gegen die Annahme der unabhängigen Realität von Relationen (a-Externalität) oder gegen die der Nichtintegriertheit von Relationen in komplexe Ganze (c-Externalität) zu liefern, hätte Bradley wenig zur Sicherung der Plausibilität seiner Behauptungen über die Internalität von Relationen gewonnen. Denn hält man sich an die von ihm vorgeschlagene Bedeutung dieser Behauptungen, dann ist schwer zu sehen, wieso denn z. B. die Behauptung, daß es Relationen nur dann gibt, wenn es Relata gibt – dies als eine hier angemessene Formulierung des von Bradley gewünschten Resultats seiner Kritik an der a-Externalität genommen –, wieso also diese Behauptung irgendetwas darüber besagt, wie die Beziehung zwischen Relata und Relationen gedacht werden muß. Und eine Behauptung über diese Beziehung stellt ja die These von der Internalität von Relationen dar.

Und von der anderen Seite betrachtet, derzufolge Externalität und Internalität einander ausschließen sollen, so ist schwer glaubhaft zu machen, daß ein Widerspruch oder irgendeine andere Art von Unverträglichkeit z. B. zwischen der Annahme der c-Externalität (es gibt Relationen auch unabhängig von komplexen Ganzen) und der Annahme der Internalität von Relationen besteht. Denn wenigstens nichts von dem, was Bradley anzuführen hat, spricht dagegen, daß man das Verhältnis von Relationen zu komplexen Ganzen ganz im Sinne der c-Externalitätsthese bestimmt und dennoch behauptet, daß, sobald ein komplexes Ganzes relational, also mit Hilfe von Elementen und ihren Relationen dargestellt wird, diese Relationen die Elemente selbst oder deren innere Natur bestimmen. Man muß nur mit Bradley selbst zwischen einem ontologischen und einem erkenntnistheoretischen Monismus unterscheiden, um eine solche Überlegung geradezu naheliegend zu finden. Was von Bradleys Argumenten gegen die Externalität von Relationen vom Typ her allein bleibt, um als indirektes Argument für die Internalitätsthese aufgefaßt werden zu können, sind seine Überlegungen gegen die b-Externalität von Relationen, die aber auch nicht überzeugen gekonnt haben. In gewisser Weise ist es daher gar nicht verwunderlich, wenn zu Bradleys häufig bezeugtem großen Kummer einige seiner zeitgenössischen Kritiker der Meinung gewesen sind, daß Bradleys Insistieren auf der Internalität von Relationen ein Insistieren auf der ontologischen Realität interner Relationen darstellt[98] – für jemanden, der Bradley nur auf seine Relationstheorie hin durchgesehen hat, ist es auch schwer auszumachen gewesen, wieso denn für Bradley die Internalität von Relationen deren Realität ausschließen sollte.

2. Zwei-Aspekte Argument

Die meisten der Überlegungen Bradleys, die man als direkte Argumente für die Internalität von Relationen auslegen kann, finden sich in dem Appendix zu *Appearance and Reality* versammelt. Sie sind mit geringfügigen Variationen in vielen seiner anderen Schriften wiederholt worden. Sieht man von einer ganzen Anzahl eher kryptischer Bemerkungen und Versicherungen ab, wie etwa der, daß „perfect knowledge" Internalität von Relationen impliziert,[99] so sind es hauptsächlich zwei Überlegungen, mit denen er seine These meint plausibel machen zu können. Die erste geht aus von räumlichen Relationen und dem, was er eine Common-sense-Annahme nennt, derzufolge „billiard-balls on a table may be in any position you please, and you and I and another may be changed respectively in place, and yet none of these things by these changes is altered in itself." Diese Annahme ist aber nach Bradley insofern irreführend, als in ihr „an important if obvious distinction" übersehen wird: „For a thing seems here overlooked. For a thing may remain unaltered if you identify it with a certain character, while taken otherwise the thing is suffering change. If, that is, you take a billiard-ball and a man in abstraction from place, they will of course – so far as this is maintained – be indifferent to changes of place. But on the other hand neither of them, if regarded so, is a thing which actually exists; each is a more or less valid abstraction. But take them as existing things and take them without mutilation, and you must regard them as determined by their

---

98 Zu Bradleys Klagen vgl. *Essays on Truth and Reality*, 239, 311 f., *Principles of Logic*, 495, Anm. 20.
99 *Appearance and Reality*, 520.

places and qualified by the whole material system into which they enter. And, if you demur to this, I ask you once more of what you are going to predicate the alterations and their results. The billiard ball, to repeat, if taken apart from its place and its position in the whole, is *not an existence but a character*, and that character can remain unchanged, though the existing thing is altered with its changed existence."[100]

Diese Überlegung nimmt offensichtlich Bradleys bereits betrachtetes Argument gegen die b-Externaliät von Relationen wieder auf, wendet es aber anders durch Rekurs auf seine Zwei-Aspekte-Theorie des Gegenstandes.[101] Abstrahiert man von dem Existenz-Aspekt des Gegenstandes, nämlich davon, daß jeder Gegenstand als ein ‚Dieses-da‘, ein „this", auftritt, so scheint Bradley zu argumentieren, dann mag es einem freistehen, einen Gegenstand durch eine ‚letzten Endes' beliebig gewählte Menge von Merkmalen bestimmt sein zu lassen und zu behaupten, daß die Identität dieses Gegenstandes solange gewährleistet ist, wie diese Merkmalsmenge konstant bleibt. Kommen in dieser Merkmalsmenge keine auf räumlichen Relationen beruhenden Merkmale vor, dann werden auch Veränderungen der räumlichen Verhältnisse des Gegenstandes diesen nicht verändern. Diese Betrachtungsart eines Gegenstandes, so Bradley, vernachlässigt aber unzulässigerweise die, wenn man so will, Substantialität des Gegenstandes, das, was die Menge der Merkmale in einen Gegenstand integriert. Nimmt man so eine Integrationsinstanz an, d. h. läßt man so einen Existenz-Aspekt des Gegenstandes zu, dann wird man wohl nicht umhinkönnen, auch zuzulassen, daß diese Instanz alle Merkmale, also auch räumliche und andere Verhältnisse so integriert, daß sie selbst in ihrer Identität durch sie bestimmt ist.

Interessant an dieser Überlegung ist nun zunächst, daß Bradley darauf verzichtet, seinem normalen Verfahren zu folgen und in dem Insistieren auf den bekannten und schwerwiegenden Problemen, die mit der Vorstellung eines Gegenstandes als der Menge seiner Merkmale verbunden sind, ein Argument für seine eigenen Thesen zu sehen. Daß er dennoch auch mit diesem Argument nicht sehr weit kommt, hängt davon ab, daß er die in es eingehenden Prämissen nicht plausibel machen kann. Denn was das als erstes für diese Überlegung wichtige Zwei-Aspekte-Theorem betrifft, so ist Bradley den Nachweis schuldig geblieben, daß es in diesem Zusammenhang überhaupt eine Funktion haben kann. Zweifel daran sind schon deshalb berechtigt, weil es, auf „existing things" angewendet, so etwas wie Ideen der Gegenstände unter sich verändernden Bestimmungen gar nicht zuläßt.

---

100 *Appearance and Reality*, 517.
101 S. oben 126.

Denn wenn ein existierendes Ding (im Bradleyschen Sinne) bestimmt ist durch ‚das ganze materiale System' seiner Merkmale und Relationen, dann wird es auch nur die geringste Änderung dieses materialen Systems buchstäblich nicht überstehen, sondern ein anderes Ding sein, also etwas, das durch ein anderes materiales System bestimmt ist. Genau diese Konsequenz zieht Bradley auch in seinen mehr metaphysischen Ausführungen, um auf diese Weise durch die Destruktion des Gegenstandes bzw. der Gegenstandsvorstellung Platz zu schaffen für seine Konzeption der Realität als eines allumfassenden, individuellen Ganzen.[102] Doch das in diesem Zwei-Aspekte-Theorem angelegte Destruktionspotential betrifft nicht nur die Gegenstandsvorstellung, sondern auch die Annahme interner Relationen: wenn schon keine Gegenstände, dann wohl auch keine ihnen internen Relationen. Das Zwei-Aspekte-Theorem ist daher als Prämisse in einer Überlegung, die auf die Internalität von Relationen führen soll, ungeeignet.

Die zweite Schwierigkeit dieses Arguments liegt darin, daß Bradley nicht deutlich machen kann, wieso denn irgendeine Veränderung auch nur irgendeines Merkmals eines Dinges zugleich das Ding selbst ändert. Bradley scheint ja dieser Meinung nicht etwa nur deshalb zu sein, weil ihm die traditionellen Unterscheidungen zwischen primären und sekundären oder wesentlichen und unwesentlichen Merkmalen suspekt sind,[103] sondern weil er, trotz aller Versicherungen des Gegenteils, irgendwie doch davon überzeugt ist, daß ein Gegenstand als Summe seiner Merkmale, der qualitativen als auch der relationalen, aufgefaßt werden kann.[104] Er selbst verweigert sich das Eingeständnis, dieser Betrachtungsart anzuhängen, dadurch, daß er zu einer merkwürdigen Verkomplizierung greift. Um zu vermeiden, den Gegenstand als Menge von Merkmalen zu präsentieren, bietet er die innere Natur des Gegenstandes, sein Wesen, das, was durch den Existenz-Aspekt des Gegenstandes bezeichnet wird, als die Instanz an, die durch die Gesamtheit der Merkmale des Gegenstandes charakterisiert sein muß. Doch diese Strategie entlastet nicht in der Sache. Denn nun bekommt man Probleme damit, den Zusammenhang zwischen der inneren Natur und dergleichen, kurz: dem Existenz-Aspekt und dem Bestimmtheits(character)-

---

102 Vgl. *Appearance and Reality*, 123 ff.
103 Vgl. dazu Kapitel 1 von *Appearance and Reality* sowie M. J. Cresswell: *Reality as Experience in F. H. Bradley*, 173 ff. Gegen Cresswells Darstellung wendet sich St. Candlish: *The Status of Idealism in Bradley's Metaphysics*, 244 f.
104 Daß für Bradleys Doktrin der internen Relationen diese Auffassung des Gegenstandes doch eine Rolle spielt, irritiert schon C. D. Broad: *Mr. Bradley on Truth and Reality*, 362 f.

Aspekt des Gegenstandes, seiner Auszeichnung durch Merkmale, einsichtig zu machen. Bemerkenswert ist, daß Bradley sich dieser Probleme durchaus bewußt ist, wie seinen abschließenden Bemerkungen zu dem gerade betrachteten Argument zu entnehmen ist: „And if you urge that in any case the relation of the thing's character to its spatial existence is unintelligible, and that *how* the nature of the thing which falls outside our abstraction contributes to the whole system, and *how* that nature is different as it contributes differently, is in the end unknown – I shall not gainsay you. But I prefer to be left with ignorance and with inconsistencies and with insoluble difficulties, difficulties essential to a lower and fragmentary point of view and soluble only by the transcendence of that appearance in a fuller whole, a transcendence which in detail seems for us impossible – I prefer, I say, to be left thus rather than to embrace a worse alternative."[105] So attraktiv die im letzten Satz dieses Zitats zum Ausdruck kommende Einstellung auch sein mag, sie macht das von Bradley gelieferte Argument für die Internalität von Relationen nicht überzeugender. Wenigstens sind es nicht die räumlichen Relationen, die Bradleys These stützen.

3. Holistische Relationen

Das zweite direkte Argument für interne Relationen fällt insofern etwas aus dem bisher diskutierten Rahmen, als es mit einer gänzlich anderen Vorstellung dessen arbeitet, was denn als das Subjekt interner Relationen angesehen werden muß. War bisher die ganze Diskussion über die Internalität oder Externalität von Relationen durch die Frage bestimmt, ob Relationen den durch sie in Beziehung gesetzten Relata innerlich oder äußerlich sind, so stellt dieses zweite Argument das Problem interner und externer Relationen in einen neuen Zusammenhang. Da dieser Zusammenhang für Bradley einigermaßen wichtig gewesen ist, was man der Häufigkeit entnehmen kann, mit der er auf ihn zu sprechen kommt, kann er hier nicht unerwähnt bleiben.

Für Bradley sind ja Relationen, wie wir gesehen haben, ebenso unentbehrliche wie ungeeignete Mittel des diskursiven Umgangs mit Sachverhalten, die uns in ganz anderer Weise, nämlich in ungebrochener Einheit, direkt gegeben sind.[106] Der Umstand, daß wir diese direkt gegebenen Sachverhalte in eine Ansammlung oder ein Ganzes von Relata und Relationen

---

105 *Appearance and Reality*, 518.
106 S. oben 133 ff.

auflösen, ist nun für Bradley einerseits ein Grund dafür, die Internalität von Relationen in bezug auf ihre Relata zu behaupten, andererseits aber auch ein Grund dafür, Relationen als gegründet in dem Ganzen von Relata und Relationen anzusehen. Mit letzterem meint er, daß es keinen Sinn hat, von Relationen in Unabhängigkeit von den Kontexten zu reden, in denen sie allein auftreten können, nämlich den zu relational strukturierten Gegebenheiten transformierten Ganzen. Relationen nun, so Bradley, sind zunächst einmal in dem Sinne interne, als sie immer nur innerhalb solcher Ganzheiten auftreten. Sie in diesem Sinne für interne zu halten, besagt für Bradley kaum mehr, als ein Implikat des Begriffs ‚Relation' vorzustellen.[107] Nun gibt es aber verschiedene Weisen, in denen ein als ungebrochene Einheit gegebenes Ganzes in ein durch Relata und Relationen beschriebenes Ganzes aufgelöst werden kann. Anders gesagt: zu jedem noch unaufgelösten gegebenen Ganzen gibt es verschiedene relationale Beschreibungen, in denen aber dieselben Elemente (Relationen und Relata), wenn auch in unterschiedlicher Weise, vorkommen müssen. Diese aus der Natur des jeweiligen unmittelbar gegebenen Ganzen sich ergebende Forderung ist jedoch nur dann einlösbar, wenn man davon ausgeht, daß alle Elemente in der Weise miteinander verbunden sind, daß jede Veränderung der Beschreibung des Ganzen sozusagen von selbst zu einer Veränderung des gesamten relationalen Gefüges führt. Dies aber heißt für Bradley, daß der Zusammenhang von Relata und Relationen in einem solchen Ganzen kein äußerlicher oder externer sein kann, sondern daß Relationen ihren Relata in dem Sinne intern sind, daß jede Veränderung der einen eine Veränderung der anderen unabdinglich nach sich zieht.[108]

---

107 Zu der Vorstellung, daß Relationen ein Ganzes voraussetzen, vgl. neben *Principles of Logic*, 127, Anm. 14, z. B. *Appearance and Reality*, 515, 559 und *Essays on Truth and Reality*, 200.
108 Dieses Argument in der hier vorgestellten Form ist das Produkt der Rekonstruktion des Sinnes einer Bradleyschen Ausführung, die ich deshalb hier vollständig wiedergebe, weil ich mir meiner eigenen Interpretation keineswegs sicher bin: „We have two things felt to be the same but not identified. We compare them, and then they are related by a point of identity. And nothing, we hear, is changed but mere extrinsical relations. But against this meaningless thesis I must insist that in each case the terms are qualified by their whole, and that in the second case there is a whole which differs both logically and psychologically from the first whole; and I urge that in contributing to this change the terms are so far altered. They are altered though in respect of an abstract quality they remain the same.
Let us keep to our instance of two red-haired men, first seen with red hair but not identified in this point, and than these two men related in the judgement, ‚They are the same in being red-haired'. In each case there is a whole which is qualified by and

Wenn man nun Bradleys Ansicht teilt, daß jede Beschreibung, in der Relationsausdrücke auftreten, Beschreibungen also der Art wie etwas ‚das Plakat hängt links vom Fenster', nichts weiter sind als Produkte der Analyse von ganzheitlich gegebenen Sachverhalten, z. B. dem Ganzen, das durch die Elemente Plakat, Fenster und räumlicher Relation zwischen beiden gekennzeichnet ist, dann wird man keine Schwierigkeiten darin sehen können, daß man Relationen, wie alle anderen Elemente eines solchen Ganzen auch, als interne zu betrachten hat.[109] Denn man behauptet damit nichts anderes, als daß etwas ein Element in einem übergreifenden Zusammenhang ist. Doch erstens muß man diese Ansicht aus verschiedenen Gründen nicht teilen – einer der Gründe ist der durch Russell prominent gewordene, daß eine solche Betrachtung relationaler Aussagen insofern unmöglich ist als sie zu einem unendlichen Regreß führt.[110] Und zweitens ist nicht einzusehen, wieso die Rede von ‚Internalität' im Sinne von ‚Element von' irgendetwas zu tun haben soll mit der Vorstellung, daß Relationen ihren Relata intern sind. Aus Bradleys Ansicht folgt nur, daß sowohl Relationen als auch ihre Relata irgendeinem Ganzen intern sind, nicht aber, daß Relationen ihren Relata intern sind. Man mag sogar noch zugestehen, daß in einem solchen Modell die Relationen durch ihre Relata so bestimmt sind, daß eine Umbestim-

qualifies the terms, but in each case the whole is different. The men are taken first as contained in and as qualifying a perceived whole, and their redness is given in immediate unconditional unity with their other qualities and with the rest of the undivided sensible totality. But, in the second case, this sensible whole has been broken up, and the men themselves have been analysed. They have each been split up into a connexion of red-hairedness with other qualities, while the red-hairedness itself has become a subject and a point of unity connecting the diversities of each instance, diversities which are predicated of it and connected with one another under it. And the connexion of the two men's diversities with this general quality, and with one another through it, I must insist is truth and is reality however imperfect and impure. But this logical synthesis is a unity different from the sensible whole, and in passing into this unity I cannot see how to deny that the terms have been altered." (*Appearance and Reality*, 519) Eine der meinen ähnliche Auffassung des Sinns dieser Passage findet sich bei B. Bosanquet: *Logic* I, 278 f.

109 Diese, in dem angegebenen Sinne einem Ganzen internen Relationen, nennt T. Sprigge (*Russell and Bradley on Relations*, 164 ff.) „holistic relations", um dann zu behaupten: „Whether it is true or not that all genuine relations between things must be holistic, Bradley does, I think, make a case for this claim the force of which was not appreciated by Russell, nor has it been by subsequent philosophers." Diese Behauptung überrascht insofern, als Russell wenigstens sich ausgiebig darum bemüht hat, diese Vorstellung der Internalität von Relationen durch ein Regreß-Argument zu widerlegen. Vgl. die folgende Anm.

110 S. unten 216 f.

mung der Relata auch zu einer Veränderung der Relationen führt, in denen sie stehen, und umgekehrt, doch selbst dies gibt immer noch keinen Hinweis darauf, wie man denn die Internalität von Relationen in bezug auf ihre Relata vertreten kann. Auch das mit diesem Ansatz Bradleys verbundene Argument führt daher nicht sehr weit.

Von welcher seiner vielen Seiten man Bradleys Unternehmen, die Internalität von Relationen plausibel zu machen, auch ansieht, man kann einfach nicht umhin festzustellen, daß es ihm nicht gelungen ist, für seine Position den nötigen argumentativen Rückhalt bereitzustellen. Dies ist auch nicht weiter verwunderlich, wenn man sich vergegenwärtigt, daß der Grund für sein Insistieren auf der Internalität von Relationen in seinen metaphysischen Überzeugungen, die wahre Verfassung der Realität betreffend, liegt. Bradleys grundsätzlicher Fehler im Zusammenhang der Konzeption interner Relationen ist der, daß er aus seiner Auffassung der Realität als eines allumfassenden, individuellen, substantiellen Ganzen die durch nichts gedeckte Annahme meinte folgern zu müssen, daß die Weise, in der diese Realität erscheint, also die Welt der Erscheinungen, auf die wirkliche Verfassung der Realität dadurch verweist, daß in ihr alles mit allem innerlich verbunden ist. Bradleys Theorie interner Relationen scheitert insofern auch, weil ihr die gelungene Verankerung in seiner Metaphysik fehlt.[111]

III. Substanzontologischer Monismus?

„Bradley's monism is derived from his theory of relation and quality. The validity of that theory is a necessary condition of the validity of his monism."[112] So zutreffend diese Feststellung auch ist, so verhängnisvoll ist

---

[111] Anmerkungsweise sei darauf hingewiesen, daß es mittlerweile einige interessante neuere Arbeiten gibt, die die Basis der Bradleyschen Theorie interner Relationen nicht in seiner Metaphysik sehen, sondern in seiner Logik, genauer: in seiner Theorie des Urteils, und in diesem Kontext einen guten Sinn mit ihr verbinden können. Vgl. vor allem A. R. Manser: *Bradley and Internal Relations*, 181–195 (soweit ich sehe identisch mit Kap. 7 seines Buches: *Bradley's Logic*) und A. Palmer: *Parasites cut loose*, 197–209. Früher schon D. L. C. Maclachlan: *Presuppositions in Bradley's Philosophy*, 155–169. So aufschlußreich und wohl auch zutreffend die Intentionen dieser Arbeiten sind, sie können und wollen nicht davon absehen lassen, daß für Bradley die Theorie interner Relationen hauptsächlich in ihrer metaphysischen Interpretation wesentlich gewesen ist.

[112] R. W. Church: *Bradley's Dialectic*, 133.

sie zugleich für Bradleys Unternehmen: Denn Bradleys Theorie der Relationen gibt, wie gezeigt, wenig Anlaß zu der Vermutung, sie sei in irgendeiner ihrer Formen akzeptabel. Insofern muß man wohl davon ausgehen, daß seine Version einer monistischen Ontologie nicht haltbar ist. Hier ist nun allerdings eine gewichtige Einschränkung am Platz. Daß Bradleys Version des Monismus scheitert, bedeutet nun nicht, daß damit schon klar ist, daß jede Version des Monismus zum Scheitern verurteilt ist. Betrachtet man nämlich Bradleys gesamtes Vorhaben aus der Vogelperspektive, d. h. verzichtet man einmal darauf, auf Einzelheiten zu achten, so kann man sagen, daß Bradleys Monismus im Grunde schon durch seine Kritik an den traditionellen Vorstellungen der Substanz, der Relation und der Qualität die Basis entzogen wird. Bradley gelingt nämlich das der Ironie nicht entbehrende Kunststück, den harten Kern des von ihm selbst vertretenen Monismus, den man wegen der Annahme einer als Substanz zu denkenden Einheit einen substanzontologischen Monismus nennen kann, in Frage zu stellen. Dies insofern als die Möglichkeit der Rede von Substanz genau das voraussetzt, was nach Bradley nur als widersprüchlich charakterisiert werden kann: die machinery of terms and relations. Fragt man nämlich, das bisher Ausgeführte vor Augen, was denn im Rahmen dieses Ansatzes überhaupt zur Einführung der Vorstellung einer Substanz geführt hat, so ist dies zweierlei: einmal die Behauptung, daß die Möglichkeit der *Erkenntnis* von irgend etwas durch urteilende Subjekte nur dann gegeben ist, wenn die Erkenntnisobjekte als substantielle Gegenstände gedacht werden können, und zum anderen der Umstand, daß Gegenstände als Erkenntnisobjekte die sogenannte machinery of terms and relations implizieren, daß also in bezug auf sie die Rede von Qualitäten und Relationen erforderlich ist.

Dieses beides zusammen begrenzt nun aber den Bereich des sinnvollen Redens von Gegenständen auf den Bereich relationaler Erfahrung als des Bereichs des erkennenden Bezugs auf Gegenstände. Da dieser Bereich nun selbst wieder von der Art sein soll, daß das, was in ihm gilt, gerade nicht das sein kann, was in irgendeine charakterisierende Beziehung zu dem als ontologische Basis relationaler Erfahrung verstandenen monistischen Substrat treten kann, so gibt es schon im Ansatz keine Möglichkeit, dieses Substrat durch Kategorien zu bestimmen, deren Signifikanz für dieses Substrat ex hypothesin ausgeschlossen ist. Wenn also Gegenstände die Vorstellung von Substanz, Qualitäten und Relationen implizieren, dann kann das, in bezug auf das von Substanz, Qualitäten und Relationen nicht sinnvoll geredet werden kann, selbst kein substantieller Gegenstand sein. Da das monistische Substrat aber genau ein solches sein soll, in bezug auf das die Rede von Substanz, von Relationen und Qualitäten nicht sinnvoll angewendet werden kann, stellt so etwas wie ein substanzontologischer Monismus eine schlichte contradictio in adiecto dar. Indem also Bradley, wie ich glaube, mit gutem Grund darauf insistiert, daß man sich mit der Annahme von Gegenständen auch auf die Annahme von Substanzen, von Relationen und Qualitäten verpflichtet, zerstört er also sich und anderen die Möglichkeit, seine *monistische* Lieblingsidee, nämlich die Vorstellung der Einen, Alles in undifferenzierbarer Einheit in sich enthaltenden Substanz, überhaupt noch mit Anspruch auf Sinn formulieren zu können.

Doch abgesehen von dieser mit jedem substanzontologischen Monismus verbundenen kategorialen Schwierigkeit ist gerade Bradleys monistische Theorie deshalb besonders fragwürdig, weil sie so scharf zwischen Ontologie und Erkenntnistheorie trennt. Diese Abspaltung der Erkenntnistheorie von der Ontologie ist aus mehreren Gründen unglücklich. Zunächst: wenn man, wie Bradley, die These vertritt, daß die Welt, so wie sie wirklich ist, der Erkenntnis wegen der ihr eigentümlichen und unvermeidbaren Mittel in gar keiner Weise zugänglich ist, so wird es schon im Ansatz ein eher unfruchtbares Unternehmen, danach zu fragen, was denn wirklich ist. Denn wie auch immer diese Antwort ausfallen mag, insofern sie eine Erkenntnis formulieren soll, kann sie gemäß der Vorgabe von der Unerkennbarkeit der Wirklichkeit nur unzutreffend sein. Dies sollte Bradley nicht entgangen sein. Es ist deshalb schwer verständlich, mit welcher Berechtigung er auf seinem substantiellen Ganzen als dem, was allein wirklich ist, insistiert. Eine andere Mißlichkeit kommt hinzu. Die scharfe Trennung zwischen Erkenntnistheorie und Ontologie führt nämlich faktisch zu einer Verdoppelung der Ontologie in dem Sinne, daß es für Bradley unvermeidlich ist, neben der ‚eigentlichen' Ontologie, also seiner Lehre von dem substantiellen Ganzen, eine in seiner Theorie der Erkenntnis implizit enthaltene Ontologie zu akzeptieren, der zufolge die uns zugängliche Welt als ein Ensemble von „terms and relations" betrachtet werden muß. Diese Verdoppelung macht aber nicht nur Bradleys *monistischen* Anspruch zuschanden, sondern stellt sogleich wiederum die Berechtigung bzw. besser: die Verständlichkeit der Annahme des substantiellen Ganzen in Frage.

Dieses Ergebnis, so wenig günstig es der Sache nach auch immer für eine, nämlich die Bradleysche Variante des Monismus sein mag, sagt nun trivialerweise bestenfalls etwas über die Möglichkeiten eines substanzontologischen Monismus aus. Es läßt aber die Frage vollständig offen, ob nicht andere Formen des Monismus, nämlich genau solche, die entweder mit dem Substanzbegriff keine Schwierigkeiten haben oder die ein nicht substantiell bestimmtes monistisches Substrat in Anschlag bringen, sich als haltbar erweisen lassen. Für die erste der als mögliche Alternativen zum Bradleyschen Monismus genannten Formen ist mir allerdings kein Erfolg versprechender Ansatz bekannt, es sei denn, man hält Spinozas Modell für ausbaufähig. Die zweite zu Bradley alternative Form hat zweifelsohne Hegel gewählt. Ob sie nun tatsächlich als erfolgreich betrachtet werden kann, muß dahingestellt bleiben. Sie ist aber nicht schon durch den Mißerfolg der Bradleyschen Version gefährdet. Daß B. Russell, dem wir uns nun zuwenden werden, die Unabhängigkeit des Hegelschen von dem Bradleyschen Monismus übersehen hat, hat zu für ihn und andere folgenreichen Mißverständnissen geführt.

DRITTES KAPITEL

Externe Relationen als Basis eines ontologischen Pluralismus – B. Russell

I. Russells „Problem der Relationen"

A. Für welchen Russell sind Relationen ein Problem?

Es entbehrt nicht einer gewissen Ironie, daß Russells philosophische Biographie in gewissen Zügen eine ebenso auffallende, wie belustigende Ähnlichkeit mit der von Schelling hat, einem Philosophen, den Russell, wenn er dessen Werk besser gekannt hätte, wohl kaum sehr attraktiv gefunden hätte. Wie Schelling, so hat sich auch Russell bereits als relativ junger Mann einen Namen als äußerst produktiver und origineller Philosoph gemacht;[1] ebenso wie Schelling hat auch Russell seine philosophierenden Zeitgenossen durch die Schnelligkeit und Häufigkeit irritiert, mit der er einmal vertretene Positionen änderte, aufgab und wieder einnahm;[2] und mit Schelling teilt Russell auch das Schicksal, über eine Art ‚Spätphilosophie' zu verfügen, die – aus welchen Gründen auch immer – entweder gar nicht oder nur unzureichend zur Kenntnis genommen wurde – dies wenigstens nach Meinung nicht nur ihres Autors.[3] Und schließlich ist gegenwärtig nicht einmal allzuviel gegen die Vermutung einzuwenden, daß eine weitere Gemeinsamkeit

---

1 Als Dreißigjähriger hatte er bereits vier Bücher, darunter drei philosophische – *Foundations of Geometry, Philosophy of Leibniz, Principles of Mathematics* – und mindestens zehn andere Arbeiten zu verschiedenen Themen veröffentlicht. Vgl. die Bibliographie in P. Schilpp: *The Philosophy of Bertrand Russell*.
2 Dies führte zu Äußerungen wie der von C. D. Broad: „As we all know, Mr. Russell produces a different system of philosophy every few years" (*Critical and Speculative Philosophy*, 79) – eine Bemerkung, die gut hundert Jahre früher fast genauso in bezug auf Schelling gemacht worden ist.
3 Russells ‚Spätphilosophie' scheint für ihn alle die philosophischen Arbeiten zu umfassen, die er seit der Mitte der 20er Jahre veröffentlicht hat. Auf jeden Fall sind es hauptsächlich Arbeiten aus diesem Zeitraum, deren unzureichende Würdigung sowohl Russell gelegentlich bedauert (z. B. in der Urmson-Rezension, *My Philosophical Development* 216, 228 und auch *My Philosophical Development* 15 f.) als auch einige Interpreten feststellen (z. B. E. R. Eames: *Bertrand Russell's Theory of Knowledge*, 13 ff.; G. Maxwell: *The Later Bertrand Russell: Philosophical Revolutionary*, 169 ff.)

zwischen Schelling und Russell in absehbarer Zeit darin bestehen kann, daß man geneigt sein wird, Russells kurzes Diktum über Schelling mit ein paar mehr oder weniger gewichtigen Einschränkungen auf ihn selbst zu übertragen: „philosophically, though famous in his day, he [Schelling, R. P. H.] is not important".[4]

Doch ganz genau so wie in bezug auf Schelling, halten auch in bezug auf Russell einige der in die skizzierte vergleichende Biographie eingehenden Einschätzungen einer näheren Betrachtung nicht stand. Was Russell betrifft, so ist vor allem die Annahme, daß er unverhältnismäßig häufig seine philosophische Position geändert habe, dann eher irreführend als hilfreich für das Verständnis seiner philosophischen Bemühungen, wenn man sie nicht sehr vorsichtig interpretiert. Was diese Annahme zunächst so plausibel erscheinen läßt, ist der Umstand, daß Russell geradezu exzessiv von der Möglichkeit Gebrauch gemacht hat, seine eigenen Ansätze immer wieder kritisch zu interpretieren, und dies in einer Weise, die bei ihm selbst und bei anderen den Eindruck haben entstehen lassen, er habe Standpunkte entweder einschneidend geändert oder aufgegeben. Solche Änderungen und Aufgaben kann man aber sehr verschieden bewerten, und nicht jede mit Russells Äußerungen und seinen Schriften verträgliche Bewertung läßt Russell als eine Art philosophischen Chamäleons erscheinen.

Man kommt, wie ich glaube, zu einer solchen, eher kritischen Bewertung dieses Aspektes der Russellschen Biographie eigentlich nur dann, wenn man nicht zwischen der Veränderung einer philosophischen Position und Veränderungen im Rahmen einer philosophischen Position unterscheidet und jede Veränderung des letzteren Typs für eine des ersten Typs hält. Nun ist diese Unterscheidung zwischen Typen von Veränderungen von philosophischen Positionen selbst nicht sehr klar oder gar einleuchtend, so daß sie kurz erläutert werden soll, und zwar unter Rekurs auf Russellsche Themen und Thesen.

Wenn man sich eine Liste aller der Russellschen Thesen zusammenstellen würde, die zu den für seine philosophischen Bemühungen wesentlichen Annahmen und Behauptungen gehören, so würden die folgenden drei Aussagen ohne Zweifel in der Liste enthalten sein: 1) daß Mathematik sich auf Logik reduzieren läßt, 2) daß es einen nicht kontingenten Zusammenhang zwischen Sprache und Wirklichkeit gibt und 3) daß Relationen real sind.[5]

---

4 *A History of Western Philosophy*, 718.
5 Weil es, wie gleich zu sehen sein wird, für meine Überlegung wichtig ist, davon auszugehen, daß Russell die drei angeführten Behauptungen – und nicht nur diese – eigentlich zu keinem Zeitpunkt ernsthaft in Frage gestellt hat, führe ich für jede dieser Thesen

Unter der Voraussetzung, daß solche Behauptungen, wie die angeführten, sich tatsächlich als zentrale Thesen Russells ausweisen lassen, wird man seine philosophische Position als die charakterisieren können, die durch diese (und noch einige andere) Behauptungen beschrieben wird. Folgt man dieser Kennzeichnung dessen, was man unter ‚Russells philosophischer Position' verstehen kann, so läuft die Feststellung, Russell habe seine Position gewechselt, verändert oder aufgegeben, auf die Annahme hinaus, Russell habe die seine Position charakterisierenden Thesen so revidiert, daß sie entweder preisgegeben worden sind oder wenigstens nicht mehr als die für die Position kennzeichnenden Thesen betrachtet werden können. Versteht man das unter ‚Russells Positionsänderung', dann wird man es relativ schwer haben, Russell eine solche Änderung nachzuweisen, und, soweit ich sehe, hat diesen Nachweis auch noch niemand erbracht. Denn unter den vielen Eigentümlichkeiten, die Russell auszeichnen mögen, ist eine sicher die, an einem relativ begrenzten Grundbestand an Überzeugungen – zu dem die drei angegebenen Behauptungen gehören – mit (fast) allen Mitteln festgehalten zu haben.

Dies macht aber Russells selbstbezeugte Wandlungen keineswegs unerklärlich. Man wird sie vielmehr nur dann angemessen würdigen können, wenn man sie vor dem Hintergrund sehr stabiler und konstanter Grundüberzeugungen sieht. Und hier kommt der zweite Sinn ins Spiel, in dem man von ‚Veränderung der Position' reden kann, der Sinn, der im Zusammenhang mit Russell eher plausibel zu sein scheint. Gehen wir wieder von den drei angegebenen Russellschen Überzeugungen aus. Wie für alle Überzeugungen, so gibt es auch für sie verschiedene Begründungsmöglichkeiten: einige sind einleuchtender als andere, einige sind einfacher als andere, einige setzen mehr voraus als andere, und das, was sie voraussetzen, mag etwas sein, was man aus bestimmten Gründen ungern unter seinen Voraussetzungen haben möchte, kurz, einige sind besser als andere, wobei das, was man

---

drei Belege an, jeweils einen aus den Schriften des frühen (*Principles of Mathematics* bis *Problems of Philosophy*), des mittleren (*External World* bis *Logical Atomism*) und des späten (*Analysis of Mind* bis *My Philosophical Development*) Russell, wohl wissend, daß die von mir angegebenen Unterscheidungshilfen zwischen einem frühen, mittleren und späten Russell unscharf und nicht zu jedem Zweck zu gebrauchen sind. Was das Verhältnis von Mathematik und Logik betrifft, s. *Principles of Mathematics*, XV, *Introduction to Mathematical Philosophy*, 194, *Inquiry into Meaning and Truth*, 16; was den Zusammenhang von Sprache und Wirklichkeit betrifft, s. *Principles of Mathematics*, § 47, *Philosophy of Logical Atomism*, 197, *Inquiry into Meaning and Truth*, 341; zur Realität von Relationen s. *Principles of Mathematics*, XVIII, *External World*, 59, *My Philosophical Development*, 63.

für besser hält, neben den normalen Korrektheitsgesichtspunkten durch eine ganze Anzahl von Vorstellungen bestimmt ist, die weitgehend auf pragmatische Überlegungen zurückgeführt werden können. Wenn jemand nun zwischen verschiedenen Begründungsmöglichkeiten schwankt, zeitweise eine und zeitweise andere favorisiert und ausarbeitet, so ist es zwar durchaus möglich, daß man sich einer Menge verschiedener und teilweise inkompatibler Ausführungen zu ein und derselben Sache ausgesetzt sieht, man wird aber in diesem Fall nicht sinnvoll von einer Positionsveränderung in dem zunächst erwähnten Sinn reden können – die Position wird ja gerade beibehalten, d. h. die ‚harten' Grundüberzeugungen werden in diesem Fall nicht geändert[6]

Nun liefert der Hinweis auf Begründungsveränderungen nur ein Modell unter vielen anderen, um unterschiedlichen Formulierungen ein und derselben Position Rechnung zu tragen, ohne gleich Positionsänderungen annehmen zu müssen. Was Russell betrifft, so ist dieses Modell sogar höchstwahrscheinlich viel zu arm, um mit seinen Mitteln eine angemessene Vorstellung davon zu entwickeln, welche Gründe ihn jeweils zu Neuformulierungen seiner Ansichten brachten. Wir können uns aber hier eine genauere Analyse solcher Gründe und ihrer jeweiligen Folgen für Russells Standpunkte ersparen, weil der Aspekt der Russellschen Philosophie, der uns beschäftigen wird, zu denen gehört, an denen Russell stetig festgehalten hat, und wo alles, was an Änderungen zu entdecken ist, auf verschiedene Begründungsarten für ein und dieselbe These zurückzuführen ist. Der erwähnte Aspekt ist Russells Theorie der Relationen. Ich werde zunächst versuchen, deutlich zu machen, was Russells oft wiederholte These in bezug auf Relationen ist und was sie ihm bedeutet hat.

---

6 In bezug auf die angeführten drei Thesen Russells läßt sich dieser Typ positionsinterner Modifikation am besten an der zweiten These, also der vom Zusammenhang zwischen Sprache und Wirklichkeit, aufzeigen. Russell beschreibt im Vorwort zur zweiten Auflage der *Principles of Mathematics* sehr schön, wie und aus welchen Gründen sich seine Bedeutungstheorie im Laufe von zwanzig Jahren sehr einschneidend geändert hat, ohne daß dadurch die Position oder die ‚harte' These aufgegeben worden ist. Gute Darstellungen der Entwicklung von Theorieteilen der Russellschen Philosophie, die von der Annahme interner Modifikationen ausgehen, sind M. Weitz: *Analysis and the Unity of Russell's Philosophy* und R. Jager: *The Development of Bertrand Russell's Philosophy*. Vgl. auch A. J. Ayer: *Russell and Moore*, 10 ff.

B. Russells Auffassung des Relationenproblems

Daß für Russell die Theorie der Relationen von zentraler Bedeutung gewesen ist, ist leicht zu belegen. So schreibt er in seinem Beitrag zu Muirheads Sammlung *Contemporary British Philosophy*:

> „The question of relations is one of the most important that arise in philosophy, as most other issues turn on it: monism and pluralism; the question whether anything is wholly true except the whole of the truth, or wholly real except the whole of reality; idealism and realism, in some of their forms; perhaps the very existence of philosophy as a subject distinct from science and possessing a method of its own."[7]

Weniger leicht zu sehen ist, warum er dieser Meinung gewesen ist und was genau die „Frage nach den Relationen" ist. Letzteres läßt sich wenigstens ansatzweise durch eine Betrachtung der einschlägigen Bemerkungen Russells zu dieser Frage klären. Dabei geht es zunächst weniger um die Verständlichkeit dieser Bemerkungen als um den Versuch der vorläufigen Eingrenzung dessen, was für Russell im Rahmen dieser Frage diskutiert werden muß.

Unter Russells vielen philosophischen Schriften und Selbstzeugnissen finden sich nur sehr wenige, in denen er sich nicht zu der Relationsfrage äußert. So spricht er bereits in seinem Leibniz-Buch von 1900 von der „independent reality of relations"[8] als einem Faktum, das Leibniz aus bestimmten Gründen nicht zur Kenntnis nehmen wollte. Im Vorwort zur ersten Auflage der *Principles of Mathematics* verweist er auf die Notwendigkeit der Annahme von „relations which are ultimate, and not reducible to adjectives of their terms or of the whole which these compose"[9], wenn man in der Philosophie der Mathematik zu einigermaßen zufriedenstellenden Ergebnissen kommen will. In den *Problems of Philosophy* versichert Russell, daß „relations ... must be placed in a world which is neither mental nor physical",[10] was heißen soll, daß „such entities as relations appear to have a being which is in some way different from that of physical objects, and also different from that of minds and from that of sense-data".[11] In *Our Knowledge of the External World* stellt Russell im Zusammenhang der Kri-

---

7 *Logical Atomism*, 333.
8 *Philosophy of Leibniz*, 14 f.
9 *Principles of Mathematics*, XVIII.
10 *Problems of Philosophy*, 90.
11 *Problems of Philosophy* 91.

tik an fundamentalen Annahmen traditioneller Logik fest: „And in fact there is no reason except prejudice, so far as I can discover, for denying the reality of relations."[12] Zehn Jahre später, in dem bereits zitierten Aufsatz *Logical Atomism*, findet man wieder die Bemerkung, daß „Analysis of mathematical propositions persuaded me that they could not be explained as even partial truths unless one admitted pluralism and the reality of relations".[13] Und schließlich in seiner autobiographischen Schrift *My Philosophical Development* von 1959 versichert Russell: „Although I have changed my opinion on various matters ..., I have not changed on points which, then as now, seemed of most importance. I still hold to the doctrine of external relations and to pluralism, which is bound up with it."[14]

Die angegebene Liste von Äußerungen Russells, die in keinem Sinn vollständig ist, gibt nun als solche wenig Aufschluß über das, was sich für Russell als Frage nach den Relationen dargestellt hat und warum er eine Beantwortung dieser Frage für so wichtig gehalten hat. Im Gegenteil: hält man sich nur an die angeführten und ihnen ähnliche Bemerkungen, so hat man eher den Eindruck, daß Russell offensichtlich sehr viel Verschiedenes und auf den ersten Blick kaum oder nur schwer zu Verbindendes als zur Frage nach den Relationen gehörig angesehen hat. Dieser Eindruck kann auf verschiedene Weise zustande kommen, am einfachsten wohl dadurch, daß man sich fragt, wie denn das, was in den zitierten Äußerungen gesagt wird, zusammenhängen kann. Was zunächst den Bestand an Thesen betrifft, die Russell im Zusammenhang der Frage nach den Relationen im Rahmen der zitierten Bemerkungen vertritt, so findet man hier schon mindestens fünf unterschiedliche Behauptungen, nämlich

(1) Relationen sind real,
(2) Relationen sind elementar (ultimate) im Sinne von unreduzierbar,
(3) Relationen haben Sein (being) in einem anderen Sinn als der es ist, in dem physische und psychische (mental) Objekte Sein haben,
(4) Relationen sind extern,
(5) externe Relationen implizieren (ontologischen) Pluralismus.

Diese Aufzählung läßt, wie man bemerken wird, vollständig außer acht, daß Russell außerdem noch der Meinung ist, daß die Frage, wie man es mit Relationen hält, eine Gretchenfrage für die Vertreter aller möglichen -ismen ist – Monismus, Pluralismus, Idealismus, Realismus, um von dem in den

---

12 *External World*, 59.
13 *Logical Atomism*, 324.
14 *My Philosophical Development*, 63.

Zitaten nicht erwähnten Monadismus ganz zu schweigen – und auch Folgen für die Wahrheitstheorie hat. Sie genügt aber schon, um auf eine ganze Reihe von Fragen zu führen, die, wenn nicht beantwortet, einen in Verlegenheit bringen bei dem Versuch der Bestimmung dessen, was denn in dieser ganzen Diskussion der Relationen durch Russell überhaupt zur Entscheidung ansteht. Zu solchen Fragen zählen etwa die folgenden: Was hat die These, daß Relationen real sind, mit der These von ihrer Unreduzierbarkeit zu tun? Wie hängt mit beidem die These von der Externalität zusammen? Worauf sind Relationen nicht zu reduzieren und wem sind sie äußerlich (external)? Sind sie real, weil sie Sein (being) haben, oder haben sie Sein (being), weil sie real sind, oder sind ‚real sein' (being real) und ‚Sein haben' (having being) synonyme Begriffe? Schließlich (und keineswegs letztlich): was sind für Russell überhaupt Relationen?

Fragen, wie die soeben formulierten, sind Verständnis- oder Interpretationsfragen. Als solche betrachtet, trägt ihre Beantwortung nicht zur Bewertung der zu interpretierenden Position bei. Es geht vielmehr zunächst nur darum klarzustellen, worin die Position überhaupt besteht. Diese Klärung wird nun in zwei Schritten in Angriff genommen werden, wobei der erste Schritt darin besteht, die in den Russellschen Thesen (1) bis (4) erwähnten unerläuterten Begriffe so zu klären, daß sie selbst, ihr Zusammenhang und dadurch der Zusammenhang der verschiedenen Thesen deutlich wird, während der zweite Schritt versucht, deutlich zu machen, wie und in welchem Sinne Russell hat der Meinung sein können, daß die Theorie der Relationen von so entscheidender Bedeutung für die von ihm erwähnten philosophischen Richtungen ist.

a. Der Begriff der Relation

Zunächst zum Terminus ‚Relation' selbst. Für Russell sind Relationen all die Begriffe, die wenigstens zwei Relata so miteinander in Beziehung setzen, daß die Relata und der Beziehungsbegriff zusammen eine Proposition ergeben. Dies ist dann der Fall, wenn der aus den Relata und dem Beziehungsausdruck bestehende sprachliche Gesamtausdruck einen vernünftigen Satz darstellt.[15] Diese Bestimmung, so vage sie auch noch sein mag, zeigt

---

15 Diese Bestimmung ist eine für die hiesigen Zwecke geeignete Umformulierung einer der wenigen definitionsähnlichen Kennzeichnungen dessen, was Russell unter Relationen versteht. S. *Principles of Mathematics*, § 94: „A relation between two terms is a concept which occurs in a proposition in which there are two terms not occuring as

immerhin zweierlei. Zum einen wird deutlich, daß Russell den Begriff ‚Relation' sehr weit faßt. Alles, aber auch alles, was nur irgendwie den Eindruck erwecken kann, es stelle eine (sprachlich ausdrückbare) Beziehung her zwischen wenigstens zwei nicht begrifflichen Sachverhalten (oder einem Sachverhalt zu sich selbst), ist für Russell eine Relation.[16] Achtet man auf die sprachlichen Ausdrücke für Relationen, so kennzeichnen nicht nur die sozusagen normalen Relationsausdrücke wie ‚größer als', ‚links von', ‚ähnlich mit' Relationen, sondern auch alle Verben, sowohl transitive wie intransitive, als auch die meisten Präpositionen (‚in', ‚vor', ‚auf' usw.) kennzeichnen Relationen. Oder anders gesagt: alle grammatisch klassifizierbaren Ausdrücke, die nicht Eigennamen oder Adjektive sind oder auf solche zurückgeführt werden können, kennzeichnen Relationen.[17] Zum anderen zeigt diese Beschreibung dessen, was für Russell Relationen sind, sehr deutlich, daß Russell Relationen als Begriffe auffaßt, die als solche von den sprachlichen Ausdrücken, durch die sie gekennzeichnet sind, unterschieden werden müssen. Und nur auf Grund dieser Unterscheidung zwischen sprachlichem Ausdruck und dem, was er kennzeichnet, nämlich im Falle von Relationen: einen Begriff, kommen die ganzen Fragen nach dem ontologischen Status von Relationen, also die Fragen nach Sein, Realität, Externalität usw. von Relationen zustande. Denn erst durch so eine Unterscheidung ergibt die Frage einen Sinn, was Relationen sind, um was für Entitäten es sich bei Begriffen wie Relationen handelt. Genauer: Die Unterscheidung zwischen sprachlichem Ausdruck und dem, was er kennzeichnet, verbunden mit der Annahme, daß das, was ein sprachlicher Ausdruck kennzeichnet, in irgendeinem Sinne etwas ist, macht eine Frage wie die allererst möglich, was relationale Begriffe und d. h. Relationen sind. Diese Unterscheidung und die ihr zugeordnete begriffsrealistische oder – neuerem Sprach-

---

concepts, and in which the interchange of the two terms gives a different proposition." Die beiden in dieser Bestimmung enthaltenen Einschränkungen – nämlich (1) daß die Relata nicht als Begriffe auftreten dürfen und (2) daß das gegenseitige Auswechseln der Relata eine andere Proposition ergeben muß – brauchen uns hier nicht zu interessieren: (1) betrifft ein Spezialproblem (s. *Principles of Mathematics,* § 48), (2) stimmt vermutlich nicht (s. dazu unten 211, Anm. 63).

16 Ich benutze hier und im folgenden die Ausdrücke ‚Relatum', ‚Sachverhalt' und von Zeit zu Zeit auch ‚Gegenstand' oder ‚Objekt' so lange als gleichbedeutend, wie es nicht irgendeinen Grund gibt, zwischen ihnen zu unterscheiden. Das Russellsche Äquivalent zu diesen Ausdrücken ist normalerweise ‚term', ein Begriff, den Russell allerdings zu verschiedenen Zeiten verschieden interpretiert hat in bezug auf das, was unter ihn fallen kann.

17 Zu dieser Beschreibung von Relationen vgl. *Principles of Mathematics,* § 48; *Relations of Universals and Particulars,* 107; *Problems of Philosophy,* 92 ff.

gebrauch folgend – platonistische Annahme, obwohl naheliegend, sind keineswegs unkontrovers, und gerade Russell hat sich sein ganzes philosophisches Leben schwer damit getan, einerseits an der Unterscheidung und der Annahme festzuhalten, andererseits beides so zu modifizieren, daß allzu grobe Unplausibilitäten und Paradoxien vermieden werden können.[18]

Der Hintergrund für diesen Realismus in bezug auf Begriffe, wie etwa Prädikate und Relationen, ist in der von Russell ebenfalls häufig modifizierten, aber wohl nie ganz aufgegebenen Annahme zu sehen, daß die Struktur von Propositionen insofern Aufschluß über die Wirklichkeit gibt, als das, was sich als unreduzierbares Element einer Proposition erweist, real in irgendeinem Sinne sein muß. Die Plausibilität dieser Annahme ist eng verbunden mit der Voraussetzung, daß es so etwas wie *die* Struktur einer Proposition gibt, die unabhängig von irgendwelchen Kontexten eine Art selbständigen Bestehens hat. Von einem nachquineschen Standpunkt aus betrachtet, müssen derartige Annahmen als sprachphilosophisch naiv erscheinen. Denn in sie geht ja implicite die Überzeugung ein, daß Propositionen von sich aus eine bestimmte Anzahl von Elementen haben, gleichgültig was es mit dem Repräsentationssystem auf sich hat, mit dem die Proposition jeweils zum Ausdruck gebracht wird. Russell übersieht dabei die intime Beziehung, die er selbst zwischen Sätzen und ihren Propositionen unterstellt; er übersieht dies vornehmlich deshalb, weil ihm nicht geläufig ist, was Quine später mit seiner These von der Übersetzungsunbestimmtheit gelehrt hat: daß es zu jeder „natürlichen" semantischen Theorie einer Sprache beliebig viele empirisch äquivalente Theorien gibt, die sachlich nicht deswegen schlechter sind, weil sie uns weniger „natürlich" vorkommen.

Es geht hier nicht um die Konsequenz, die Quine aus seiner These zieht – daß es nämlich keine Propositionen als Satzinhalte gebe. Wichtig ist hier vielmehr der unumstrittene Punkt, daß sich Sätzen Propositionen nur in Abhängigkeit zu einer semantischen Interpretation zuordnen lassen und daß diese Interpretation insofern sachlich arbiträr ist, als es beliebig viele andere Interpretationen gibt, die sachlich gleichwertig sind. *Die* richtige Interpretation gibt es nicht, und schon gar nicht in der extremen Form, daß sie Zugang zu einer vermeintlich objektiv und eindeutig gegebenen internen Beschaffenheit der Proposition gewährte. Zwei Propositionen, die immer unter genau denselben Umständen wahr bzw. falsch sind, können sich ohne weiteres darin unterscheiden, wie (und insbesondere aus welchen und wie vielen Bestandteilen) sie sich zusammensetzen. Angesichts zweier solcher

---

18 Vgl. seine Äußerungen im Vorwort zur 2. Auflage der *Principles of Mathematics*, die Vertreibung aus dem platonischen Himmel betreffend.

Propositionen zu fragen, welche von ihnen es denn nun sei, die von einem gegebenen Satz ausgedrückt werde, ist daher verfehlt. Die Sprache interpretiert sich offensichtlich nicht semantisch, genausowenig, wie sich die Welt ontologisch von selbst kategorisiert. Russells Naivität besteht, überspitzt gesagt, darin, in der semantischen Selbstinterpretation den philosophischen Schlüssel zur ontologischen Selbstkategorisierung zu erhoffen.

Doch unangesehen dieser weitreichenden Schwierigkeiten, die den gesamten Ansatz Russells betreffen, ist leicht zu sehen, daß dann, wenn man seine begriffsrealistischen Überzeugungen teilt, die Frage, was Relationen sind oder um was für Entitäten es sich bei Relationen handelt, nicht als gleichbedeutend mit der Frage behandelt werden kann, ob es so etwas wie Relationen überhaupt gibt. Während im Sinn der zweiten Frage die Möglichkeit der (Bradleyschen) Antwort: ‚es gibt sie nicht' eingeschlossen ist, ist diese Antwort nicht möglich in bezug auf die erste Frage, weil in sie bereits die (ontologische) Voraussetzung eingegangen ist, daß es Relationen gibt. Dies einfach auf Grund der Annahme, daß Relationsausdrücke bestimmte Entitäten, nämlich Relationen oder relationale Begriffe kennzeichnen. Die Frage, was Relationen sind, ist vielmehr jetzt die Frage danach, was in bezug auf den ontologischen Status solcher Entitäten wie Relationen ausgemacht werden kann. Und auf diese Frage gibt es für Russell genau zwei mögliche Antworten: (1) es handelt sich um solche Entitäten, denen selbständige und unabhängige Realität zukommt, oder (2) es handelt sich um solche, denen diese Art der Realität nicht zukommt. Da diese Antworten kontradiktorisch entgegengesetzte Behauptungen darstellen, kann nur eine von beiden wahr sein, und Russell ist von der Wahrheit von (1) überzeugt.

b. Die Realität von Relationen

Der Terminus ‚real' ist nun sehr vieldeutig, und Russell macht es seinem Leser nicht ganz leicht herauszubekommen, was er mit diesem Terminus meint. Sieht man sich die einschlägigen Bemerkungen Russells genauer an, so wird deutlich, daß er im Zusammenhang mit Relationen wenigstens zweierlei unter ‚real' versteht: zum einen ‚unreduzierbar' bzw. ‚elementar' (ultimate), zum anderen ‚Sein haben' (having being).[19]

---

19 Der deutlichste Beleg für den ersten Sinn von ‚real' lautet: „Traditional logic, since it holds that all propositions have the subject–predicate form, is unable to admit the reality of relations: all relations, it maintains, must be reduced to properties of the

1. Realität und Unreduzierbarkeit

Was den ersten Sinn von ‚real' betrifft, so ist nur über Umwege zu erschließen, wie er mit dem zweiten zusammenhängt und wieso er von Russell überhaupt als Sinn von ‚real' in Anspruch genommen wird. Die Rekonstruktion der Geschichte dieses Zusammenhanges wird uns als erstes beschäftigen müssen. Sie hat die angenehme Eigentümlichkeit, daß in ihr alle ontologischen Prädikate, mit denen Russell Relationen ausstattet, zur Sprache kommen, so daß die notwendigen Begriffsklärungen in diese Geschichte eingebettet werden können.

Wenn man so will, kann man das Thema ‚Relationen' als das Folgethema eines ganz anderen Problems für Russell ansehen, nämlich des logischen – im Unterschied zum ontologischen – Problems: was ist die korrekte Analyse der logischen Form von Propositionen? In bezug auf dieses Problem hat Russell den oft formulierten Eindruck gehabt, daß die gesamte traditionelle Logik – worunter er offensichtlich die Logik von Aristoteles bis einschließlich Bradley unter Ausschluß der ‚mathematischen' Logik des 19. Jahrhunderts (hauptsächlich Peano und Frege) verstanden hat – aus und mit irrigen Gründen die Auffassung vertrat, daß alle Propositionen auf die sogenannte Subjekt–Prädikat Form zurückgeführt werden können.[20] Mit der kritischen Rede von der ‚Subjekt–Prädikat Form' als dem Favoriten traditioneller Logik meint Russell zweierlei: (1) die traditionelle Logik ging davon aus, daß jeder Satz, der eine Proposition ausdrückt, auf einen Satz zurückgeführt werden kann, in dem einem Subjekt ein Prädikat entweder zu- oder abgesprochen wird, und (2) die traditionelle Logik war der (1) korrespondierenden Meinung, daß jede Proposition das Vorliegen oder Nichtvorliegen eines

---

apparently related terms." (*External World*, 56). Vgl. auch *Philosophy of Leibniz*, 13 f.; *Principles of Mathematics*, XVIII und § 214, Abs. 3. Zum zweiten Sinn von ‚real' s. *Problems of Philosophy*, 91 f., 99 f.; *Principles of Mathematics*, § 427; *Philosophy of Logical Atomism*, 270. Es gibt noch einen dritten Sinn von ‚real', der für uns aber nicht interessant ist, nämlich der von ‚real' als ‚substantiell'. Diesen Sinn von ‚real' verwendet Russell im Zusammenhang mit Relationen nur dann, wenn er darauf hinweisen will, daß man geneigt ist, Relationen einen anderen ontologischen Status zuzusprechen als ihren jeweiligen Relata, daß man also geneigt ist, zwischen der ‚Substantialität' (als Art der Realität von Gegenständen) der Relata und der Art der Realität von Relationen so zu unterscheiden, daß man Relationen für ‚less real' hält. S. *Problems of Philosophy*, 94; *Meinong's Theory*, 53; *Outline of Philosophy*, 59, 263.

20 Zu dieser Meinung Russells vgl. u. a. *Philosophy of Leibniz*, 12 ff.; *Principles of Mathematics*, § 214 u. ö.; *Problems of Philosophy*, 94; *External World*, 54 f.; *Philosophy of Logical Atomism*, 207; *Logical Atomism*, 324, 330 f.; *Scientific Method in Philosophy*, 83 f.; *My Philosophical Development*, 170 f.

Sachverhalts behauptet, der, hinreichend analysiert, aus zwei elementaren (ultimate) Bestandteilen besteht: einer Substanz oder einem Gegenstand und einem Akzidens, einer Eigenschaft oder, was für Russell gleichbedeutend ist, einem nichtrelationalen Begriff.[21] Gegen diese Überzeugung der traditionellen Logik macht Russell geltend, daß es bestimmte Propositionen gibt, die nicht auf die Subjekt-Prädikat Form reduziert werden können, nämlich eine ganze Reihe mathematischer Propositionen – Russells Standardbeispiele hier sind Propositionen, die Zahlen betreffen, z. B. „There are three men" oder „a and b are two"[22] – und Propositionen, die eine Beziehung zwischen irgendwelchen Objekten behaupten, also relationale Propositionen – Russells Standardbeispiele hier sind meistens Propositionen, die asymmetrische Relationen enthalten, also Propositionen wie „A ist größer als B". Dafür, daß derartige Propositionen nicht auf die Subjekt-Prädikat Form zu reduzieren sind, macht Russell verschiedene Gründe verantwortlich, Gründe, die uns im nächsten Abschnitt interessieren werden. Alle diese Gründe laufen auf zweierlei hinaus: zum einen auf die Behauptung, daß die Reduktion relationaler Propositionen[23] auf Propositionen der Subjekt-Prädikat Form entweder den Sinn solcher Propositionen preisgibt oder ihren relationalen Charakter nicht verschwinden läßt; zum anderen auf die These, daß die Annahme der Möglichkeit einer solchen Reduktion auf die in Russells Augen abstrusen Theorien des ontologischen Monismus bzw. Monadismus führt – je nachdem, welche Auffassung man von der ontologischen Verfassung dessen hat, was durch den Subjekt- bzw. Prädikatausdruck solcher Propositionen gekennzeichnet ist.

21 Russell selbst macht an keiner der in der vorigen Anmerkung angegebenen Stellen klar, daß seine Kritik an der traditionellen Logik die von mir unterschiedenen und sachlich voneinander unabhängigen zwei Behauptungen enthält. Dies führt zu dem irrigen Eindruck, daß wenigstens der frühe Russell dazu geneigt habe, im Rahmen dieser Kritik eine Proposition mit ihrem sprachlichen Ausdruck, dem Satz, gleichzusetzen, so, wenn er etwa in *Philosophy of Leibniz* schlicht davon spricht, daß jede Proposition nach Leibniz ein Subjekt und ein Prädikat habe. Es handelt sich bei solchen Äußerungen jedoch eher um elliptische Wendungen, die genau das ausdrücken sollen, was oben als (1) und (2) voneinander unterschieden worden ist. Dafür spricht erstens, daß Russell, wie die abschließenden Bemerkungen des letzten Abschnitts deutlich gemacht haben sollten, grundlegende Annahmen seiner gesamten Theorie auf die Unterscheidung zwischen Propositionen und ihren sprachlichen Ausdrücken stützt, und zweitens, daß nur so verständlich wird, wieso Russell zu der Ansicht gekommen ist, daß die traditionelle Auffassung von der Form der Proposition eine Substanz-Akzidenz-Metaphysik nach sich ziehe.
22 S. *Philosophy of Leibniz*, 12 und *Principles of Mathematics*, § 94.
23 Von den mathematischen, soweit sie nicht als relationale Propositionen betrachtet werden können, sehe ich hier und im folgenden ab.

Russell ist nun zu Recht der Meinung, daß seine Ablehnung der Analyse von Propositionen durch die traditionelle Logik die Behauptung enthält, daß man Relationsausdrücke nicht wie Prädikatausdrücke oder wie Teile von Prädikatausdrücken behandeln darf. Dies, zusammen mit der bereits erwähnten Überzeugung, daß jeder Ausdruck in einem sinnvollen Satz irgendetwas kennzeichnet – wenn auch nicht unbedingt das, was er zu kennzeichnen scheint –, veranlaßt Russell anzunehmen, daß es erstens so etwas wie Relationen geben muß und daß sie zweitens unreduzierbar oder elementar sind. Die These von der Realität der Relationen, verstanden in dem Sinne, daß sie unreduzierbar oder elementar (ultimate) sind, besagt also zunächst nichts weiter als daß es sich bei Relationen um Entitäten handelt, die von Prädikaten, d. h. den Entitäten, die durch Prädikatausdrücke gekennzeichnet sind, einerseits und Gegenständen als den Entitäten, die durch Subjektausdrücke gekennzeichnet sind, andererseits so unterschieden sind, daß sie als eigenständige Bestandteile von Propositionen betrachtet werden müssen. Anders und mehr in der Sprache der *Principles of Mathematics* ausgedrückt: der Umstand, daß Relationsbegriffe – also das, was Relationsausdrücke kennzeichnen – weder auf Prädikatbegriffe noch auf „terms not occuring as concepts" (in einer Proposition) reduziert werden können, soll ihre Elementarität und damit ihre Realität sichern.

Diese Bestimmung ist nun aus mehreren Gründen mit Vorsicht zu betrachten. Der erste Grund ist sicher der, daß sie mit den terminologischen und operativen Mitteln des frühen Russell formuliert ist. Obwohl sie der Sache nach einen sich durchhaltenden Standpunkt Russells, soweit ich sehe, angemessen beschreibt, ist anzunehmen, daß Russell sie zu verschiedenen Zeiten sehr verschieden gefaßt hätte. Dies aber nicht deshalb, weil sich an seiner Auffassung von Relationen etwas geändert hat, sondern eher deshalb, weil seine Auffassung dessen, was durch Prädikatausdrücke und was durch Subjektausdrücke gekennzeichnet wird, vielfältigen Änderungen unterworfen war. Oder anders gesagt: während Russell seine Ansicht von der Unreduzierbarkeit von Relationen durchhält, hat er seine Auffassung über die Unreduzierbarkeit dessen, was durch Prädikat- bzw. Subjektausdrücke gekennzeichnet wird, einschneidend modifiziert – einerseits durch die Behauptung der Möglichkeit, Prädikate auf Relationen zu reduzieren, andererseits durch die Einführung der „incomplete symbols" im Rahmen seiner „theory of descriptions".[24] Doch dies alles ändert nichts an dem Umstand, dem die oben gegebene Bestimmung Rechnung tragen soll, nämlich der Unreduzierbarkeitsbehauptung. Ein anderer Grund zum vorsichtigen Um-

---

24 Vgl. dazu z. B. *Philosophy of Logical Atomism*, 206 und *On Denoting*.

gang mit dieser Bestimmung wird uns im Zusammenhang der Erläuterung des zweiten Sinnes von „real" beschäftigen müssen.

2. Realität und Subsistenz

Nun scheint es eine Sache zu sein, Relationen als unreduzierbare und elementare Bestandteile von Propositionen zu akzeptieren, und eine ganz andere Sache, sie für real in dem oben erwähnten zweiten Sinne zu halten, in dem Sinne nämlich, in dem ‚real' ‚Sein haben' bedeuten soll. Zunächst zum Terminus ‚Sein haben'. Auch dieser Terminus wird von Russell zu verschiedenen Zeiten verschieden gebraucht. Der für uns wichtige Aspekt dieses Gebrauchs ist der, in dem Russell ihn zur Kennzeichnung einer spezifischen Seinsart verwendet, nämlich der, die man traditionellerweise ‚Subsistenz' – im Gegensatz zu (mentaler oder physischer) Existenz – nennt. Etwas hat Sein oder ist real in diesem Sinn, wenn es weder eine mentale noch eine physikalische Entität ist.[25] Relationen also in diesem Sinn für real zu erklären, heißt, ihnen so etwas wie Subsistenz als ontologischen Status zuzusprechen. Die Frage nun ist: was hat Unreduzierbarkeit mit Sein haben oder Subsistenz zu tun? Ein Zusammenhang zwischen diesen beiden Bestimmungen derart, daß Unreduzierbarkeit Subsistenz impliziert, ließe sich nur dann relativ unproblematisch annehmen, wenn man – was der Russell der *Principles of Mathematics* nicht tut – davon ausginge, daß alle unreduzierbaren bzw. elementaren Bestandteile einer Proposition Sein haben, daß also Unreduzierbarkeit bzw. Elementarität notwendige und hinreichende Bedingungen für Realität im Sinne von ‚Sein haben' sind oder wenn man – was dem Russell der *Principles of Mathematics* verständlicherweise auch fernliegt – davon ausgeht, daß es nur einen ontologischen Status, nämlich den der Subsistenz, gibt. Wenn man aber mehrere Seinsarten kennt, also, wie Russell, z. B. zwischen Subsistenz und (physischer oder mentaler) Existenz unterscheidet, und außerdem noch die Auffassung vertritt, daß zu den unreduzierbaren bzw. elementaren Bestandteilen von Propositionen sowohl subsistierende als auch existierende Entitäten gehören, dann wird es schon schwieriger, von Unreduzierbarkeit auf Subsistenz zu schließen, weil Unreduzierbarkeit und Elementarität im Rahmen von Propositionen nun nur

---

25 Vgl. zu diesen Unterscheidungen hauptsächlich *Principles of Mathematics*, § 427 ff.; *Problems of Philosophy*, 90 ff. und *Relations of Universals and Particulars*, 107 ff. Zu Russells verschiedenen Bestimmungen des Terminus ‚being' vgl. R. Jager: *The Development of Bertrand Russell's Philosophy*, 53 ff.; zu Russells Annahme verschiedener Existenzarten vgl. M. White: *Toward Reunion in Philosophy*, 60 ff.

noch notwendige Bedingungen für Subsistenz bzw. Existenz darstellen können. Nimmt man jedoch an, daß beides nur notwendige Bedingungen sind, dann wiederum ist nicht einzusehen, was denn das Ergebnis der Analyse von Propositionen in bezug auf die Unreduzierbarkeit bzw. Elementarität ihrer Bestandteile mit der Bestimmung des ontologischen Status dieser Bestandteile zu tun hat.

Dies gibt Anlaß zu der Vermutung, daß es keinen von Russell einsichtig gemachten Zusammenhang zwischen der Unreduzierbarkeitsthese und der These über den ontologischen Status von Relationen gibt. Und diese Vermutung trifft zu. Denn Russell hat, wie mir scheint, keine Möglichkeit, deutlich zu machen, wie man *nur auf Grund der Feststellung von Unreduzierbarkeit* auf Differenzen im ontologischen Status der Sachverhalte kommt, die für unreduzierbar erklärt werden, geschweige denn auf Aussagen über den spezifischen ontologischen Status solcher unreduzierbarer Entitäten. Anders gesagt: selbst wenn man, wie Russell, davon ausgeht, daß man unreduzierbare oder elementare Bestandteile von Propositionen als in irgendeinem Sinn reale Entitäten deuten muß,[26] so ist die Frage, was für eine Art von Realität diesen Entitäten zugeschrieben werden kann, also was der ontologische Status dieser Entitäten ist, eine Frage, für die man mit den Mitteln der Analyse von Propositionen wenigstens dann keine Antwort finden kann, wenn man für verschiedene Bestandteile verschiedenen ontologischen Status beansprucht. Im Rahmen der angegebenen Ausgangslage ist alles, worauf man kommen kann, daß diese Bestandteile *irgendeinen* ontologischen Status haben, aber welcher Status dies nun genau ist, d. h. von welcher Seinsart diese Bestandteile sind, also ob es sich bei ihnen um mentale, physikalische oder subsistierende (Sein habende) Entitäten handelt, dies ist etwas, was durch die Feststellung der propositionalen Unreduzierbarkeit nicht entschieden werden kann.

Will man nun trotz des offensichtlichen Fehlens eines direkten Zusammenhanges zwischen propositionaler Unreduzierbarkeit und ontologischer Realität von Relationen irgendeine Art von Erklärung für den von Russell in Anspruch genommenen engen Konnex zwischen diesen beiden Zuschreibungen suchen, so könnte eine solche, wie ich glaube, im Sinne Russells durch folgende einfache, und vielleicht deshalb von Russell nie ausgeführte Überlegung nachgezeichnet werden. Angenommen, Relationen sind weder auf Prädikate noch auf die durch sie verbundenen Sachverhalte (Relata) zu reduzieren, und weiter angenommen, daß es die Bestandteile oder Elemente

---

26 Vgl. *Principles of Mathematics*, § 51: „... a proposition, unless it happens to be linguistic, does not itself contain words: it contains the entities indicated by words."

von Propositionen in irgendeinem ontologisch relevanten Sinne gibt, dann müssen Relationen unreduzierbare Entitäten sein. Nun hat jede Entität irgendeinen ontologischen Status, sie ist nämlich entweder eine physische oder eine mentale oder eine subsistierende (Sein habende) Entität. Eine Relation ist jedoch – aus Gründen, die mit der propositionalen Unreduzierbarkeit gar nichts zu tun haben – weder eine physische noch eine mentale Entität. Also kann sie nur eine subsistierende (Sein habende) Entität sein und in diesem Sinne real sein.

Hier ist nun der Ort, auf den oben erwähnten zweiten Grund zu sprechen zu kommen, der zu einer gewissen Vorsicht im Umgang mit Russells Unreduzierbarkeitsannahme nötigt. Die gerade versuchte Darstellung eines möglichen Zusammenhanges zwischen Russells Unreduzierbarkeitsbehauptung und seiner Realitätsthese geht ja davon aus, daß wenigstens Russell der Meinung gewesen ist, daß die propositionale Unreduzierbarkeit von Relationen auf Prädikate bzw. Relata die ontologische Unreduzierbarkeit bzw. die Elementarität von Relationen nach sich zieht. Doch selbst wenn man Russell die angegebene Zwischenüberlegung einräumt, sind dennoch Zweifel an der Stichhaltigkeit seiner Überlegung angebracht. Dies deshalb, weil man im Rahmen der bisher angesprochenen Russellschen Überlegungen vergeblich nach einer Begründung dafür sucht, warum Relationen nicht auf etwas anderes als auf Prädikate reduziert werden können. Nach einer solchen Begründung muß man, wie Russell sehr genau gesehen hat, deshalb suchen, weil der Nachweis der Unreduzierbarkeit von Relationen auf Prädikate allein nicht schon die weitergehende These von der generellen Unreduzierbarkeit von Relationen einschließt. Denn es ist ja immerhin denkbar, daß Relationen, wenn auch nicht auf Prädikate reduzierbar, so doch in der Weise ontologisch unselbständig sind, daß sie auf die durch Relationen in Beziehung gesetzten Gegenstände (Relata) oder auf Zustände solcher Gegenstände zurückgeführt werden können. Anders und wieder in Anlehnung an Russells Terminologie gesagt: Der Umstand, daß Propositionen sowohl Bestandteile enthalten, die als Begriffe auftreten – nämlich z. B. Relationen und Prädikate – als auch solche enthalten, die nicht als Begriffe auftreten – nämlich z. B. die Relata einer relationalen Proposition –, schließt nicht aus, daß man Relationen zwar nicht auf Prädikate, wohl aber auf die Relata einer relationalen Proposition reduzieren kann. Und wie man sich erinnern wird, lebt ein großer Teil der Bradleyschen Argumente für die Internalität von Relationen von der Behauptung dieser Reduktionsmöglichkeit. Die Lage, soweit sie bisher betrachtet worden ist, scheint also die zu sein, daß man zwar unter Rückgriff auf von Russell nicht explizit gemachte Überlegungen verständlich machen kann, wie die Unreduzierbarkeitsbehauptung mit der These über den ontologischen Status in Beziehung gebracht werden kann, daß aber die Unreduzierbarkeitsbehauptung selbst nicht zureichend verständlich wird, wenn man sich darauf beschränkt, die Unreduzierbarkeit von Relationen auf Prädikate zu behaupten.

Geht man dieser Schwierigkeit nach, so wird man sehr direkt auf die Betrachtung dessen geführt, was Russell mit der Behauptung der Externalität von Relationen zu decken versucht. Denn mit dieser Behauptung scheint er, wie zu zeigen sein wird, die Mittel bereitstellen zu wollen, mit denen man der angeführten Schwierigkeit Herr werden kann.

c. Die Externalität von Relationen

Russells These von der Externalität der Relationen und die mit ihr Hand in Hand gehende Ablehnung der These von der Internalität von Relationen ist auch nicht zuletzt deshalb verhältnismäßig dunkel, weil er einerseits den Terminus ‚extern' wiederum mehrdeutig verwendet und weil in seine These wiederum eine inexplizite Überlegung eingeht. Was die Verwendung des Terminus ‚extern' angeht, so ist nicht schwer zu sehen, daß er wenigstens zweierlei mit ihm kennzeichnet. Zunächst verwendet er ihn synonym mit dem Terminus ‚unreduzierbar', so daß die Behauptung, daß Relationen extern sind, die uns schon bekannte Bedeutung hat, daß es sich bei Relationen um unreduzierbare Bestandteile von Propositionen handelt, was folgendes Zitat deutlich macht: „What, then, can we mean by the doctrine of external relations? Primarily this, that a relational proposition is not, in general, logically equivalent formally to one or more subject-predicate propositions. Stated more precisely: Given a relational propositional function ‚xRy', it is not in general the case that we can find predicates α, β, γ, such that, for all values of x and y, xRy is equivalent to xα, yβ, (x,y)γ, (where(x,y) stands for the whole consisting of x and y), or to any one or two of these. This, and only this, is what I mean to affirm when I assert the doctrine of external relations."[27]

Wie schon bei der Verwendung des Terminus ‚real', so macht es auch hier gewisse Schwierigkeiten einzusehen, was Russell dazu bewogen haben mag, den von ihm geschilderten Sachverhalt, der die Unreduzierbarkeit von relationalen Propositionen auf Subjekt–Prädikat-Propositionen betrifft, als eine Erklärung dessen anzubieten, was er unter der Externalität von Rela-

---

27 *Logical Atomism*, 335; s. a. *Principles of Mathematics*, § 426; *Monistic Theory of Truth*, 142.

tionen versteht. Denn es bleibt wenigstens auf Grund dieser Beschreibung vollständig offen, wem oder in bezug auf was Relationen extern oder äußerlich sind. Was ihn dazu veranlaßt haben mag, den Terminus ‚extern' im Zusammenhang mit Relationen zu gebrauchen, wird deutlicher, wenn man den zweiten Sinn berücksichtigt, in dem Russell von der Externalität von Relationen spricht. Dieser zweite Sinn bringt eine polemische Komponente deutlich zum Ausdruck und wird wohl am besten dadurch charakterisiert, daß er das Gegenteil dessen bedeuten soll, was nach Russells Ansicht unter ‚intern' von den Vertretern der Internalität von Relationen verstanden wird. Der polemische Zug der Russellschen Rede von der Externalität von Relationen in diesem zweiten Sinn zeigt sich vor allem darin, daß man zwar eine relativ große Anzahl von Formulierungen findet, in denen Russell versucht anzugeben, was man unter der Internalität von Relationen zu verstehen hat, um dann zu versichern, daß er das Gegenteil für richtig hält, daß es aber nur sehr wenige Formulierungen gibt, in denen Russell ohne den Umweg über die Internalität von Relationen zu erkennen gibt, was er unter der Externalität von Relationen in diesem zweiten Sinn versteht. Einer dieser Formulierungen ist zu entnehmen, daß Relationen „implying no complexity in either of the related terms"[28] externe Relationen sind. Was damit gemeint ist, läßt sich am besten deutlich machen, wenn man sich vergegenwärtigt, was er den Vertretern interner Relationen als Annahmen unterstellt.[29]

Wie der angeführten Bemerkung Russells zu entnehmen ist, betrifft die Frage der Externalität oder Internalität von Relationen die Art der Bestimmung des Verhältnisses, das Relationen zu den von ihnen in eine Beziehung

---

28 *Principles of Mathematics*, § 214, Abs. 2. Formulierungen dessen, was Russell unter der Internalität von Relationen versteht, die untereinander äquivalent sind und allesamt das Gegenteil dessen ausdrücken sollen, was er mit Externalität meint, finden sich in *Monistic Theory of Truth*, 139; *Problems of Philosophy*, 143; *My Philosophical Development*, 54.

29 Wenn Russell von Vertretern interner Relationen spricht, so meint er damit nicht nur Bradley und Hegel, sondern er erwähnt außerdem noch ausdrücklich Spinoza, Leibniz und Lotze. Sie unterteilt er in zwei Gruppen, deren eine er als Monadisten (Leibniz, Lotze) und deren andere er als Monisten (Spinoza, Hegel, Bradley) bezeichnet. Sie unterscheiden sich für Russell, wenigstens was die Ontologie betrifft, hauptsächlich in bezug auf die Frage, ob es nur eine (Monisten) oder mehrere Substanzen (Monadisten) gibt. Vgl. u. a. *Philosophy of Leibniz*, 118 ff.; *Principles of Mathematics*, § 212 ff., 424 ff.; *Problems of Philosophy*, 95, 143; *External World*, 47 ff.; *My Philosophical Development*, 54. Ich werde hier und im folgenden darauf verzichten, der sicher interessanten Frage nachzugehen, ob Russells Einschätzungen der Positionen der genannten Philosophen zutreffen oder nicht. Dies vor allem deshalb, weil die Diskussion dieser Frage keinen unmittelbaren Einfluß auf die Einschätzung der Plausibilität der Russellschen Position hat.

gesetzten Sachverhalten haben. Russell scheint der Meinung zu sein, daß man dieses Verhältnis nicht so denken kann, wie es die Vertreter interner Relationen auf Grund ihrer irreführenden Vorstellungen über die Normalform von Propositionen denken müssen. Die Hauptannahme, zu der nach Russell die Vertreter der Internalität von Relationen verpflichtet sind, ist die, daß jede Relation, in der ein Gegenstand zu irgendeinem anderen steht, in dem Wesen des Gegenstandes gegründet ist.[30] Für Russell läuft diese Annahme auf die Behauptung hinaus, daß für einen Gegenstand jede Relation, in der er zu anderen Gegenständen steht, in dem Sinne wesentlich ist, daß er ohne diese Relationen oder mit geänderten Relationen nicht derselbe Gegenstand wäre, d. h. daß die Relationen, in denen ein Gegenstand zu anderen Gegenständen steht, zu den Identitätsbedingungen des Gegenstandes gehören und ihm insofern als wesentliche Eigenschaften zugerechnet werden müssen. Diese Behauptung setzt jedoch die beiden Annahmen voraus, 1) daß Gegenstände insofern komplexe Entitäten sind als ihnen relationale Bestimmungen wesentlich zugeschrieben werden müssen und 2) daß Relationen auf Eigenschaften reduziert werden können. Nun hält Russell alle diese Annahmen für beweisbar falsch und konkludiert, daß Relationen weder etwas mit der Komplexität von Gegenständen zu tun haben noch auf Eigenschaften reduziert werden können und insofern natürlich auch für die Frage der Identitätsbedingungen von Gegenständen keine Rolle spielen. Und genau dies will er mit dem Terminus ‚extern', gebraucht im Zusammenhang mit Relationen, ausdrücken. Extern sind Relationen, in diesem Sinne von ‚extern', also deshalb, weil sie den Gegenständen, zwischen denen sie bestehen, äußerlich sind, sie keinen Einfluß auf das Wesen der durch sie in Beziehung gesetzten Gegenstände haben, wie umgekehrt die Natur der Gegenstände nicht Bedingungen ihrer Möglichkeit sind.

Diese eher skizzenhafte Exposition des zweiten Sinnes von ‚extern' und die damit verbundene unvermeidliche Exkursion in das, was Russell mit ‚intern' im Zusammenhang der Rede von Relationen meint, soll gegenwärtig nur dem Ziel dienen, einen vorläufigen Überblick darüber zu gewinnen, ob und wie die verschiedenen Russellschen Thesen über das, was die Externalität von Relationen bedeutet, in einen Zusammenhang gebracht werden können. Die genauere Betrachtung dessen, was denn den harten Kern der Russellschen Externalitätsthese ausmacht, bleibt dem nächsten Abschnitt vorbehalten. Doch für den hiesigen Zweck reicht diese Exposition aus. Au-

---

30 „Every relation is grounded in the natures of the related terms" (*Monistic Theory of Truth*, 139 u. ö.) – so Russells Standardformulierung des ‚axiom of internal relations'.

ßerdem bestätigt sie die oben geäußerte Vermutung, daß Russell auf die Externalitätsthese angewiesen ist, um seine Unreduzierbarkeitsbehauptung voll explizieren zu können.

Was nun das Verhältnis der beiden angedeuteten Bedeutungen von ‚extern' betrifft, so scheint auch hier, wie bei den beiden Bedeutungen von ‚real', eine Schwierigkeit darin zu bestehen, daß schwer zu sehen ist, was sie eigentlich miteinander zu tun haben. Denn auch hier gilt, daß zunächst nicht einzusehen ist, wie ‚extern', gebraucht zur Kennzeichnung propositionaler Unreduzierbarkeit von Relationen auf Prädikate, mit ‚extern', verstanden als Indikator einer Differenz im ontologischen Status von Relata und Relationen, zusammenhängt. Eine Möglichkeit, einen solchen Zusammenhang herzustellen, ist wiederum die, Russell eine unexpliziert gebliebene Zwischenüberlegung zu unterstellen. Dieses Argument ist etwas von dem, das oben zur Verknüpfung der beiden Bedeutungen von ‚real' benutzt worden ist, unterschieden und könnte ungefähr so lauten: Wenn Relationen nicht auf Prädikate reduziert werden können, dann kann man sie auch nicht auf interne Zustände oder sonstige Verfassungen der durch sie in Beziehung gesetzten Gegenstände reduzieren. Denn wären sie auf interne Zustände oder derartiges zurückführbar, dann wären sie auf Prädikate reduzierbar, weil solche Zustände oder Verfassungen Eigenschaften von Gegenständen sind, d. h. Prädikate, die man ihnen zuschreibt. Dies aber widerspricht der Annahme ihrer Unreduzierbarkeit auf Prädikate. Daher reicht die Sicherung der Annahme, daß Relationen nicht auf Prädikate reduziert werden können, dazu aus, um ihre generelle Unreduzierbarkeit auf das zu behaupten, was im Rahmen von Subjekt–Prädikat Propositionen als mögliche Reduktionsbasis gegeben ist. Relationen sind also schon aus diesem Grund ihren Relata extern. Um von diesem Punkt des Arguments aus auf die Realität von Relationen zu führen, kann man die oben skizzierte Überlegung[31] wieder aufnehmen, d. h. man schließt auf Grund von begriffsrealistischen Annahmen aus, daß Relationen mentale oder physische Existenz haben können, und schon ist man wieder bei der Subsistenz als der Relationen eigenen Seinsart angelangt.[32] Soviel zur Rekonstruktion.

---

31 S. oben 185 f.
32 Die Annahme dieser Überlegung wird gestützt auch dadurch, daß sie einsichtig macht, warum Russell beim Nachweis der Unreduzierbarkeit von Relationen die Strategie verfolgt, 1) die Unreduzierbarkeit von Relationen auf Prädikate und 2) die Unreduzierbarkeit von Relationen auf Relata nachzuweisen. Die hier skizzierte Überlegung macht allerdings nicht deutlich, welchen Sinn Russell mit der Behauptung, Relationen seien nicht auf Relata und d. h. auf „terms which occur not as concepts in a proposition" zu reduzieren, verbinden will.

C. Motive und Folgen der Russellschen Auffassung

a. Motive: common-sense und Mathematik

Die bisherigen Ausführungen sollen zur Klärung dessen beigetragen haben, (1) was Russell mit der ‚Frage nach den Relationen' meint, (2) was seine eigene Antwort auf diese Frage ist und (3) zu welchen Annahmen ihn seine Antwort verpflichtet. Sie haben aber vollständig davon abgesehen, die Russellsche Überzeugung verständlich zu machen, daß eine Entscheidung in der Relationsfrage sehr direkte Konsequenzen für die Einsichtigkeit bzw. Uneinsichtigkeit einer ganzen Reihe von philosophischen Positionen hat. Russell erwähnt – wie der weiter oben[33] zitierten Passage zu entnehmen ist – explizit vier Positionen – Monismus, Pluralismus, Idealismus und Realismus –, die von Entscheidungen in der Relationsfrage betroffen sind. Man sollte aber den von ihm sogenannten ‚Monadismus' in diese Reihe mit aufnehmen, weil er in Russells Überlegungen eine gewichtige Rolle spielt. Der Zusammenhang, den Russell zwischen diesen Positionen und der Relationsfrage sieht, macht für ihn das Thema ‚Relationen' zu einem der zentralen Themen der Metaphysik bzw. der Ontologie. Die Betrachtung dieses Zusammenhanges gibt daher Aufschluß über den philosophischen Hintergrund der Diskussion um Relationen, soweit er für Russell wichtig gewesen ist. Außerdem werden bei dieser Betrachtung einige Motive deutlich, die Russell in der Auseinandersetzung mit Elementen der philosophischen Tradition geleitet und seine eigene Position geprägt haben.

Daß Russell gerade die genannten Positionen als die anführt, über deren Schicksal die Relationsfrage entscheidet, hat in gewisser Weise biographische Gründe. Wie er persönlich und seine Biographen wortreich und oft versichern, hat Russell seine intellektuelle – nicht etwa seine philosophische – Laufbahn als Anhänger des Bradleyschen idealistischen Monismus begonnen, um dann ziemlich bald unter dem Einfluß von G. E. Moore zu einem realistischen Pluralismus – so Russells Beschreibung seiner damaligen Position – zu kommen.[34] Die Gründe für diese Wandlung sind vielfältig,

---

33 S. oben 175.
34 Vgl. zur philosophischen Biographie *My Philosophical Development*, 37 ff. und die autobiographische Skizze in P. Schilpp: *The Philosophy of Bertrand Russell*. Wie sehr er tatsächlich in Bradleys Monismus involviert gewesen ist, zeigt sehr schön die Einleitung und das letzte Kapitel seiner ersten größeren Veröffentlichung – sieht man einmal von dem Buch über die deutsche Sozialdemokratie ab –, nämlich des *Essay on the Foundations of Geometry* (1897), in denen er nicht nur explizit seine Verpflichtung

lassen sich aber hauptsächlich auf zwei zurückführen: der eine ist das Unbehagen an einer philosophischen Theorie, die gegen fast alle Annahmen des common-sense verstößt, ein Unbehagen, das Russell mit Moore teilt, der andere ist der Russell eigentümliche Grund, daß auf der Basis einer idealistisch monistischen Theorie keine vernünftige Mathematiktheorie zustande gebracht werden kann. Was das Unbehagen über Verstöße gegen den common-sense betrifft,[35] die Russell idealistisch monistischen Positionen anlastet, so scheint es für ihn ein sehr zeitbedingtes Kriterium für die Plausibilität einer philosophischen Theorie gewesen zu sein, denn gerade Russell ist – im Unterschied zu Moore – in vielen Kontexten gern bereit gewesen, solche Verstöße in Kauf zu nehmen, wenn sie aus Gründen, die mit Russells jeweiliger philosophischer Theorie zu tun haben, nicht zu vermeiden gewesen sind.[36] Ein gutes Beispiel ist gerade seine Theorie der Relationen.

Was die Mathematiktheorie betrifft, so wird im Zusammenhang mit ihr schon deutlicher, was Russell zu der Annahme veranlaßt haben mag, daß alle philosophischen Theorien, die mit der Annahme interner – d. h. reduzierbarer oder mentaler – Relationen arbeiten, unbefriedigend und unhaltbar sind. Russells hier einschlägige Überlegung läßt sich in folgende Form bringen: Eine vernünftige Mathematiktheorie muß wenigstens in der Lage sein, den wesentlichen Merkmalen mathematischer Propositionen Rechnung zu tragen. Ein wesentliches Merkmal sehr vieler mathematischer Propositionen ist, daß sie als relationale Propositionen betrachtet werden müssen, die nicht auf Subjekt-Prädikat Propositionen reduziert werden können. Die Annahme der Vertreter interner Relationen läuft aber darauf hinaus,

---

gegenüber Bradley äußert, sondern bis hin zur Terminologie Bradley verpflichtet ist. Was den Einfluß von G. E. Moore betrifft, den Russell nicht nur in den angeführten biographischen Äußerungen, sondern auch z. B. im Vorwort und in verschiedenen Anmerkungen der *Principles of Mathematics* sehr stark betont, so macht es teilweise gewisse Schwierigkeiten, ihn in dem von Russell gewünschten Sinn zu akzeptieren. Zur Rolle, die Bradley und Moore für Russells frühe Philosophie gespielt haben, vgl. G. D. Bowne: *The Philosophy of Logic 1880–1908*. Kap. 1, 2 und 6. Zur traditionellen Auffassung der Art des Einflusses, den Moore auf Russell gehabt haben soll, vgl. W. Carl: *Sinn und Bedeutung*, 145 ff.

35 Vgl. *My Philosophical Development*, 63; *My Mental Development*, 12.
36 Vgl. das erste Kapitel der *Problems of Philosophy*, das hauptsächlich in der Destruktion von relativ basalen common-sense Annahmen besteht. Später hat Russell das common-sense Kriterium für die Plausibilität einer philosophischen Theorie durch die sehr viel schwächere Forderung ersetzt, daß Philosophen sich durch einen gewissen „robust sense for reality" (*Introduction to Mathematical Philosophy*, 170) vor allzu überschwenglichen Theorien schützen sollen.

daß alle Propositionen auf Subjekt-Prädikat Propositionen reduziert werden können. Eine solche Annahme macht daher eine akzeptable Mathematiktheorie unmöglich. Man kann also der Annahme interner Relationen nicht zustimmen, wenn man nicht die Annahme des relationalen Charakters vieler und wichtiger mathematischer Propositionen in Frage stellen möchte. Da letzteres aber große Bereiche der Mathematik, genauer: die Bereiche, in denen transitive asymmetrische Relationen eine Rolle spielen,[37] unerklärbar macht, sollte man lieber ersteres ablehnen, d. h. von der Falschheit der Theorie interner Relationen ausgehen."[38]

b. Folgen: Realistischer Pluralismus

Diese Überlegung mag zwar einen Hinweis darauf geben, was Russell dazu veranlaßt hat, sich in die philosophische Diskussion über Relationen zu begeben, sie ist aber noch zu vage, um seine spezifische Stellungnahme gegen Monismus, Monadismus und Idealismus sowie seine Option für eine pluralistische Position verständlich zu machen. Dies gelingt erst, wenn man sich vergegenwärtigt, was Russell im einzelnen ablehnen muß, wenn er die Möglichkeit der Mathematiktheorie an die Unreduzierbarkeit relationaler Propositionen bindet. Und hier sind es hauptsächlich zwei Punkte, gegen die Russell sich wenden muß: zum einen gegen die These, daß es überhaupt keine Relationen gibt oder daß der Begriff der Relation ein widersprüchlicher Begriff ist, zum anderen gegen die Vorstellung, daß relationale Bestimmungen als einstellige Prädikate betrachtet werden können. Beides bringt Russell sozusagen natürlicherweise in Konflikt mit Monismus und Monadismus gleichermaßen, oder besser: mit den von ihm für einschlägig gehaltenen Formen von Monismus und Monadismus, also mit Bradleys scharfer, die Irrealität von Relationen behauptender, und schwacher, die Internalität von Relationen behauptender, Variante des Monismus, als auch mit einem Leibnizschen Monadismus, soweit er auf interne Relationen zu verpflichten ist.

Nun ist wichtig zu realisieren, daß der Konflikt über die richtige Auffassung von Relationen, selbst wenn man ihn als zugunsten Russells entschieden ansieht, noch keinen zureichenden Grund für die Annahme hergibt, daß alle philosophischen und d. h. hier primär: ontologischen Theorien, die

---

37 Vgl. *Principles of Mathematics*, § 208, 216.
38 Vgl. *Principles of Mathematics*, § 216.

von der Internalität, Reduzierbarkeit oder Mentalität von Relationen ausgehen, schon auf Grund dieser Entscheidung hinfällig sind. Man wird sich ontologische Theorien vorstellen können, die genügend indifferent gegenüber Relationen sind, um Revisionen in bezug auf den ontologischen Status von Relationen durch einige Änderungen zu verkraften, ohne daß man die gesamte durch die Theorie geforderte Ontologie preisgeben muß. So würde sich z. B. an Leibnizens auf Monaden aufbauender Ontologie zwar einiges ändern, wenn er die Nichtmentalität von Relationen in seinen Entwurf hätte integrieren müssen, doch an der Annahme, daß die Welt aus Monaden besteht, hätte er auch dann festhalten können.[39] Wenn Russell also meint, daß eine Entscheidung in der Frage der Relationen zugleich eine Entscheidung über die Möglichkeit von Monismus und Monadismus ist, dann muß er für diese Meinung noch einen anderen Grund haben als nur den, daß Monisten und Monadisten der Realität (Externalität, Unreduzierbarkeit) von Relationen nicht gerecht werden können. Und dieser Grund ist leicht zu finden, wenn man sich vergegenwärtigt, was denn die harte ontologische These sowohl des Monismus als auch des Monadismus in den von Russell beachteten Formen ist, die These, als deren Folgen alle monistischen und monadistischen Annahmen über den ontologischen Status von Relationen zu betrachten sind.

Diese These geht dahin, daß es nur eine einzige Entität gibt, die Realität für sich beanspruchen kann – dies das monistische ontologische credo, dem zufolge die Welt als all-eine Substanz gedacht werden muß, die sich in verschiedenen Hinsichten selbst qualifiziert –, bzw. daß es nur eine einzige Art von Entitäten gibt, die real sind – dies die monadistische These, der zufolge es eigentlich nur Monaden und deren verschiedene Zustände gibt. Beide Theorien sind also extrem restriktiv in bezug auf das, was als real oder als seiend zugelassen wird, so restriktiv, daß sie nicht nur keine Relationen, sondern nicht einmal Prädikate oder Eigenschaften als irgendwie eigenständige Entitäten zulassen können. Wenn man nun aus mathematiktheoretischen oder anderen Gründen von der Externalität oder Realität von Relationen überzeugt sein muß, dann wird die ontologische Armut von Monismus und Monadismus diesen Theorien zum Verhängnis – sie können Relationen einfach nicht assimilieren. Der ausschlaggebende Grund also, den Russell für seine Überzeugung anführen kann, daß mit der Art der Beantwortung der Relationsfrage Monismus und Monadismus stehen und fallen,

---

39 Generell gilt, daß alle die ontologischen Theorien indifferent gegenüber externen (realen) oder internen (reduzierbaren) Relationen sind, die in der Lage sind, mehr als einen Typ von Entitäten verkraften zu können.

hängt eng mit dem ontologischen Arsenal zusammen, das diese Theorien bieten, oder besser: mit den Problemen einer monistisch-monadistischen Substanzmetaphysik. Russell selbst macht diesen Punkt in seiner *Philosophy of Leibniz* sehr deutlich, wenn er in einer kritischen Würdigung des Monismus Spinozas – dessen Monismus für ihn mit dem Bradleyschen strukturell identisch ist, den er wiederum mit dem Hegelschen gleichsetzt – und des Monadismus von Leibniz schreibt: „Spinoza, we may say, had shown that the actual world could not be explained by means of one substance; Leibniz showed that it could not be explained by means of many substances. It became necessary, therefore, to base metaphysics on some notion other than that of substance – a task not yet accomplished."[40]

Russells Gründe für die Annahme, daß die Relationsfrage über das Schicksal von Monismus und Monadismus entscheidet, sind verständlicherweise zugleich auch Gründe für seine Meinung, daß das Schicksal des Pluralismus eng mit dem Thema ‚Relationen' verbunden ist. Denn ‚Pluralismus' ist hier zunächst nichts anderes als ein Name für eine nicht monistisch-monadistische ontologische Theorie. Läßt sich der Monismus-Monadismus nicht halten, dann bleibt eben nur irgendeine Variante einer pluralistischen Position als Alternative. Und läßt sich der Monismus-Monadismus nicht ohne die Annahme interner (irrealer, mentaler) Relationen vertreten, dann folgt, daß die Annahme nicht-interner (externer) Relationen eine nicht-monistisch-monadistische (pluralistische) Position impliziert. Russells eingangs erwähnte Bemerkung über die Folgen des Relationsproblems er-

---

40 *Philosophy of Leibniz*, 126. Anzumerken ist, daß die hier vorgetragene Russellsche Überlegung nur zwingend ist, wenn man nicht nur die Unreduzierbarkeit, sondern auch die Nicht-Mentalität als wesentliche Merkmale der Externalität von Relationen behauptet. Ist man zu letzterem nicht bereit, läßt man Monisten-Monadisten die Möglichkeit, zwar die Unreduzierbarkeit von Relationen zu akzeptieren, aber sie zu mentalen Objekten zu erklären, zu einer „chose purement idéale" (Leibniz, *Philosophische Schriften*, VII, 401) oder zu Produkten des Geistes, die deshalb ontologisch irrelevant sind. Dieser Umstand macht deutlich, daß Russell mit der Beobachtung der Unreduzierbarkeit mathematischer Propositionen auf Subjekt-Prädikat Propositionen allein noch kein wirklich entscheidendes Argument gegen Monismus und Monadismus in der Hand hat. Diese Beobachtung entwickelt erst dann eine kritische Wirkung, wenn man sie – was Russell natürlich tut – mit realistischen Annahmen in bezug auf die Bestandteile von Propositionen verbindet. Gleiches gilt für die These, daß eine vernünftige Mathematiktheorie unter monistisch-monadistischen Bedingungen nicht möglich ist. Alles, was Russell auf Grund der Unreduzierbarkeitsbehauptung behaupten kann, ist, daß unter monistisch-monadistischen Bedingungen keine realistisch oder platonistisch zu interpretierende Mathematiktheorie möglich ist – konzeptualistische oder konstruktivistische Theorien sind nicht schon wegen der Unreduzierbarkeit ausgeschlossen.

gibt wenigstens in bezug auf die philosophische Ontologie einen guten Sinn.

Weniger gute Gründe kann Russell für seine Behauptung anführen, daß die Relationsfrage auch über die Möglichkeit von Idealismus und Realismus Aufschluß gibt. Dies allerdings nicht so sehr deshalb, weil es dafür keine guten Gründe geben mag, als vielmehr deshalb, weil Russells Vorstellungen von dem, was Idealismus ist, nicht sehr entwickelt gewesen sind. Unter ‚Idealismus' scheint er hauptsächlich das zu verstehen, was man als die Position Berkeleys bezeichnen kann, die These also, um es in Russells eigenen Worten auszudrücken, „that whatever exists, or at any rate can be known to exist, must be in some sense mental".[41] Versteht man dies, und nur dies, unter ‚Idealismus', dann ist die Behauptung einigermaßen trivial, daß mit der Annahme externer (nicht-mentaler, unreduzierbarer) Relationen diese Form des Idealismus hinfällig wird, eben weil in diesem Fall nicht-mentale Entitäten akzeptiert werden müssen, so daß nicht alles, was existiert, mental sein kann. Doch selbst wenn man einer solchen Überlegung ein gewisses Gewicht in bezug auf eine (schwache) Variante des Berkeleyschen Idealismus zugestehen will, so wird man sie kaum als sehr wirksam gegenüber anderen und sehr viel einflußreicheren Varianten des Idealismus ansehen können, vor allem gegenüber Varianten, die das Verhältnis von Mentalität und ontologischer Realität nicht als eine echte Alternative betrachten, was sowohl für Leibniz als auch für Hegel gilt. Es führt daher nicht sehr weit, der Russellschen These von der Abhängigkeit des Idealismus von den Ergebnissen der Relationsdiskussion nachzugehen. Dies auch deshalb nicht, weil Russell sich zuweilen sehr viel vorsichtiger in dieser Frage äußert und nur die vollständig korrekte und unkontroverse Meinung vertritt, daß die Teile des Idealismus, welche abhängig sind von der Annahme der Internalität von Relationen, grundlos sind.[42]

Die Vagheit der Russellschen Überlegungen zu den Folgen der Relationsfrage für Idealismus und Realismus ist allerdings nicht verwunderlich. Das Thema ‚Idealismus' ist für Russell in ontologischer Hinsicht nur insoweit interessant als es als Folgethema der Monismus-Monadismus Diskussion aufgefaßt werden kann. Dies macht Russell selbst sehr deutlich, wenn er in seiner philosophischen Biographie bei der Würdigung dessen, was ihn und G. E. Moore in ihren philosophischen Anfängen voneinander unterschieden hat, sagt: „Although we were in agreement, I think that we differed as to

---

41 *Problems of Philosophy*, 37.
42 *Monistic Theory of Truth*, 146: „I conclude ... that those parts of idealism which depend upon it [the axiom of internal relations, R. P. H.] are therefore groundless."

what most interested us in our new philosophy. I think that Moore was most concerned with the rejection of idealism, while I was most interested in the rejection of monism."[43] Soviel zum philosophischen Kontext, in dem Russell die Relationsfrage gesehen hat.

Die bislang gelieferte Exposition der Russellschen Thesen zur ‚Frage der Relationen' hat hauptsächlich zwei Aufgaben zu bewältigen versucht. Zum einen soll hinreichend deutlich geworden sein, was diese Frage für Russell überhaupt bedeutet, d. h. in welchem Rahmen er sie situiert und mit welchen Mitteln er sie angeht. Zum anderen – und dies ist der wichtigere Aspekt – soll diese Exposition die Möglichkeit bereitstellen, eine sinnvolle Strategie für die kritische Diskussion der verschiedenen Russellschen Thesen zu entwickeln. Denn wie sich gezeigt hat, vertritt Russell der Sache nach eine sehr komplexe These in bezug auf Relationen. Ihr ist kaum dadurch angemessen beizukommen, daß man sich nur auf den einen oder anderen ihrer verschiedenen Aspekte bezieht und nicht darauf achtet, wie die verschiedenen Aspekte untereinander zusammenhängen und wie sie zu gewichten sind. Folgt man der hier versuchten Exposition, dann zeichnet sich ein relativ gangbarer Weg zur Bewältigung der mit Russells These verbundenen Fragen ab. Es hat sich nämlich gezeigt, daß Russells Überzeugung, Relationen seien extern und d. h. sie seien elementare, reale Entitäten, und damit seine Ablehnung von Monismus und Monadismus sowie sein Plädoyer für einen ontologischen Pluralismus – daß diese Überzeugung sich auf hauptsächlich drei Annahmen stützt, nämlich (1) daß Relationen nicht auf Prädikate reduzierbar sind, (2) daß Relationen nicht auf irgendein unbestimmbares ‚Wesen' (nature) oder auf irgendwelche Zustände (states) von Gegenständen („terms which occur not as concepts", Relata) zurückgeführt werden können und (3) daß ihr ontologischer Status nur der der Subsistenz sein kann. Lassen sich diese drei Annahmen halten, dann ist Russells Überzeugung – wenigstens im Rahmen seines Ansatzes – zu akzeptieren, wenn man nicht den gesamten Ansatz in Frage stellen will. Wie weit Russell in dieser Überzeugung gefolgt werden kann, wird uns nun beschäftigen müssen.

Abschließend muß allerdings noch darauf hingewiesen werden, daß Russell sich nie sehr klar dazu geäußert hat, ob seine These von der Externalität

---

[43] *My Philosophical Development*, 54. Diese Selbsteinschätzung Russells scheint allerdings umstritten zu sein. So behauptet z. B. G. J. Warnock *(English Philosophy since 1900)*, daß Russell „probably disliked Idealism more intensely than Moore did, partly perhaps because he was less blankly immune to its fascination" (30). Warnock gibt allerdings nicht zu erkennen, wie er zu diesem Diktum kommt.

von Relationen für alle Relationen gelten soll oder nicht. Sehr oft – wie fast alle bisher angeführten Zitate belegen – hat es den Anschein, als wolle er nur behaupten, daß wenigstens einige Relationen extern in seinem Sinne sind, eine Behauptung, die, wenn wahr, vollständig zureicht, die von ihm so sehr bekämpften Versionen des Monismus zu widerlegen. Andererseits ist nicht zu übersehen, daß er, vor allem wenn es um die Exposition seiner eigenen pluralistischen Position geht, Formulierungen wählt, die die Externalitätsthese auf alle Relationen bezieht. Ein Beispiel aus den *Principles of Mathematics:* „No relation ever modifies either of its terms" (§ 426). Man wird daher gut daran tun, bei allem, was folgt, zu berücksichtigen, daß für Russell die Plausibilität seiner pluralistischen Ontologie offenbar nicht nur durch die Implausibilität der monistischen Lehre von der Internalität von Relationen zu begründen gewesen ist.

II. Russells Auflösung des „Problems der Relationen"

Im vorigen Abschnitt ist gezeigt worden, daß die Russellsche Behauptung der Externalität von Relationen auf drei voneinander unabhängige Thesen gegründet ist. In diesem Abschnitt sollen diese drei Thesen genauer betrachtet werden mit dem Ziel, sich über die Einschlägigkeit der von Russell für diese Thesen gegebenen Gründe zu verständigen. Zuvor noch eine Bemerkung zur Terminologie: Wie die bisherigen Ausführungen zu Russells Überzeugungen deutlich gemacht haben, ist die Rede von ‚Russells Behauptung der Externalität der Relationen' mehrdeutig. Dies deshalb, weil dieser Ausdruck offensichtlich zur Kennzeichnung zweier verschiedener Russellscher Thesen verwendet werden kann. Zum einen nämlich zur Kennzeichnung der Russellschen Generalthese, daß alle Relationen als reale und weder auf Prädikate (Eigenschaften) noch auf Gegenstände bzw. Gegenstandszustände reduzierbare Entitäten aufzufassen sind, zum anderen zur Kennzeichnung der zweiten in dieser Generalthese enthaltenen Teilthese, daß Relationen den von ihnen in Beziehung gesetzten Sachverhalten, den Relata, extern oder äußerlich in dem Sinne sind, daß sie unabhängig von ihnen bestehen. Ist die erste Kennzeichnung die gebräuchlich gewordene Beschreibung eines die Russellsche Position auszeichnenden Lehrstücks,[44] so

---

[44] Diese Kennzeichnung ist nicht sehr vorteilhaft für ein Verständnis der Russellschen Relationstheorie gewesen, weil in sie manche Mißverständnisse eingehen in bezug auf Russells Intention und Konzeption, Mißverständnisse, die allerdings durch Russells mehrdeutige Verwendung zentraler Ausdrücke erleichtert worden sind.

bezieht sich die zweite Kennzeichnung auf ein spezielles Problem im Rahmen dieses Lehrstücks. Um unnötige Verwirrung zu vermeiden, ist es ratsam, zwischen diesen beiden möglichen Bedeutungen des erwähnten Ausdrucks terminologisch zu unterscheiden. Dem gängig gewordenen Sprachgebrauch Rechnung tragend, wird im folgenden mit ‚Russells Behauptung von der Externalität von Relationen' oder ‚Russells Theorie externer Relationen' weiterhin seine Generalthese bezeichnet werden, während auf die zweite Spezialthese mit dem Ausdruck ‚Russells Annahme nicht-interner Relationen' Bezug genommen wird. Diese Sprachregelung, zu der Russells Ausführungen nötigen, soll allerdings keine Konsequenzen für die Rede von ‚internen Relationen' oder der ‚Internalität von Relationen' haben – mit diesen Ausdrücken wird nach wie vor die der Russellschen Generalthese entgegengesetzte Behauptung gekennzeichnet.

Einer vorläufigen Klärung bedarf außerdem die Frage, welche Argumente denn überhaupt als relevant für die Russellsche Auffassung von Relationen bzw. für die drei ausfindig gemachten Teilbehauptungen betrachtet werden müssen. Russell hat, wie bereits angedeutet, sehr viel und zu verschiedenen Zeiten auch Verschiedenes mit seinen Relationsthesen verbunden, und er ist es vor allem zu keiner Zeit leid geworden, auf eher indirekte Bestätigungen seiner Thesen hinzuweisen, auf Bestätigungen, die seiner Meinung nach in den absurden Konsequenzen der Annahme interner Relationen in bezug auf die Möglichkeit von ausweisbaren Theorien über unterschiedlichste Gegenstände zu finden sind – wie z. B. Mathematiktheorie oder Wahrheitstheorie. Nun sind in diese mehr indirekten Überlegungen Russells natürlicherweise die hier interessierenden drei Teilthesen auf mannigfache Art eingegangen. Dies führt dazu, daß man Russells Externalitätsthese von verschiedenen Seiten aus betrachten kann – man kann z. B. nicht nur nach der logisch-ontologischen, sondern nach der mathematiktheoretischen oder wahrheitstheoretischen Begründung für diese These fragen und eine solche bei Russell auch finden. Diese diversifizierende Begründungsstrategie ist es, die Russells Ansatz ebenso reich wie unübersichtlich erscheinen läßt.

Mit den Folgen dieser Russellschen Strategie zur Bekämpfung der Annahme interner Relationen und zur Etablierung seiner eigenen Position so fertig zu werden, daß man das argumentative Gerüst in den Griff bekommt, auf dem der Erfolg oder Mißerfolg dieser Strategie beruht, hat seine eigenen Schwierigkeiten. Ein, wie mir scheint, geeigneter Weg, mit den damit verbundenen Problemen zurechtzukommen, ist der, sich auf die Überlegungen zu konzentrieren, ohne die keine der verschiedenen Russellschen Begründungen als überzeugend angesehen werden können. Bei diesen Überlegungen handelt es sich nun primär um die Argumente aus dem logisch-ontologischen Bereich und nicht die, die im Zusammenhang der Mathematiktheorie oder der Wahrheitstheorie von Russell entwickelt worden sind.[45] Im folgenden wird daher hauptsächlich auf diese Argumente Bezug genommen. Die meisten von ihnen finden sich bereits in den *Principles of Mathematics* und werden von Russell häufig in wenig veränderter Form in seine anderen Schriften übernommen. Dies legt es nahe, sich, wenn immer möglich, an die in den *Principles of Mathematics* formulierte Version des jeweiligen Arguments zu halten. Die Reihenfolge der Betrachtung dieser Argumente ist durch das Ergebnis der im vorigen Abschnitt versuchten Rekonstruktion der Teilthesen vorgegeben, die in der Russellschen Externalitätsthese enthalten sind. Als erstes wird also die Unreduzierbarkeitsbehauptung, dann die Annahme der Nicht-Internalität von Relationen und schließlich die Realitätsthese zu betrachten sein. Ehe allerdings die Diskussion disser Teilthesen in Angriff genommen werden kann, muß der Frage nachgegangen werden, was es mit der den Hintergrund der ganzen Diskussion darstellenden Russellschen Behauptung auf sich hat, daß es verschiedene Typen von Propositionen gibt.

A. Subjekt-Prädikat Propositionen versus relationale Propositionen

Die bekannteste der Russellschen Thesen, die für seine Annahme der Externalität von Relationen relevant sind, ist ohne Zweifel die, daß Relationen nicht auf Prädikate reduzierbar sind. Diese von Russell bevorzugte Formulierung dieser These ist für ihn äquivalent mit der Behauptung, daß die Entitäten, die durch Relationsausdrücke bezeichnet werden, nämlich Relationen, nicht als Fälle von Entitäten aufgefaßt werden können, die durch Prädikatausdrücke gekennzeichnet sind, nämlich als Prädikate (Attribute, Eigenschaften), und daß insofern relationale Propositionen nicht auf Subjekt-

---

[45] Hinter dieser Feststellung steht die, soweit ich sehe, gut gesicherte Annahme, daß weder Russells Mathematik- noch seine Wahrheitstheorie ontologisch neutral sind, d. h. daß beide Theorien von und mit gewissen ontologischen Voraussetzungen leben. Daß eine solche Annahme in bezug auf Russells Wahrheitstheorie in ihren verschiedenen Formen zu rechtfertigen ist, hat sich gezeigt. Vgl. z. B. A. J. Ayer: *Bertrand Russell*, 63 ff. Daß sie auch in bezug auf die Mathematiktheorie zutrifft, ist wenigstens die Meinung der Fachleute. Vgl. z. B. K. Gödel: *Russell's Mathematical Logic*, 123 ff. und Ch. Chihara: *Ontology and the Vicious-Circle Principle*, 57 ff.

Prädikat Propositionen reduziert werden können.⁴⁶ Und dies bedeutet nach Russell konkret, daß Propositionen der Form ‚A ist größer als B' oder ‚A liebt B' nicht auf Propositionen der Form ‚A ist rund' bzw. ‚A ist sterblich' reduziert werden können.

Obwohl diese Behauptung, vielleicht sogar zu Recht, als „one of Russell's most famous insights"⁴⁷ bezeichnet worden ist, haben sowohl Russell als auch viele derer, die sich auf diese Einsicht in irgendeiner Form beziehen, wenig dazu getan, hinreichend deutlich festzulegen, worin sie eigentlich besteht. Diese Lage ist nicht nur deshalb bedauerlich, weil so viel von der Legitimität dieser Behauptung abhängen soll, sie führt auch zu Schwierigkeiten deshalb, weil diese Einsicht sozusagen nicht für sich selbst spricht, man also ohne Hinweise darauf, auf Grund welcher Voraussetzungen sie zustande kommt, sehr viele Möglichkeiten hat, sie unplausibel zu finden. Diese Möglichkeiten hängen alle zusammen mit der Unklarheit darüber, was denn überhaupt ein Prädikat ist bzw., die Form der Proposition betreffend, was denn eine Subjekt-Prädikat Proposition im Unterschied zu einer relationalen Proposition ist.

a. Analyse I und Analyse II

Geht man zunächst von der Form von Propositionen aus, so scheint es keine unüberwindlichen Probleme zu bereiten, alle Propositionen, die der Form nach den oben genannten Propositionen entsprechen, d. h. alle Propositionen, die irgendetwas von wenigstens einem ‚echten' Subjekt⁴⁸ behaupten, entweder als Subjekt-Prädikat Propositionen oder als relationale Propositionen aufzufassen. Es scheint mehr eine terminologische als eine Sachfrage zu sein, in welcher der zwei folgenden Weisen man die Form der erwähnten vier Propositionen darstellt:

I	II
A (ist größer als B)	A (ist größer als) B
A (liebt B)	A (liebt) B
A (ist rund)	A (ist) rund
A (ist sterblich)	A (ist) sterblich

---

46 Vgl. S. 182, Anm. 21.
47 W. J. Winslade: *Russell's Theory of Relations*, 84.
48 Die Einschränkung auf Propositionen mit ‚echten' Subjekten hat nur die Funktion, solche Propositionen vorerst von der Betrachtung auszuschließen, die ‚unechte' Subjekte haben, also entweder gar keine (‚Zwei und Zwei sind Vier') Subjekte oder nur scheinbar ein Subjekt haben (‚Es ist spät').

Analyse I kann man als den Versuch kennzeichnen, alle Propositionen des angeführten Typs auf Subjekt–Prädikat Propositionen zu reduzieren. Für die Möglichkeit einer solchen Analyse spricht nicht nur, daß man in gewissen Grenzen einfach festsetzen kann, was man denn als Prädikat betrachtet, solange garantiert ist, daß man es vom Subjekt hinreichend deutlich unterscheiden kann. Zugunsten der möglichen Plausibilität der Analyse I spricht auch, daß das, was Propositionen der erwähnten Art behaupten, der Umstand ist, daß A bestimmte Eigenschaften zukommen, nämlich die Eigenschaften, größer zu sein als B, B zu lieben, rund bzw. sterblich zu sein, daß also in ihnen ein Subjekt durch ein Prädikat bestimmt wird. Gegen diese Analyse kann auch nicht unbesehen die häufig als Einwand gedachte Beobachtung geltend gemacht werden, daß diese Prädikate formal unähnlich in dem Sinne sind, daß sie zu Propositionen mit sehr verschiedenen Merkmalen führen. Während das erste Paar von Propositionen mehr als ein Subjekt zuläßt und in der Regel auch erfordert, um sich überhaupt als Propositionen zu qualifizieren, erlaubt das zweite Paar nur eins. Während das erste Paar Umkehrungen einer bestimmten Art zuläßt – nämlich ‚B ist kleiner als A' und ‚B wird von A geliebt' – ist das zweite Paar solchen Umkehrungen nicht zugänglich. Solche und ähnliche Feststellungen treffen zwar zu, haben aber wenig Einfluß auf die Frage, ob man die angeführten Propositionen und die, die ihnen der Form nach entsprechen, als Subjekt-Prädikat Propositionen betrachten kann oder nicht. Dies deshalb, weil es keine Schwierigkeiten bereitet, den erwähnten Beobachtungen dadurch Rechnung zu tragen, daß man zwischen verschiedenen Typen von Prädikaten unterscheidet, so daß unterschiedliche Merkmale von Propositionen als Unterschiede im Prädikattyp gedeutet werden können – eine Einstellung, mit der die moderne Logik, einschließlich der *Principia Mathematica* vertraut gemacht hat.[49]

Scheint also eine im Sinne der Analyse I verstandene Reduktion aller Propositionen der angegebenen Art auf Subjekt–Prädikat Propositionen weder prinzipiell unplausibel noch formal schwierig zu sein, so gilt dasselbe für das Ergebnis der Analyse II, die man als den Versuch beschreiben kann, alle Propositionen des genannten Typs auf relationale Propositionen zurückzuführen. Was die sachliche Plausibilität betrifft, so scheint Analyse II nicht

---

49 Die beiden Beobachtungen bezüglich der unterschiedlichen Form der beiden Paare von Propositionen im Rahmen der Analyse I werden ausführlicher diskutiert u. a. in A. Kenny: *Action, Emotion and Will*, 154 ff. und in P. Strawson: *Subject and Predicate in Logic and Grammar*, 83 ff. Allerdings sind für beide diese Beobachtungen nicht im Zusammenhang mit Reduktionsproblemen interessant, sondern dienen nur der Erläuterung des Unterschiedes zwischen ein- und mehrstelligen Prädikaten.

hinter Analyse I zurückzustehen. Im Gegenteil: Denn mag man auch Bedenken gegen die unmittelbare Einsichtigkeit der Annahme von relationalen Prädikaten haben, eine Annahme, die mit Analyse I verbunden ist, so werden auf den ersten Blick keine Bedenken dagegen bestehen, daß man Propositionen, wie die vier angeführten, als solche auffassen kann, die eine Beziehung zwischen verschiedenen Sachverhalten behaupten. Das erste Paar der genannten Propositionen behauptet eine Beziehung zwischen A und B, das zweite Paar eine Beziehung einmal zwischen A und Rundheit, das andere Mal zwischen A und Sterblichkeit. Formal scheint diese Analyse auch keine Schwierigkeiten zu bereiten. Dies zunächst aus demselben Grund, der schon bei Analyse I angeführt worden ist, dem nämlich, daß man unterschiedliche Eigenschaften von Propositionen auf Unterschiede im Verhalten von Relationen verschiedenen Typs – einstellige, zweistellige usw. –[50] zurückführen kann, ohne die relationale Form als die Standardform solcher Propositionen in Zweifel zu ziehen. Außerdem ist wenigstens Russell explizit der Meinung, daß Propositionen, die anscheinend überhaupt keine Beziehung zwischen wie auch immer gearteten Sachverhalten ausdrücken, als relationale Propositionen dargestellt werden können. Beispiele sind ‚Sokrates schläft' oder ‚Schmidt lügt', Propositionen, in denen für Russell eine Beziehung zwischen Sokrates bzw. Schmidt und Schlaf bzw. Lüge behauptet wird.[51] Und schließlich scheint auch gesichert zu sein, daß im Rahmen der Analyse II keine technischen Probleme im Zusammenhang mit Reduktionsfragen auftreten, denn es macht keine Schwierigkeiten, wie Russell ausführt, „[to] get a formal reduction of (say) monadic relations to dyadic, or of dyadic to triadic, or of all the relations below a certain order to all above that order".[52]

---

50 Zu Prädikaten als einstelligen (monadic) Relationen vgl. Russell: *Philosophy of Logical Atomism*, 199.
51 Wie Russell sich solche Beziehungen genau vorstellt, oder besser, was die jeweiligen Relata solcher Beziehungen sind, ob also, um bei den Beispielen zu bleiben, der Schlaf bzw. die Lüge oder das Schlafen bzw. das Lügen als Relata betrachtet werden müssen, ist nicht deutlich. In den *Principles of Mathematics* gibt Russell nur folgenden Hinweis: „In intransitive verbs, the notion expressed by the verb is complex, and usually asserts a definite relation to an indefinite relatum, as in ‚Smith breathes'." (§ 48).
52 *Philosophy of Logical Atomism*, 206. Zu dieser Behauptung ist Russell erst relativ spät gekommen. In den *Principles of Mathematics* (§ 53) gibt er erst vorsichtig die Möglichkeit zu erwägen, daß das, was er in dem Zitat als ‚monadic relation' bezeichnet, eine zweistellige Relation impliziert. In *Relations of Universals and Particulars* verschärft er diesen Gedanken zu der Behauptung: „Even if there are subject–predicate propositions in which the predicate is the verb, there will still be equivalent propositions in which the predicate is related to the subject." (108).

Die Analyse II der betrachteten Propositionen scheint also ebensogut durchführbar zu sein wie die Analyse I. Dies aber bedeutet, daß es anscheinend wenig Anlaß zu der Vermutung gibt, es handele sich bei der Frage, ob relationale Propositionen auf Subjekt–Prädikat Propositionen reduzierbar sind, überhaupt um ein Problem. Anders gesagt: Wenn nichts dagegen spricht, Propositionen der betrachteten Art entweder als Subjekt-Prädikat Propositionen oder als relationale Propositionen aufzufassen, dann scheint die ganze Diskussion darüber, ob Relationen auf Prädikate reduzierbar sind oder nicht, eher auf einem Mißverständnis als auf einer Schwierigkeit zu beruhen. Dies deshalb, weil in dieser Diskussion beides zu Recht vertreten werden kann. Die Anhänger der Analyse I behaupten zwar die Reduzierbarkeit von Relationen auf Prädikate im Rahmen ihres Modells, können aber ohne ihre Position zu gefährden zulassen, daß man im Rahmen anderer Modelle, wie z. B. dem, was Analyse II bereitstellt, Relationen für unreduzierbar erklärt. Die Anhänger der Analyse II können den entsprechenden, zu keiner Kontroverse Anlaß bietenden Standpunkt einnehmen. Es ist daher auf den ersten Blick schwer zu sehen, wie sich aus Fragen, die logische Analyse der Form von Propositionen betreffend, überhaupt Fragen in bezug auf den ontologischen Status von Entitäten ergeben können, wie also das Externalitätsproblem mit dem der Analyse der Form von Propositionen zusammenhängt.[53]

b. Russells Stellungnahme zu diesen Analysen

Nun gibt es jedoch Gründe für die Vermutung, daß für Russell dem Sinn der Externalitätsbehauptung in dem umrissenen Kontext gar nicht Rechnung getragen werden kann. Dies nicht etwa deshalb, weil die mit den Analysen I und II bereitgestellten Modelle für die logische Form von Propositionen der angegebenen Art sachlich unzulänglich sind, sondern deshalb, weil sie ungeeignet sind, den Sinn der Externalitäts- und mit ihr der Unreduzierbarkeitsbehauptung in ihrem Rahmen formulierbar zu machen. Was sind nun Russells Bedenken gegen die beiden Analysen? Was die Analyse I betrifft, so scheint Russell der Meinung zu sein, daß sie nicht als eine korrekte Analyse der logischen Form von Subjekt–Prädikat Propositionen angesehen werden kann. Um sich diese Meinung verständlich zu machen,

---

53 Daß kein Zusammenhang besteht, ist das Ergebnis, zu dem z. B. G. Bergmann (*Russell's Examination of Leibniz Examined,* 176 ff.) und R. M. Sainsbury (*Russell,* 229 ff.) gekommen sind.

muß man sich vergegenwärtigen, daß Russell zwischen wenigstens zwei verschiedenen Arten, Propositionen zu analysieren, unterscheidet. Eine Art ist die, eine Proposition in ihre einfachen Bestandteile (simple constituents) zu analysieren, die andere, von Russell in den *Principles of Mathematics* als „less complete" bezeichnet, ist die, eine Proposition in ein Subjekt und das, was von ihm behauptet wird – Russell nennt letzteres „assertion" – zu analysieren.[54] Eine Analyse der ersten Art soll Aufschluß über die Arten von Entitäten geben, die in Propositionen eingehen können. Sie ist also eine Analyse der mit Propositionen verbundenen Ontologie. Die einfachen Bestandteile, die diese Art der Analyse zum Ergebnis hat, sind demzufolge ontologisch einfache Bestandteile. Eine Analyse der zweiten Art soll demgegenüber das Verhältnis von Propositionsteilen zueinander bestimmen, wobei diese Propositionsteile nicht immer die einfachen Bestandteile einer Proposition sein müssen. Genauer: Eine solche Analyse soll die Mittel bereitstellen, um über den logischen Zusammenhang von Propositionen Auskunft geben zu können. Sie ist insofern ontologisch neutral.

Es ist leicht zu sehen, daß von diesen beiden Arten der Analyse nur die erste von Bedeutung sein kann für die Frage der Externalität von Relationen, weil nur in ihrem Rahmen verschiedene Kandidaten für die Qualifikation als ontologisch einfache Bestandteile auftreten können. Anders gesagt: Nur im Rahmen einer Analyse der ersten Art kann man sinnvoll danach fragen, ob Relationen unreduzierbare und d. h. ontologisch einfache Bestandteile von Propositionen, also externe, sind, oder ob sie nicht einfach und d. h. reduzierbar sind. Im Rahmen der zweiten Art von Analyse hat eine derartige Frage deshalb keinen angebbaren Sinn, weil das Ziel dieser Analyse ein anderes ist: Es geht gar nicht um die ontologisch einfachen Bestandteile von Propositionen, sondern um das Verhältnis zwischen dem Subjekt einer Proposition und dem, was von ihm behauptet wird, zum Zwecke der Bestimmung des logischen Zusammenhanges von Propositionen. Betrachtet man nun die oben gegebene Analyse I der angeführten Propositionen, so zeigt sich, daß sie zwar der zweiten gerade skizzierten Art der Analyse gerecht wird, also die Propositionen in ein Subjekt und das, was von ihm behauptet wird, analysiert, daß sie aber der ersten Art der Analyse nur dann entspricht, wenn man davon ausgeht, daß der behauptende Teil einer Proposition ein ontologisch einfacher Bestandteil dieser Proposition ist. Dagegen spricht aber nicht nur Russells eigene Ansicht, sondern auch der Umstand, daß man sehr komplexe Sachverhalte als ontolo-

---

54 S. *Principles of Mathematics*, § 81, 43 und 46 ff.

gisch einfach ansehen muß. Wenn man also, so könnte man Russells Standpunkt charakterisieren, die Analyse I als eine solche betrachtet, die die angegebenen Propositionen in Subjekte und Prädikate analysiert, dann verwendet man den Ausdruck ‚Prädikat' gleichbedeutend mit dem, was Russell ‚assertion', also den behauptenden Teil einer Proposition, nennt. Es ist nun unmittelbar einleuchtend, daß unter dieser Interpretation von ‚Prädikat' wenigstens der Teil der Russellschen Externalitätsbehauptung unplausibel und uninteressant wird, der auf der Annahme der Unreduzierbarkeit von Relationen auf Prädikate beruht. Sie würde nämlich unter dieser Interpretation dahin gehen, daß man relationale Propositionen, also Propositionen, deren Form der Analyse II entspricht, nicht auf Propositionen reduzieren kann, die in ein Subjekt und einen behauptenden Teil analysiert werden können, die also der Analyse I entsprechen. Nun hat zwar Russell die Frage, ob relationale Propositionen als solche dargestellt werden können, die in ein Subjekt und einen behauptenden Teil analysiert werden können, wenigstens in den *Principles of Mathematics*, auch stark beschäftigt,[55] sie ist aber nicht nur nicht die Frage, auf die die Externalitätsbehauptung als Antwort gedacht ist, sie ist vielmehr irreführend irrelevant für Sinn und Geltung dieser Behauptung.[56]

---

[55] S. *Principles of Mathematics,* § 80–83, § 96. In dieser Frage hat Russell, zögernd, für die Reduzierbarkeit plädiert.

[56] Anmerkungsweise sei eine Vermutung gestattet. Die in der Literatur häufig anzutreffenden Schwierigkeiten, der Russellschen Externalitätsthese, soweit sie als die Behauptung der Unreduzierbarkeit von Relationen auf Prädikate aufgefaßt werden kann, irgendeinen diskussionswürdigen Sinn abzugewinnen, hängen in vielen Fällen nicht primär damit zusammen, daß die von Russell getroffenen Unterscheidungen mißachtet oder übersehen werden, Unterscheidungen wie die zwischen der Analyse von Propositionen in ihre ontologisch einfachen Bestandteile und der Analyse von Propositionen in ein Subjekt und einen behauptenden Teil (assertion). Es scheint vielmehr, daß die Probleme, die diese These bereitet, dadurch zustande kommen, daß es vielen Interpreten schwerfällt, unter ‚Prädikat' etwas anderes zu verstehen als eine der beiden Arten nicht-logischer Konstanten im Prädikatenkalkül. Unter dieser Interpretation von ‚Prädikat' kann man Russells These kaum anders verstehen als so, daß sie die Unreduzierbarkeit mehrstelliger Prädikate auf einstellige behauptet und daß Russell diese logische Behauptung aus irgendwelchen merkwürdigen Gründen für ontologisch relevant hält. Daß mehrstellige Prädikate nicht auf einstellige reduziert werden können, scheint aber unter bestimmten Bedingungen nicht zuzutreffen, wie sich herausgestellt hat. Also muß man sich nicht nur nicht um die logische These weiter kümmern, man muß sich auch mit dem ihr von Russell mitgegebenen ontologischen Ballast nicht weiter beschäftigen. Sehr gut deutlich wird die so motivierte Art des kritischen Umgangs mit dieser Russellschen These in Sainsburys Überlegungen (*Russell,* 232 ff.). Dies ist insofern interessant, als es als Hinweis darauf gedeutet werden kann, daß die Präokkupation mit kategorialen Rastern, die im Rahmen der mathematischen Logik entwickelt

Der Grund also, der Russell dazu veranlaßt, die Analyse I nicht als adäquate Darstellung der Form von Subjekt–Prädikat Propositionen zu akzeptieren, ist der, daß Analyse I mit einem Begriff des Prädikats arbeitet, der jede Proposition zu einer Subjekt–Prädikat Proposition werden läßt. Dies aber führt zu Schwierigkeiten bei dem Versuch, die einfachen Bestandteile von Propositionen durch die Analyse der Form von Propositionen zu gewinnen. In ähnliche Verlegenheiten führt für Russell auch die Analyse II, obwohl auch sie in Russells eigenen Überlegungen angelegt ist. Dies zeigt sich, wenn man versucht herauszufinden, was Russell denn unter ‚Prädikat' bzw. ‚Relation' versteht. Im vierten Kapitel des ersten Teils der *Principles of Mathematics* teilt Russell bekanntlich alle Entitäten (terms) in Gegenstände (things, terms indicated by proper names) und Begriffe (concepts, terms indicated by general names) ein. Begriffe wiederum unterscheidet er in zwei Arten, nämlich solche, die durch Adjektive oder substantivierte Adjektive gekennzeichnet werden, und solche, die durch Verben bzw. substantivierte Verben gekennzeichnet werden. Die ersteren nennt er Prädikate, letztere Relationen. Diese grammatische Bestimmung dessen, was ein Prädikat bzw. eine Relation ist, ist zwar einsichtig, führt aber nicht sehr weit, wenn man versucht, mit ihren Mitteln die logische Form von Subjekt-Prädikat Propositionen bzw. von relationalen Propositionen zu bestimmen. Sie führt nur darauf, daß nach dieser Bestimmung jede Proposition eine Relation enthält, weil jeder Satz, der eine Proposition ausdrückt, ein Verb enthalten muß. Nennt man solche Sätze relationale Sätze und die durch sie ausgedrückten Propositionen relationale Propositionen, so gewinnt man zwar ein gewisses Verständnis dafür, was Russell zu der von ihm ebenfalls vertretenen These bewogen hat, daß alle Propositionen als relationale Propositionen betrachtet werden können, und zugleich eine Bestätigung dafür, daß Analyse II eine mögliche Analyse relationaler Propositionen wenigstens in Russells

worden sind, ungewollte Verständnisschwierigkeiten bringen kann, indem sie einfach nicht mehr erlaubt, logische und ontologische Behauptungen voneinander zu trennen, oder besser, voneinander unabhängig zu halten. Diesen Punkt hat im Zusammenhang der Frage der logischen Form von Subjekt–Prädikat Propositionen informativ ausgearbeitet: J. Cargile: *Paradoxes. A study in form and predication.* Kap. 1. Russell selbst hat es, wie allerdings bemerkt werden muß, seinen Interpreten sehr leicht gemacht, seine These prädikatenlogisch zu verstehen, indem er sie häufig so dargestellt hat (s. vor allem *Logical Atomism*, 335). Dies mag den Verdacht nahelegen, daß Russell bisweilen selbst nicht allzu deutlich zwischen logischen Implikationen ontologischer Annahmen – und die sind es ja, auf die er seine Externalitätsthese weitgehend stützt – und ontologischen Folgen logischer Annahmen – und darauf stützen sich seine kritischen Interpreten – unterscheidet. Vgl. die Begründung, die Quine in *Philosophy of Logic* für seine Rede von Russell als einem „confused logician" (66) gibt.

Augen darstellt. Was man aber nicht gewinnt, ist ein Verständnis darüber, wie denn eine Subjekt–Prädikat Proposition im Unterschied zu einer relationalen Proposition mit den Mitteln dieses grammatischen Modells bestimmt werden soll. Im Rahmen dieses Modells wird man zu der Ansicht genötigt, daß Subjekt–Prädikat Propositionen, wie auch immer sie aussehen mögen, wenn es sie überhaupt gibt, dann nur eine Teilklasse relationaler Propositionen darstellen, so daß sich die Frage, ob sich relationale Propositionen auf Subjekt–Prädikat Propositionen reduzieren lassen, wiederum trivialerweise von selbst erledigt. Obwohl Russell gelegentlich tatsächlich dazu tendiert, sich auf diese Weise dem Reduktionsproblem zu entziehen,[57] wäre eine solche Auflösung dieser Frage unbefriedigend, weil sie durch eine grammatische Definition zustande kommt.

Es zeigt sich also, daß keine der beiden Analysen in der Lage ist, dem Problem der Externalität von Relationen einen Ort zuzuweisen. Will man an diesem Problem überhaupt noch als an einem solchen festhalten, das mit den Mitteln der Analyse der Form von Propositionen angegangen werden kann, so muß man bei Russell nach einer Analyse von Propositionen suchen, die auf Grund eines strukturellen Unterschiedes zwischen Relationen und Prädikaten eine strukturelle Differenz zwischen relationalen Propositionen einerseits und Subjekt–Prädikat Propositionen andererseits behaupten kann. Die Mittel dafür hat Russell im Zusammenhang der Analyse von Propositionen in ein Subjekt und einen behauptenden Teil entwickelt. Dieser Analyse zufolge kann man Propositionen einteilen in solche, die man auf mehr als eine Weise in ein Subjekt und einen behauptenden Teil analysieren kann, und solche, in denen eine solche Analyse nur in einer Weise möglich ist. Beispiele für den ersten Fall sind Propositionen wie ‚A ist größer als B', wo man entweder ‚ist größer als B' als das betrachten kann, was man von dem Subjekt A behaupten kann, oder ‚A ist größer als' als das ansehen kann, was man von B, das insofern dann Subjekt ist, behauptet wird. Beispiele für den zweiten Fall sind Propositionen wie ‚A ist sterblich', wo man nur eine Möglichkeit der Analyse hat, nämlich in das Subjekt A und den behauptenden Teil ‚ist sterblich'.

Nun kann man mit Russell die Entitäten, die nur als Subjekte in einer gegebenen Proposition betrachtet werden können, von denen unterscheiden, die sowohl als Subjekt als auch in anderer Weise in einer Proposition auftreten können. Letztere sind die Russellschen Begriffe (concepts), die wiederum selbst entweder Relationen oder Prädikate sind. Bezieht man die-

---

57 Explizit in *Relations of Universals and Particulars*, 108.

se Unterscheidungen auf die Feststellung, daß man Propositionen einteilen kann in solche, die nur auf eine Weise, und solche, die auf mehrere Weisen in ein Subjekt und einen behauptenden Teil analysierbar sind, dann kann man mit Russell zu einer relativ haltbaren Bestimmung von ‚Prädikat' bzw. ‚Relation' kommen, die von der Art ist, daß sie auf einen strukturellen Unterschied zwischen Subjekt–Prädikat Propositionen und relationalen Propositionen verweist. Prädikate nämlich kann Russell nun als diejenigen Begriffe auszeichnen, die in Propositionen auftreten können, die nur auf eine Weise in Subjekt und behauptenden Teil analysierbar sind.[58] Diese Definition von ‚Prädikat' zieht Russells bereits erwähnte Definition von ‚Relation' nach sich, der zufolge Relationen Begriffe sind, die in Propositionen auftreten können, die auf mehr als eine Weise in Subjekt und behauptenden Teil analysierbar sind, also wenigstens zwei mögliche Subjekte enthalten.[59] Sie führt auch unmittelbar zu einer Bestimmung dessen, was eine Subjekt–Prädikat Proposition ist. Es sind die Propositionen „in which one predicate occurs otherwise than as a term, and there is only one term of which the predicate in question is asserted".[60]

B. Die Unreduzierbarkeitsbehauptung

Mit Hilfe der nun gewonnenen Bestimmungen dessen, was für Russell Relationen und Prädikate sind, hat man die Mittel an der Hand, sich über den Russellschen Sinn der Behauptung der Unreduzierbarkeit von relationalen Propositionen auf Subjekt–Prädikat Propositionen wegen der Unreduzierbarkeit von Relationen auf Prädikate genauer zu verständigen. Geht man wieder von den vier Beispielen aus – ‚A ist größer als B', ‚A liebt B', ‚A ist rund', ‚A ist sterblich' –, so zeigt sich nämlich, daß die in Russells Augen korrekte Analyse ihrer Form, wenn es um die ontologisch einfachen Bestandteile von Propositionen geht, zu folgender Darstellung führt:

---

58 *Principles of Mathematics*, § 48: „Predicates, then, are concepts, other than verbs, which occur in propositions having only one term or subject." Anstelle von „... other than verbs ..." hätte Russell besser geschrieben „... other than relations ...", denn Verben sind seiner Terminologie zufolge keine Begriffe.
59 *Principles of Mathematics*. § 94.
60 *Principles of Mathematics*, § 57.

A (ist größer als) B
A (liebt) B
A (ist rund)
A (ist sterblich)

Dieser Darstellung zufolge sind die ersten beiden Propositionen relationale und die letzten beiden Subjekt-Prädikat Propositionen, und die Frage, die Russells Behauptung beantworten soll, ist die, ob man Propositionen wie

A (ist größer als) B
A (liebt) B

auf Propositionen wie

A (ist größer als B)
A (liebt B)

reduzieren kann, oder, um es mit Russell allgemeiner auszudrücken, ob jede Proposition „can be regarded as attributing a property to a single thing, rather than expressing a relation between two or more things".[61]

---

61 *Problems of Philosophy*, 94 f. Die hier gegebene Darstellung der Form von relationalen und Subjekt-Prädikat Propositionen läßt manches unklar, obwohl sie Russells in den *Principles of Mathematics* entwickelte Ansicht so genau wie möglich wiedergibt (vgl. *Principles of Mathematics*, § 48, 53, 82, 94, 214). Zu diesen Unklarheiten trägt sehr stark bei, daß Russell im Kontext der *Principles of Mathematics* nicht zureichend deutlich gemacht hat, wie sich denn seine grammatische Analyse von Propositionen zu seiner Analyse derselben in Subjekt und behauptenden Teil – ich nenne diese Analyse kurz ‚Assertionsanalyse' – verhält. Daß dies ein Mangel ist, wird besonders deutlich im Zusammenhang seiner Behandlung des ‚ist' der Prädikation. Versteht man dieses ‚ist' im Sinne der grammatischen Analyse, dann ist es eindeutig eine Relation, und die Beschreibung, daß sich Propositionen wie ‚A ist rund' von Propositionen wie ‚A ist größer als B' dadurch unterscheiden, daß erstere Subjekt-Prädikat Propositionen und letztere relationale Propositionen sind, ist insofern irreführend als die Begriffe ‚relationale Proposition' und ‚Subjekt-Prädikat Proposition' sich gar nicht gegenseitig ausschließen. Man bekommt also, wie weiter oben bereits angedeutet, den von Russell gemeinten Unterschied zwischen diesen Arten von Propositionen nicht in den Griff. Betrachtet man das ‚ist' aber nicht als Relation, sondern als Teil dessen, was behauptet wird, also als Teil der ‚assertion', dann ist erstens die von Russell akzeptierte Darstellung der Form von relationalen und Subjekt-Prädikat Propositionen nicht mehr zutreffend – alle Propositionen müßten dann wieder nach dem Modell der Analyse I (S. 201) dargestellt werden –, und zweitens hätte man keine Möglichkeit mehr, Relationen von Prädikaten in dem von Russell angegebenen Sinn zu unterscheiden. Daß Russell sich mit dem ‚ist' der Prädikation sehr schwer getan hat, belegt auch der Umstand, daß er in den *Principles of Mathematics* mindestens drei gegensätzliche Meinungen zu dessen Status äußert: Einmal erklärt er es zur Relation (§ 106) ein anderes

Russell macht nun für seine Unreduzierbarkeitsbehauptung verschiedene Gründe geltend, die, grob charakterisiert, alle darauf zielen zu zeigen, daß irgend etwas vom Sinn relationaler Propositionen auf der Strecke bleibt, wenn man sie wie Subjekt–Prädikat Propositionen behandelt. Die Gründe, die Russell anführt, kann man in zwei Gruppen einteilen, deren eine sich gegen monadistische und deren andere sich gegen monistische Reduktionsstrategien richtet. Zwischen diesen Strategien zu unterscheiden, ist wegen der unterschiedlichen ontologischen Ausstattung von Monismus und Monadismus geboten, weil diese Ausstattung die Formen festlegt, die eine Subjekt–Prädikat Proposition annehmen kann, wie im folgenden deutlich werden wird. Ich werde mich zuerst mit Russells Argumenten gegen monadistische Reduktionsversuche beschäftigen.

Noch eine Vorbemerkung: Relationen kann man auf verschiedene Weise durch verschiedene Merkmale voneinander unterscheiden. So sind einige symmetrisch, während andere asymmetrisch sind, einige sind transitiv, andere intransitiv, einige reflexiv, andere nicht.[62] Für unsere Diskussion sind vor allem asymmetrische Relationen von Interesse, d. h. solche, die eine Richtung (sense) in dem Sinne haben, daß sie die durch sie in Beziehung gesetzten Sachverhalte in bestimmter Weise ordnen, nämlich so, daß jede Änderung dieser Ordnung eine andere Proposition ergibt. Standardbeispiele solcher Relationen sind ‚größer als', ‚rechts von', ‚später als', kurz: alle Relationen, die zu verschiedenen Propositionen führen, wenn man ihre Relata gegenseitig vertauscht.[63] Diese asymmetrischen Relationen sind aus verschiedenen Gründen für die Reduktionsfrage besonders interessant. Ei-

---

Mal zur Nicht-Relation (§ 53) und dann außerdem noch zur Pseudorelation (§ 94, Anm. 2). Vgl. auch die Anmerkung zum § 64.

62 Dies ist keineswegs eine vollständige Aufzählung möglicher Merkmale von Relationen. Zu Russells Charakterisierung der Merkmale von Relationen vgl. *Principles of Mathematics*, § 208 f. und *Introduction to Mathematical Philosophy*, 42 ff.

63 Russell ist der Meinung gewesen, daß nicht nur asymmetrische, sondern auch symmetrische Relationen eine Richtung in dem angegebenen Sinne haben: „It must be held as an axiom that aRb [wobei a und b Relata und R eine Relation kennzeichnen, R. P. H.] implies and is implied by a relational proposition bR'a, in which the relation R' proceeds from b to a, and may or may not be the same relation as R. But even when aRb implies and is implied by bRa, it must be strictly maintained that these are different propositions" (*Principles of Mathematics*, § 94, s. auch § 218). Letzteres ist, wie schon öfters bemerkt – vgl. z. B. W. J. Winslade: *Russells Theory of Relations*, 87 f. –, nicht sehr einleuchtend. Denn es ist schwer einzusehen, daß es sich z. B. bei den Propositionen ‚A ist gleich hoch wie B' und ‚B ist gleich hoch wie A' um verschiedene Propositionen handeln soll. Die sprachlichen Ausdrücke sind natürlich unterschieden, aber worin unterscheiden sich die Propositionen? Dies führt auf die schwierige Frage der (Russellschen) Identitätsbedingungen von Propositionen.

ner ist, daß gerade diese Relationen – wenn sie nicht nur kontingenterweise asymmetrisch sind – besonders hartnäckig Reduktionsversuchen widerstehen. Ein anderer Grund ist der, daß man nach Russell symmetrische Relationen, wenigstens dann, wenn sie auch noch transitiv sind, tatsächlich durch Prädikate ersetzen kann,[64] so daß solche Relationen sich relativ schlecht dazu eignen, die Unreduzierbarkeitsthese plausibel machen zu können. Da deshalb sich das Reduktionsproblem im Falle einiger asymmetrischer Relationen besonders deutlich stellt, benutzt Russell fast ausschließlich solche Relationen, um seine These zu demonstrieren. Denn es genügt schon, eine einzige nicht auf ein Prädikat reduzierbare Relation zu finden, um die Subjekt–Prädikat Form als die Standardform von Propositionen zu diskreditieren und zugleich der Frage nach dem ontologischen Status von Relationen eine Basis zu geben.

a. Widerlegung monadistischer Reduktionsversuche

Russell führt gegen monadistische Reduktionsversuche von Relationen auf Prädikate hauptsächlich drei Argumente an, die zusammengenommen nachweisen sollen, daß man mit den Mitteln des Monadismus entweder eine Reduktion von Relationen auf Prädikate nicht erreicht oder den Sinn relationaler Propositionen preisgibt. Alle drei Argumente haben weitgehend überzeugen können, wenn auch, wie zu zeigen sein wird, strittig bleiben kann, was denn als ihr Ergebnis zu betrachten ist.

Das erste Argument geht von einer Betrachtung der Proposition ‚L ist größer als M' aus. Russell charakterisiert die monadistische Position in bezug auf diese Proposition und die Konsequenzen dieser Position wie folgt: „In the first way of considering the matter, we have ‚L is (greater than M)', the words in brackets being considered as an adjective of L. But when we examine this adjective it is at once evident that it is complex: it consists, at least, of the parts *greater* and *M*, and both these parts are essential. To say that L is greater does not at all convey our meaning, and it is highly probable that M is also greater. The supposed adjective of L involves some reference to M; but what can be meant by a reference the theory leaves unintelligible. An adjective involving a reference to M is plainly an adjective which is relative to M, and this is merely a cumbrous way of describing a relation."[65]

---

64 S. *Principles of Mathematics*, § 157, 207; *Introduction to Mathematical Philosophy*, 44; *External World*, 58.
65 *Principles of Mathematics*, § 214.

Die Überlegung, auf die dieses Argument aufbaut, ist offensichtlich die, daß man dann, wenn man die Proposition ‚L ist größer als M' in das Subjekt L und das Prädikat ‚größer als M' analysiert, in Wahrheit nicht die Relation auf ein Prädikat reduziert, sondern die Relation in das Prädikat integriert hat, also so etwas wie ein relationales (oder, wie Russell es hier nennt: komplexes) Prädikat geschaffen hat. Ein relationales oder komplexes Prädikat aber ist kein ‚echtes' Prädikat, also ein solches, das nicht mehr in weitere Bestandteile analysiert werden kann. Es läßt sich eben, in unserem Fall, in eine Relation und einen weiteren Sachverhalt (term) M zerlegen. Eine echte Reduktion kann also auf diese Weise nicht gelingen.

Baut dieses Argument sehr stark auf die Überzeugung von der Nichtkonventionalität des Begriffs des Prädikats auf, so sind die beiden anderen Argumente mehr darauf gerichtet, die Unreduzierbarkeit von Relationen auf Prädikate durch die Unmöglichkeit zu belegen, relationale Propositionen in einen oder mehrere Subjekt–Prädikat Propositionen zu übersetzen, ohne wesentliche Teile des Sinnes relationaler Propositionen zu verlieren. Das zweite Argument formuliert Russell so: „The proposition ‚A is greater than B' is to be analyzable into two propositions, one giving an adjective to A, the other giving one to B. The advocate of the opinion in question will probably hold that A and B are quantities, not magnitudes, and will say that the adjectives required are the magnitudes of A and B. But then he will have to admit a relation between the magnitudes, which will be as asymmetrical as the relation which the magnitudes were to explain. Hence the magnitudes will need new adjectives, and so on ad infinitum; and the infinite process will have to be completed before any meaning can be assigned to our original proposition. This kind of infinite process is undoubtedly objectionable, since its sole object is to explain the meaning of a certain proposition, and yet none of its steps brings it any nearer to that meaning. Thus we cannot take the magnitudes of A and B as the required adjectives."[66]

Russells Punkt hier hat eine gewisse, von ihm auch bemerkte Ähnlichkeit mit Bradleys Regreßargument gegen die Annahme der Realität von Relationen, wenn es auch anders gewendet wird. Wenn man, so Russell, zwei verschiedenen Gegenständen zwei verschiedene Größen als Eigenschaften zuschreibt, so hat man damit keineswegs etwas über das Verhältnis dieser Größen ausgesagt, oder vorsichtiger: Man hat damit nicht gesagt, welche der beiden Größen denn nun größer als die andere ist. Dies macht man erst

---

66 *Principles of Mathematics*, § 214; ähnlich *Inquiry into Meaning and Truth*, 42 f.; *My Philosophical Development*, 54 f.; *Monistic Theory of Truth*, 144.

dadurch, daß man die beiden Größen selbst wiederum in ein Verhältnis setzt, also von ihnen sagt, daß die eine größer als die andere ist. In einer solchen Aussage tritt aber die Relation ‚größer als' wieder als unreduzierbare Relation auf. Nennt man die erste Größe a und die zweite b, so ist also die Proposition ‚A ist größer als B' keineswegs den beiden Propositionen ‚A hat die Größe a' und ‚B hat die Größe b' äquivalent, sondern man braucht wenigstens noch die Proposition ‚die Größe a ist größer als die Größe b', welche aber selbst wieder eine relationale Proposition ist. Will man diese Proposition nun wieder als die Konjunktion zweier echter Subjekt-Prädikat Propositionen darstellen, muß man sie analysieren in die Propositionen ‚die Größe a hat die Größe α' und ‚die Größe b hat die Größe β', was wiederum vollständig offen läßt, welche der Größen α und β die größere ist, wenn man nicht explizit sagt ‚die Größe α ist größer als die Größe β", also eine Proposition behauptet, in der die Relation ‚größer als' unreduziert enthalten ist. Usw., usw. Kurz: Russells Argument beutet zutreffend den Umstand aus, daß Relationen zwischen Größen nicht selbst eine Größe bestimmen.

Das dritte Argument ist mehr technischer Natur und bezieht Unterschiede zwischen verschiedenen Typen von Relationen mit ein. In gewisser Weise ist es daher auch das allgemeinste Argument. Russells Formulierung: „If we take any adjectives whatever except such as have each a reference to the other term, we shall not be able, even formally, to give any account of the relation, without assuming just such a relation between the adjectives. For the mere fact that the adjectives are different will yield only a symmetrical relation. Thus if our two terms have different colours we find that A has to B the relation of differing in colour, a relation which no amount of careful handling will render asymmetrical. Or if we were to recur to magnitudes, we could merely say that A and B differ in magnitude, which gives us no indication as to which is the greater."[67]

Zunächst muß man sich kurz darüber verständigen, was denn der von Russell in diesem Argument abgelehnte Vorschlag zur Reduktion einer asymmetrischen Relation auf zwei Prädikate (Adjektive) besagt. Ein Vertreter eines solchen Vorschlags könnte ungefähr folgende Überlegung vorbringen: Relationale Propositionen wie z. B. ‚A hat die gleiche Farbe wie B' kann man, ohne irgendetwas von ihrem Sinn preiszugeben, in die zwei Subjekt-Prädikat Propositionen ‚A hat die Farbe c' und ‚B hat die Farbe c' analysieren. Das Gleiche gilt für Propositionen wie ‚A hat eine andere Größe als B'. Auch solche Propositionen sind analysierbar in Subjekt-Prädikat

---

67 *Principles of Mathematics*, § 214; ähnlich *External World*, 58.

Propositionen, nämlich in ‚A hat die Größe c' und ‚B hat die Größe d'. Warum soll man also nicht Propositionen wie ‚A ist größer als B' ebenfalls in Subjekt–Prädikat Propositionen analysieren können, z. B. in die Propositionen ‚A ist 5 m lang' und ‚B ist 3 m lang'? Auch hier scheint man zwei Propositionen zu haben, die zusammen genau das besagen, was die relationale Proposition ‚A ist größer als B' behauptet.

Russells Einwand ist nun der, daß diese Analyse zwar in den ersten beiden Fällen erfolgreich sein mag, nämlich in den Fällen, in denen die relationalen Propositionen symmetrische und transitive (Fall 1) oder nur symmetrische (Fall 2) Relationen enthalten, nicht aber im letzten Fall, in dem die relationale Proposition eine asymmetrische Relation enthält. Dies deshalb, weil Propositionen, in denen Relationen wie ‚Gleichheit' oder ‚Verschiedenheit' auftauchen, tatsächlich entweder das Vorliegen eines gemeinsamen Prädikats oder das Vorliegen unterschiedlicher Prädikate behaupten, während Propositionen, in denen Relationen wie ‚größer als' vorkommen, zwar auch das Vorliegen verschiedener Prädikate behaupten, aber außerdem noch mehr, nämlich daß der Gegenstand, dem das eine Prädikat zukommt, in einer spezifischen Beziehung zu dem Gegenstand steht, dem das andere Prädikat zukommt. Dies aber ist etwas, was die bloße Feststellung der Verschiedenheit der Prädikate nicht besagen kann. Asymmetrische Relationen wie ‚größer als' sind also nicht auf symmetrische wie ‚Verschiedenheit in bezug auf Größe' zu reduzieren und insofern auch nicht auf (unterschiedliche) Prädikate.[68]

Russell betrachtet alle diese Argumente deshalb als Einwände gegen monadistische Reduktionsversuche von Relationen auf Prädikate und nicht etwa als Einwände gegen monistische Versuche einer solchen Reduktion,

---

68 Für Russell ist dies nichts weiter als eine Folge seiner Überzeugung, daß es nur zwei Möglichkeiten der Analyse bzw. Reduktion von Relationen gibt, eine Überzeugung, die er im Zusammenhang der Einführung seines ‚principle of abstraction' vorstellt: „Now to say that a relation is analyzable is to say either that it consists of two or more relations between its terms ... or that, when it is said to hold between two terms, there is some third term to which both are related in ways which, when compounded, give the original relation" (*Principles of Mathematics*, § 154). Sein oben ausgeführtes Argument läßt sich daher auch in die Kurzfassung bringen, daß asymmetrische Relationen, wenn überhaupt reduzierbar, dann höchstens auf andere asymmetrische Relationen reduzierbar sind (*Principles of Mathematics*, § 214), was allein schon garantiert, daß wenigstens einige von ihnen elementar (ultimate) sind. Eine interessante Diskussion der Russellschen Relationstheorie im Zusammenhang mit dessen ‚principle of abstraction' findet sich bei J. Vuillemin: *Leçons sur la Première Philosophie de Russell*, 165 ff., sowie in J. Vuillemin: *Platonism in Russell's Early Philosophy and the Principle of Abstraction*, 305 ff.

weil eben Russell Monadismus und Monismus ontologisch unterscheidet.[69] Das heißt hauptsächlich, daß er dem Monadismus die Möglichkeit einräumt, mit der Annahme mehrerer Substanzen zu arbeiten, eine Möglichkeit, die überhaupt erst den Weg ebnet für die formale Zulässigkeit der monadistischen Reduktionsvorschläge. Denn alle die von Russell in Erwägung gezogenen monadistischen Reduktionspropositionen sind ja formal dadurch ausgezeichnet, daß entweder eine allein – so im ersten Argument („A ist (größer als B)') – oder die Konjunktion von zweien – so im zweiten und dritten Argument („A hat die Größe a' und ,B hat die Größe b') – wenigstens zwei als voneinander unabhängig betrachtete Entitäten enthält. Solche Reduktionspropositionen kann man aber nur dann vorschlagen, wenn man sich zu einer Ontologie verstehen kann, die eine Mehrzahl von voneinander unabhängigen Entitäten zuläßt. Kann man sich dazu nicht verstehen, dann hat man nicht einmal die Möglichkeit, die genannten Reduktionspropositionen als ‚Ersatz' für relationale Propositionen wie ‚A ist größer als B' anzubieten, man muß vielmehr nach anderen Reduktionspropositionen suchen, nämlich solchen, in denen eine komplexe Entität die Rolle des Propositionssubjekts übernimmt. Außerdem muß man dann darauf insistieren, daß es zu jeder relationalen Proposition genau eine Subjekt–Prädikat Proposition gibt, die ihr äquivalent ist. Man ist, mit anderen Worten, dann zu einer monistischen Reduktionsstrategie verpflichtet, zu einer Strategie, die darauf ausgeht, relationale Propositionen auf Propositionen zu reduzieren, in denen ein aus den Relata der zu reduzierenden Relation bestehendes Einheitssubjekt durch die Relation als Prädikat bestimmt wird.

b. Widerlegung monistischer Reduktionsversuche

Russell macht seinen Haupteinwand gegen diese monistische Strategie sowie diese Strategie selbst in dem folgenden, etwas längeren Zitat deutlich: „The proposition ‚a is greater than b', we are told, does not really say anything about either a or b, but about the two together. Denoting the whole which they compose by (ab), it says, we will suppose, ‚(ab) contains diversity of magnitude.' Now to this statement – neglecting for the present all general arguments – there is a special objection in the case of asymmetry. (ab) is symmetrical with regard to a and b, and thus the property of the whole will be exactly the same in the case where a is greater than b as in the

---

69 S. oben 193 ff.

case where b is greater than a. Leibniz, who did not accept the monistic theory, and had therefore no reason to render it plausible, clearly perceived this fact ... For, in his third way of regarding ratio, we do not consider which is the antecedent, which the consequent; and it is indeed sufficiently evident that, in the whole (ab) as such, there is neither antecedent nor consequent. In order to distinguish a whole (ab) from a whole (ba), as we must do if we are to explain asymmetry, we shall be forced back from the whole to the parts and their relation. For (ab) and (ba) consist of precisely the same parts, and differ in no respect whatever save the sense of the relation between a and b. ‚a is greater than b' and ‚b is greater than a' are propositions containing precisely the same constituents, and giving rise therefore to precisely the same whole; their difference lies solely in the fact that *greater* is, in the first case, a relation of a to b, in the second, a relation of b to a. Thus the distinction of sense, i. e. the distinction between an asymmetrical relation and its converse, is one which the monistic theory of relations is wholly unable to explain."[70]

Die Überzeugungskraft dieses Arguments hängt nun sehr stark davon ab, ob man einerseits Russells Analyse bzw. Interpretation der monistischen Reduktionsproposition ‚(ab)r' – r soll als Prädikat aufgefaßt werden – als ‚das Ganze (ab) enthält einen Größenunterschied' akzeptiert und ob man andererseits bereit ist, es als eine monistische Auffassung anzusehen, daß zwei Ganze, die aus denselben Teilen zusammengesetzt sind, deshalb auch schon ununterscheidbar sind. Was die Russellsche Interpretation der monistischen Reduktionspropositionen betrifft, so ist sie zwar durchaus für Russells Zwecke geeignet, indem sie ganz offensichtlich nicht der relationalen Proposition ‚a ist größer als b' äquivalent ist, wie man bereits Russells drittem anti-monadistischen Argument entnehmen kann. Es ist jedoch keineswegs offensichtlich, daß sich Monisten zu dieser Interpretation genötigt sehen müssen, selbst wenn sie Russells Analyse der *Form* ihrer Reduktionsproposition, nämlich ‚(ab)r' einräumen. Sie können, wie z. B. Bradley auf der Basis einer holistischen Interpretation von Relationen,[71] der Meinung sein, daß man von dem Ganzen (ab) als einem Ganzen im monistischen Sinne nur dann sprechen kann, wenn die Teile a und b in ihrem Größenverhältnis zueinander so bestimmt sind, daß sie ohne genau das Größenverhältnis, welches sie tatsächlich zueinander haben, erst gar kein monistisches Ganzes (ab) bilden. Die relationale Proposition ‚a ist größer als b' würde gemäß dieser Auffassung auf die Subjekt–Prädikat Proposition ‚das Ganze

---

70 *Principles of Mathematics*, § 215; ähnlich *My Philosophical Development*, 55
71 S. oben 162 ff.

(ab) ist durch die Eigenschaft ausgezeichnet, daß a größer ist als b' reduziert werden können. Die auf diese Weise eingeführte Eigenschaft enthält zwar wiederum die Relation ‚größer als', nur ist sie diesmal keine Relation, die zwei unabhängige Sachverhalte zueinander in Beziehung setzt, sondern sie qualifiziert ein Ganzes über das bestimmte Größenverhältnis seiner Elemente oder Teile.[72]

In diese monistische Interpretation der monistischen Reduktionsproposition ‚(ab)r' gehen nun offensichtlich bestimmte Vorstellungen darüber ein, wie man das Verhältnis eines Ganzen zu seinen Teilen zu denken hat, Vorstellungen, die beinhalten, daß man das Ganze nicht als die Summe seiner Teile auffassen kann, oder aristotelisch ausgedrückt, daß das Ganze mehr als die Summe seiner Teile ist. Dieser Vorstellung widmet Russell sein zweites anti-monistisches Argument, das sich wiederum am besten durch seine Formulierung wiedergeben läßt. „The relation of whole and part is itself an asymmetrical relation, and the whole – as monists are peculiarly fond of telling us – is distinct from all its parts, both severally and collectively. Hence when we say ‚a is part of b', we really mean, if the monistic theory be correct, to assert something of the whole composed of *a* and *b*, which is not to be confounded with *b*. If the proposition concerning this new whole be not one of whole and part there will be no true judgments of whole and part, and it will therefore be false to say that a relation between the parts is really an adjective of the whole. If the new proposition is one of whole and part, it will require a new one for its meaning, and so on. If, as a desperate

---

[72] Als intuitives Muster für eine solche Reduktionsstrategie kann man relativ alltägliche Äußerungen betrachten, wie etwa ‚Herr X hat die Eigenschaft, liebenswürdiger als sein Freund zu sein' oder ‚eine Weltkarte hat die Eigenschaft, daß auf ihr Afrika immer rechts von Südamerika abgebildet ist'. Solchen Äußerungen mag man zwar einen (begrenzten) Wert als Beispiele dafür einräumen, daß man bereits in der Umgangssprache Motive für die angegebene Reduktionsstrategie finden kann. Der Sache nach haben sie aber wenig Gewicht, weil die erste Formulierung von Russell als Beispiel eines „cumbrous way of describing a relation" betrachtet werden würde, während bei der zweiten nicht klar ist, ob die Eigenschaft der Weltkarte, Afrika immer rechts von Südamerika abzubilden, eine Eigenschaft ist, die man mit den Mitteln einer Relation zwischen Weltkarte, Afrika und Südamerika ausdrücken kann. Außerdem kann man der Meinung sein, daß bei Äußerungen wie den gerade angeführten gar keine monistischen ‚Ganzheiten', also Subjekte, die aus mehreren Elementen zusammengesetzt sind, vorkommen – weder Herr X noch die Weltkarte ist ein solches Ganzes –, und daß insofern diese Beispiele uneinschlägig sind. Doch dem kann man entgegenhalten, daß sich leicht Beispiele finden lassen, in denen kollektiven Subjekten relationale Eigenschaften zugeschrieben werden, so z. B. wenn man von einem Paar Schuhen sagt, daß der rechte abgetragener als der linke ist.

measure, the monist asserts that the whole composed of *a* and *b* is not distinct from *b*, he is compelled to admit that a whole is the sum (in the sense of Symbolic Logic) of its parts, which, besides being an abandonment of his whole position, renders it inevitable that the whole should be symmetrical as regards its parts – a view which we have already seen to be fatal. And hence we find monists driven to the view that the only true whole, the Absolute, has no parts at all, and that no propositions in regard to it or anything else are quite true – a view which, in the mere statement, unavoidably contradicts itself. And surely an opinion which holds all propositions to be in the end self-contradictory is sufficiently condemned by the fact that, if it be accepted, it also must be self-contradictory."[73] Dieses Argument ist insofern besser als das erste anti-monistische als es schwerer abzuweisen ist. Denn wie auch immer man eine monistische Position beschreiben mag, man muß irgendeine These über das Verhältnis eines monistischen Ganzen zu seinen Teilen entwickeln, und wenn sich dabei schon Schwierigkeiten mit der Zurückführung dieser Relation auf ein Prädikat ergeben, das einem monistischen Ganzen zukommt, dann ist schwer zu sehen, wie man an der monistischen Version der Reduktionsthese festhalten kann.

Was ist nun das Ergebnis der Russellschen Kritik an monadistischen und monistischen Vorschlägen zur Reduktion von Relationen auf Prädikate? Eins scheint deutlich zu sein: Folgt man Russells Vorgaben in bezug darauf, was denn überhaupt als Prädikat und als Relation betrachtet werden kann, und akzeptiert man seine Analysen sowohl der monistischen als auch der monadistischen Reduktionsstrategien, dann hat er gute Gründe dafür vorgebracht, daß Relationen sich nicht auf Prädikate reduzieren lassen und daß man insofern auch nicht davon ausgehen kann, daß sich alle relationalen Propositionen in Subjekt–Prädikat Propositionen auflösen lassen. Was Russells kritische Diskussion allerdings auch sehr deutlich zeigt, ist, daß Russells Unreduzierbarkeitsthese seine Externalitätsthese, die These also, daß Relationen ontologisch selbständige Entitäten sind, nur insofern stützt als sie mit der Voraussetzung verbunden ist, daß die logische Form von Propositionen etwas über die ontologische Verfassung der Wirklichkeit aussagt. Der in diese Voraussetzung eingehende Begriffsrealismus ist es aber, den sowohl Monisten als auch Monadisten, zwar aus unterschiedlichen Gründen, aber mit dem gleichen Argument bestreiten würden, mit dem Argument, daß weder Prädikate noch Relationen, ganz gleichgültig, wie sie sich

---

73 *Principles of Mathematics*, § 215.

im Rahmen von Propositionen verhalten, ontologisch relevant sind, weil sie von den Gegenständen, denen sie zukommen oder zwischen denen sie bestehen, abhängen, oder, um in der Terminologie der Diskussion zu bleiben, weil sie diesen Gegenständen intern sind. Gegen dieses Argument richtet sich die zweite der von Russell im Zusammenhang der Relationsdiskussion vertretenen Thesen, nämlich die These von der Nicht-Internalität von Relationen.

C. Die Behauptung der Nicht-Internalität

a. Sinn dieser Behauptung

Ebenso wie die Unreduzierbarkeitsbehauptung, so ist auch die These von der Nicht-Internalität von Relationen nur schwer genau zu fassen. Dies mag, wie bereits früher angedeutet,[74] damit zusammenhängen, daß Russell mit dieser These mehr noch als mit der Unreduzierbarkeitsbehauptung eine sehr starke polemische Komponente verbunden hat und daß die Position, gegen die er sich polemisch gewandt hat, nämlich die, die mit der Annahme der Internalität von Relationen verbunden ist, von ihm selbst als eine bezeichnet worden ist, von der gilt, daß „it is very difficult to state this doctrine in any form which has a precise meaning".[75] Ob diese Schwierigkeit in der Formulierung dessen, wogegen er sich wendet, tatsächlich der Hauptgrund dafür ist, daß auf Russells Gegenthese in gewisser Weise dieselbe Beschreibung zutrifft, mag dahin gestellt bleiben. Es ändert auch nichts daran, daß man den Sinn dieser Russellschen These aus einer stattlichen Anzahl sehr disparater Äußerungen zusammenstellen muß. Diese Äußerungen lassen sich alle als mehr oder weniger deutliche Variationen von drei Bemerkungen Russells auffassen, die zusammen zureichend deutlich machen sollen, was Russell mit seiner Behauptung meint. Die erste geht dahin, daß die These von der Nicht-Internalität von Relationen bestreitet, daß Relationen in dem Wesen (nature) ihrer Relata gegründet sind,[76] die zweite erklärt, daß die besagte These in der Annahme besteht, daß Relatio-

---

[74] S. oben 187 ff.
[75] *External World*, 157.
[76] S. *Monistic Theory of Truth*, 139; *Problems of Philosophy*, 143; *My Philosophical Development*, 54

nen keine Komplexität der durch sie in Beziehung gesetzten Sachverhalte implizieren,[77] und die dritte schließlich besteht in der Feststellung, daß die Nicht-Internalitätsthese gleichbedeutend sei mit der Behauptung, daß die Relationen keine innerliche (intrinsic) Verschiedenheit in den durch sie in Beziehung gesetzten Sachverhalten voraussetzen.[78]

Alle diese Bemerkungen, so unterschiedlich sie auch sonst sein mögen, haben die Ablehnung einer bestimmten Auffassung über die interne Verfassung von Gegenständen gemeinsam. Dieser Auffassung zufolge können Relationen und Prädikate als Bestandteile der Gegenstände betrachtet werden, denen sie zukommen bzw. zwischen denen sie bestehen. Der Terminus ‚Bestandteil' ist in gewisser Weise irreführend, weil er die Assoziation nahelegt, daß Gegenstände als Bündel von Prädikaten und Relationen zu betrachten sind. Eine solche Annahme spielt zwar bei den von Russell kritisierten Vertretern der Auffassung auch eine Rolle, ist aber nicht die, auf die sich diese Auffassung selbst stützt. Man macht sie sich durch die Verwendung des altmodischen Terminus ‚Seinsgrund' besser zugänglich. Mit der Hilfe dieses Terminus läßt sich diese Auffassung als die darstellen, daß jeder Gegenstand der Seinsgrund seiner Prädikate und der Relationen ist, in denen er steht. Auch für sie gibt es eine Grundlage in eher alltäglichen Ansichten. Dieses Fundament besteht in der Überzeugung, daß nicht jeder Gegenstand jede beliebige Eigenschaft haben kann oder in jeder beliebigen Relation zu irgendwelchen anderen Gegenständen stehen kann. Jeder Gegenstand ist vielmehr durch sein eigenes Wesen (nature) irgendwie festgelegt in bezug darauf, welche Eigenschaften ihm zukommen oder zukommen können bzw. in welchen Relationen er steht oder stehen kann. Dieses Wesen der Gegenstände ist es daher, worauf sich die Möglichkeit gründet, daß ihnen die Eigenschaften zukommen, die ihnen zukommen, und daß sie in den Relationen stehen, in denen sie stehen. Daß ein Gegenstand dieses und kein anderes Wesen hat, macht es aus, daß ihm die ihm zukommenden Eigenschaften und Relationen und keine anderen zukommen. In diesem und nur in diesem Sinne ist das Wesen der Gegenstände der Seinsgrund ihrer Eigenschaften und Relationen, wie umgekehrt die Eigenschaften und Relationen Bestimmungen oder Qualifikationen des Wesens der Gegenstände sind. Und letzteres wiederum rechtfertigt die Betrachtung von Relationen und Eigenschaften als interner: Sie sind nämlich in dem Wesen ihrer

---

77 S. *Principles of Mathematics*, § 214; *Monistic Theory of Truth*, 146.
78 S. *Principles of Mathematics*, § 214; *Monistic Theory of Truth*, 139 f.

Gegenstände gegründet oder sie sind diesem Wesen nicht äußerlich, nicht extern.[79]

Es ist nun schwer herauszufinden, wer die von Russell kritisierte Annahme in der gerade skizzierten Form tatsächlich vertreten hat. Auf Vieles ist angespielt, deutlich auf Leibniz' ‚praedicatum inest subjecto', deutlich auch auf Bradley und Lotze, weniger deutlich auf die ‚universalia in re'-These. Doch wem auch immer diese von Russell zu keiner Zeit sehr überzeugend dargestellte Auffassung unterstellt werden muß, sie interessiert hier nur insoweit wie sie einerseits eine Vorstellung von dem vermittelt, was Russell unter der Annahme interner Relationen verstanden hat, und andererseits in die Lage versetzt, die verschiedenen Russellschen Bemerkungen über den Kern seiner Gegenthese in einen Zusammenhang zu bringen. Und letzteres ist nun nicht mehr schwierig. Russells drei Formulierungen seiner Gegenthese ergeben sich nämlich allesamt aus seiner Auffassung dessen, was es heißt, Relationen auf das Wesen ihrer Relata zu gründen – so die erste Formulierung dessen, was er bestreitet. Wenn es stimmt, daß Relationen (und Prädikate) ihren Seinsgrund im Wesen ihrer Gegenstände haben, also auf Wesenseigentümlichkeiten zurückgeführt werden können, dann muß man annehmen, daß die Gegenstände selbst in dem Sinne komplex sind, daß jeder Relation (und jedem Prädikat) eines Gegenstandes irgendein spezifischer Wesenszustand entspricht, der der Seinsgrund für jeweils eine Relation (oder ein Prädikat) ist. Die unvermeidliche Vielzahl der Wesenszustände eines Gegenstandes impliziert daher die Komplexität des Gegenstandes. Die Annahme interner Relationen und die der Komplexität von Gegenständen sind also nicht voneinander zu trennen. Will man, wie Russell, die Nicht-Internalität von Relationen behaupten, muß man deshalb die Komplexität von Gegenständen bestreiten, und dies genau ist es, was Russell mit der zweiten Formulierung seiner These ausdrückt. Und weiter: Wenn man

---

79 Von hier aus wird gut verständlich, wieso Russell der Meinung gewesen ist, daß es zwischen der Annahme interner Relationen und der Annahme von der allgemeinen Subjekt–Prädikat Form von Propositionen einen so engen Zusammenhang gibt. Wenn nämlich alle Relationen eines Gegenstandes auf Aspekte des Wesens dieses Gegenstandes zurückgeführt werden können, dann ist zu erwarten, daß sich alle relationalen Propositionen über einen Gegenstand als Aussagen über die jeweiligen Eigentümlichkeiten des Wesens des Gegenstandes oder über die inneren Zustände (internal states) dieses Gegenstandes ausdrücken lassen, also Subjekt–Prädikat Propositionen darstellen. Beispiele, bei denen selbst Russell sich vorstellen konnte, wie man zu der oben angedeuteten Auffassung über den Zusammenhang von Relationen und Prädikaten mit Gegenständen gekommen sein mag, sind solche Relationen wie ‚lieben', ‚eifersüchtig sein', ‚bewundern'. Vgl. *My Philosophical Development*, 54.

schon Wesenszustände als Reduktionsbasis für Relationen (und Prädikate) annimmt, dann muß man auch bereit sein zuzugestehen, daß Gegenstände, die miteinander durch irgendwelche, ob symmetrischen oder asymmetrischen, Relationen verbunden sind, innerlich verschieden sind insofern als dem einen Gegenstand ein Wesenszustand zukommt, der dem anderen nicht zukommt, und umgekehrt. Und dies wiederum bestreitet Russells dritte Formulierung seiner These.[80]

b. Argumente für diese Behauptung

Russell hat nun für seine These von der Nicht-Internalität von Relationen viele und sehr verschiedenartige Argumente vorgebracht. Die meisten dieser Argumente sind wieder, wie schon die Argumente für die Unreduzierbarkeit von Relationen, indirekte Argumente, also solche, die aus Widersinnigkeiten in der Annahme interner Relationen auf die Richtigkeit der gegenteiligen Annahme schließen. Sie lassen sich zu drei Argumenten zusammenfassen, deren jedes einer der drei Formulierungen der Nicht-Internalitätsthese zugeordnet werden kann.[81]

1. „intrinsic difference" Argument

Das erste hier zu betrachtende Argument ist ein Argument für Russells Nicht-Internalitätsthese in ihrer dritten Version, der Version also, der zufolge Relationen keine innerliche Verschiedenheit der durch sie in Beziehung gesetzten Sachverhalte voraussetzen. Russell faßt dieses Argument un-

---

80 Diese hier zuletzt genannte Russellsche Überzeugung von dem, was mit der Annahme interner Relationen verbunden ist, mag ein philosophisches Motiv für seine weiter oben (s. 211, Anm. 63) kritisierte Meinung gewesen sein, daß *alle* Relationen eine Richtung (sense) haben, also sowohl die asymmetrischen als auch die symmetrischen. Wenn nämlich weder asymmetrische noch symmetrische Relationen auf Zustände ihrer Relata zurückgeführt werden können, dann sind für die Ordnung der Relata in einer Proposition allein die Relationen zuständig. Nun ordnet jede Relation ihre Relata in irgendeiner Weise. Also wird wohl jede Relation eine Richtung haben. Doch auch eine solche Überlegung macht Russells Behauptung, daß die Propositionen ‚aRb' und ‚bRa' verschiedene Propositionen sind, wenn R eine symmetrische Relation ist, nicht plausibel.
81 Daß Russell hier nicht mehr zwischen monistischen und monadistischen Versionen der von ihm kritisierten Position unterscheiden muß, liegt daran, daß die Frage, ob Substanzen ‚Seinsgründe' für Relationen (oder Prädikate) darstellen, unabhängig von einer Entscheidung darüber ist, ob es nun nur eine oder mehrere Substanzen gibt.

ter Benutzung der Beispielsrelation ‚größer als' wie folgt: „... if L has an adjective corresponding to the fact that it is greater than M, this adjective is logically subsequent to, and is merely derived from, the direct relation of L to M. Apart from M, nothing appears in the analysis of L to differentiate it from M; and yet, on the theory of relations in question, L should differ intrinsically from M. Thus we should be forced, in all cases of asymmetrical relations, to admit a specific difference between the related terms, although no analysis of either singly will reveal any relevant property which it possesses and the other lacks."[82]

Worum geht es in diesem Argument? Sein Kern scheint die These zu sein, daß man selbst dann, wenn man den Vertretern interner Relationen die Annahme von Relationen entsprechenden Prädikaten (Adjektiven) gestattet, keinesfalls auf einen inneren Unterschied der durch die Relation verbundenen Sachverhalte kommt. Anders ausgedrückt: Fragt man sich, welche Prädikate dem Gegenstand L auf Grund des Umstands, daß er größer ist als der Gegenstand M, zukommen können, so ist anzunehmen, daß dies nur solche sein können, die irgendeine Beziehung auf M enthalten müssen. Dies aber sind keine ‚echten' Prädikate. Hier heißt ‚nicht echt' nun zweierlei: Einerseits ist der uns schon bekannte Sachverhalt[83] gemeint, daß diese Prädikate keine Begriffe (concepts) sind, die in Propositionen auftreten können, die nur ein Objekt als Subjekt haben, und andererseits ist gemeint, daß derartige ‚unechte' Prädikate ihren Gegenständen nur dann zukommen, wenn diese Gegenstände in Relation zu anderen Gegenständen gesehen werden, ihnen also nicht unabhängig von ihrer Beziehung zu anderen Gegenständen zukommen. In diesem Sinne unechte Prädikate können aber nicht als wesentliche oder innerliche (intrinsic) Bestimmungen eines Gegenstandes angesehen werden, weil dies nur solche sind, die dem Gegenstand selbst, ihm, wie er unangesehen von irgendwelchen Relationen zu anderen Gegenständen beschaffen ist, zukommen. Der Umstand also, um bei dem Russellschen Beispiel zu bleiben, daß L größer als M ist, mag zwar zu der (in Russells Augen unzulässigen) Vermutung Anlaß geben, daß L die ‚Eigenschaft' hat, größer als M zu sein, doch selbst wenn man eine solche Eigenschaft annimmt, hat man damit nichts gefunden, was L selbst, also ohne seine Beziehung zu M, auszeichnet. Und da man auf Grund der bloßen Feststellung, daß L größer als M ist, nur auf solche relationalen Pseudo-Prädikate kommen kann, gibt es keinen Grund anzunehmen, daß L und

---

82 *Principles of Mathematics*, § 214. Eine ähnliche Überlegung verwendet Russell in seiner Kritik an Lotzes Auffassung von Relationen (*Principles of Mathematics*, § 425).
83 S. oben 209.

M sich durch irgendein ‚echtes' Prädikat unterscheiden, also auch keinen Grund zu der Annahme, daß L und M sich innerlich voneinander unterscheiden.[84]

In dieses Argument sind einige interessante und folgenreiche Voraussetzungen eingegangen. Auf eine sei vorläufig hingewiesen. Die Überzeugungskraft des ganzen Arguments hängt offensichtlich davon ab, ob man mit Russell die Meinung teilt, daß zu den Identitätsbedingungen eines Gegenstandes nicht die Relationen gehören, die er zu anderen Sachverhalten hat. Zu dieser Meinung ist Russell deshalb verpflichtet, weil es seinem Argument zufolge für das, was ein Gegenstand ist, keinen Unterschied ausmacht, ob er in irgendeiner Relation zu anderen Gegenständen steht oder nicht. Diese Meinung ist nicht unmittelbar einleuchtend. Einerseits kann man sich unschwer Situationen vorstellen, in denen es sehr plausibel ist anzunehmen, daß die Identität eines Gegenstandes nichts damit zu tun hat, in welchen Relationen er zu anderen Gegenständen steht – man wird niemandem klarmachen können, daß es Folgen für die Identität seines Bierglases hat, ob er es über oder unter dem Tisch trinkt. In anderen Fällen wird man aber geneigt sein, das Gegenteil anzunehmen; man wird z. B. annehmen, daß die Identität von Frau X dadurch wenigstens mitbestimmt ist, ob Herr Y ihr Vater ist oder nicht. Doch die interessante Frage ist nun weniger die, wie man mit solchen und ähnlichen Fällen umgeht, als vielmehr die, welche Konsequenzen sich aus der Auffassung, daß die Identität eines Gegenstandes nicht auch durch seine Relationen zu anderen Gegenständen bestimmt ist, für den Begriff des Gegenstandes selbst ergeben. Wie noch zu zeigen sein wird, verletzen diese Konsequenzen wenigstens Russells common-sense Postulat erheblich.

---

84 Dieses Argument zeigt deutlich, warum Russell nicht der von G. E. Moore ihm gegenüber kritisch gewendeten Meinung hat sein können, „that relations entail properties" (*External and Internal Relations,* 281) so daß z. B. die Proposition ‚A ist größer als B' für Moore die Proposition ‚A hat die Eigenschaft, größer als B zu sein' enthält. Moore hat offensichtlich nicht gesehen, daß für Russell der Begriff eines relationalen Prädikats, wie ‚größer sein als B', eine contradictio in adjecto enthält, also ungefähr gleich zu behandeln ist wie der Begriff eines viereckigen Kreises. Russells oben (s. 206 f., Anm. 56) vermerkte Unterlassung, deutlich zwischen seinem ontologischen Begriff des Prädikats und dem Prädikatbegriff der Prädikatenlogik zu unterscheiden, mag Moore dazu ermutigt haben, diese an Russells Punkt vorbeigehende Entailment-These als Einwand gegen Russell zu betrachten. Moores These, die man auch schon bei McTaggart ausgearbeitet finden kann (*Nature of Existence* I, 87) ist allerdings insofern nicht ganz wirkungslos geblieben als sie häufig zur Explikation der Russellschen Position verwendet wird, was zu Mißverständnissen führen kann. Vgl. z. B. D. Pears: *Bertrand Russell and the British Tradition in Philosophy,* 162 ff. und R. Jager: *The Development of Bertrand Russell's Philosophy,* 78.

2. „no relation" Argument

Das zweite Argument Russells für seine Nicht-Internalitätsthese ist mit dem ersten dadurch verbunden, daß es die Folgen der Annahme interner Relationen für den Begriff des Gegenstandes ausbeutet. Man kann es das ‚no-relation Argument' nennen. In bezug auf die drei Formulierungen der Russellschen These trägt es am deutlichsten der zweiten Rechnung, der zufolge Relationen keine Komplexität der durch sie in Beziehung gesetzten Relata voraussetzt. Russell entwickelt dieses Argument sehr ausführlich in seiner Kritik an Lotzes Theorie der Relationen in den *Principles of Mathematics* und bringt eine kürzere und leicht variierte Fassung in seiner Kritik an der monistischen Wahrheitstheorie vor. Es ist eines der wenigen Argumente, das nicht mit einer asymmetrischen, sondern mit der symmetrischen Relation der Verschiedenheit arbeitet. Den Ausgangspunkt dieses Arguments kann man in die Frage kleiden: Wohin führt die (Lotzesche) Annahme, daß Relationen „as internal states in the real elements which are said to stand in these relations"[85] zu betrachten sind? Für Russell ist die Antwort: zu einem „rigid monism". Zu dieser Antwort kommt Russell, indem er zunächst beobachtet, daß Relationen, auf die die Lotzesche Beschreibung zutreffen soll, eine Mehrzahl von Objekten, nämlich wenigstens zwei, voraussetzen und daß diese Voraussetzung bereits die Relation der Verschiedenheit ins Spiel bringt. „That is", fährt Russell fort und kommt zum Kern seines Arguments, „the mere fact that *A* is different from *B* must be reducible", wenn man Lotzes Auffassung folgt, „to internal states of *A* and *B*. But is it not evident that, before we can distinguish the internal states of *A* from those of *B*, we must first distinguish *A* from *B*? *i. e. A* and *B* must *be* different, before they can have different states. If it be said that *A* and *B* are precisely similar, and are yet two, it follows even more evidently that their diversity is not due to difference of internal states, but is prior to it. Thus the mere admission that there are internal states of different things destroys the theory that the essence of relations is to be found in these states. We are thus brought back to the notion that the apparent relations of two things consist in the internal states of one thing, which leads us again to the rigid monism", und damit zu der Annahme, daß es überhaupt keine Relationen gibt.[86]

Zunächst liegt die Frage nahe, wodurch sich denn dieses Argument überhaupt von dem vorigen unterscheidet. Durch zweierlei: Zum einen gilt das

---

85 *Principles of Mathematics*, § 424.
86 *Principles of Mathematics*, § 425.

vorige Argument nur für asymmetrische Relationen, denn nur für sie muß die innerliche Verschiedenheit der Relata von den Vertretern interner Relationen gefordert werden. Für symmetrische Relationen hat diese Forderung keinen Sinn, weil solche Relationen auf Prädikate zurückgeführt werden können, die jedem der Relata zukommen, so daß die Relata in diesem Fall auch nicht innerlich verschieden sein müssen, selbst wenn symmetrische Relationen als interne betrachtet werden. Zum anderen ist das jetzige Argument unabhängig von irgendwelchen Voraussetzungen bezüglich dessen, was denn zu den Identitätsbedingungen eines Gegenstandes gehört. Man darf nämlich die inneren Zustände (internal states), mit denen dieses Argument operiert, nicht mit den innerlichen Eigenschaften (intrinsic properties) des vorigen Arguments verwechseln oder identifizieren, also jenen Eigenschaften, die dem Gegenstand ‚wesentlich' zukommen sollen. Dies einfach deshalb nicht, weil das jetzige Argument zwar fordert, daß man jede innerliche Eigenschaft eines Gegenstandes als einen inneren Zustand dieses Gegenstandes interpretieren kann, nicht aber umgekehrt verlangt, daß jeder innere Zustand einer inneren Eigenschaft entspricht.

Was an diesem Argument irritieren kann, ist jedoch etwas anderes. Faßt man es in einem Satz zusammen, besagt es ja folgendes: Will man Relationen auf innere Zustände verschiedener Gegenstände reduzieren, wird man zwangsläufig auf die Annahme nur eines Gegenstandes und seiner inneren Zustände geführt, was wiederum bedeutet, daß es überhaupt keine Relationen gibt. An diesem Ergebnis kann aber Russell der Sache nach nicht interessiert sein, wohl aber die von ihm so sehr bekämpften Monisten, so daß man sich des Eindrucks schwer erwehren kann, daß Russell hier ein Argument entwickelt hat, das unter gewissen Bedingungen nicht nur ihm nützlich ist, sondern vor allem seinem ungeliebten Lehrer Bradley sehr gut zupaß gekommen wäre. Denn als Argument für nicht-interne Relationen kann es nur bestehen, wenn man es als eine Art von reductio ad absurdum betrachtet, wobei seine Schwäche darin besteht, daß es als reductio nur dann funktionieren kann, wenn man genau das voraussetzt, was es zeigen soll, nämlich daß es verschiedene Gegenstände gibt, die intern gleich sein können, und mithin, daß es nicht-interne Relationen gibt. Wenn man diese Vorgabe nicht macht, dann könnte man es ebensogut als ein Argument gegen die Realität von Relationen einführen.[87] Was es allerdings tatsächlich

---

87 Dies ist Russell anscheinend nicht verborgen geblieben. In dem Paragraphen, der dem, der dieses Argument enthält, folgt (*Principles of Mathematics*, § 426), trägt er schnell seine Kritik an dem monistischen ‚no-relation view' vor mit dem bekannten Ziel zu

zeigt, wenn man es als korrekt akzeptiert, ist, daß Relationen unter Lotzeschen Vorgaben nicht als interne aufgefaßt werden können.

3. „nature of a term" Argument

Das interessanteste Argument in dieser ganzen Gruppe von Überlegungen zum Nachweis der Nicht-Internalität von Relationen ist das, welches die Russellsche These in ihrer ersten Formulierung aufnimmt, der zufolge Relationen nicht in dem Wesen (nature) ihrer Relata gegründet sind. Das interessanteste deshalb, weil Russell in seinem Zusammenhang die ontologischen Implikationen seines Begriffs von einem Gegenstand deutlich werden läßt. Es lautet in Russells Worten: „A more searching argument against the axiom of internal relations is derived from a consideration of what is meant by the ‚nature‘ of a term. Is this the same as the term itself, or is it different? If it is different, it must be related to the term, and the relation of a term to its nature cannot without an endless regress be reduced to something other than a relation. Thus if the axiom is to be adhered to, we must suppose that a term is not other than its nature. In that case, every true proposition attributing a predicate to a subject is purely analytic, since the subject is its own whole nature, and the predicate is part of that nature. But in that case, what is the bond that unites predicates into predicates of one subject? Any casual collection of predicates might be supposed to compose a subject, if subjects are not other than the system of their own predicates. If the ‚nature‘ of a term is to consist of predicates, and at the same time to be the same as the term itself, it seems impossible to understand what we mean when we ask whether S has the predicate P. For this cannot mean: ‚Is P one of the predicates enumerated in explaining what we mean by S?‘ and it is hard to see what else, on the view in question, it could mean. We cannot attempt to introduce a relation of *coherence* between predicates, in virtue of which they may be called predicates of one subject; for this would base predication upon a relation, instead of reducing relations to predication. Thus we get into equal difficulties whether we affirm or deny that a subject is other than its ‚nature‘."[88]

Was Russell hier ablehnt, ist deutlich. Es ist die Vorstellung, daß man mit dem Begriff des Wesens eines Objekts der Annahme interner Relationen

---

zeigen, daß die Monisten ihre These nicht einmal formulieren können, ohne sie zu verletzen.

88 *Monistic Theory of Truth*, 144 f. Vgl. auch *Philosophy of Logical Atomism*, 204. Eine etwas andere Exposition der Probleme, die mit dem Begriff des ‚Wesens‘ eines Gegenstandes verbunden sind, findet sich in *Problems of Philosophy*, 144 f.

einen gewissen Sinn verleihen kann. Er verwirft diese Vorstellung, weil dieser Begriff des Wesens entweder von dem des Objekts nicht zu unterscheiden ist oder aber unreduzierbare Relationen voraussetzt. Ebenso deutlich ist, daß diese Kritik Russell auf eine bestimmte Auffassung von dem, was ein Objekt ist, festlegt. Dies führt wieder auf das schon im Zusammenhang mit dem „intrinsic difference Argument" erwähnte Thema: Russells Begriff des Gegenstandes.[89] Die in dem obigen Argument von Russell betriebene Ablehnung der Annahme, daß Objekte mit ihrem Wesen identifiziert werden können, beruht ja auf der Auffassung, daß eine Folge dieser Annahme die Analytizität sämtlicher wahrer Propositionen über ein Objekt ist. Zu dieser Auffassung kommt Russell vollständig zu Recht auf Grund der Überlegung, daß, wenn man alle Relationen, in denen ein Objekt steht, als Prädikate dieses Objekts auffaßt, und wenn man weiter alle Prädikate eines Objekts zu Prädikaten des Wesens dieses Objekts erklärt – daß, wenn dies beides zutrifft, jede wahre Aussage über dieses Objekt wahr ist auf Grund dessen, was im Begriff dieses Objekts bereits enthalten ist, also analytisch ist. Gegen die Korrektheit dieser Analytizitätsbehauptung wendet nun Russell nicht etwa ein, daß sie keine kontingenten Wahrheiten zuläßt, sondern er benutzt einen schärferen Einwand, der dahin geht, daß mit der Analytizitätsbehauptung auch der Begriff des Objekts verschwindet oder wenigstens nicht mehr klar zu fassen ist. Dies deshalb, weil die Zuschreibung analytischer Prädikate, d. h. der Prädikate, die einem Objekt wesentlich zukommen, so etwas wie die Vorstellung eines Objekts als der Einheit seiner Prädikate bereits voraussetzt. Dieser Vorstellung kann man aber nur dann gerecht werden, wenn man zwischen dem Objekt und seinen Prädikaten so unterscheiden kann, daß man nicht, wie Russell es ausdrückt, „any casual collection of predicates"[90] als Objekt zulassen muß. Die Möglichkeit eines solchen Unterschiedes setzt jedoch voraus, daß man irgendeine Relation zwischen dem Objekt und seinen Prädikaten annimmt, eine Relation, die selbst nur um den Preis des Regresses auf ein Prädikat reduziert werden kann. Also: Entweder man akzeptiert Relationen, oder man verliert den Begriff des Objekts.

Folgt man nun dieser Russellschen Überzeugung, so wird man sehr direkt auf seine Ansichten darüber geführt, was denn ein Objekt, d. h. eine Entität, die in einer Proposition nicht als Begriff auftritt, ist, oder besser: was denn ein Objekt ontologisch auszeichnet. Es stellt sich nämlich heraus, daß eigentlich alles, was über das, was ein Objekt ist, zu sagen ist, in die

---

89 S. oben 225.
90 *Monistic Theory of Truth*, 145.

kurze Formel gebracht werden kann: Ein Objekt ist das, was in Relationen zu anderen Objekten stehen kann, und dem Prädikate zukommen können. Diese Formel ergibt sich aus den Implikationen der Russellschen Kritik an der These von der Internalität von Relationen einfach deshalb, weil Russell nicht nur die Nicht-Internalität von Relationen, sondern, wie das letzte Argument zeigt, darüber hinaus auch die Nicht-Internalität von Prädikaten behauptet. Letzteres ist in dem Sinne gemeint, daß auch Prädikate nicht als innerliche Bestimmungen des Objekts aufgefaßt werden können. Objekte werden auf diese Weise sehr abstrakte Entitäten, die, grundsätzlich selbst durch nichts wesentlich bestimmt, durch alles und jedes extern bestimmbar sind.[91] Sie entwickeln eine gefährliche Affinität zu den Substanzen rationalistischer (Descartes, Leibniz) und empiristischer (Locke) Provenienz. Und in bezug auf den Begriff der Substanz ist Russell schon früh der Meinung gewesen, daß „substance remains, apart from its predicates, wholly destitute of meaning".[92]

Russell selbst ist diese Konsequenz seiner Kritik an internen Relationen keineswegs verborgen geblieben. Im Gegenteil, er formuliert sie deutlich und in aller Schärfe, wenn er z. B. feststellt: „every term is immutable and indestructible", oder erklärt: „every term is eternal, timeless, and immutable", oder wenn er seinen Gegnern vorhält: „The notion that a term can be modified arises from neglect to observe the eternal self-identity of all terms and all logical concepts, which alone form the constituents of propositions."[93] An dieser Konzeption von Objekt hat Russell lange festgehalten, wie man z. B. an der im Rahmen seiner Philosophie des Logischen Atomismus von den particulars, den objektähnlichen einfachen Bestandteilen atomarer Tatsachen (facts) gegebenen Definition sieht, der zufolge particulars „terms of relations in atomic facts" sind. Dieser Definition setzt er hinzu: „It remains to be investigated what particulars you can find in the

---

91 Dieser Russellsche Objektbegriff hat eine bemerkenswerte Ähnlichkeit mit dem, der von einigen Interpreten dem Wittgenstein des *Tractatus* unterstellt wird. S. H. Ishiguro: *Use and Reference of Names*, 20 ff.
92 *Philosophy of Leibniz*, 50.
93 *Principles of Mathematics*, § 47, 443, 426. Es ist diese, den term als vollständig abgelöst von allen Bestimmungen auffassende, ‚absolutistische' Konzeption des terms, die B. Bosanquet in der zweiten Auflage seiner *Logic* (1911) zu der bissigen Bemerkung veranlaßt, daß „our pluralist realists" die „extreme Absolutists" sind: „They are not content to have the Absolute ‚in the end', as we [monists, R. P. H.] more modestly claim it. . . . But they will have the Absolute here and now; and to make it handy and adaptable for everyday use they split it into little bits. A universe of tiny Absolutes; that is really what they offer us." (279 f.)

world, if any."⁹⁴ Der Zusatz „if any" hat sein besonderes Recht insofern als es Russell nie gelungen ist, irgendeines seiner so beschriebenen particulars zu finden, ein Umstand, der wohl auch dazu beigetragen hat, daß er in seinen späten Veröffentlichungen versucht hat, ohne particulars auszukommen und sie als nicht hintergehbare (ultimate) Bestandteile durch Ereignisse (events), Raum–Zeit Punkte und Daten zu ersetzen.⁹⁵

D. Die Realität von Relationen

Die bisherigen Ausführungen haben ergeben, daß Russell viele und schwer abzuweisende Gründe gegen die wichtigsten Annahmen, auf die sich die Vertreter der Internalität von Relationen verpflichten, vorgebracht hat. Für Russells eigenen Ansatz bedeutet dies, daß er sich gerechtfertigt sehen kann in der Überzeugung, (1) daß man Relationen nicht auf Prädikate reduzieren kann, weil man relationale Propositionen nicht auf Subjekt–Prädikat-Propositionen zurückführen kann und (2) daß Relationen auch nicht auf die innerliche Verfassung oder auf innere Zustände der Gegenstände, die ihre Relata sind, reduziert werden können, weil eine solche Reduktionsbasis nicht zur Verfügung steht. Obwohl beides zusammen bereits vollständig genügt, um die von Russell vorgestellten Versionen des Monismus und Monadismus einfach auf Grund ihrer Verpflichtung auf interne Relationen abzulehnen, bleibt bei dem bisherigen Stand der Diskussion noch die Frage offen, was denn nun der ontologische Status von Relationen ist. Auf den ersten Blick hat es den Anschein, als sei diese Frage nicht mehr direkt relevant für eine Entscheidung darüber, ob man Relationen als eigenständige Entitäten zulassen muß oder nicht. Denn das bisherige Ergebnis scheint ja diese Eigenständigkeit zu sichern. Und ob man Relationen als existierende, d. h. als physische bzw. mentale, oder subsistierende Entitäten – dies, wie weiter oben ausgeführt,⁹⁶ die von Russell betrachteten Alternativen – anse-

---

94 *Philosophy of Logical Atomism*, 199. ‚Relation' ist hier wieder der Oberbegriff für mehrstellige Relationen und Prädikate (einstellige Relationen). Diese, wie bereits mehrfach betont (s. 206, Anm. 56 und s. 225, Anm. 84) im Grunde unglückliche Ausdrucksweise wird von Russell hier so gerechtfertigt: „It would be very convenient, for purposes of talking about these matters, to call a quality a ‚monadic relation' and I shall do so; it saves a great deal of circumlocution." (119)
95 Vgl. *Human Knowledge*, 292 ff. und *My Philosophical Development*, Kap. 1.
96 S. oben 184 ff.

hen muß, scheint wenig mit dem leitenden Gesichtspunkt der ganzen Diskussion zu tun zu haben.

Für Russell gibt es wenigstens einen Grund, sich dieser Meinung nicht anzuschließen. Er ist wieder kritischer Natur und beruht auf der Überzeugung, daß die Annahme der mentalen Realität von Relationen auf die von Russell am schärfsten abgelehnte Form des Monismus, nämlich auf einen idealistischen Monismus führt, was die Internalitätsannahme wieder nach sich ziehen würde – Relationen wären dann einem Bewußtsein intern oder hätten ihren Seinsgrund in einem Bewußtsein. Russell entwickelt diese Überzeugung wieder in der Auseinandersetzung mit Lotze. Gemäß Lotze, so Russell: „we must distinguish two kinds of relations, (α) those which are presentations in a relating consciousness, and (β) those which are internal states of the elements supposed to be related. These may be ultimately identical but it will be safer in the mean time to treat them as different. Let us begin with those which are only presentations in a relating consciousness. These presentations, we must suppose, are beliefs in propositions asserting relations between the terms which appear related. For it must be allowed that there are beliefs in such propositions, and only such beliefs seem capable of being regarded as presentations in which relations have their being. But these beliefs, if the relations believed to hold have no being except in the beliefs themselves, are necessarily false. If I believe A to be B's father, when this is not the case, my belief is erroneous; and if I believe A to be west of B, when westerliness in fact exists only in my mind, I am again mistaken. Thus the first class of relations has no validity whatever, and consists merely in a collection of mistaken beliefs. The objects concerning which the beliefs are entertained are as a matter of fact wholly unrelated; indeed there cannot even be *objects*, for the plural implies diversity, and all beliefs in the relation of diversity must be erroneous. There cannot even be one object distinct from myself, since this would have to have the relation of diversity to me, which is impossible. Thus we are committed, so far as this class of relations goes, to a rigid monism."[97]

Dieses Argument hat wieder den gleichen merkwürdigen Effekt, den schon das im letzten Abschnitt betrachtete, an Lotzes Position festgemachte Argument ausgezeichnet hat, nämlich das ‚no relation' Argument. Auch hier ist das Argument nur dann im Sinne Russells zu verstehen, wenn man es als reductio ad absurdum auffaßt, andernfalls ist es ein relativ gutes Argument für einen ontologischen Monismus. Und wiederum gilt, daß es

---

97 *Principles of Mathematics*, § 425.

als reductio nur bestehen kann, wenn man sich auf andere Überlegungen stützt als die es sind, die im Argument selbst formuliert werden. So ist z. B. keineswegs selbstverständlich, daß meine Überzeugungen, die ich über die Beziehungen verschiedener Objekte zueinander habe, nur dann korrekt sein können, wenn ich voraussetze, daß die besagten Objekte tatsächlich in dieser Beziehung stehen – um sich zu einer solchen Überzeugung genötigt zu sehen, braucht man nicht einmal auf sehr extreme Bradleysche oder Berkeleysche Positionen zu rekurrieren, schon unter Vorgabe der Kantischen Unterscheidung von Erscheinung und Ding an sich kann man ihr einen Sinn abgewinnen. Dies soll nun nicht heißen, daß Russell über keine Gründe für solche Thesen verfügt, sie spielen nur im Argument selbst keine Rolle.

Man kann sie aber an anderer Stelle finden. Es sei nur auf Russells hier einschlägige Überlegung in den *Problems of Philosophy* verwiesen, der zufolge Relationen ebenso wie Prädikate als Universalien betrachtet werden müssen, Universalien aber nur unter einer realistischen oder nicht-mentalistischen Interpretation sinnvoll angenommen werden können.[98] Obwohl Russell diese Überlegung später anders formuliert hätte, nämlich so, daß sie ihn nicht zu der Behauptung der ontologischen Realität von Relationen verpflichtet hätte,[99] hat er an der Hauptsache, nämlich der Nicht-Mentalität von Relationen festgehalten. Und dies schließlich genügt für die Etablierung seiner Realitätsthese.

III. Ontologischer Pluralismus?

Soviel nun zu Russells kritischer Auseinandersetzung mit der Annahme, daß Relationen als auf Prädikate reduzierbare, im Wesen ihrer Relata gegründete, unselbständige Entitäten betrachtet werden müssen. Abschlie-

---

98 *Problems of Philosophy*, 97 ff.
99 Dies allerdings nicht deshalb, weil er zu der Meinung gekommen ist, es gäbe Gründe *gegen* die Annahme der ontologischen Realität von Relationen, sondern deshalb, weil ihm einerseits die Annahme subsistierender Entitäten immer unheimlicher geworden ist (vgl. *My Philosophical Development*, 172 ff.) und weil er andererseits immer mehr dazu tendiert hat, nach Substituten für Entitäten wie Relationen (oder Klassen) zu suchen, bei denen sich die Realitätsfrage erst gar nicht stellt, den sogenannten ‚logical fictions' oder ‚logical constructions'. Vgl. zu letzterem W. Lycan: *Logical Atomism and Ontological Atoms*, 207 ff.

ßend bleibt die Frage, was denn Russell in dieser Diskussion erreicht hat. Vergegenwärtigt man sich noch einmal die Ausgangslage, so ist ja Russells Ziel gewesen, Platz zu schaffen für einen ontologischen Pluralismus durch den Nachweis sowohl der logischen Unhaltbarkeit als auch der ontologischen Implausibilität von Theorien, die entweder alles auf eine einzige Entität, das sogenannte ‚substantielle Ganze' monistischer Philosophien, oder auf eine einzige Art von Entitäten, die Vielzahl von Substanzen monadistischer Philosophien, und deren innere Verfassung zurückführen. An einem ontologischen Pluralismus ist Russell aus verschiedenen Gründen interessiert gewesen: einmal aus mathematiktheoretischen Gründen, dann aus common-sense Erwägungen und schließlich aus logischen Überlegungen. Daß Russell sich bei der Verfolgung seines Ziels stark auf die Theorie der Relationen konzentriert hat, hängt einerseits damit zusammen, daß er die Bedeutung der Theorie der Relationen für die Entscheidung in der Alternative Monismus–Pluralismus deutlich gesehen hat, und andererseits damit, daß die von ihm vertretene Auffassung ‚realer' Relationen einen essentiellen Bestandteil seiner mathematiktheoretischen, logischen und philosophischen Ansätze dargestellt hat. Man muß daher, wenn man nach dem Ergebnis der Diskussion über Relationen für Russell fragt, zweierlei unterscheiden. Zum einen das Ergebnis dieser Diskussion für die Möglichkeit oder Unmöglichkeit von Monismus bzw. Monadismus, zum anderen das Ergebnis dieser Diskussion für die in Russells eigene Ansätze eingegangenen Überzeugungen.

Was nun die Konsequenzen dieser Diskussion für die Monismus–Pluralismus Alternative betrifft, so hat Russell wenigstens eins sehr deutlich gemacht: Alle die Formen des Monismus, die mit der Vorstellung einer oder mehrerer Substanzen als der letztlich einzigen ontologisch realen Reduktionsbasis für alle anderen Entitäten arbeiten, sind zum Scheitern schon allein deshalb verurteilt, weil sie sowohl dem Begriff der Substanz, verstanden als das Substrat von Prädikaten und Relationen, zu viel zumuten – so der Kern der Russellschen Nicht-Internalitätsbehauptung – als auch auf sachlich und d. h. logisch nicht vertretbare Reduktionsstrategien angewiesen sind – so der Kern der Russellschen Unreduzierbarkeitsbehauptung. Beides zusammen läuft darauf hinaus, einem substanzontologischen Monismus zu bescheinigen, daß er im Rahmen seines eigenen Ansatzes nicht in der Lage ist, eine zureichende Begründung für seine kategorialen und methodischen Grundlagen zu liefern. Russell ist es überzeugend gelungen, diesen Einwand sehr stark zu machen, und, wie sich gezeigt hat, hat man in Kenntnis dieses Einwandes weitgehend darauf verzichtet, nach Möglichkeiten zu suchen, das Programm eines substanzontologischen Monismus ernsthaft zu formulieren. Bradley, dessen Theorie, historisch gesehen, für Russell die Standardformulierung dieses Monismus darstellt, hat sich zu diesem zentralen Punkt der Russellschen Kritik, soweit mir bekannt, nie geäußert. Eine gewisse Befriedigung hätte er allerdings darin finden können, daß Russell die Destruktion seines Monismus und verwandter Theorien mit den von ihm, Bradley, selbst bereitgestellten Mitteln betreibt. Denn in gewisser Weise ist es hauptsächlich Bradleys unzureichend begründetes Mißtrauen gegen die Möglichkeit, mit der „machinery of terms and relations" einen konsistenten Begriff der Realität zu entwickeln, das Russell aufnimmt und zu einem zugkräftigen Argument gegen seinen Erfinder wendet. In diesem Sinne ist Russell wohl tatsächlich Bradleys bester Schüler gewesen.

Was das Ergebnis der Diskussion über Relationen für Russells eigene Ansätze betrifft, so ist es allerdings nicht so eindeutig. Sicher nicht erfüllt hat sich Russells Hoffnung, mit der Destruktion des substanzontologischen Monismus und dessen Folgetheorien den Weg zu öffnen zur Etablierung einer mit den Annahmen des common-sense besser verträglichen Ontologie, oder allgemeiner: Philosophie. Hat er der monistischen Welt mißtraut, weil sie, wie er es nennt, so „thin and logical"[100] gewesen ist, so ist die von ihm entwickelte pluralistische Welt mit ihren nicht faßbaren Gegenständen und einer Fülle abstrakter Entitäten kaum als ein Paradigma dessen anzusehen, was der common-sense gern als reale, konkrete Welt zu akzeptieren bereit ist. Russell selbst hat dies sehr deutlich gesehen und bedauert.[101] Doch, was wichtiger ist, Russell hat im Laufe der Zeit immer weniger Grund gesehen, sich bei der Formulierung seiner eigenen Position auf die Ergebnisse der Auseinandersetzung mit dem Monismus zu stützen. Er hat sich immer mehr von der Überzeugung entfernt, daß man für mathematiktheoretische oder logische Zwecke Annahmen wie die der unabhängigen Realität von Relationen oder wie die der Subsistenz von Gegenständen nötig hat.[102] Dies heißt nun nicht, daß Russell mit der Revision oder Modifikation derartiger Annahmen auch die Basis für seine Kritik am Monismus preisgegeben hat – die Korrektheit und Einschlägigkeit der meisten seiner kritischen Argumente hat er nie bezweifelt –, es heißt nur, daß er die Ergebnisse dieser Debatte in einem doppelten Sinne nicht mehr für relevant gehalten hat: einmal nicht mehr ‚metaphysisch' relevant und zum anderen

---

100 *My Mental Development*, 12.
101 Vgl. *Principles of Mathematics* (Einleitung zur zweiten Auflage), X; *My Mental Development*, 12 ff.; *My Philosophical Development*, 61 f.
102 S. *Ontology and Logic*, 230.

nicht mehr ‚praktisch' relevant. Letzteres insofern als, wie bereits gesagt, Russell zunehmend geglaubt hat, Mathematiktheorie und Logik weitgehend von ontologischen Voraussetzungen freihalten zu können. Ersteres insofern als Russell nicht mehr an der Überzeugung festgehalten hat, daß den Erfordernissen einer nicht am substanzontologischen Monismus orientierten Ontologie schon dadurch zureichend Rechnung getragen wird, daß man alles das affirmiert, was der substanzontologische Monismus zu Unrecht nicht zuläßt, so daß als die einzige ontologische Alternative zu diesem Monismus ein extrem begriffsrealistischer Pluralismus in Frage kommt.

Zu klären, was ihn zur Modifikation dieses Realismus veranlaßt hat, ist ein eigenes, von der Relationsproblematik weitgehend unabhängiges Thema. Das zentrale Motiv scheint jedoch die allmähliche Erschütterung der für seinen frühen Realismus basalen Überzeugung gewesen zu sein, daß jeder selbständige Bestandteil einer (sinnvollen) Proposition irgendeine Entität kennzeichnet.[103] Was diese Überzeugung ins Wanken hat geraten lassen, ist wohl hauptsächlich einerseits die mit seiner ‚theory of descriptions' verbundene Einsicht gewesen, daß es Bestandteile von Propositionen gibt, die keine als unabhängig gegeben angenommenen Entitäten benennen, eine Einsicht, die auch Folgen für Russells Behandlung von Klassen und Propositionen gehabt hat, andererseits die im Rahmen seiner Philosophie des logischen Atomismus entwickelte ‚fact'-Ontologie, die es ihm erlaubt hat, zwar seinen Realismus aufrecht zu erhalten, zugleich aber weniger Entitäten zuzulassen.[104] Für Russell sind diese Wandlungen anscheinend Grund genug gewesen, gut zwanzig Jahre nach der Abfassung der *Principles of Mathematics* in bezug auf die Themen ‚Relationen' und ‚Pluralismus' folgende Bemerkung niederzuschreiben: „If I am right, there is nothing in logic that can help us to decide between monism and pluralism, or between the view that there are ultimate relational facts and the view that there are none. My own decision in favour of pluralism and relations is taken on empirical grounds, after convincing myself that the a priori arguments to the contrary are invalid."[105] Folgt man diesem Diktum, dann hat es für Russell keine Lösung des von ihm so wort- und facettenreich diskutierten „Problems der Relationen" gegeben, dieses Problem hat sich ihm vielmehr aufgelöst.

---

103 *Principles of Mathematics*, X; *My Philosophical Development*, 63.
104 Einen kurzen kritischen Überblick über Russells ontologische Entwicklung gibt W. O. Quine: *Russell's Ontological Development*, 290 ff. Zur Modifikation seines Realismus vgl. neuerdings J. Cappio: *Russell's Philosophical Development*, 185 ff.
105 *Logical Atomism*, 338.

Schluss

Ontologie und Relationen – Ergebnisse der Diskussion

Was ist nun das Ergebnis dieser Diskussion über Relationen und Ontologie? Nimmt man die in der Einleitung formulierten zwei Thesen wieder auf,[1] kann man diese Frage auch anders stellen und sich bemühen, abschließend zu klären, (1) was von Russells Überzeugung zu halten ist, daß mit der Destruktion der Grundlagen der Ontologie Bradleys auch die Hegelsche Ontologie fällt, (2) was Russells Kritik an der Annahme interner Relationen für die Möglichkeit der Bradleyschen und Hegelschen Versionen eines ontologischen Monismus bedeutet und (3) wie Russells eigene Position im Vergleich mit der von Bradley und Hegel zu stehen kommt.

I. Gegen Russell: Die Unvereinbarkeit des Hegelschen und des Bradleyschen Monismus

Was die erste Frage betrifft, so gibt es auf sie zunächst die zwar richtige, aber in ihrer pauschalierenden Kürze wenig informative Antwort, daß, da die in Russells angeführter Überzeugung eingehende Voraussetzung einer geradezu symbiotischen Beziehung zwischen den Ontologien Bradleys und Hegels nicht zutrifft, auch die Überzeugung selbst nicht zu rechtfertigen ist. Denn Hegels die Struktur der Subjektivität zum monistischen Substrat erklärender relationsontologischer Monismus hat eben recht wenig mit Bradleys das individuelle substantielle Ganze als monistisches Substrat betrachtenden substanzontologischen Monismus zu tun, so wenig, daß bei näherem Hinsehen beide Positionen in wesentlichen Punkten miteinander unverträglich erscheinen. Und dies festzuhalten genügt schon, um Russells Begründung für die Haltlosigkeit auch der Hegelschen Ontologie nicht akzeptieren zu können.

Diese vollständig korrekte Antwort bekommt jedoch dann einen sehr informativen Aspekt, wenn man berücksichtigt, was die von Russell gegen Bradley und damit implizit gegen Hegel geltend gemachten Mängel einer

---

1 S. oben 36.

monistischen Position sowie die von ihm empfohlenen Mittel zu deren Beseitigung sind, und sich fragt, wie es denn um das sachliche Fundament der konstatierten Mängel in den Positionen von Hegel und Bradley steht. Hier ergibt sich ein ebenso verwirrendes wie teilweise überraschendes Bild. Versucht man, die Hauptmotive zu identifizieren, die Russells Kritik am Monismus in den von ihm diskutierten Varianten zugrunde liegen, so sind es ja vor allem drei Annahmen, auf die sie sich stützt: (1) daß mit dem ontologischen Monismus die Behauptung der Subjekt–Prädikat Form von Propositionen Hand in Hand geht, (2) daß der ontologische Monismus Relationen als interne auffassen muß und (3) daß nur ein begriffsrealistischer Pluralismus die Mittel bereitstellen kann, mit denen den Mängeln einer monistischen Position beizukommen ist. Diese drei Annahmen sind nun nicht nur in unterschiedlichem Grade zutreffend, sie sind auch auf unterschiedliche Weise in den von Russell kritisierten Positionen verarbeitet worden.

Dies wird besonders deutlich im Zusammenhang mit der ersten Russellschen Annahme, seiner Vermutung über die Konsequenzen, die damit verbunden sind, daß man die Subjekt–Prädikat Form zur Normalform von Propositionen erklärt. So kontrovers Russells Standpunkt auch schon für sich betrachtet ist, daß die Favorisierung der These von der Subjekt-Prädikat Form von Propositionen auf eine Substanz-Akzidenz Ontologie und d. h. für ihn auf ‚die traditionelle Metaphysik' in ihren verschiedenen, auch monistischen Varianten führt, so schwer wird es sein, für diesen Standpunkt, ohne ihn beträchtlich zu modifizieren, ausgerechnet Hegels Ontologie als Zeugen anzuführen. Selbst Bradleys Position bestätigt ihn nur zum Teil. Denn was Hegel betrifft, so kann man nicht umhin anzuerkennen – wenn man der hier vorgelegten Skizze seiner Ontologie folgt –, daß seine Position geradezu charakterisiert werden kann durch die explizite Ablehnung dessen, was Russell für ihre mangelhaften Grundlagen und deren Folgen hält. Wie Russell nämlich ist auch Hegel der Meinung, daß (1) die Substanz–Akzidenz Ontologie – die bezeichnenderweise auch für ihn ‚die traditionelle Metaphysik' auszeichnet – verfehlt ist und daß (2) ihr Zustandekommen eng mit Problemen zusammenhängt, die mit der Subjekt–Prädikat Form von Urteilen, dem Hegelschen Äquivalent zu den Russellschen Propositionen zu tun haben. Beides hindert ihn aber ganz offensichtlich nicht daran, eine monistische Position zu vertreten. Der Sache nach ist also Russells Auffassung von den logisch-ontologischen Grundlagen des Hegelschen Monismus irrig. Die über das Konstatieren des Irrtums hinausgehende Pointe aber liegt in etwas anderem. Sie liegt in der Russell offensichtlich verborgen gebliebenen Allianz, die er mit Hegel eingeht, wenn es darum geht, ‚die traditionelle Metaphysik' zu kritisieren. Denn schließlich sind die

Gründe, mit denen Russell sich auf Hegel als auf einen Exponenten der traditionellen Metaphysik kritisch bezieht, genau die gleichen, die Hegel selbst für die Legitimation seines eigenen Ansatzes gegenüber der traditionellen Metaphysik in Anspruch genommen hat. Daß Russell diese zunächst befremdlich wirkende Koinzidenz entgangen ist, mag damit zusammenhängen, daß es ihm als Zeitgenossen seiner frühen Lehrer Bradley und McTaggart schwer gemacht worden ist, auch nur zu erwarten, in Hegels Philosophie etwas anderes als traditionelle Metaphysik zu sehen. Hätte er sich diese Koinzidenz vergegenwärtigt, so wäre Hegel wohl kaum auf der Russellschen Liste *traditioneller* Metaphysiker geblieben.

Obwohl Russells Annahme, daß jeder monistischen Ontologie die These von der Subjekt–Prädikat Form von Propositionen zugrundeliegt, wenigstens in bezug auf Hegel nicht zutrifft, trifft sein Insistieren auf der Bedeutung dieser These auch für die Hegelsche Philosophie doch einen Punkt, den Russell selbst allerdings gar nicht thematisiert hat. Er betrifft jedoch nicht unmittelbar Hegels Metaphysik, sondern er ist eher sprachphilosophischer Art, und läßt sich am besten durch den Gebrauch deutlich machen, den Russell und Hegel jeweils von dieser These machen. Russells Mißtrauen gegen die Behauptung, daß alle Propositionen als Subjekt–Prädikat Propositionen aufgefaßt werden können, richtet sich ja nicht nur gegen die metaphysischen Konsequenzen dieser Behauptung. Die primäre Quelle dieses Mißtrauens ist vielmehr, wie gezeigt, für Russell der Umstand, daß es Propositionen gibt, die nicht ohne ihren Sinn preiszugeben auf Subjekt–Prädikat Propositionen zurückgeführt werden können. Dies gilt für einen großen Teil relationaler Propositionen. Diese Beobachtung – zusammen mit begriffsrealistischen Annahmen – macht Russell zur Basis seiner ontologischen Überzeugung, daß man die Welt nicht zu einem Ensemble von Substanzen und Akzidenzen oder zu einer Substanz und ihren Zuständen (states) verdünnen kann. Russell, so kann man sagen, verwandelt eine sprachphilosophische Einsicht in eine metaphysische These.

Nicht so Hegel. Obwohl auch er der Meinung ist, daß nicht alle Urteile auf Subjekt-Prädikat Urteile reduzierbar sind,[2] zieht er aus diesem Befund andere Konsequenzen. Für ihn stellt dieser, wie er es nennt, „grammatische" Befund keine zureichende Basis für einen begründeten Zweifel daran dar, daß trotz allem gegenteiligen grammatischen Anschein in allen Urteilen etwas über etwas ausgesagt wird, so daß letztlich doch Urteile als Subjekt–Prädikat Verbindungen aufzufassen sind. Nur, so Hegel, dies feststel-

---

2 *Wissenschaft der Logik* II, 268. Hegel erwähnt als Beispiel das disjunktive Urteil, in dem „mehr als *zwei* sogenannte Begriffe verbunden sind".

len bedeutet nicht, irgendeine Auskunft über die Beschaffenheit der Welt zu geben, sondern führt höchstens zu einer wichtigen Einsicht in die Verfassung unserer Sprache. Und dieser Einsicht muß in der Weise Rechnung getragen werden, daß man über einen ‚reflektierten', sprich: Hegelschen Gebrauch der Form des Urteils die ontologischen Suggestionen unterläuft, die auf Grund der Subjekt–Prädikat Form des Urteils nahegelegt sind. Russells Eindruck, daß auch für Hegel die Subjekt–Prädikat Form von Propositionen ein unumstößliches Faktum darstellt, ist daher tatsächlich in Hegels Philosophie angelegt. Er ist nur nicht aus den Hegelschen Kontexten zu gewinnen, in denen Russell ihn gegründet sehen möchte, nämlich in Hegels monistischer Ontologie, sondern muß an Hegels Theorie über Rolle und Funktion des Urteils in der Philosophie festgemacht werden. Im Rahmen dieser Theorie hat Hegels Überzeugung, daß die Subjekt-Prädikat Form Urteilen unvermeidbar anhaftet, enorme und schwer zu bewältigende Folgen gezeitigt, ist sie es doch, der wir eines der unzugänglichsten Hegelschen Theoreme verdanken, nämlich die Lehre vom spekulativen Satz bzw. vom Urteil als der Selbstbewegung des Begriffs.

Ist Russells Behauptung, daß es irgendeinen spezifischen Zusammenhang zwischen ontologischem Monismus und dem Dogma von der Subjekt–Prädikat Form von Propositionen gibt, in Hegels Philosophie kaum festzumachen, so ist sie, was Bradley betrifft, auch nur dann zutreffend, wenn man sie präzisiert und zwischen einem linguistischen und einem metaphysischen Sinn dieses Dogmas unterscheidet. Ähnlich wie Hegel nämlich ist auch Bradley der Meinung, daß nicht alle Urteile (judgments, Russells Propositionen) als Subjekt–Prädikat Urteile dargestellt werden können,[3] daß also das besagte Dogma, verstanden als These über die basalen Elemente von Urteilen, falsch ist. Im Unterschied zu Hegel ist Bradley jedoch auch der Meinung, daß dieses Dogma einen guten metaphysischen Sinn hat. Denn, so Bradley, fragt man sich, auf Grund welcher Bedingungen Urteile wahr sein können, dann zeigt sich, daß sie wahr nur durch ihren Bezug auf das Eine, individuelle, substantielle Ganze der Realität sein können. Dies aber bedeutet, daß man jedes Urteil – unangesehen seiner logischen, sprachlichen oder sonstigen Form – auffassen muß als etwas, das von einem Kollektivsubjekt, der Realität, genau das als Prädikat aussagt, was den jeweiligen Urteilssinn ausmacht.[4] Indem jedes wahre Urteil in diesem Sinn ‚die Wirk-

---

[3] Vgl. *Principles of Logic*, 13. Bradley erwähnt explizit relationale Urteile als Fälle solcher nicht auf die Subjekt–Prädikat Form zu reduzierender Urteile.
[4] Vgl. *Principles of Logic*, chap. II; *Appearance and Reality*, 144 ff.; *Essays on Truth and Reality*, 227 Anm. 1. – Die Bradleysche Auffassung, an einem Beispiel verdeutlicht,

lichkeit' bestimmt, hat es gemäß dieser Auffassung einerseits die wichtige Funktion darauf hinzuweisen, daß es letztlich nur ‚die Eine Realität' als ‚echtes' Subjekt von Urteilen gibt – diesem Hinweis will Bradleys Monismus Rechnung tragen –, und führt zugleich zu der Überzeugung, daß jedes Urteil *in Analogie zu* einem Subjekt–Prädikat Urteil gedacht werden kann, wenn es darum geht, seine für die Ontologie relevante Leistung zu beschreiben. Unangesehen nun der Frage, was man von einer solchen, hier außerdem noch sehr verkürzt angedeuteten Konzeption von Funktion und Leistung des Urteils zu halten hat, wird dennoch deutlich, daß der Russellsche, sich auf die Subjekt–Prädikat Form stützende Einwand gegen den Bradleyschen Monismus sehr viel differenzierter formuliert werden muß als es Russell tut, ehe er gegen Bradleys Position greift. Denn es ist offensichtlich nicht der Fall, daß Bradley das Dogma von der Subjekt–Prädikat Form von Propositionen in der ihm von Russell unterstellten konventionellen Form vertreten hat, und die Form, in der er es vertreten hat, ist nicht die, auf die Russells Bedenken gegen dieses Dogma ohne weiteres abgebildet werden können.

Ähnlich wie mit Russells Vermutung über den bei Bradley und Hegel zu findenden Zusammenhang zwischen dem Dogma von der Subjekt–Prädikat Form von Propositionen und der monistischen Ontologie steht es mit Russells zweiter zentraler Annahme, nämlich der, daß der ontologische Monis-

---

geht anscheinend dahin, daß ganz normale Urteile, wie etwa ‚Der Schnee ist weiß' oder ‚Paris liegt nördlich von London', tatsächlich der logischen oder auch sprachlichen Form nach so unterschieden sind, daß sich die Form des zweiten nicht auf die Form des ersten reduzieren läßt, daß aber diese Formunterschiede irrelevant werden, wenn man bedenkt, wie es möglich ist, daß mit ihnen etwas über die Wirklichkeit ausgesagt wird. Diese Möglichkeit ist für Bradley nicht etwa darin gegründet, daß in diesen Urteilen etwas über die Beschaffenheit des Schnees oder die geographische Lage von Paris bzw. London behauptet wird, sondern darin, daß die Wirklichkeit so ist, wie es diese Urteile darstellen. Dies aber besagt, daß man die wirklichkeitserschließende Funktion des Urteils nur dann in den Blick bekommt, wenn man seinen Bezug auf die Wirklichkeit in die Analyse seiner Bedeutung aufnimmt. In einer solchen ‚metaphysischen' Analyse nehmen dann die beiden erwähnten Urteile die Form an (1) ‚Die Wirklichkeit ist von der Art, daß der Schnee weiß ist' und (2) ‚Die Wirklichkeit ist von der Art, daß Paris nördlich von London liegt'. Für Bradley nun sind Urteile dieser Form solche, in denen einem Subjekt, nämlich die Wirklichkeit, ein Sachverhalt als Prädikat zugesprochen wird. Und nur in bezug auf diese ‚metaphysisch' analysierten Urteile hat das Dogma von der Subjekt–Prädikat Form einen, wenn auch eher übertragenen Sinn. Wie für Bradley diese ganze, hier ‚metaphysisch' genannte Analyse des Urteils mit dem Wahrheitsproblem zusammenhängt, macht sehr gut deutlich H.H. Joachim: *Logical Studies*, 261 ff. Vgl. auch zu Bradleys metaphysischer Interpretation des Urteils H. H. Joachim: *The Nature of Truth*, bes. Kap. 2.

mus auf das „Axiom der internen Relationen" und damit auf die Irrealität von Relationen verpflichtet sei. Auch hier gilt, daß weder Hegel noch Bradley als unproblematische Zeugen für diese Annahme in Anspruch genommen werden können. Vergegenwärtigt man sich in thetischer Form die verschiedenen hier vorgestellten Standpunkte zur Einschätzung des ontologischen Status von Relationen, so ergibt sich folgende Situation: Für Hegel sind Relationen, die von ihm nur als relationale Bestimmungen von Objekten, also als relationale Eigenschaften verstanden werden, unter keiner wie auch immer gearteten Interpretation real. Diese Einschätzung ist eine Folge (1) seiner Überzeugung von den Mängeln traditioneller Metaphysik und der in ihr ausgebildeten ontologischen Vorstellungen sowie (2) seines äußerst exklusiven Begriffs von Realität. Arbeitet man aber im Rahmen der Denkmuster und der kategorialen Raster traditioneller Metaphysik, dann ist es nach Hegels Auffassung im Grunde gleichgültig, ob man Relationen als externe, also als selbständige Begriffe von Beziehungen zwischen Objekten, oder als interne, d. h. als in den jeweiligen Objekten selbst ihre Grundlage findende Bestimmungen betrachtet. Denn, so Hegel, welche dieser beiden Betrachtungsweisen man wählt, hängt davon ab, welche Konzeption dessen, was ein Objekt ist, man favorisiert. Nun sind im Rahmen und mit den Mitteln traditioneller Substanz–Akzidenz Metaphysik letztlich nur zwei konkurrierende Konzeptionen des Objekts vertretbar. Die eine faßt Objekte als Gebilde auf, in denen ein substantieller Kern durch von ihm unterschiedene akzidentelle Bestimmungen determiniert ist. Die andere geht davon aus, daß es genügt, Objekte als Bündel von Eigenschaften zu betrachten, und daß man auf die Annahme eines substantiellen Kerns verzichten kann. Obwohl diese beiden Konzeptionen einander ausschließen – und dies führt nach Hegel auf den entscheidenden Punkt –, sind sie auf dem Boden der kategorialen und logischen Möglichkeiten traditioneller Metaphysik gleich gut begründbar. Da nun die These von der Internalität von Relationen die zweite Konzeption des Objekts in irgendeiner Form voraussetzt und die Annahme externer Relationen nur unter Rekurs auf eine geeignete Form der ersten Konzeption des Objekts möglich ist, jede dieser beiden Konzeptionen aber mit gleichem Recht aufrechterhalten werden kann, so mag man es mit Relationen halten, wie man will. Die eine Annahme über den ontologischen Status von Relationen ist so gut wie die andere, wenn schließlich auch beide keine Chancen haben, wahr zu sein, weil sie von der Geltung wesentlicher Voraussetzungen der traditionellen Metaphysik abhängen, deren unreflektiertes Weltverständnis notwendig in die Irre führt. Kurz: Für Hegel ist die ganze Diskussion über externe und interne Relationen, wenigstens wenn es eine ontologische Diskussion sein soll, schon im

Ansatz verfehlt, wie es auch die traditionelle Metaphysik ist, in deren Rahmen sie nur möglich ist. Welche Entscheidung man daher in dieser Diskussion auch treffen mag, nach Hegel muß sie für seine Konzeption einer monistischen Ontologie belanglos sein.

Für Bradley stellt sich die Lage anders dar. Obwohl auch er die Realität von Relationen auf Grund von Überlegungen bestreitet, die, wie schon bei Hegel, mit der Überzeugung von der Unzulänglichkeit der traditionellen Substanz–Akzidenz Unterscheidung verbunden sind, und ihm daher auch Relationen kein ontologisches Problem bereiten, gibt es für ihn dennoch eine erkenntnistheoretische Schwierigkeit im Umgang mit Relationen. Die Frage der Internalität oder Externalität von Relationen ist für ihn ausschließlich in diesem erkenntnistheoretischen Zusammenhang interessant und steht in seinen Augen in enger Beziehung zu der sehr viel weiteren Frage, wie man denn mit der uns unvermeidlichen „machinery of terms and relations" umzugehen hat, wenn es darum geht, nicht etwa Die Realität, das Bradleysche Absolute, der notwendig diskursiven Erkenntnis zugänglich zu machen – ein solches Vorhaben ist nach Bradley prinzipiell undurchführbar –, sondern ein mit Der Realität wenigstens verträgliches Bild *unserer* Wirklichkeit zu gewinnen. Auf diese Frage ist Bradleys Antwort, daß nur die Annahme der Internalität von Relationen in die Lage versetzt, dem selbst in unseren erkennenden Bezug auf das, was ist, allerdings nur verstellt eingehenden wesentlichen Charakter Der Realität, nämlich ungeschiedene Einheit zu sein, Rechnung zu tragen. Bradleys Standpunkt, kurz gefaßt, ist also der, daß die Vorstellung einer wie auch immer bestimmten Art der ontologischen Realität von Relationen mit einem (Bradleyschen) ontologischen Monismus unverträglich ist und daß insofern auch interne Relationen für diesen Monismus keine Rolle spielen dürfen, wenn sie auch im sozusagen subjektiven Bereich erkennenden Umgangs mit Realität nicht zu vermeiden sind.

Russells für die Formulierung seiner eigenen Position so produktive Kritik an dem Axiom der internen Relationen hat also, wenn man sie, wie Russell selbst, als direkte Kritik an den ontologischen Positionen von Hegel und Bradley versteht, den Mangel, daß die von ihm kritisierten Positionen das ihnen von ihm unterstellte Axiom entweder überhaupt nicht (Hegel) oder wenigstens nicht zur Begründung ihrer ontologischen Auffassungen (Bradley) in Anspruch nehmen. Dies führt nun dazu, daß auch Russells dritte in diesem Kontext grundlegende Annahme nicht unmittelbar einleuchtet, die Annahme nämlich, daß man nur mit den Mitteln eines begriffsrealistischen Pluralismus in der Lage ist, die mit dem Axiom der internen Relationen vermeintlich verbundenen ontologischen Schwierigkeiten zu vermeiden. Denn wenn der ontologische Monismus gar nicht in der von Russell angenommenen Weise von dem Axiom der internen Relationen abhängt, dann spricht nichts dagegen, auch andere Theorien über Relationen als die es sind, die sie zu internen erklären, mit einer monistischen Ontologie für verträglich zu halten, ein Umstand, der selbst wiederum keinen Anlaß zu der Vermutung gibt, daß ein begriffsrealistischer Pluralismus schon wegen seiner berechtigten Ablehnung interner Relationen eine dem ontologischen Monismus überlegene Position darstellt. Betrachtet man Russells Kritik am ontologischen Monismus, soweit sie an dem Problem der Relationen festgemacht werden kann, gemäß seiner eigenen expliziten Empfehlung als eine Kritik auch an den durch die Namen Hegel und Bradley gekennzeichneten historischen Positionen, so macht es demnach große Schwierigkeiten, sie angesichts des geringen Rückhalts, den sie in den uns vorliegenden Theorieentwürfen sowohl Hegels als auch Bradleys findet, für historisch angemessen und wenigstens insofern überzeugend zu halten. Vor allem gibt es bei der bemerkenswerten Verschiedenartigkeit der monistischen Konzeptionen von Hegel und Bradley und der damit zusammengehenden Ungleichartigkeit der Voraussetzungen und Ziele dieser Positionen wenig Grund zu der Vermutung, daß eine erfolgreiche Kritik an Bradleys Monismus auch schon einen Erfolg über Hegels monistisches Programm beinhaltet.

II. Gegen Bradley: Die Unhaltbarkeit des substanzontologischen Monismus

Anders sieht es allerdings aus, wenn man bedenkt, daß Russell sich verhältnismäßig wenig dafür interessiert hat, ob seine Kritik am ontologischen Monismus den Positionen Hegels und Bradleys historisch oder dem Text nach gerecht wird. Dieses mangelnde Interesse an dem historischen Aspekt seiner These ist in gewisser Weise sogar gerechtfertigt, wenn man sich vergegenwärtigt, daß sie gar nicht primär gegen Hegel und Bradley gerichtet gewesen ist, sondern gegen ‚den Monismus‘, als dessen Exponenten Hegel und Bradley für ihn nur von Bedeutung sind. Die These, daß ‚der Monismus‘ unhaltbar sei, weil er entweder gar keine oder nur interne Relationen zulasse, ist daher der Sache nach unabhängig von den verschiedenen Formulierungen, in denen monistische Theorien im Laufe der Zeit präsentiert worden sind. Es ist deshalb für die Einschätzung des Russellschen Unternehmens sehr viel wichtiger, sich die zweite der eingangs angeführten Fragen zu stellen und zu klären, ob denn nun der ontologische Monismus, in welcher seiner Formen auch immer, tatsächlich über das Relationenproblem, wie Russell es sieht, zu Fall gebracht werden kann. Diese Klärung kann zwar davon absehen, wie Hegel und Bradley ihre eigenen Positionen jeweils selbst interpretiert haben, sie muß aber dem Faktum Rechnung tragen, daß sie zwei sehr unterschiedliche Varianten des Monismus vertreten. Man kann daher nicht in einem Zug die Frage klären, was das sachliche Ergebnis der Russellschen Kritik ist, sondern muß unterscheiden zwischen dem, was als Ergebnis für einen Monismus des Bradleyschen Typs anzusehen ist, und dem, was das Ergebnis für einen Monismus Hegelschen Typs darstellt. Anzumerken ist, daß, obwohl es mehrere Vertreter dessen gegeben hat, was hier als ‚Monismus des Bradleyschen Typs' bezeichnet wird, z. B. Parmenides und Spinoza, mir nur ein Vertreter des Monismus Hegelschen Typs bekannt ist, nämlich Hegel selbst.

Was nun den Monismus des Bradleyschen Typs betrifft, so hat Russells Kritik in der Tat desaströse Folgen für ihn, wenn sich auch aus ihr kein direktes Argument gegen ihn entwickeln und sich auch kein unmittelbarer Bezug zu dem direkten Argument herstellen läßt, das im Zusammenhang der Diskussion der Bradleyschen Position als Hauptbedenken gegen diesen Monismus angemeldet worden ist, nämlich daß er als ein substanzontologischer Monismus ohnehin nicht konsistent formuliert werden kann, ganz gleichgültig, ob seine Theorie der Relationen vertretbar ist oder nicht. Obwohl bei Russell auch diese Überlegung, die offensichtlich von beliebigen Thesen über Relationen unabhängig ist, eine Rolle spielt,[5] liegt der mit der Theorie der Relationen zusammenhängende Punkt in etwas anderem. Wenn man nämlich Russell darin folgt, daß die Annahme von internen Relationen – verstanden in ihrer doppelten Russellschen Bedeutung sowohl als Annahme reduzierbarer als auch als Annahme nicht externer Relationen – zu unvermeidbaren logischen Schwierigkeiten führt, und wenn das Ausweichen auf externe Relationen aus Gründen nicht möglich ist, die mit der substanzontologischen Ausstattung dieses Monismus zusammenhängen, dann muß sich eben der substanzontologische Monismus vorhalten lassen, daß er nicht nur in Übereinstimmung mit seinen Voraussetzungen *ontologisch* nichts mit Relationen anfangen kann, sondern daß er auch auf keiner anderen Ebene, so z. B. auch nicht auf der von Bradley beanspruchten erkenntnistheoretischen Ebene, Relationen zulassen darf.[6] Russells aus dem Rela-

---

[5] Vgl. *Principles of Mathematics*, § 215 u. ö.
[6] Der Genauigkeit halber muß allerdings darauf hingewiesen werden, daß Russells Kritik an internen Relationen die hier skizzierten Folgen *nicht* gegenüber einem substanzonto-

tionenproblem gezogene antimonistische Konsequenzen treffen also nicht direkt den substanzontologischen Monismus, wohl aber die für ihn unaufgebbaren Folgetheorien, die seine Möglichkeit auch unter Bedingungen sichern sollen, welche durch die „machinery of terms and relations" bestimmt sind.

Die Folgen der Russellschen Kritik an internen Relationen für einen Monismus Hegelschen Typs oder einen relationsontologischen Monismus sind schwerer zu bestimmen. Dies überrascht zunächst, wenn man sich daran erinnert, daß Hegels gesamte ontologische Konzeption darauf abgestellt ist, die Distinktionen der traditionellen Metaphysik und mit ihnen das Problem der Internalität oder Externalität von Relationen zu unterlaufen. Man sollte daher meinen, daß Russells kritischer Punkt schon der Sache nach keinen Halt in einer relationsontologischen Konzeption des Monismus finden kann und insofern in einem solchen Kontext belanglos ist. Diese Überlegung mag ihr gutes Recht haben, sie übersieht aber, daß die basale Annahme des relationsontologischen Monismus, nämlich daß man das monistische Substrat, also das, was es in Wahrheit gibt, als eine Relation zwischen Relationen zu denken hat, – daß diese Annahme für sich genommen noch keine Auskunft darüber gibt, wie denn das Verhältnis dieses Substrats zu seinen in jeweils unterschiedlichen Graden unvollständigen gegenständlichen Manifestationen aufzufassen ist. Dieses Verhältnis ist aber von großer Bedeutung für die Frage nach den Folgen der Russellschen Kritik an internen Relationen für diesen Monismus. Denn wenn sich herausstellt, daß die Bestimmung dieses Verhältnisses zu der Annahme führt, die für grundlegend ausgegebene Relation zwischen Relationen sei in der Natur oder im Wesen ihrer gegenständlichen Manifestationen gegründet, sie sei also eine im Russellschen Sinne interne Relation, dann würden Russells Einwände gegen die Internalität von Relationen – immer unter der Voraussetzung, daß sie zutreffen – einen relationsontologischen Monismus in Verlegenheit bringen können. Man muß sich daher einer wenigstens Hegel nahen Stellungnahme zur Deutung dieses Verhältnisses vergewissern.

Nun gehört es zu den vielen ungelösten Geheimnissen der Hegelschen Philosophie, wie sie ihr monistisches Substrat, die ‚Subjektivität' genannte

---

logischen Monismus zeitigt, der neben der Irrealität von Relationen die erkenntnistheoretische Externalität derselben behauptet. Wenn also jemand einen Bradleyschen Monismus mit der von Bradley abweichenden These vertreten würde, daß auf der Ebene der „terms and relations" Relationen als externe zu betrachten sind, dann wäre er vor den Folgen *dieser* Russellschen Überlegung geschützt. Dies würde ihn aber nicht weniger anfällig gegen das oben erwähnte direkte Argument machen, das auf die Unformulierbarkeit eines substanzontologischen Monismus zielt.

relationale Struktur, in eine Beziehung setzt zu Einzeldingen oder auch zu Arten von Gegenständen. In diesem Punkt versuchen, genau zu werden, würde bedeuten, sich einer Aufgabe zu stellen, vor der selbst noch der Hegel der frühen Jenaer Zeit, trotz bereits weit entwickelter metaphysischer Programme, zurückgeschreckt ist.[7] Zuviel ist dabei zu berücksichtigen. Man kann aber ungefähr ermessen, was auf Grund der Hegelschen Vorgaben über dieses Verhältnis gesagt werden muß. Vereinfacht man Hegels monistische These bis an den Rand des Zulässigen, so läßt sie sich ja wie folgt paraphrasieren: Es gibt letztlich nur den realen Begriff, die als Geist aktualisierte Idee, der selbst nichts weiter als die realisierte, ‚Subjektivität' genannte Struktur darstellt. Dieses „es gibt letztlich" bedeutet zweierlei, (1) daß alles auf Aspekte der ‚Subjektivität' genannten Struktur reduziert werden kann und daß (2) diese Struktur selbst erst real ist, wenn sie alles als Aspekt ihrer begriffen hat. Ersteres ist die Hegelsche Weise der Formulierung der den Monismus definierenden Überzeugung, daß alles in irgendeiner Weise eins ist, letzteres verweist auf die Hegel spezifische Art der Einlösung dieser Überzeugung. Unter „Aspekt dieser Struktur" ist jeweils eine aktualisierte Konstellation von Elementen oder Momenten dieser Struktur zu verstehen, Aktualisierungen, die nicht durch die Verschiedenheit ihrer Elemente unterschieden sind, sondern durch die unterschiedliche Art der Präsenz dieser Elemente in der jeweiligen Aktualisierung.

Sieht man vor dem Hintergrund dieser These zunächst nach einem Hegelschen Äquivalent zu dem, was man normalerweise als entweder konkreten oder abstrakten Gegenstand zu bezeichnen bereit ist, dann findet man es wohl am ehesten in den erwähnten Aktualisierungen der Subjektivitätsstruktur. Dies nicht etwa deshalb, weil der Begriff des Gegenstandes diese Interpretation seiner nahelegt, sondern deshalb, weil es im Rahmen des Hegelschen Modells die einzige Möglichkeit ist, die Vorstellung von Gegenständen im normalen Sinne zuzulassen und sie zugleich relationsontologisch *und* monistisch zu deuten. Wenn man nun Gegenstände als Aktualisierungen der Subjektivitätsstruktur auffaßt, dann stellt sich die Frage, ob es möglich ist, die Russellsche Kritik an internen Relationen auch als eine Kritik an Hegels relationsontologischem Monismus gelten zu lassen, als Frage danach heraus, ob den Aktualisierungen der Subjektivitätsstruktur diese Struktur selbst intern ist. Auf diese Frage nun ist die Antwort eindeutig:

---

[7] Vgl. seine Auseinandersetzung mit der Krugschen Forderung nach der Deduktion von dessen Schreibfeder in: *Wie der gemeine Menschenverstand die Philosophie nehme*. 178 ff.

nein, wenigstens dann, wenn man sich an den hier einzig relevanten Russellschen Sinn der Rede von ‚intern' hält. In diesem Sinn ist eine Relation ihren Relata intern, wenn der Umstand, daß sie zwischen ihnen besteht, von der Beschaffenheit der Relata abhängt. Diese Beschreibung kann jedoch zu der Charakterisierung der Beziehung zwischen den Hegelschen Aktualisierungen der Subjektivitätsstruktur und dieser Struktur selbst aus mehreren Gründen erst gar nicht herangezogen werden. Denn (1) diese Aktualisierungen sollen gar nicht als die Relata einer Relation aufgefaßt werden, sondern als Ausdruck – wieder verstanden im Leibnizschen Sinne – oder als mehr oder weniger weit entwickelter Fall dieser Struktur selbst, und (2) diese Struktur ist, nach Hegel wenigstens, unterbestimmt, wenn man sie nur als Relation betrachtet und dabei außer acht läßt, daß sie zugleich ihre Relata bestimmt. Auf eine Formel gebracht, läßt sich der hier verhandelte Sachverhalt auch so ausdrücken: Während Russells Kritik an internen Relationen zugeschnitten ist auf ein Modell, in dem die Natur oder das Wesen der Relata als Seinsgrund für die jeweiligen Relationen fungiert, in denen die Relata zueinander stehen, ist das relationsontologische Modell Hegels so angelegt, daß in ihm ein relationaler Sachverhalt der Seinsgrund alles dessen ist, was überhaupt eine Natur oder ein Wesen hat. Diese Differenz im Modell ist es, die Russells Einwände gegen die Internalität von Relationen auch nicht über den Umweg der Betrachtung des Verhältnisses zwischen Hegelscher Subjektivitätsstruktur und deren Aktualisierungen auf diesen relationsontologischen Monismus übertragbar machen. Insofern richtet Russells Kritik, soweit sie sich auf die in der Diskussion über Relationen gewonnenen Argumente stützt, gegen einen Monismus Hegelschen Typs wenig aus.

III. Für Hegel: Monismus ohne Russells „Problem der Relationen".

Ehe es nun zu Mißverständnissen kommt, muß betont werden, daß mit all dem sehr wenig zu Gunsten eines relationsontologischen Monismus Hegelscher Provenienz gesagt ist. Alles, was man festhalten kann, ist nur, daß sich einige grundlegende Annahmen eines solchen Monismus so rekonstruieren lassen, daß der Versuch der Ausführung dieses Monismus nicht bereits von vornherein als vergebliches, weil im Ansatz unsinniges und an schon bekannten Schwierigkeiten, wie z. B. dem Relationenproblem, scheiterndes Unternehmen betrachtet werden muß. Ob ein solcher Monismus, der vielleicht weniger durch seine basalen Voraussetzungen als durch die extremen Komplikationen gefährdet ist, in die er sich sowohl sachlich als auch methodisch mit dem Versuch bringt, diese Voraussetzungen systematisch einzulösen, – ob dieser Monismus tatsächlich zu einer überzeugenden ontologischen Theorie durch Hegel als seinem einzigen und schon deshalb kompetenten Vertreter ausgebaut worden ist, ist eine ganz andere Frage, zu der aus dieser Arbeit nichts zu entnehmen ist.

Dies führt auf die dritte und letzte der eingangs dieses Abschnitts gestellten Fragen, nämlich die, was von den angezeigten ontologischen Perspektiven der drei hier diskutierten Positionen zu halten ist. Da diese ontologischen Perspektiven allerdings nur so weit in den Blick gekommen sind, wie es das Problem der Relationen zugelassen hat, kann eine Antwort auf diese Frage nicht mit dem Anspruch auftreten, Auskunft darüber zu geben, ob irgendeine, und wenn welche dieser Positionen ‚stimmt'. Abgesehen davon, daß schwer auszumachen ist, welche Gesichtspunkte darüber entscheiden, ob eine ontologische Theorie ‚stimmt', wäre der Versuch einer solchen Entscheidung auf Grund der hier gezogenen Grenzen des Themas voreilig. Eine Antwort auf die angeführte Frage kann hier nur die bescheidenere Funktion haben, auf das hinzuweisen, was man aus der Konfrontation der drei Positionen über die Möglichkeiten der Ontologie zu lernen vermag.

Die augenfälligste, wenn auch vielleicht nicht bemerkenswerteste Lehre ist die, daß Ontologie nicht primär um ihrer selbst willen betrieben wird. Vielmehr hat es den Anschein, daß ontologische Theorien die Aufgabe wahrnehmen, Möglichkeiten zur Bewältigung von Schwierigkeiten bereitzustellen, die mit der Heterogenität unserer wissenschaftlichen und nichtwissenschaftlichen Überzeugungen über ‚die Welt' zusammenhängen. Die Berechtigung von ontologischen Theorien besteht anscheinend darin, daß sie Konstruktionen anbieten, die es erlauben, die durch unsere Überzeugungen mehr oder weniger gut definierten ‚Teilwelten' als verschiedene Aspekte ein und derselben Welt zu verstehen. Eine ontologische Theorie, so kann man sagen, reagiert auf die Probleme, die damit verbunden sind, daß wir zwar z. B. durch unsere physikalischen Überzeugungen – ob sie nun in der Form von Theorien auftreten oder nicht – eine physikalische Welt festlegen genauso wie wir durch unsere politischen oder psychologischen Überzeugungen die gesellschaftliche oder die individuelle Wirklichkeit bestimmen, daß aber diese so gewonnenen Bilder von Teilen der Welt nicht unmittelbar von sich aus auf die Art ihres Zusammenhanges in Einer Welt verweisen. Hinweise darauf zu geben, wie ein solcher Zusammenhang gedacht werden kann, ist daher eines der wesentlichen Ziele von ontologischen Theorien. Daß diese Einschätzung auch von den hier näher betrachteten drei Philosophen geteilt worden ist, läßt sich schwer übersehen. So ist Hegel bereits sehr früh explizit der Meinung, daß das „Bedürfnis der Philosophie", und d. h. auch der Metaphysik eng gebunden ist an den Verlust der „Macht der Vereinigung"[8], und auch Russell ist, wenigstens implizit, ähnlicher Ansicht, wenn er seine Ablehnung der monistischen Metaphysik mit der Überzeugung begründet, daß man mit den Mitteln dieser Metaphysik weder Mathematik und Logik noch der Sprache und dem common-sense gerecht werden kann. Selbst Bradley bestätigt diese Einschätzung von Rolle und Funktion einer ontologischen Theorie, indem er seinen Monismus als eine Theorie versteht, die den Einheitscharakter der Wirklichkeit, der unter ihren widersprüchlichen bzw. inkompatiblen Erscheinungsweisen verborgen ist, in den Blick bringt.

Daß ontologische Theorien als Hypothesen betrachtet werden können, die Anweisungen zur Erstellung eines Gesamtweltbildes aus disparaten Teilweltbildern bereitstellen sollen, kann zu verschiedenen Folgerungen Anlaß geben. Zunächst: Wenn man einmal voraussetzt, daß es keine logischen Gründe gibt, die eine monistische oder eine pluralistische Ontologie von vornherein zum Scheitern verurteilen, dann scheint es keine Rolle zu spielen, ob man nun auf ein monistisches oder ein pluralistisches ontologisches Modell bei dem Versuch setzt, seine Überzeugungen in ein Gesamtweltbild zu integrieren. Wichtig ist anscheinend nur, daß die jeweils favorisierte ontologische Theorie diese Integrationsleistung vollbringt. Dies aber heißt, daß eine Entscheidung für eine monistische oder eine pluralistische Ontologie – wenn man die logische Möglichkeit dieser Alternative für den Bereich der Ontologie konzediert – gar nicht primär mit der Frage der ‚Richtigkeit' des durch den gewählten Typ von Ontologie strukturell festgelegten Gesamtweltbildes zusammenhängt. Eine solche Entscheidung wird in der Regel durch andere Motive bestimmt sein. Für Russell beispielsweise ist die Entscheidung für eine pluralistische Ontologie sicher kaum in irgendwelchen Überzeugungen über Beschaffenheit und Verfassung ‚der Welt' begründet, sondern in bestimmten Annahmen über die Möglichkeit der Mathematik oder auch über die Bedingungen, unter denen ein einigermaßen akzeptabler Wahrheitsbegriff zu entwickeln ist, oder schließlich auch über die Voraussetzungen, die in das normale Reden über die Welt eingehen. Die Entscheidung für eine pluralistische Ontologie ist für Russell daher auch nicht zureichend mit dem Hinweis auf das in seinen Augen manifeste Scheitern einer monistischen Ontologie zu begründen, sondern

---

[8] *Differenzschrift*, 14.

die Begründung liegt der Sache nach darin, daß nur eine solche pluralistische ontologische Theorie den für Russell gewichtigsten Überzeugungen in geeigneter Weise Rechnung tragen gekonnt hat. Ähnliches gilt für Hegel, der seine Version eines ontologischen Monismus ja auch nicht auf die kontemplative Anschauung des Absoluten, der Welt schlechthin oder etwas derartigem gründet, sondern der seinen ontologischen Monismus einer pluralistischen Ontologie überlegen darin gefunden hat, daß mit dessen Mitteln eine große Anzahl disparater Überzeugungen in einen einheitlichen Zusammenhang zu bringen gewesen sind. Auch für ihn also ist es nicht primär das von ihm vermutete Scheitern einer pluralistischen Ontologie, was zur Favorisierung einer monistischen Ontologie nötigt, es ist vielmehr der Umstand, daß die zur Integration in ein Gesamtweltbild anstehenden Überzeugungen nach seiner Einschätzung eine monistische Theorie erzwingen, will man nicht die Möglichkeit der Integration als Anspruch aufgeben.

Diese Beobachtungen sollen nicht als ein Plädoyer dafür verstanden werden, daß auch in Sachen Ontologie die selbst in der Philosophie wieder modern gewordene Maxime „alles geht" gilt. Für ein solches Plädoyer gibt es keinen Anlaß. Denn Verschiedenes geht eben nicht. Es sind ja nicht nur pragmatische Erwägungen, die eine Ontologie rechtfertigen, sondern in eine solche Rechtfertigung gehen auch Plausibilitäts-, Handhabbarkeits- und nicht zuletzt logische Erwägungen ein. Sind Plausibilitätserwägungen, ähnlich wie die pragmatischen, sehr schwer in bezug auf ihre Überzeugungskraft zu beurteilen, weil sie extrem kontextabhängig sind, so stellen Handhabbarkeitserwägungen einen schon ernster zu nehmenden Gesichtspunkt bei der Beurteilung des Wertes einer ontologischen Theorie dar. Es wird in gewisser Weise zu Recht ein kaum auszuräumender Einwand z. B. gegen Hegels Ontologie bleiben, daß sie – unangesehen alles dessen, was sonst noch gegen sie ins Feld geführt werden kann – schon wegen ihrer übergroßen Komplexität und den damit verbundenen Schwierigkeiten ihrer theoretischen Bewältigung kein sehr praktikables Modell zur Erstellung der Grundzüge eines Gesamtweltbildes bereitstellt.

Doch letztlich sind es die logischen Erwägungen, die die Freiheit der Wahl von ontologischen Theorien beschneiden. Denn wenn es stimmt, daß ontologische Theorien konsistente Weltbilder ermöglichen sollen, dann werden sie mit dieser Aufgabe notwendig scheitern, wenn sie aus logischen Gründen unhaltbar sind. Für die hier betrachteten drei Positionen bedeutet dies, daß Bradleys substanzontologischer Monismus schon wegen der logischen Probleme, die mit seiner Theorie der Relation zusammenhängen, keine gangbare ontologische Alternative darstellt. Was den relationsontologischen Monismus Hegels betrifft, so ist seine logische Möglichkeit offenbar nicht durch die mit der traditionellen monistischen Theorie der Relationen verbundenen logischen Schwierigkeiten in Frage gestellt, so daß dieser Monismus, genau so wenig wie der ontologische Pluralismus Russells, sich auf Grund der Konsequenzen, die die Annahme interner Relationen mit sich bringt, als ontologisches Modell diskreditiert. Damit ist, wie sich von selbst versteht, sehr wenig über weitergehende Erfolgsaussichten sowohl des Hegelschen als auch des Russellschen ontologischen Entwurfs gesagt. Das Problem der Relationen ist eben nur eines einer großen Anzahl von Hindernissen, die eine ontologische Theorie zu überwinden hat. Daß es dennoch ein zentrales Problem geworden ist, verdankt es zum einen dem kontingenten Umstand, daß Russell der Meinung gewesen ist, an diesem Problem das Schicksal ‚des Monismus' festmachen zu können, und mit dieser seiner Meinung auch Erfolg gehabt hat. Zum anderen muß man diesem Problem auch deshalb eine zentrale Stellung im ontologischen Kontext einräumen, weil es Anlaß dazu gibt, auf häufig übersehene Differenzierungsmöglichkeiten im Rahmen des Monismus hinzuweisen, die die Überzeugung von seiner längst abgeschlossenen Widerlegung obsolet erscheinen lassen.

Über all dem mag es nützlich sein, nicht zu vergessen, daß Diskussionen, die, wie die über Ontologie, der Sache nach mehrere tausend Jahre alt sind, wohl kaum zu irgendwelchen endgültigen Ergebnissen tendieren. Warum? Eine, Nietzsche nahestehende Vermutung hat der erfolglose Metaphysiker Bradley aphoristisch formuliert: „Metaphysics is the finding of bad reasons for what we believe upon instinct, but to find these reasons is no less an instinct."[9]

---

9 *Appearance and Reality*, X.

Literaturverzeichnis

Allaire, E. B.: Wolterstorff and Bradley on Ontology. In: The Journal of Philosophy 70, 1973, 727 ff.
Ayer, A. J.: Russell and Moore. The Analytical Heritage. London 1971.
Ayer, A. J.: Bertrand Russell. New York 1972.
Ayer, A. J: An Appraisal of Bertrand Russell's Philosophy. In: D. Pears (Ed.): Bertrand Russell. 6 ff.

Becker, W., Essler, W. K. (Hrsg.): Konzepte der Dialektik. Frankfurt 1981.
Bedell, G.: Bradley and Hegel. In: Idealistic Studies 7, 1977, 262 ff.
Bergmann, G.: Russell's Examination of Leibniz Examined. In: Meaning and Existence. Madison 1960, 156 ff.
Bodammer, Th.: Hegels Deutung der Sprache. Interpretationen zu Hegels Äußerungen über die Sprache. Hamburg 1969.
Bosanquet, B.: Logic or the Morphology of Knowledge. Vol. 1. Oxford 1911^2.
Bowne, G. D.: The Philosophy of Logic 1880–1908. Den Haag 1966.
Bradley, F. H.: The Principles of Logic. 2 Vol. Oxford 1967.
Bradley, F. H.: Appearance and Reality. A Metaphysical Essay. Oxford 1968.
Bradley, F. H.: Essays on Truth and Reality. Oxford 1968.
Bradley, F. H.: Collected Essays. Oxford 1969.
Broad, C. D.: Critical and Speculative Philosophy. In: J. H. Muirhead (Ed.): Contemporary British Philosophy. First Series, 78 ff.
Broad, C. D.: An Examination of McTaggart's Philosophy. Vol I. Cambridge 1933.
Broad, C. D.: Mr. Bradley on Truth and Reality. In: Mind 23, 1914, 349 ff.
Brockard, H.: Subjekt. Versuch zur Ontologie bei Hegel. München 1970.

Campbell, C. A.: Bradley's Anti-Relational Argument: A Reply to Mr. Kulkarni. In: The Philosophical Quarterly 8, 1954, 54 ff.
Candlish St.: Idealism and Bradley's Logic. In: Idealistic Studies 12, 1982, 251 ff.
Candlish St.: The Status of Idealism in Bradley's Metaphysics. In: Idealistic Studies 11, 1981, 242 ff.
Cappio, J.: Russell's Philosophical Development. In: Synthese 46, 1981, 185 ff.
Cargile, J.: Paradoxes. A study in form and predication. Cambridge 1979.
Carl, W.: Sinn und Bedeutung. Studien zu Frege und Wittgenstein. Königstein/Ts. 1982.
Carnap, R.: Die alte und die neue Logik. In: Erkenntnis I, 1930/31, 12 ff.
Carnap, R.: Überwindung der Metaphysik durch logische Analyse der Sprache. In: Erkenntnis II, 1932, 219 ff.
Carr, H. W.: On Mr. F. H. Bradley's „Appearance and Reality". In: Proceedings of the Aristotelian Society 2, 1892/94, 59 ff.

Carr, H. W.: Mr. Bradley's Theory of Appearance. In: Proceedings of the Aristotelian Society, New Series 2, 1901/02, 206 ff.
Chihara, Ch.: Ontology and the Vicious-Circle Principle. Ithaka 1973.
Church, R. W.: Bradley's Dialectic. London 1942.
Cohen, M. R.: F. H. Bradley. In: A Preface to Logic. New York 1956, 203 ff.
Copleston, F.: A History of Philosophy. Vol. 8: Modern Philosophy: Bentham to Russell. Part I: British Empiricism and the Idealist Movement in Great Britain. New York 1967.
Cresswell, M. J.: Bradley's Theory of Judgement. In: Canadian Journal of Philosophy 9, 1979, 575 ff.
Cresswell, M. J.: Reality as Experience in F. H. Bradley. In: Australasian Journal of Philosophy 55, 1977, 169 ff.
Cunningham, G. W.: The Idealistic Argument in Recent British and American Philosophy. New York 1933.
Düsing, K.: Die Teleologie in Kants Weltbegriff. Bonn 1968.
Düsing, K.: Das Problem der Subjektivität in Hegels Logik. Systematische und entwicklungsgeschichtliche Untersuchungen zum Prinzip des Idealismus und zur Dialektik. Bonn 1976.

Eames, E.R.: Bertrand Russell's Theory of Knowledge. London 1969.
Eliot, T. S.: Knowledge and Experience in the philosophy of F. H. Bradley. London 1964.
Ewing, A. C.: Entgegnung auf R. W. Church: On Dr. Ewing's Neglect of Bradley's Theory of Internal Relations. In: The Journal of Philosophy 32, 1935, 273.
Ewing, A. C.: Idealism. London 1935.

Fichte, J. G.: Über den Begriff der Wissenschaftslehre. In: J. G. Fichte: Ausgewählte Werke. Hrsg. v. F. Medicus. Bd. 1. Darmstadt 1962.
Fulda, H. F.: Hegels Dialektik als Begriffsbewegung und Darstellungsweise. In: R. P. Horstmann (Hrsg.): Seminar: Dialektik in der Philosophie Hegels. 125 ff.
Fulda, H. F.: Unzulängliche Bemerkungen zur Dialektik. In: R. P. Horstmann (Hrsg.): Seminar: Dialektik in der Philosophie Hegels. 33 ff.
Fulda, H. F., Horstmann, R. P., Theunissen, M.: Kritische Darstellung der Metaphysik. Eine Diskussion über Hegels ‚Logik‘. Frankfurt 1980.

Gödel, K.: Russell's Mathematical Logic. In: P. Schilpp (Ed.): The Philosophy of Bertrand Russell, 125 ff.
Gram, M. S.: The Reality of Relations. In: The New Scholasticism 44, 1970, 49 ff.
Gram, M. S.: Relations, Again: A Reply to Gull. In: The New Scholasticism 45, 1971, 611 ff.
Gull, R.: Bradley's Argument against Relations. In: The New Scholasticism 45, 1971, 324 ff.

Hartmann, K.: Die ontologische Option. In: K. Hartmann (Hrsg.): Die ontologische Option. Berlin 1976.
Hegel, G. W. F.: Gesammelte Werke. In Verbindung mit der Deutschen Forschungsgemeinschaft hrsg. von der Rheinisch-Westfälischen Akademie der Wissenschaften. Hamburg 1968 ff.
Hegel, G. W. F.: Differenz des Fichte'schen und Schelling'schen Systems der Philosophie. Gesammelte Werke. Bd. 4, 5 ff.

Hegel, G. W. F.: Wie der gemeine Menschenverstand die Philosophie nehme. Gesammelte Werke. Bd. 4, 178 ff.
Hegel, G. W. F.: Glauben und Wissen. Gesammelte Werke. Bd. 4, 315 ff.
Hegel, G. W. F.: Über die wissenschaftlichen Behandlungsarten des Naturrechts. Gesammelte Werke. Bd. 4, 417 ff.
Hegel, G. W. F.: Jenaer Systementwürfe II. Gesammelte Werke. Bd. 7.
Hegel, G. W. F.: Zum Erkennen. Gesammelte Werke. Bd. 12, 257 f.
Hegel, G. W. F.: Zum Mechanismus, Chemismus, Organismus und Erkennen. Gesammelte Werke. Bd. 12, 259 ff.
Hegel, G. W. F.: Theologische Jugendschriften. Hrsg. v. H. Nohl. Tübingen 1907.
Hegel, G. W. F.: Erste Druckschriften. Hrsg. v. G. Lasson. Leipzig 1928.
Hegel, G. W. F.: Phänomenologie des Geistes. Hrsg. v. J. Hoffmeister. Hamburg 1952.
Hegel, G. W. F.: Wissenschaft der Logik. Hrsg. v. G. Lasson. Leipzig 1951.
Hegel, G. W. F.: Enzyklopädie der philosophischen Wissenschaften im Grundrisse (1830). Hrsg. v. F. Nicolin und O. Pöggeler. Hamburg 1959.
Henrich, D.: Die Formationsbedingungen der Dialektik. In: Revue International de Philosophie 139/140, 1982, 139 ff.
Henrich, D., Düsing, K. (Hrsg.): Hegel in Jena. Die Entwicklung des Systems und die Zusammenarbeit mit Schelling. Hegel-Studien. Beiheft 20. Bonn 1980.
Henrich, D., Horstmann, R. P. (Hrsg.): Hegels Philosophie des Rechts. Die Theorie der Rechtsformen und ihre Logik. Veröffentlichungen der Internationalen Hegel-Vereinigung. Band 11. Stuttgart 1982.
Horstmann, R. P.: Über das Verhältnis von Metaphysik der Subjektivität und Philosophie der Subjektivität in Hegels Jenaer Schriften. In: D. Henrich, K. Düsing (Hrsg.): Hegel in Jena. 181 ff.
Horstmann, R. P.: Der geheime Kantianismus in Hegels Geschichtsphilosophie. In: D. Henrich, R. P. Horstmann (Hrsg.): Hegels Philosophie des Rechts. 56 ff.
Horstmann, R. P. (Hrsg.): Seminar: Dialektik in der Philosophie Hegels. Frankfurt 1978.

Ishiguro, H.: Use and Reference of Names. In: P. Winch (Ed.): Studies in the Philosophy of Wittgenstein. 20 ff.

Jager, R.: The Development of Bertrand Russell's Philosophy. London 1972.
James, W.: Pragmatism and other Essays. New York 1963.
James, W.: Essays in Radical Empiricism. Cambridge/Mass. 1976.
Joachim, H. H.: The Nature of Truth. Oxford 1906.
Joachim, H. H.: Logical Studies. Oxford 1948.

Kant, I.: Kritik der reinen Vernunft. Hrsg. v. R. Schmidt. Hamburg 1960.
Kant, I.: Kritik der Urteilskraft. Hrsg. v. K. Vorländer. Hamburg 1959.
Kenny, A.: Action, Emotion and Will. London 1963.
Kierkegaard, S.: Die Krankheit zum Tode. Hrsg. v. L. Richter. Hamburg 1962.
Klemke, E. D. (Ed.): Essays on Bertrand Russell. Urbana 1970.
Kulkarni, N. G.: Bradley's Anti-Relational Argument. In: The Philosophical Quarterly 7, 1957, 97 ff.

Leibniz, G. W.: Die Philosophischen Schriften. Hrsg. v. C. I. Gerhardt. Band 7. Berlin 1890 (Nachdruck: Hildesheim 1965).
Lycan, W.: Logical Atomism and Ontological Atoms. In: Synthese 46, 1981, 207 ff.

Mackintosh, R.: Hegel and Hegelianism. Edinburgh 1903.
Maclachlan, D. L. C.: Presuppositions in Bradley's Philosophy. In: Canadian Philosophical Review 2, 1963/64, 155 ff.
Manser, A.: Bradley and Internal Relations. In: G. Vesey (Ed.): Idealism, Past and Present. 181 ff.
Manser, A.: Bradley's Logic. Oxford 1983.
Marcuse, H.: Hegels Ontologie und die Grundlegung einer Theorie der Geschichtlichkeit. Frankfurt 1932.
Marx, W.: Absolute Reflexion und Sprache. Frankfurt 1967
Maxwell, G.: The Later Bertrand Russell: Philosophical Revolutionary. In: G. Nakhnikian (Ed.): Bertrand Russell's Philosophy, 169 ff.
McTaggart, J. M. E.: Rezension: ‚Appearance and Reality'. In: Revue de Métaphysique et de Morale 2, 1894, 98 ff.
McTaggart, J. M. E.: The Nature of Existence. Vol. 1. Cambridge 1921.
Moore, G. E.: External and Internal Relations. In: Philosophical Studies. London 1922 u. ö., 276 ff.
Muirhead, J. H. (Ed.): Contemporary British Philosophy. First Series. London 1924.

Nakhnikian, G. (Ed.): Bertrand Russell's Philosophy. New York 1974.

Palmer, A.: Parasites cut loose. In: G. Vesey (Ed.): Idealism, Past and Present. 197 ff.
Passmore J.: A Hundred Years of Philosophy. London 1966².
Pears, D.: Bertrand Russell and the British Tradition in Philosophy. London 1967.
Pears, D. (Ed.): Bertrand Russell. A Collection of Critical Essays. New York 1972.
Popper, K.: Was ist Dialektik? In: E. Topitsch (Hrsg.): Logik der Sozialwissenschaften. 262 ff.

Quine, W. O.: Philosophy of Logic. Englewood Cliffs 1970.
Quine, W. O.: Russell's Ontological Development. In: D. Pears (Ed.): Bertrand Russell. 290 ff.
Quinton, A.: Absolute Idealism. In: Proceedings of the British Academy 57, 1971, 303 ff.

Rashdall, H.: The Metaphysic of Mr. F. H. Bradley: In: Proceedings of the British Academy 5, 1912, 429 ff.
Roberts, G. W. (Ed.): Bertrand Russell Memorial Volume. London 1979.
Robinson, J.: Bradley and Bosanquet. In: Idealistic Studies 10, 1980, 1 ff.
Rolston, J.: Bradley on Russell and Relations. In: The Philosophical Forum 4, 1972/73 513 ff.
Rosenkranz, K.: Hegel's Leben. Berlin 1844.
Royce, J.: Rezension: ‚Appearance and Reality'. In: The Philosophical Review 3, 1894, 212 ff.
Russell, B.: The Autobiography of Bertrand Russell. Vol. 1. London 1967.
Russell, B.: My Philosophical Development. London 1959.
Russell, B.: My Mental Development. In: P. Schilpp (Ed.): The Philosophy of Bertrand Russell. 3 ff.
Russell, B.: An Essay on the Foundations of Geometry. Cambridge 1897.
Russell, B.: A Critical Exposition of the Philosophy of Leibniz. London 1971.
Russell, B.: The Principles of Mathematics. London 1972.
Russell, B.: The Problems of Philosophy. London 1912.

Russell, B.: Our Knowledge of the External World as a Field for Scientific Method in Philosophy. London 1914.
Russell, B.: Introduction to Mathematical Philosophy. London 1919.
Russell, B.: An Outline of Philosophy. London 1927.
Russell, B.: An Inquiry into Meaning and Truth. London 1940.
Russell, B.: A History of Western Philosophy. New York 1945.
Russell, B.: Human Knowledge. Its Scope and Limits. New York 1948.
Russell, B.: Philosophical Essays. London 1966².
Russell, B.: Mysticism and Logic and other Essays. London 1970.
Russell, B.: Logic and Knowledge. Essays 1901–1950. Edited by R. C. Marsh. London 1956.
Russell, B.: Essays in Analysis. Edited by D. Lackey. London 1973.
Russell, B.: Meinong's Theory of Complexes and Assumptions. In: Essays in Analysis. 21 ff.
Russell, B.: On Denoting. In: Logic and Knowledge. 39 ff.
Russell, B.: The Monistic Theory of Truth. In: Philosophical Essays. 131 ff.
Russell, B.: On the Relations of Universals and Particulars. In: Logic and Knowledge. 103 ff.
Russell, B.: Mysticism and Logic. In: Mysticism and Logic and other Essays. 9 ff.
Russell, B.: On Scientific Method in Philosophy. In: Mysticism and Logic and other Essays. 75 ff.
Russell, B.: The Philosophy of Logical Atomism. In: Logic and Knowledge. 175 ff.
Russell, B.: Logical Atomism. In: Logic and Knowledge. 321 ff.
Russell, B.: Ontology and Logic. In: The Journal of Philosophy 54, 1957, 230 ff.
Ryle, G.: Internal Relations. In: Proceedings of the Aristotelian Society. Supplementary Volume XIV, 1935, 154 ff.

Sainsbury, R. M.: Russell. London 1979.
Saxena, S. K.: Studies in the Metaphysics of Bradley. London 1967.
Schilpp, P. (Ed.): The Philosophy of Bertrand Russell. New York 1951³.
Silkstone, T. W.: Bradley on Relations. In: Idealistic Studies 4, 1974, 160 ff.
Simon, J.: Das Problem der Sprache bei Hegel. Stuttgart 1966.
Sprigge, T.: Russell and Bradley on Relations. In: G. W. Roberts (Ed.): Bertrand Russell Memorial Volume. 150 ff.
Stebbing, L. S.: Relation and Coherence. In: Proceedings of the Aristotelian Society. New Series 17, 1916/17, 459 ff.
Stout, G. F.: Alleged Self-Contradictions in the Concept of Relation – A Criticism of Mr. Bradley's „Appearance and Reality", Pt. I, Ch. III. In: Proceedings of the Aristotelian Society, New Series 2, 1901/02, 1 ff.
Strawson, P.: Subject and Predicate in Logic and Grammar. London 1974.

Taylor, Ch,: Hegel. Cambridge 1975
Theunissen, M.: Sein und Schein. Die kritische Funktion der Hegelschen Logik. Frankfurt 1978.
Topitsch, E. (Hrsg.): Logik der Sozialwissenschaften. Köln 1965.

Vander Veer, G. L.: Bradley's Metaphysics and the Self. New Haven 1970.
Vesey, G. (Ed.): Idealism, Past and Present. Cambridge 1982.
Vollrath, E.: Die Gliederung der Metaphysik in eine Metaphysica generalis und eine Metaphysica specialis. In: Zeitschrift für Philosophische Forschung 16, 1962, 258 ff.

Vuillemin, J.: Leçons sur la Première Philosophie de Russell. Paris 1968.
Vuillemin, J.: Platonism in Russell's Early Philosophy and the Principle of Abstraction. In: D. Pears (Ed.): Bertrand Russell. 305 ff.
Warnock, G. J.: English Philosophy since 1900. London 1958.
Weitz, M.: Analysis and the Unity of Russell's Philosophy. In: P. Schilpp (Ed.): The Philosophy of Bertrand Russell. 55 ff.
White, M.: Toward Reunion in Philosophy. Cambridge/Mass. 1956.
Whitehead, A. N. and Russell, B.: Principia Mathematica to *56. Cambridge 1964.
Winch, P. (Ed.): Studies in the Philosophy of Wittgenstein. London 1969.
Winslade, W. J.: Russell's Theory of Relations. In: E. D. Klemke (Ed.): Essays on Bertrand Russell. 81 ff.
Wolff, M.: Der Begriff des Widerspruchs. Eine Studie zur Dialektik Kants und Hegels. Königstein/Ts. 1981.
Wollheim, R.: F. H. Bradley. Harmondsworth 1959.
Wolterstorff, N.: On Universals. An Essay in Ontology. Chicago 1970.

Register

Absolutes 31
Akzidenz (s. auch Eigenschaft, Prädikat, Substanz-Akzidenz) 43, 53
Allaire, E. B. 133
Allgemeinbegriff 69
Analyse, logische 18, 30
Annahme, substanzontologische 29
Apperzeption 73, 87
Aristoteles 23 f., 181
assertion 205 f., 210
Ausdruck 85, 250
Ayer, A. J. 18 f., 174, 200

Baum, M. 12
Becker, W. 41
Bedell, G. 113
Begriff 24, 68 ff., 72, 80 f., 87 ff., 97, 99 f., 102, 178 f., 207 ff.
Begriff, realer 46 f., 249
Bergmann, G. 204
Berkeley, G. 60, 196, 233
Bestimmtheit 126
Bestimmung, äußerliche und innerliche 33
Bodammer, Th. 53
Bosanquet, B. 18, 109, 164, 230
Bowne, G. D. 192
Bradley, F. H. 11 f., 18, 20 f., 25, 32 f., 34 ff., 42, 64, 107–168, 180 f., 186, 188, 191 ff., 195, 213, 222, 227, 233, 235, 239 ff., 252 ff.
Broad, C. D. 132, 135, 161, 171
Brockard, H. 42, 86
Bullinger, A. 84

Campbell, C. A. 129
Candlish, St. 126, 161
Cappio, J. 236
Cargile, J. 207
Carl, W. 192
Carnap, R. 15, 17
Carr, H. W. 127
Chihara, Ch. 200
Church, R. W. 145, 165
Cohen, M. R. 115

Cook Wilson, J. 135
Copleston, F. 110
Cresswell, M. J. 126
Cunningham, G. W. 135, 142

Denken 69
Denkbestimmung 68 f., 72, 88 f.
Descartes, R. 230
Ding (s. auch Gegenstand, Objekt) 43 f., 161
Ding an sich 73, 93
Düsing, K. 74, 86

Eames, E. R. 171
Eigenschaft (s. auch Akzidenz, Prädikat, Qualität) 43 f., 54
Elliot, T. S. 135
Empirismus, Locke – Humescher 49 ff.
Erfahrung 73, 133
Erfahrung, relationale 135 ff.
Erfahrung, unmittelbare 135 ff.
Erkennen 93 f., 134
Erkenntnis 74 f., 136
Erklärungsart, chemische 76
Erklärungsart, mechanische 73 ff., 78
Erklärungsart, teleologische 73, 75 f., 78
Erscheinung 73, 116 f., 126, 165
Essler, W. K. 41
Ewing, A. C. 32, 145
Existenz 26, 126
a-Externalität (s. auch Relation, a-externe) 150 ff.
b-Externalität (s. auch Relation, b-externe) 150
c-Externalität 150, 158

Fichte, J. G. 87, 94
Fischer, K. 82
Frege, G. 181
Fühlen 133, 135
Fulda, H. F. 42, 65, 69

Ganzes 139 ff., 163, 219, 234, 242
Ganzes, gefühltes 118 f.
Gedanke, objektiver 69

261

Gegenstand (s. auch Objekt) 117 f., 143, 160, 207, 225
Geist 31, 86, 89, 95 f., 249
Gödel, K. 200
Gram, M. S. 115
Grund 94 f.
Gull, R. 115

Hartmann, E. v. 41, 82
Hartmann, K. 47
Haym, R. 41
Hegel, G. W. F. 11 f., 15 f., 18 ff., 31, 36, 39–105, 109 ff., 168, 188, 195 f., 239 ff.
Hegelianismus 111
Henrich, D. 12, 42, 105
Herbart, J. F. 110
Hume, D. 49

Ich 86, 89, 95
Idealismus 191, 196 f.
Idealismus, Britischer 18, 20, 109
Idealismus, objektiver 69
Idee 46 f., 91, 99, 101, 103, 249
Ishiguro, H. 230

Jacobi, F. H. 49
Jager, R. 174, 184, 225
James, W. 27 f., 155
Joachim, H. H. 18, 135, 243

Kant, I. 23, 46, 49, 54, 56, 63, 73 ff., 83, 86 f., 143, 233
Kategorie 23, 46 f.
Kategorienlehre 23
Kemmerling, A. 12
Kenny, A. 202
Kierkegaard, S. 91
Komplexität 221
Konsistenz 117
Kriterium, ontologisches 26
Kritizismus, Kantischer 49 ff.
Krüger, L. 12
Krug, W. T. 249
Kulkarni, N. G. 129

Leibniz, G. W. 29, 31, 50, 68, 85, 152, 175, 182, 188, 193 ff., 217, 222, 230, 250

Logik 172 f., 176, 181 f., 236
Logik, objektive 48, 65
Logik, subjektive 48
Locke, J. 49, 230
Lotze, R. H. 110 f., 188, 222, 224, 226, 228, 232
Lycan, W. 233

Mackintosh, R. 111
Maclachlan, D. L. C. 165
Manser, A. 111, 126, 165
Marcuse, H. 41 f., 87
Marx, W. 53
Mates, B. 12
Mathematik 172 f., 175
Mathematiktheorie 192 f., 195, 200, 236
Maxwell, G. 171
McTaggart, J. M. E. 18, 109 ff., 225, 241
Mechanismus 76 f., 80
Merkmal 139 f.
Metaphysik (s. auch Ontologie) 11, 45 ff., 61 ff., 79, 104, 195, 240 f., 244 f., 252
Metaphysik, monistische 115
Methode, dialektische 41, 112 f.
Monade 31
Monadismus 29, 182, 188, 191, 194 ff., 211 f., 216, 231, 234
Monismus 28 f., 36, 100 ff., 114, 188, 191, 193 ff., 211, 216, 231, 234 ff., 239 f., 246 ff.
Monismus, erkenntnistheoretischer 152 f.
Monismus, ontologischer 19, 25, 182
Monismus, relationsontologischer 36, 248
Monismus, substanzontologischer 30, 166 f., 234, 247
Moore, G. E. 17 f., 58, 153, 191 f., 196 f., 225

Natur 87
Natur, organische 74
Naturzweck 74
Nicht-Internalität (s. auch Relation, nicht-interne) 199 f., 220 ff.
Nietzsche, F. 254

Objekt (s. auch Gegenstand) 66 ff., 71 f., 78, 82, 85, 88, 98 ff., 228 ff., 244
Objektivität 91, 99 ff.
Ontologie (s. auch Metaphysik) 21 ff., 29, 35, 45 f., 104, 235 f., 239 f., 251 ff.
Ontologie, idealistische 19
Ontologie, kategorialanalytische 23 f.
Ontologie, monistische 20 f., 27, 30, 35, 152 f., 166, 242 f.
Organismus 71, 76 f., 83 ff.
organismusartig 80, 83 f.

Palmer, A. 165
Parmenides 21, 247
particular 230 f.
Passmore, J. 110
Peano, G. 181
Pears, D. 225
Philosophie, dialektische 11, 16 f., 19, 21
Philosophie, Hegelsche 40 f.
Philosophie, sprachanalytische 11, 15 ff.
Pluralismus 27 ff., 176, 191, 195, 233 f., 236, 245 f., 254
Pluralismus, ontologischer 21, 25, 36
Pöggeler, O. 96
Popper, K. R. 15, 17
Prädikat (s. auch Akzidenz, Eigenschaft) 54 ff., 61, 183, 201 ff., 206 f., 209, 224 f., 230
Prädikat, relationales 225
Prädikation 210
Programm, ontologisches 48
Proposition (s. auch Urteil, Satz) 30 f., 177, 179, 181 f., 185, 200 ff., 236
Proposition, analytische 228 f.
Proposition, mathematische 182, 192, 195
Proposition, relationale 182, 187, 200 ff., 207, 241

Qualität (s. auch Eigenschaft) 117 ff., 130 f., 166
Quine, W. O. 26, 179, 207, 236
Quinton, A. 110

Rashdall, H. 128
Rationalismus, Leibniz-Wolffscher 50

Realismus 191, 196
Realität (s. auch Wirklichkeit) 116, 125, 242 ff.
Relation 22 ff., 30 ff., 34, 42 f., 103 f., 115, 117 f., 131 f., 145 f., 172 f., 176 ff., 180, 194, 207, 236, 244 ff.
Relation, asymmetrische 211, 215, 223, 227
Relation, externe 19, 31 ff., 146 f., 176, 187 ff., 198, 244, 247
Relation, a-externe (s. auch a-Externalität) 150 ff.
Relation, b-externe (s. auch b-Externalität) 153 f.
Relation, c-externe (s. c-Externalität)
Relation, holistische 162, 164
Relation, interne 19 f., 31 ff., 109, 114, 145 ff., 157 f., 162 ff., 188 ff., 221 f., 231, 239, 244 ff.
Relation, nicht-interne (s. auch Nicht-Internalität) 199 f., 227
Relation, reale 234
Relation, symmetrische 212, 215, 223, 227
Relationsausdruck 24
Rheinwald, R. 12
Richtung (sense) 211, 223
Robinson, J. 110
Rolston, J. 115
Rosenkranz, K. 69, 82
Royce, J. 110 f., 135
Russell, B. 11 f., 16 ff., 25, 28 f., 32, 34 ff., 42, 110, 114, 152 f., 164, 168, 171–236, 239 ff., 245 ff., 252 ff.
Ryle, G. 32

Sainsbury, R. M. 204, 206
Satz (s. auch Proposition, Urteil) 177, 179 f.
Satz, spekulativer 242
Saxena, S. K. 120
Schelling, F. W. J. 76, 87, 171 f.
Schein 116 f.
Schmidt, G. 12
Seinsgrund 221 ff.
Selbstbewußtsein 86, 89
Selbstbeziehung 91, 95 f., 102, 104
Sigwart, Ch. 111

Silkstone, T. W.   115
Simon, J.   53
Sluga, H.   12
Spinoza, B.   21, 168, 188, 195, 247
Sprache   172 f., 242
Sprigge, T.   164
Stebbing, L. S.   114
Stout, G. F.   132
Strawson, P.   202
Subjekt   58 ff., 89
Subjekt-Prädikat-Form   53, 181 f., 240 ff.
Subjekt-Prädikat-Proposition   187, 200 ff., 207, 222, 241
Subjekt-Prädikat-Urteil   58 ff., 64, 79
Subjektivität   85 ff., 96 ff., 102 f., 239, 248 ff.
Subjektivität, einseitige   90
Subjektivität, übergreifende   90 f., 97
Subsistenz   184
Substanz   29 ff., 43, 166, 194, 230, 234
Substanz-Akzidenz   44
Substanzontologie   62
Substrat, monistisches   31, 104, 166

Taylor, Ch.   42 f., 47
Theorie, dialektische   15
Theorie, monistische   11
Theunissen, M.   16 f., 42, 65
Trendelenburg, F. A.   41, 82

Unendlichkeit   95
Unreduzierbarkeit   177, 181, 183 ff.
Urteil (s. auch Proposition, Satz)   51 ff., 80, 126, 165, 240 ff.
Urteilskraft, teleologische   87 f.

Vander Veer, G. L.   135
Verschiedenheit, innerliche   221, 223, 227
Vollrath, E.   23
Vorstellung   56, 67
Vuillemin, J.   215

Wahrheitstheorie   200
Warnock, G. J.   197
Weitz, M.   174
Wesen   220 ff., 228 f., 250
White, M.   184

Widerspruch   81 f., 117, 127 f.
Winslade, W. J.   201, 211
Wirklichkeit (s. auch Realität)   116 f., 125 f., 243
Wissen, unmittelbares   49, 51
Wittgenstein, L.   230
Wolff, Ch.   50, 127
Wolff, M.   82
Wollheim, R.   18, 110, 118, 124, 132
Wolterstorff, N.   133

Zweckmäßigkeit   73